特里·普拉切特
脚注人生

A LIFE
WITH
FOOTNOTES

[英]罗伯·威尔金斯 著

迟小瑶 译

四川科学技术出版社

TERRY PRATCHETT: A LIFE WITH FOOTNOTES by ROB WILKINS
Copyright: © ROB WILKINS 2022
This edition arranged with TRANSWORLD PUBLISHER LIMITED
through Big Apple Agency, Inc., Labuan, Malaysia.
Simplified Chinese edition copyright:
2024 Sichuan Science Fiction World Co., Ltd.
All rights reserved.

图书在版编目(CIP)数据

特里·普拉切特：脚注人生 / (英) 罗伯·威尔金斯 著；
迟小瑶 译. --成都：四川科学技术出版社，2023.12
书名原文：Terry Pratchett: A Life With Footnotes
ISBN 978-7-5727-1262-3

Ⅰ.①特… Ⅱ.①罗… ②迟… Ⅲ.①特里·普拉切特 – 传记
Ⅳ.①K835.615.6

中国国家版本馆CIP数据核字(2024)第025307号
图进字号：21-2022-373

特里·普拉切特：脚注人生

TELI PULAQIETE:JIAOZHU RENSHENG

著　　者　[英] 罗伯·威尔金斯
译　　者　迟小瑶

出 品 人　程佳月
责任编辑　兰　银　姚海军
特约编辑　孔祥樨
封面设计　甄沛佳
版面设计　甄沛佳
责任出版　欧晓春
出　　版　四川科学技术出版社
　　　　　成都市锦江区三色路238号　邮政编码 610023
　　　　　官方微博：http://weibo.com/sckjcbs
　　　　　官方微信公众号：sckjcbs
　　　　　传真：028-86361756
成品尺寸　147mm×208mm　　　印　张　16.25
字　　数　310千　　　　　　　插　页　11
印　　刷　成都市金雅迪彩色印刷有限公司
版　　次　2023年12月第1版
印　　次　2024年2月第1次印刷
定　　价　86.00元

ISBN 978-7-5727-1262-3

邮 购：成都市锦江区三色路238号新华之星A座25层　邮政编码：610023
电 话：028-86361770

序　言

距离他过世还有五个月时，特里·普拉切特写了五封信，装进不同的信封，安全地锁在办公室里，留待信未来的主人在他逝后亲启。下面这封信是他写给我的。

亲爱的罗伯：

所以，我走了。有那么些日子，我觉得自己已经离开过了，所以我只盼着屋子现在能足够清爽又安静，好让我厘清那混沌不堪的思绪。我想我这辈子做得不错，或许本可以做得更好，但特里·普拉切特已经死了，多说也无益。

请帮我照顾好琳恩。把那些依照我的作品设计的漂亮饰品做出来，连同我的爱一起，带给她；每个圣诞和生日挑一份礼物送她；给她送花；每年陪她吃一顿丰盛的晚餐，若是条件允许，或是遇上什么值得庆贺的事,多去几次自然是最好;在我的纪念日,别忘了喝杯白兰地,在开心的日子里也要记得举杯欢庆。

照顾好生意,天道酬勤。感谢你所做的一切,感谢操持所有大大小小的事,以及感谢帮忙埋尸体……衷心地感谢你。

学会飞翔,勇敢追梦。即刻就启程。

不过一路小心。

加油!

特里

于威尔特郡

2014 年 10 月 4 日

我想在开头先说明一点:我和特里·普拉切特共事这么多年来,从没有过什么真的尸体要埋。的确,特里有时会朝人发火,而且完全不像人们以为的那样是个会忍气吞声的人,但还不至于到伤人性命的地步。所以,那些酷爱掘尸求索、冷案悬疑的书迷可要失望了,您现在拿着的这本书恐怕不是您期待的类型。

毋庸置疑,特里一生经历了太多事,而我站在独特的视角目睹并参与了(引用特里信中的原句)"所有大大小小的事"。这些正是本书计划讲述的。

另外需要说明的是,本书旨在回溯特里一生的时光,而不是只局限于我伴他走过的岁月。我绝无借此书讲述我的人生故事之意,但也许我需要在开头篇章先花点时间解释一下我是谁,我为何有机会与特里共处一室、朝夕相处,以及我为他写这本传记的缘起。

作为背景提要:我叫罗伯·威尔金斯。"我"本该是位来自乡下的女士。至少,当特里觉得是时候找位私人助理时,他脑海中浮现出的是这样一位人物:

她应是被乡村小店的橱窗广告吸引来应征的,大概率已经退休了,一周能有几天时间来帮他处理些行政事务,填填表格,或许还懂怎么申报增值税。幸运的话,也许她还能确保办公室的冰箱时刻备有冲茶用的牛奶,因为特里总是忘记这件事,每次都得从书桌前起身,走一大截下楼去取。

她不能是特里·普拉切特的忠实读者(这点很重要),要不她可能会追着他问一堆问题,乃至寻求建议,或者更糟,要询问他的意见。这么说虽然不大友善,但这样的行为着实令人分心,有悖于替人分忧的初衷。

追根究底,特里会对私人助理有这样的设想,吉莉·库珀①得负全责。吉莉和特里这两颗耀眼夺目的英国文星邂逅于一次伦敦出版活动的茶歇中(杰出作家有时是会这么不期而遇)。交谈间,特里听到吉莉顺嘴提了句,她的"私助"是位叫阿曼达的女士。吉莉用"天赐的""和善有加"这样的字眼亲切地形容她,还不假思索地称她

---

① 吉莉·库珀(Jilly Cooper, 1937—),英国作家和记者,在2018年因对文学和慈善事业的贡献获颁大英帝国司令勋章。她最著名的作品是《拉特郡纪事》系列浪漫小说。——本书中无特殊标注的脚注均为译注,后不再说明

是"业内典范"。

诚然,特里在这世间的诱惑面前大多不为所动,但和多数作家一样,他也有纤薄却坚韧如钢的好胜心。这好胜心好似嵌在他身体里的一根钢琴弦,时不时地被敲出声响。这次即是如此。倘若著有《骑师》(Riders)、《对手》(Rivals)和《得分!》(Score!)[①]等畅销作品的小说家都公开宣称她需要私人助理的帮忙,那么,特里身为当时作品以二十九种语言发行、累计销量高达近五千万册的作家,难道就不需要一名私人助理吗?[②★]

总之,对阿曼达的溢美之词,久久回荡在特里耳畔,直至那晚他孤身一人驱车返回威尔特郡时也未能散去。

那是2000年。特里五十二岁。他住在索尔兹伯里市郊一处他唤作"末日庄园"的宅邸。当时他已高居英国最畅销作者宝座十年,直至最近,才不情不愿地将这位置让给了一位叫J.K.罗琳的作家。《碟形世界》系列[③]已经出到第二十五本,正朝着四十一本的方向稳步迈进。除了该系列,特里还创作了不少其他作品,其中不乏备受儿童读者青睐的成功之作。这位了不起的创作者,从不曾遇到哪怕

---

① 三本书均为吉莉·库珀《拉特郡纪事》系列中的作品。

②★ 截至2021年本书创作之时,特里的作品总销量已高达近一亿册。——本书中有"★"特殊标注的脚注均为原注,后不再说明

③《碟形世界》(Discworld)系列是特里·普拉切特创作的著名系列奇幻小说,目前已出版四十一册。系列中的故事发生在被称为"碟形世界"的异世界里,那里的居民生活在由四头巨象驮着的圆盘上,巨象们则站在一只宇宙巨龟的背上。

两分钟的写作瓶颈。因此,他对所谓的瓶颈期和为此抱怨的人也嗤之以鼻。特里每年创作两部作品,有时还能挤出时间写第三本。他的作品广受欢迎,随处可见,传成了一段传奇佳话:人们常说在英国各处,火车必须等到至少有一位乘客在读特里·普拉切特时才会发车[①★]。

如此显赫的成就,难免会给特里带来负担。他在时间分配方面承受的压力,已经远远超出了交付新小说的范畴。这种压力主要来自成功的附属品——被特里戏称为"做伪作家"的事务。在特里看来,"做伪作家"和"作为作家"截然不同。前者最主要的成果,即是让作家无法写作:就特里的情况而言,他每年有两场旷日持久、人山人海的英国巡回签售会以及其他海外场活动。他出席时总是戴黑色绅士帽、穿李维斯牌的黑色皮革夹克和雨果博斯的黑色牛仔裤,按他的话说,要穿出"街拍专辑封面"的气势。此外,他还会以雷同的造型,参加一场场座无虚席的讲座、会议和庆典。这些大小活动,越来越多地占据着他的时间,侵蚀着他的精力。

"做伪作家"的重担,还会跟着特里回到家中,以成袋信件的形式,出现在他的办公桌前。特里的书迷不仅数量惊人,他们对作品强烈而深刻的爱亦令人印象深刻。情难自已之下,许多粉丝会写信给他。更有甚者,还会寄来更为正式的求助信,通常是为了谋求建

---

①★ 人们还常说特里有幸成了英国书店里作品失窃率最高的作家。这则并无可靠数据作为支持的流言自传开后就一直跟着特里,但特里本人也不大在乎:毕竟在偷书贼窃书之时,他已经收到了书的酬劳。

议或金钱，有些极为超前的寄信人，更是不吝二者皆求。信件数量之多，仅是阅读和回复特里认为必要的信件，就已经等同于一份全职工作的工作量。这使得特里在工作日完全无暇顾及他想做的事，比如，写书，或者一次写几本书。特里喜欢一边同时推进两本甚至三本书，一边默默酝酿着第四本的大纲。

还有办公室的电话，总是响个不停：有的是为了洽谈书籍、巡售和庆典的相关事宜，有的则是为了预约采访、评论或稿件（特里将这类约稿统称为给报纸增刊里的"我的爱勺"栏目①供稿）。然而职业使然，新闻专业出身、曾先后担任报社记者和新闻官的特里，可做不到不接电话。要知道，错过一个电话，就意味着错过一个故事。我们之后会谈到，报社的从业经历，对特里的工作方式，可谓是影响深远。

除了处理这些琐事，销售衍生品也是特里工作的一部分，甚至可以说是他的重要副业。从玩偶、蜡烛、茶巾、门牌、明信片到吊坠，特里坚持把关《碟形世界》系列每件周边产品的授权。在他看来，这些产品是他建构的书中世界的延伸，他不希望因为任何人的失误或自作主张，让这个世界歪曲变形，让他的读者失望乃至蒙受损失。这一立场无疑是崇高的，特别是，要是您知道各大公司愿意花多大的价钱（特里曾透露这是一笔令人瞠目结舌的巨款）从他手中买走《碟形世界》的特许经营权。但是这些崇高的原则往往与繁重的责

① 此处原文为"My Favourite Spoon"。特里可能是在借用spoon（勺子）一词在十九世纪英国俚语中"肤浅的傻瓜"这层双关含义进行调侃。

任相生相伴。正如特里在1996年接受科幻图书俱乐部专访时所说："倘若您的米老鼠的耳朵掉了,那位友善的迪士尼先生并不会因此不安。但若是有人买的《碟形世界》的T恤洗了一次就掉色了,电子邮件会直接发到我这里。"①★

这一桩接一桩的事,终于让特里陷入岌岌可危的境地:"做特里·普拉切特"反倒阻碍了他从事那些最初造就了"特里·普拉切特"的事。这一时期,特里把他和琳恩在萨默塞特郡的小房子的边房改成了书房,每晚下班后,他雷打不动地将四百字敲进一台阿姆斯塔德牌CPC 464电脑里。这家"乡间作坊"正在以创始人始料不及的速度迅速扩张,一跃成为价值数百万英镑的国际企业——一家依旧以略显无序的小作坊精神为内核的国际企业。

比如,那时特里习惯在软盘上写作。当一天的工作结束、该离开办公室下楼用晚餐时,他会将软盘从电脑取出,放进衬衫胸前的口袋妥善保管。接着,软盘可能就顺理成章地跟着衬衫进了脏衣篓,又从脏衣篓进了洗衣机,任价值一百万美元的小说书稿在六十摄氏度洗涤和全脱水程序中生死未卜。

还有一次,一张将近二十五万英镑的版税支票在寄到后被随手搁在某处,还没来得及存进银行就不翼而飞了。不过这个故事我们

---

①★ 这与1999年他在接受杂志《安赛波》(Ansible)专访、对话大卫·朗福特(David Langford)时所说的如出一辙:"要是您的《星球大战》光剑剑端掉了,乔治·卢卡斯永远不会知晓此事。但要是(《碟形世界》的)蜡烛印错了颜色,我却会收到该死的邮件。"忽略掉粗话的部分,虽以不同的周边为例,但表达的重点倒没什么区别。

会留待以后，找个恰当的时机再讲。

言归正传。总之，特里现在需要的，是一位从乡下来的助理女士。

但他却雇了我。我既不来自乡村（那时，我住在离索尔兹伯里市约七十英里①的切尔滕纳姆镇），也不是女士。我从没填过增值税申报单——我此前的工作根本不涉及这项内容；我也没退休——那年我才二十九岁。硬件条件没达标也就算了，我可能还踩中了特里最大的雷点——我绝对算是特里·普拉切特的忠实读者。事实上，还是最狂热的那一种。1993年，参加了牛津WH史密斯书店举办的《约翰尼和亡魂》(*Johnny and the Dead*)签售会后，我就成了普拉切特签售队伍的常客，甚至书架上还摆着一本1997年出版的《放马过来》(*Jingo*)，上面签着"致伤心粉丝团的一员"。

在此之前，我也算做过和特里的核心事业沾边的工作。我结识了他的经纪人科林·斯迈思(Colin Smythe)。1968年，特里拿着手稿寻求出版时，第一个找的就是他（而科林则做出了他永远都不会后悔的决定——出版该书）。由于我是技术专业出身，1998年，科林请我去他在格拉茨克罗兹成立的科林·斯迈思出版社担任技术总监。我主要负责的是将出版社的传统业务数字化。

工作期间，我时常有机会致电科林这位最成功的客户。比如，当特里收到他的第一台CD刻录机，却不知如何使用它时，我身为公

---

① 英美制长度单位，1英里合1.609 3公里。

司的首席技术官——当然也是唯一的技术人员,就被派去了索尔兹伯里,借调一天。

停了车,沿着下坡走到特里住处,我看到厨房门上贴着一张便利贴:"罗伯,'礼堂①'见。"我照着这张实用的手绘地图,寻至门处,敲了敲,第一次获准踏入这圣殿,置身于碟形世界在"圆形世界"②的总部:这是间专门改建的书房,设有宽大的石砌窗户、巨大的燃木壁炉和一整面书架墙,房间中弥漫着浓郁的上光蜜蜡的气息。特里坐在宽大的皮面书桌前,透过堆积如山的书籍、杂志、纸张和一些杂物,依稀可以看到他的身影。

我本就比特里小二十岁,出于对《碟形世界》系列小说的喜爱,我对他的敬畏又多了几分。我想他也很喜欢我这一点。我们很快发现彼此有着许多共同点:都在年少时初识了摩托车的乐趣;都很幸运拥有愿意在晚上和周末花时间教我们修摩托车的父亲;都是电子元件发烧友,读过相同的杂志,在同一家邮购公司买过相同的零件,还在家里组装过同样的物件。

"所以你懂热焊料溅在尼龙袜上是一种怎样的痛苦体验吧。"特里问我。

我当然懂。

不仅如此,我们在收到任何新电子设备后,第一反应都是把说明书扔在一旁,自己拆开侧板一探究竟,思索哪里值得改进,虽然制造

---

① 特里将其书房称作"礼堂"(Chapel)。
② 在碟形世界中,地球被称为Roundworld,意为圆形世界。

商可能对此并不乐见其成。二十世纪八十年代时，我们都教会了一台早期的辛克莱牌 ZX81 计算机说话：不同的是，在特里的"调教"下，他的电脑会道早安，还会汇报温室夜间的最高温度和最低温度，而我的电脑只会说粗话，博朋友一乐。不过，这也算是让我们有了共同语言。特里惊讶于我竟然了解通用仪器的 SPO256 集成电路[①]★，还三下五除二就轻松搞定了他的新 CD 刻录机。为此，他给我起了个绰号——电容器队长。这是他为我起的众多绰号中的一个，也是第一个，我很满意。之后，我又被派来威尔特郡做了几次类似的技术任务。2000 年 12 月，当特里听说我要从科林·斯迈思出版社离职时，打电话来问我是否愿意去他那儿工作，做他的私人助理。

鉴于我很喜欢特里的书，我觉得这份工作应该会很有趣。但我当时并没将其看作一份长期的工作。我想我可能会做一年，这样以后我就能和我的孙子孙女谈起这段往事："你们知道那个特里·普拉切特吗？其实……"

谁能想到，截至 2015 年特里过世时，我已经为他工作了十五年。时至今天，我依旧在为他工作。

事实证明，这份工作比我想象的还要有趣。比如，我从没想过，能有机会见证特里的创作过程，即便是作为他的私人助理。我以为他在写书时，会找个私密僻静的地方闭门创作，而我则坐在其他的地方处理诸如信件、增值税、牛奶等杂事。事实是，这些事务的确是

---

①★ 简言之，它是语音合成器的芯片。不过，你们可能也用不着知道它。

由我负责,但特里对我的角色定位绝非局限于此。这点从一件事就可见一斑:有一天,在写了一早上稿子后,他从屏幕前站起身,穿上外套。

"我得出趟门。"他说,"你帮我整理下它,好吗?"

"它"是指特里的初稿。当我紧张地在特里的座位上坐定,我才发现这是一份极其古怪的文档,其中随意混合着不同字号乃至不同颜色的文字。可以想见,一位对特里·普拉切特的每本新作都翘首以盼的书迷,在面对这项任务时该有多激动。我如饥似渴地读着特里的文字,这些小说就诞生在我身处的房间里,诞生在我面前的键盘上。我所做的不仅是统一字体的活儿;需要时,我还要将书稿重新念给特里听,供他斟酌,和他一起讨论,然后以听录的方式,记下那些径直从他脑中流淌出的字句(早在特里晚年丧失使用键盘的能力之前,他就已经开始运用这一方法)……总之,这样的特权可并不多见。

至于特里,我想他很快就适应了拥有"员工"的舒适生活,尽管他从未承认过这点。有天,他在和一家报社打电话(这回不是约"我的爱勺"类型的稿件,不过也很接近,是一场问答专访)。讲到某处时,他将话筒压低放在领口处,朝着办公室另一头的我问道:

"罗伯,我最喜欢的是什么?"

我思忖片刻,正要回答,他就打断了我。

"别想了。是你。"

在我刚接手工作的那几周，特里经常在我耳畔叨叽吉莉·库珀和她的"业内最佳私助"。我甚至收到过他的几次威胁（我确定是玩笑话，但或许是认真的也说不定？），要把我送去格洛斯特郡一周，交给吉莉和阿曼达调教。我也曾被口头解雇过很多次。但你很快就会了解到，特里作为一名颇具实验精神的作家，对测试各种话语的效果饶有兴致。倘若你也秉承同样的实验精神，在第二天照常出现，事实会证明通常你还没被炒鱿鱼。

可以说，尼尔·盖曼[①]为《键盘上的小小失误》[②★]撰写的前言，彻底改变了人们对特里的认知。他明确指出，公众用"老顽童"一词形容特里是失实的，很有可能是特里的胡子和个头（患病前，特里的身高约为1.72米）造成了这种错觉。尼尔认为，这种亲和化的形象往往让人们忽视了潜藏在特里身体中的愤怒。"他的愤怒一直都在，"尼尔写道，"愤怒是他的动力之源。"

此话不假，我充分见识了那种愤怒的五十七种形态（我们之后会谈到），也和尼尔一样，充分体会到特里是多么慷慨大方、多么风趣幽默，以及他是多么出色的合作伙伴。平日里，特里一周可以在"礼堂"产出许多字。但若是作品尚在酝酿期，他就多出许多时间，做一些"游手好闲"的活动：比如，花几天时间，大费周章地打造自动

[①] Neil Gaiman（1960—），著名英国作家和编剧，著有《坟场之书》《美国众神》《星尘》等长篇小说。他是特里·普拉切特的多年好友，与特里合著了经典畅销小说《好兆头》，同时主笔了亚马逊剧集版《好兆头》和《好兆头2》的剧本。

[②★] *A Slip of the Keyboard*，特里的非虚构文集，出版于2014年。

化办公室;花几个小时,喂乌龟或是去当地的园艺中心逛逛;有时,我们还会去特里在河边修缮的牧羊小屋吃午餐,再在那儿工作一下午[①]★;晚上可以坐在特里在院子里建造的铜顶天文台,喝着啤酒看星星。不过,经常看着看着,他就又穿过草地回到"礼堂",敲下些字为当天的创作收尾。

入职几周后,有关把我打包送去吉莉·库珀那儿调教的威胁渐渐消失了。不过,我仍记得这件事最后一次被提起的场景:我出了几次疏漏后(具体的细节我已记不清了),特里再度提起,要我去吉莉那儿待一段时间。我先是努力工作了好几天来弥补过错,后来出于妥善解决问题的迫切心理,我忍不住问他,我是否该收拾收拾,准备去格洛斯特郡报到了。

特里的眼睛并未从面前的显示屏移开。"你不需要去那儿,"他随口答道,"她的私助现在在业内只能屈居第二了。"

赢得特里的信任后,我被需要的时间似乎也开始增多。有时,我甚至会在晚上或周末接到电话:"你能来帮我处理件小事吗?"就这样,我踏上了他的道路,终与他并肩同行,无论前路何往。这种情谊日益深厚广博,很快发展为一段并不止步于工作的友谊。

2007年,特里被诊断出大脑后部皮质萎缩。这是一种罕见的阿尔茨海默病,对年仅五十九岁的他来说是残酷的。身为他的私助,

---

①★有一点需要补充,这是一处真正的牧羊小屋,一处与字面意义相符的简陋棚屋:早在前托利党首相大卫·卡梅伦(David Cameron)用他的豪华版度假屋让这一概念面目全非之前它就存在了。

我的工作范围也相应地再次扩展。随着疾病无情地侵吞着特里的日常自理能力,他对协助的需求与日俱增,这是我们都没有预料到的。我开始陪他出席公共活动,在他失去阅读能力后念书给他听,在他在台上接受访谈时替他分享趣事来暖场。情势所迫,我们成了如影随形的双人拍档。就像斯塔斯基和哈金森,又或是劳莱和哈台①? 随你们评说。如果说一直以来,我的任务就是帮特里腾出空间,让他能从事那些最初造就了"特里·普拉切特"的事,那么如今随着时间的飞逝,这一任务变得更紧迫了。

那些年不乏严峻难捱的日子,要在这本书中重温那段时光时常是艰难的。如今再回首,我才意识到那时候的我常常全盘否定当下发生的事,这对我而言,对大多数英国人而言似乎最简单的处理方式。反观特里,他的做法与我截然相反:面对即将到来的死亡,他选择了勇敢直面,在一番深思熟虑后,坚定地向公众公开了病情,在全国掀起了一场围绕"辅助死亡"展开的大胆讨论,最重要的是他也没有放下"作为特里"的工作,又接连创作了三部电视纪录片和七部畅销书。

面对这些时,特里不曾忘记幽默,那是他一以贯之的、独有的幽默。后来有一次,特里和我说:"我们好像在共用一个大脑。"我一时受宠若惊。

---

① 斯塔斯基和哈金森(Starsky and Hutch)是经典美剧《警界双雄》(*Starsky & Hutch*)中的警探搭档;劳莱和哈台(Laurel and Hardy)为两位美国演员,长期搭档出演滑稽片。

但别忘了,和特里相处,反转妙语自然不会少。

他接着说道:"要是把我们两个拼在一起,也算是一个还说得过去的完整的人了。"

特里时常聊到"做"自传的事。在他生病前的那几年,他谈及这件事时语气里满是推脱:一个每天起床、吃早餐、码字、吃午餐、再码一些字、吃晚餐、和妻子看个电影或电视节目、最后去睡觉(或者又坐起来码一会儿字)的人,他的故事如何能让读者觉得有趣呢?

无论是一个在比肯斯菲尔德郡廉租房出生的小孩,如何单靠着他的想象力获封爵士,住进索尔兹伯里附近一处豪宅的故事;还是,按照特里的原话,"一个笨嘴拙舌、不善言辞"的男孩,如何成为他那一代中最受欢迎的发言人的故事;又抑或是一个只有五门初中毕业成绩的学生,如何成为都柏林圣三一学院的荣誉教授,揽获多到记不清的荣誉博士学位的故事:在他眼中,这段人生旅程中似乎没有任何一桩值得一提。

更何况,等着他写的故事还有很多——那些故事更为宏大和天马行空,情节也更为离奇古怪、扣人心弦。

2007年初,特里非常欣赏的作家——杰奎琳·威尔逊(Jacqueline Wilson)出版了回忆录《杰基的白日梦》(*Jacky Daydream*),讲述儿时的故事。她的决定让特里讶异极了。彼时,杰奎琳六十二岁,比特里年长几岁。他问她为什么选择当下这个节点发表自传,以及为什么只节选了这段人生来写。杰奎琳打趣地回道:"因为能查证这段往事的人都已经死了。"自此,特里也常将这套说辞搬出来,称只有回忆录中提及的人都不在了,他才能真正放松地写他的回忆录。这无疑是以另一种方式无限搁置了该项目,以至于我们再也没有机会见证它的面世。

但自从特里的记忆力危在旦夕,他对写回忆录的态度就发生了转变。甚至在12月那个噩梦般的午后,在特里获知确诊的噩耗,从剑桥的阿登布鲁克医院返家时,他在车里还聊起了他的自传,谈及他该如何写下去,以及时间过得有多快。

然而,我们并不清楚我们还剩多少时间。一年?两年?我们该如何分配这些时间?他该集中精力做什么?事实上,我们实际拥有的时间远比我们设想的多:从确诊之日算起,距离特里在"礼堂"工作的最后一天到来还有七年。但危情之下,小说永远享有绝对的优先权:先是特里确诊时在写的《国家》(*Nation*),接着是《巫师足球队》(*Unseen Academicals*)、《实习女巫和午夜之袍》(*I Shall Wear Midnight*)、《鼻烟》(*Snuff*)、《道奇》(*Dodger*)、《蒸汽升腾》(*Raising Steam*)、《实习女巫和王冠》(*The Shepherd's Crown*)……那段日子,特里一直争分夺秒,只为将这些故事一一完成。

创作间隙,他也会突然来了兴致,要我关了他正在写的小说文档,打开回忆录,写一下午自传。他口述,我打字。他依照惯例,采用正叙手法,先从童年部分开始回忆。这项工作时难时易。待到时间所剩无几时,我们写到了1979年——那一年,特里难得地穿上了西装,前往布里斯托尔中央电力局西南分部面试。回忆录的文档里堆积了两万四千多词。那些文字尚显粗糙、杂乱无章,有待它的主人精心修琢,如今却已是再无可能。特里希望将这本书命名为《脚注人生》(*A Life with Footnotes*)①★。

这个文档无疑成了本书前几章大量援引的珍贵素材。当然,有人可能会问:2014年的特里是一位忠实的人生自述者吗?也许不是。但又有哪个年纪的特里是呢?尽管特里在日常生活中坚守诚信和开放原则,他依旧认为,真相不应阻碍好故事的创作,尤其是有趣的好故事。这一想法可能受到他母亲的影响:特里曾说自己的母亲"总是粉饰现实,让现实看起来更完满"。不过,特里认为,父亲那边的亲戚在这方面也难辞其咎——他们没少美化祖父的故事。一位叔叔甚至根据祖父参加肯特郡一次水果装运行动的经历,创作出了一整套堪比《一个男孩自己的故事》②的英雄事迹,讲述祖父如何在第二次世界大战中英勇抗战。特里对此佩服得五体投地。

不管这种美化故事的本领是来自基因还是其他,它贯穿了特里的整个职业生涯。可以说,特里先后从事的三份职业——记者、公关和小说作者,都将真相看作有待商榷之物。诚然,特里的人生故事可以归至"精彩到需要查证"的那一类,但倘若我们通观全局,那些"精彩到需要查证"的故事完全有可能比那些严经审视、不尽美好

---

① ★ 因为特里喜欢添加脚注。

② *Boy's Own Story*,埃德蒙·怀特(Edmund White)所著自传色彩小说。

的严肃文字更能切中一段生命的真相。

不过,这种叙事手法,给有义务确保描述性事实属实的传记作者带来了不少挑战。更难的是,在我看来,有时候探究事实本身并没那么有趣,要比特里描述的一切无趣得多。所以,我只能说,针对本书中任何一处存在争议的地方,我已尽最大努力,在忠于事实的同时尽可能地保留阅读的乐趣,更重要的是,试着不去破坏"粉饰版事实"那无可争议的娱乐价值。①★

可最令人痛惜的,显然是特里的自传不得不和一长串书目一起,归入特里·普拉切特的未竟遗作清单——无情的脑退化症让我们永远失去了阅读它的机会。对喜爱特里的读者来说,错失这些作品与失去特里本人一样令人悲痛,而这两种缺憾都是无法弥补的。我谨以此书描绘我眼中的特里,书中所写源自我的回忆,琳恩和蕾哈娜的回忆,戴夫·巴斯比、科林·斯迈思等故人的回忆,以及特里自行撰写(且为我们所知)的回忆。

在我写作时,我总是试着想象特里就站在我的肩后,努力确保他对这部作品的评价不会一直是"垃圾!这根本不是我!",而是至少时不时地会说"呃,好吧,我觉得这还算有那么点儿像样……"

---

①★脚注在这时就派上了用场:在不完全破坏原故事的前提下,它能提供更正版本的叙述。

第一部分

PART ONE

第 一 章

危险的屋瓦、穿着衣服的鼹鼠
和摆脱山羊班的命运

想象绝非只是想象。特里说,有时候,他在孩童时期的想法是那么生动、那么逼真。比起想象,它们更像是幻觉,真实地出现在眼前,和他眼前的父母、房屋或者他居住的村庄别无二致。

比如有一次,他在途经一片废弃的白垩矿场时,看见鱼骨在他脚下的土地游动。或许,他是联想到了最近在学校学到的(或更可能是在图书馆的书里读到的)微生物化石。这些化石不知怎的在这一刻复活了,在他脚下的白垩岩中蠕蠕而动。

又或是像五岁那次,他被带去伦敦的加米奇斯百货公司看圣诞老人,一时看得入迷,和母亲走散了。最后被找到时,他正骑着自动扶梯,单枪匹马穿行于节日装饰之中,仰着头四顾惊叹,全然不知自已造成了怎样的恐慌。

那天见到圣诞老人也是件重要且值得纪念的大事,尽管特里承认他当时并没有勇气盯着这位大人物看,据他解释,这是因为"人不能看见神的面容"。不过,飞往北极的木制飞机、舷窗外吱呀飘过的手绘画布云彩,还有欢迎派对上的精灵小队,都深深地烙印在特里的想象中,虽然这些元素在百货公司为圣诞节打造的其他闪亮内饰面前,并没有那么耀眼①★。

还有那天载着他们进城的火车。坐在车内时,那些火车显得是那么谦和有礼。但若是来到车外的站台,就能看到它们咆哮着发出轰隆隆的声音,冒着黑色的蒸汽,高速穿过车站时仿佛要将人吸入其中……这些庞然大物显然是有生命的,不是恶魔还能是什么?五岁的特里如此想道。

多年后,当特里在采访中提到他"以产生幻觉为生"时,他并不完全是在打比方。他似乎很快发现了物中有物、天内有天的奥秘。这些事物完全可感可见,只要你愿意给自己一点空间和时间观察它们,也定能用它们来讲故事。

特里的家乡是个很小、很不起眼、但公路交通还算便利的村庄

---

①★ 霍本高街的加米奇斯百货公司(Gamages)于1972年停业。它俨然是二十世纪五十年代圣诞气息最浓郁的场所。就如宣传单上所写,那里"整日充满了笑声、尖叫声和欢呼声"。除了飞机内的圣诞老人屋,商场还为圣诞季安装了二百多米长的轨道模型,以及按分钟变换的日夜交互场景。它的五金营业部也不错,但特里显然从未提过这一点。

——福蒂格林。它坐落在一处低地,毗邻白金汉郡的奇尔特恩山,"类似雀起乡到比肯斯菲尔德的烛镇的距离[①]"。特里曾在他的自传手稿中这样描述它,"比起住地,这里更像是田野和森林间的一块空地,有大约三十六口人和一个电话亭。"[②★]

需要补充的是,那里还有一家乡村商店、一家英国皇家特供级别的地道酒馆,以及据特里回忆,一家至少短暂开过一阵的糖果店。"我确信那儿有家糖果店",特里坚称,"因为我在那儿买过茴香球、甘草口香糖、雪酪酸棒糖还有粉虾糖,价格低至一法寻[③]。天知道那家店是怎么活下来的。"

事实上,福蒂格林附近鲜有孩童,糖果店的生意很难维持,即便是短期经营也不太行。特里回忆时说,在他年幼时,当地有六七个和他年龄相仿的小孩。这群孩子"时而争吵,时而探索,时而打闹,如云般变化莫测"。他们的足迹遍布白垩矿、森林和田野,将现今强调的儿童游乐安全准则全然抛之脑后。"我们从树上掉下来,"特里写道,"又爬上去,再掉下来时会笑得更开心。"

福蒂格林社区小而紧密,小到要是有位母亲叫她的孩子回家喝茶,所有人都会往家跑。据特里回忆,"三十六位居民中不乏上了年纪、皮肤粗糙的专业园丁。他们的数量比孩子还要多,总是戴着平顶

---

① 《雀起乡到烛镇》(*Lark Rise to Candleford*)是弗罗拉·汤普森(Flora Thompson)所著小说,故事背景设定于比肯斯菲尔德。汤普森和特里一样,在白金汉郡长大,这里正是小说中烛镇的灵感来源。

②★ 除有特别说明外,本章中的引用均来自特里的自传初稿。

③ 法寻为英国旧时价值1/4便士的硬币。

帽,叼着烟斗,每天早上默默地蹬着他们的黑色弧形握把自行车,骑大约一英里路,赶往更富庶的诺特格林村。傍晚时再默默骑回来,手把上常常绑着些东西,比如,一捆卷心菜苗。"

福蒂格林地处慢节奏的静谧乡村。普拉切特一家租住在一间狭小的村舍,生活设施很简陋。特里每每提及,都要努力确保他的叙述不会让人觉得他在参加小品剧《四个约克郡人》[①][★]的角色试镜("走廊?我做梦都想住在走廊里。它在我们眼中就像宫殿一样……"诸如此类的叙述还有很多)。

比如,普拉切特家没有自来水:每天早上,特里的父亲会拖着一根水管到隔壁,将洗碗间的一个金属桶灌满水,供全天使用。家里也没有抽水马桶:屋后有个简易搭建的"小房间",被特里的母亲用消毒液仔细冲洗过,里面设有简陋的爱尔撒化学厕所[②]。这种如厕装置需要在花园新挖好的坑里定期清理。这显然是每周最可怕的家务活,不过,家里种的西红柿倒是从中受益良多。

小房间外墙上的钩子挂着一个铁皮浴盆,晚上洗澡的时候才会被拖进屋里。厨灶用的煤气是挨家挨户换煤气的卡车运来的,装在

---

①[★]《四个约克郡人》(Four Yorkshiremen)最为人熟知的版本是巨蟒剧团(Monty Python)演绎的。巨蟒剧团的确出演过该小品剧,但原版桥段其实出自1967年播出的电视节目《最后的1948年秀》(At Last the 1948 Show),由约翰·克里斯(John Cleese)、蒂姆·布鲁克-泰勒(Tim Brooke-Taylor)、格雷厄姆·查普曼(Graham Chapman)和马蒂·费德曼(Marty Feldman)合作撰写并出演。

②爱尔撒化学厕所是一种诞生于二十世纪二十年代的室内厕所,外观像铁桶,搭配特制化学品使用,以便杀菌除臭。

大号的煤气罐里,收到后需要先滚放在客厅。收音机得用借来的充电电池供电(普拉切特家这时还没有电视),电池的大小和重量同一块砖头相当,每月全靠一辆自制的金属推车把它拉去无线电租赁公司的比肯斯菲尔德分部再拉回来。那时候,要是想听点儿广播剧,可得费一番功夫,不过普拉切特家显然愿意这么做。家里的"洗碗间"不过是徒有虚名,听起来很大,实则没有厨房与之相连,按特里的话讲,有点像"没马的马车"。这个狭小阴暗、略微潮湿的空间充当了杂物间和厨房。

不过,无论外人怎么评价(《四个约克郡人》的精神又在此处得到体现),这处住宅至少为普拉切特一家提供了遮风挡雨的屋檐。要知道,1939年至1945年,英国的屋顶可没少受到重创,所以这没什么值得奚落的。诚然,这处屋檐不够坚实,稍有风过,就能吹下几块瓦片,冲着进出屋子的人砸下来。"你要是听到瓦片滑动的声音,"特里写道,"不用尝试逃跑,而是要紧紧地贴在墙上,看着它从屋檐下飞出来,掉在你面前,摔成锋利的碎片。完全不用大惊小怪,你会下意识地做这件事。"

战争刚结束的那几年,福蒂格林在财政紧缩的英国社会建立起教科书级的半农半工发展模式:实行食品(黄油、肉、奶酪、茶和果酱)定量配给,每周四晾晒的衣物排成了长线,村子里没有一个青少年(那时,这个概念还没被发明出来)。在这种节衣缩食、危机四伏的形势下,1948年4月28日,大卫和艾琳·普拉切特夫妇在比肯斯菲尔德的麦哲伦医院迎来了儿子特伦斯·大卫·约翰①的降生（特里在研究了自己的出生日期后表示："我是处在星座交界点的金牛座，我想这就是为什么我永远找不到合身的裤子。"）。

由于婴儿晚产了三天，艾琳在历经孕期的诸多不易后，又经历了漫长而艰辛的分娩。也难怪她在产房接过孩子时，对降生的小特里说的第一句话是"总算来了"。后来，她宣称自己当时下定了决心，再也不让自己经历那样的事②★。她并没有食言。在成长的不同时期，特里曾分别有一只憨憨的西班牙猎犬、一只和马拉松选手菲利皮季斯同名的小乌龟和一只叫"基奥塔"的虎皮鹦鹉做伴，但再没有另一位小普拉切特加入他们。

"那之后不久，"特里在讲完自己姗姗来迟的出场后，紧接着写道，"我被介绍给了我的父亲，尽管我对那场初见毫无印象。"后来，在适当的时候，特别是在二人都方便的时候，特里将了解到父亲的更多信息，比如：他在比肯斯菲尔德的老城汽修厂做机械师。大卫·普拉切特身材瘦小，头顶几乎全秃了，留着稀疏的小胡子。他是儿子眼中的"修车天才"。第二次世界大战期间，他获得了进入英国皇家空军提升机修手艺的机会，还被派去了印度。从他向特里描述的内容可以看出，他的前线经历似乎没那么残酷：可以一边享受和煦

---

① Terence David John，特里名字的全称。

②★ 特里一直生活在对迟到的悚惧中。他完全无法容忍迟到，对自己的要求尤甚。这种严苛驱使着他比预定的航班时间提早很久抵达机场，早到他完全可以准时搭乘上一班飞机。将这种对迟到的焦虑与自己的出生以及晚产的家族传统联系在一起，难免有异想天开之嫌，但特里的确这样做了。

的阳光,悠闲地为虎皮鹦鹉①★起名字,一边出色地应对各项挑战。比如,在飞行指挥官的汽车半路趴窝时,他徒手启动了发动机,成功解决了难题。战后,他带着一身本领回到了比肯斯菲尔德,在当地似乎也颇受欢迎。

"我发誓,要是懂马语的人真的存在,"特里写道,"我父亲就是能听懂汽车的人。只要他拿着个大扳手,用一端抵着脸,另一端放在引擎本体上,金属野兽就会敞开心扉。那些开宾利、捷豹等英国名车的豪车车主都会把车开到老城汽修厂,好让他仔细听听汽车说了什么。"在那个缺钱的年代,有个好名声很重要。特里记得父亲每晚回家后,会站在一盆肥皂水旁,一边把沾满油污的手浸在水中,一边和艾琳细数自己凭借优质的服务从富商那儿赚来了多少小费。

大卫还能让几近报废的汽车起死回生。得益于此,普拉切特家从不愁没车开,这是同阶级的家庭所不敢想的。家中一度还有辆相当时髦的流线型罗孚P4(该车款被誉为"穷人家的劳斯莱斯"),车内配有点烟器和皮革内饰。后来,大卫将它卖给了一位收藏家。特里并不为送走这辆华丽的座驾感到难过,"我总是在后座滑来滑去,在去海边长途旅行时,车里的味道和死牛一样臭。"

特里的另一段难忘记忆与夏天长途自驾去康沃尔海岸有关,康沃尔海岸是普拉切特家的例行度假地。当汽车经过八月秸秆熊熊燃烧的麦田时,就像是穿过了"烟云和火焰"。

①★"基奥塔"(Chhota)的读音接近虎皮鹦鹉发出的声响,在印地语中意为"小"。

　　特里的母亲艾琳·普拉切特原姓卡恩斯,是爱尔兰裔,在伦敦东区长大。她在比肯斯菲尔德的一家百货公司当秘书,还是名业务出色的会计。据特里回忆,就算让她算一堆倒着写的数字,她也能比大多数人算得快。她的性格于活泼中带着几分俏皮,喜欢跳舞、社交、喝酒和讲故事。晚年时,她因中风丧失了说话的能力。特里的密友、同艾琳和大卫相熟的戴夫·巴斯比感慨道:"这就好比邪恶之神拿走了她最珍视的东西。"

　　艾琳还是位出色且强势的妻子和母亲,亦是绝对的一家之主。大卫在艾琳十七岁时就被她套牢了,自此心甘情愿地听她差遣,且从不避讳承认这一点。作为独生子,特里将在母亲无微不至的照料下长大,承载着母亲战后的希望和宏远抱负。他深谙这份关注带来的利弊,也承受着成为母亲唯一寄托的压力。

　　"我的父母都期盼世界变得更好,"特里写道,"而我妈妈坚定地认为个体能在这个更好的世界取得进步。虽然我当时对此并不知情,但我怀疑她取得进步的媒介正是我。那时距离太空竞赛拉开帷幕还远,但她已经准备好把我吊在更高的轨道上,有必要的话,就用我的耳朵来吊。"

　　这种雄心壮志最早可以追溯至特里三岁时,艾琳将他送去了比肯斯菲尔德一所高级幼儿园。学校位于绿化良好的城区,由两位知书达礼的年长女性经营。在特里的记忆中,它有点像二十世纪三十年代的旧式女校,主要面向上流社会的孩子开放,培养他们取得社会成就,更重要的是,教会他们礼数。针对特里所在的年级组,教会孩子在需要上厕所时举手是最基本的。除此之外,幼儿课程中还包含健身操和(令特里想起来就不寒而栗的)民族舞。

另一件事是赏花,特里似乎对这项活动热情高涨。

"有一次,有位女士从她的花园里摘了些美丽的玫瑰带来,给我们每人发了一朵,让我们一边用力嗅闻一边背诵:

'我在想,我在想,是否有人知道,

谁住在这朵娇嫩玫瑰的中央。

是花仙子还是小精灵?

抑或是那传说中的童话女王?'

我不知道她为何要让我们这样做,反正我被玫瑰的香气迷得神魂颠倒。天晓得它对我做了什么,我只依稀记得一两个场景。"

谁也不知,要是特里继续沿着这条剑走偏锋的教育路线走会发生什么。而离开这条路,可能是植物学界或是民族舞界的损失。然而,特里很快就满四岁了。他顺理成章地被那间香气宜人的幼儿园赶了出来,被扔进了更循规蹈矩的霍尔茨普尔公立小学。小学位于比肯斯菲尔德最西端的切里特里路,离家有一英里半的路程。

特里入学迟了一天。因为他的父母已经提前订好了全家暑假去康沃尔海岸度假的行程,不打算为了孩子第一天去新学校报道这样无关紧要的小事缩短假期。特里后来表示,这个随意的决定导致他从第一天起(当然,对于其他同学而言,是开学第二天)就和同龄人格格不入。具体而言,它让特里错过了选挂衣钩这件大事。为了方便辨认,特里所在的幼儿班每个孩子的挂衣钩上方都贴着张图片。特里没能公平竞争那些贴着牛仔帽、大象或是坦克的衣钩。留给他的挂衣钩是别人挑剩下的,羞于见人地钉在一对蹩脚的樱桃下面①★。"我本该有机会选的……"特里沮丧地写道。

即便体贴入微的幼儿班老师史密斯夫人成功安顿好了特里,他的校园生活依旧水深火热,步履维艰。他先是用左手写字,学了一半又改换右手②★。最初他不愿读书,比起坐在桌前,他似乎更喜欢想着法儿地爬上课桌。他总是无法集中注意力,或者说,无法在老师希望他专注的时间,集中注意力做老师希望他专注做的事。"我能在花园的榛子树上一次倒挂好几个小时。"特里有些受伤地说道,他的才能显然未得到应有的赏识,而学校对他的期许又远不止于具备倒挂能力,他并不知该如何回应这份要求。

可是,这个特殊的孩子,这个被后来的特里描述成"膝盖满是伤疤、一直有点畏缩的男孩"实际很聪明。他在某些方面遥遥领先于同龄人,明显懂得思辨。有一次,他问妈妈:为什么菲迪皮德斯那场传奇的长跑要用始发地"马拉松"命名? 根据公交车的标牌总是印

---

①★ 真要对特里的迟到恐惧症追根溯源的话,相较晚产,也许这件事能提供更可靠的心理学依据,尽管特里本人更倾向于相信前者。

②★ 时间长了,这个问题自然而然地消失了:特里成了一名彻头彻尾的右撇子作家。不过,即便在成年后,若是桌上的餐具位置摆错了,他还是会毫无察觉地顺手拿起刀叉埋头吃。

着目的地而非始发地的原则,这场长跑应被命名为"雅典"才对。母亲被他问得哑口无言。

他的知识储量也绝对不低。有件事之前深深地刺痛了他。一次上课时,老师问同学们雨从哪里来,特里立即举手回答"大海"。这个答案在班里引起哄堂大笑,老师温柔地纠正了他,指出标准答案是"云"。但特里知道自己是对的,降水本就是如此形成的。可要想在学校获得嘉奖,必须给出老师期待的标准答案而非正确答案,哪有这种道理?

霍尔茨普尔小学当时的校长是亨利·威廉·塔梅。他戴着厚厚的眼镜,留着小胡子,头发精心喷了发胶定型。塔梅在这所学校的地位举足轻重,每年学校的圣诞童话剧都是由他担任编剧和导演,他还很喜欢亲自出演,通常是演巨人。他职业生涯中有三十一年贡献给了这所学校。塔梅还是位值得钦佩的革命家:他积极倡导在学校中开设当时颇具争议的性教育课程,认为小学毕业年级的孩子尤其需要接受性教育。①★

不过,普拉切特一家不待见塔梅,倒不是因为他激进的性教育主张,而是因为他决定将学校里的孩子分成两拨:一拨被判定有望在毕业时通过"11+"小升初考试、进入片区的重点中学就读,另一拨

---

①★ 二十世纪六十年代,塔梅编写了两本重要的性教育教材——《成长时间》(*Time to Grow Up*)和《彼得和帕梅拉的成长》(*Peter and Pamela Grow Up*)。后者中写道:"要是一个男孩身体健康,积极参加游戏和其他形式的体育锻炼,精子会被身体重新吸收,梦遗就不会很频繁。"恐怕没什么比激进的性教育老得更快。

则不然。在特里看来,这道分水岭的一边是乖巧的绵羊,另一边是撒野的山羊。霍尔茨普尔小学在孩子刚六岁时就做了这种划分。让特里(更确切来说是艾琳)沮丧的是,他发现自己被赶进了山羊群。这件事被视为塔梅对特里"深恶痛绝"的证据。毫不夸张地讲,我认为"潜能被过早低估"这件事是特里一生苦恨的根源。特里对学校最糟的揣测似乎得到了印证:学校的目的不是鼓励你成为什么,而是让你留在原地,困在你该在的位置。对此,特里的父亲也有同样的怀疑——当年参加"11+"考试时,他遇到的考题尽是老师从未教过的。

2011年,霍尔茨普尔小学在六十周年校庆之际,邀请特里写几句贺词。特里欣然应允,但他并没有选择为母校脸上贴金。"霍尔茨普尔小学给我留下的记忆实不能算是最温暖的,"他如此写道,并赌气地将责任揽在自己身上,"但这可能全赖我,因为我曾是个不折不扣的笨蛋,成天做着白日梦。"我并不觉得,他有哪怕一瞬相信过自己在这件事上真的有什么问题。特里一生都坚定地认为,学校要是能够特别关照和培养那些所谓的笨蛋和做着白日梦的孩子,定会变得更好。

儿子被贬到B组后,艾琳亲自出马了。既然学校轻看了她唯一的子嗣,她可得力保儿子出类拔萃。每早步行上学的时间变成了额外的补课时段。她趁着这一英里半的路程倾囊相授,以学校不曾有过的方式敦促特里学习。

"她见缝插针地传授知识,就像是知识也有保质期。"特里写道,"她给我讲国王、骑士、侠盗罗宾汉和骆驼的故事;她告诉我住在寺庙里的是僧侣(monk),住在树上的是猴子(monkey),可千万别弄混了;她和我说美国很远,要花一千英镑才能到那儿;她唱歌给我听,给我讲她的爱尔兰祖父曾讲给她的故事,说蜜蜂其实是仙女①,我觉得这个观点是错的。我当时会懂那些晦涩单词的含义吗?这可说不准,因为我妈妈从不按常理出牌。"

艾琳还坚持鼓励特里阅读,提议每读完一页书就付给特里一便士。特里知道钱可以买来甘草口香糖,所以就接受了这项挑战。"我并不傻,"他说,"我有办法快速精准地略读完一篇文章,确保自己有钱花。但我对读书没有太大的热情,马马虎虎过得去就行,可妈妈不这么认为。"

随着"11+"考试临近,艾琳开始让特里每晚在家做历年真题。她发现特里对着试卷犯难,又付钱让他每周去一位退休教师家补习。无论教育体系之前下了怎样的定论,特里都不会失败。艾琳是不会让他失败的。

★　★　★　★　★

战后,英国人并不热衷去教堂,这一点可能与现代社会的观点相悖。民意调查显示,1948 年,只有 15% 的受访者称他们在上周日去过教堂。伦敦组织的一项大规模观察统计显示,称自己"经常"去

---

① 在英国童话中,人们常因为蜜蜂的外观和它发出的声音,将其与仙女作比。

教堂的受访者只有十分之一。某主教团委员会报告称,"90%的英国人很少或从不去教堂"①★。大卫和艾琳·普拉切特就坚定地和大多数人站在一起,认为制度化的宗教和他们的生活没什么关系。因此,2010年,特里在都柏林圣三一学院的教授入职演讲上曾这样评价他的父母:"他们满怀慈爱地抚养我长大,在恰当的时候,辅之以简短有力的训诫。愿他们能因此得到永远的护佑,不受任何宗教信仰的禁锢。"

艾琳自小是天主教徒,但在特里出生时,她早已不再信奉天主教。显然,自她决定和一个圣公会教徒在圣公会教堂结婚起,她和家中的很多人都断了来往。这次决裂致使特里完全不认识母亲家的好些亲戚,家中似乎也很少提及天主教。六岁时,特里无意间在父母房间的梳妆台上发现了艾琳仅剩的和天主教相关的物件——一个廉价的木制小十字架。他拿着它去找艾琳,说了句堪称经典的话:"妈妈!我发现了根棍子,上面有个杂技演员。"

经历了以上种种后,艾琳依旧以周到得体的方式纠正了特里,让特里几乎没再纠结这个裹着遮羞布、悬空吊挂的怪人是谁。不过,后来艾琳每到新的住处,都会将那个十字架收在不打眼却安全的地方,就连在她安度晚年时住的索尔兹伯里养老院也不例外。她

---

①★ 参考文献:《1939—1999 的英国宗教:盖洛普民意调查数据汇编》(*Religion in Great Britain, 1939—99: A Compendium of Gallup Poll Data*),克莱夫·D.菲尔德(Clive D. Field)著;出色的历史类图书《节衣缩食的英国:1945—1951》(*Austerity Britain, 1945—51*),大卫·基纳斯顿(David Kynaston)著。

过世后,特里和我翻遍了各处,找寻十字架的踪迹。没找到它时,特里失魂落魄,直到我在一堆装饰品后面发现了它,他才明显松了口气。那个小十字架跟着他回了"礼堂"。他在口述这段日子时,一直将它握在手中。

"我不知道她从那张小小的、饱受煎熬的脸上获得了什么慰藉,"特里说,"但我看到的是位谦卑的木匠的面容。他为众生遭遇的苦难而动容,告诫世人要与人为善——这也是许多智者奉行的金科玉律。木像的主人公被暴君在狂热分子的怂恿下折磨至死,也许这个故事想表达的是要无视暴君,推翻狂热者。"

特里还喜欢指出,耶稣传达的理念与喜剧《比尔和泰得的精彩冒险》(*Bill & Ted's Excellent Adventure*)中主人公奉行的"竭诚相待"相差无几。特里很费解,怎么会有人就这种满是善意的话挑起争端呢?

不过,特里完全没去过教堂,当地的圣公会教区牧师——佩恩圣三一教堂的奥斯卡·马斯普拉特牧师对特里一家也没什么印象。马斯普拉特牧师身材高瘦,由于其名与"麝鼠"一词相近,特里一直误将其唤作"麝鼠牧师"①。这位牧师总是单以姓氏直呼教区居民("或者是只对工人阶级如此",特里暗地揣测道),这让大卫和艾琳大为不快。

后来有一次,他来家中做客喝茶,将起居室里摆的那尊特里父亲从印度带回来的小型黄铜佛像饰件称为"异教神",从而彻底地失

---

① 马斯普拉特(Muspratt)与麝鼠(muskrat)的英文读音相近。

去了普拉切特家的拥趸。面对这样的诋毁,艾琳径直下了逐客令(在这个故事最生动的版本中,特里甚至用了"将他撂到大街上"这样的字眼)。这位牧师在被驱逐时究竟受到了何种程度的暴力,我们永远不得而知,但有一点是肯定的,像这样的茶会是不会再有了。当晚,特里的父亲在下班回家后听说了此次会面的细节,立即骂这位牧师是"自以为是的老混蛋"。"我之前从未听过'自以为是'这个词,"特里说道,"所以立即记下了它,留着以后用。"

双方的故事以这种方式结束或许是遗憾的。一向对机构权威存疑的特里一家,似乎小瞧了这位奥斯卡·马斯普拉特牧师。不管怎样,特里后来供职的《白金汉郡自由报》(Bucks Free Press)倒是从这位牧师的人生经历中发现了诸多闪光之处,还专门在1988年的"佩恩牧师趣谈"系列专栏中写了篇报道致敬他。报道围绕三部分展开:马斯普拉特牧师在战时曾作为军牧,亲历阿拉曼战役、马耳他围城战和诺曼底海王星行动;1962年,他受邀前往华盛顿,主持古巴导弹危机期间举办的圣公会祷告礼;1983年,他主持了间谍唐纳德·麦克林①的秘密葬礼。听起来,有着这些经历的牧师正是特里会有兴趣与之交谈的那种人。只可惜,他只愿叫大卫·普拉切特"普拉切特",而不是亲切地喊他"戴夫②",而且他在提及普拉切特家的饰件时着实缺乏文化敏感性,所以话不投机也是自然。

---

①唐纳德·麦克林(Donald Maclean,1913—1983),英国人,1934年成为苏联特工,1951年叛逃至莫斯科。

②"戴夫(Dave)"是特里父亲名字"大卫(David)"的昵称。

1957年，特里九岁，全家离开了租住的小屋，南迁一英里，搬去了霍尔茨普尔的上赖丁路25号。这是一栋新建的政府福利房，住着九户人，普拉切特家位于排屋的尽头。这里地处比肯斯菲尔德的最西端，离特里的小学只有一小截路。普拉切特家终于用上了奢侈的自来水（有冷热水可以选），拥有了真正的厨房（而不是小洗碗间）、瓦片绝对牢固的坚实屋顶（这对所有人来说都是件值得庆贺的事）和带冲水马桶的卫生间，居住条件取得了质的飞跃。

新房坐落于城市开发区的边界，毗邻的乡间美景尚可一览无余。事实上，当特里从厨房的窗户向外眺时，他能清楚地辨认出从前步行上学的路，还能望见佩恩的风景。饱受诟病的马斯普拉特牧师所在的教区也被这幅全景画卷囊括其中。阳光好的日子，它总能敛聚光线，分外显眼。特里的父亲注意到这点后，总是一脸严肃地开玩笑，"太阳要照照那些道貌岸然的人。"特里感觉他的父母在刚搬离老屋、搬离凶险的屋瓦、搬离一切时有些伤感。"但泡了几次澡后，他们就没那么难过了。"特里将一直居住在这处新家，直到结婚才搬走。

这一时期，特里已不再热衷于在树上倒挂。虽说学校的事情很难吸引他，但校外的大多事倒是令他颇感兴趣。有一次，父亲邀特里一起制作矿石收音机，这台无线收音机不用电池，可供特里在自己的卧室使用。他们一起去花园棚屋翻找落满灰尘的箱子，寻找一套旧耳机和搭建天线所需的工具。"那晚，"特里回忆说，"我在不知不觉间变成了科技爱好者。"

他的第一台矿石收音机上安装的商用线圈印着："这些狂野的电波在说什么？"割舍不下任何一个硬件设备的他，直至生命的最后，仍将这台设备留在身边，存在一个盒子里。这台收音机收讯最好的频道是以严肃访谈和高雅古典乐节目为主的BBC三台，"狂野的电波"总是送来莱昂·罗斯（Leon Roth）关于"神话、科学和宗教"的演讲，或是阿尔弗雷德·布伦德尔（Alfred Brendel）演奏的布索尼的曲子。但特里却端坐着听得入迷：能让外部世界的声波不借助电池就径直传入卧室，怎么说都像是施了魔法。每到饭点，特里的父母已习惯要去卧室把耳机从他头上摘下来。

受到父亲的影响，特里开始读《实用无线技术》（*Practical Wireless*）〔父子二人戏称其为"基本没线技术（Practically Wireless）"〕。这本被电子发烧友奉为"《圣经》"的月刊售价一先令三便士，每期呈现各种精心绘制的电路图，展现诸如空用或航用抗干扰中波段接收器的构造，为积极求变的读者带去乐趣。

他也学会了在有限的预算内精打细算地使用珍贵的零部件。特里仍记得随父亲一起去比肯斯菲尔德的电视修理店的经历：他把手里的硬币递给柜台，然后骄傲地拿着一个纸袋离开。纸袋中装着一根孤零零的、拇指大小的晶体管。再后来，他又买了个晶体管插座，这样他就可以在不同项目间切换使用那个珍贵的、唯一的晶体管，避免损伤它那细小脆弱的管腿。他还体会到了用电的乐趣，尤其是在他知道如何用磁铁连接棚屋的门把手,出其不意地"电击"父亲后。在手指重新恢复知觉后,父亲显然很为儿子感到骄傲。

特里对太空也有浓厚的兴趣。时值二十世纪五十年代末期,正是探索深空的黄金时代:美苏在太空探索领域的竞争日趋激烈,威力无穷的火箭、卫星和载人航天的发展前景和面世时间成为新闻热议的话题,深深吸引着特里。提及特里对太空的痴迷,布鲁克邦德茶品牌显然功不可没。

1956年,特里八岁。他催着家中所有的亲戚和熟人加速消耗茶叶,好帮他集齐布鲁克邦德茶推出的"飞入太空"系列卡片。卡片集售价六便士,封面是蓝色的,上面的题注令人印象深刻:"系列含有五十张天文图卡,经英国皇家天文学会的A.亨特博士校审。"特里最终集齐了全套卡片,他为彩色的星球画惊叹不已,沉迷于卡片背面的介绍信息。这套卡片集唤醒了他对天文学的热爱,而这份热爱从未消减。

多年后,最初的收藏早已遗失,特里突然萌生了再次拥有布鲁克邦德卡片集的冲动,只为看看它是否还保有当年的魔力。于是,我们暂停了"礼堂"的工作,打开了易趣网。

结果,我们发现那款系列其实发行了两次,分别在1956年和1958年。1956年版更为稀有,每张卡片的背面都注有"由布鲁克邦德优选和边地茶品发行"的字样。1958年版则标示着"随布鲁克邦德优选、PG Tips和边地茶包发行"。对求全责备的收藏家而言,这点区别很重要。特里之前收藏的即是更受青睐的1956年版，如今售价为三百英镑，而1958年版的价格则为六十英镑。换位思考，要是我是特里，我很清楚我身体里那个狂热的收藏迷会驱动着我购买哪版。但特里不同，即便是在有经济能力的情况下，他也绝非挥金如土之人。他购买了六十英镑的那版。事实证明，这个选择非常明智，收获了同等的预期效果。包裹寄到后，特里小心翼翼地打开了它，试着翻了几张。孩提时期见到的第一张卡片——印着"行星和它们的卫星"的九号卡片，再次映入他的眼帘，释放出独特引力，过往经年仿佛瞬间融化。"就像那个叫普鲁斯特的家伙，"沉浸在幻梦中的特里感慨道，"他吃了块饼干，就回到了过去。"①★

特里的母亲一向支持任何能为未来铺路的事物，只要它能引领特里走向前沿、惊艳乃至有望改变世界的工作。看着特里萌生了新的兴趣，她带着他去了马里波恩路的伦敦天文馆，在著名的苍绿色穹顶下观看了一场灯光秀。他们想必是在1958年3月天文馆首次对外开放后不久去的。这又是令特里大受震撼、对其影响重大的一次旅行，他如饥似渴地从中汲取着养分。五十多年后，他仍记得"光线在天鹅绒般的寂静中流动，投影机低吼着开始工作，接着天堂朝地球敞开了大门"。

灯光秀结束后，母亲问他是否想参观隔壁著名的杜莎夫人蜡像馆。那里可是二十世纪后半叶许多小朋友心中的朝圣地。但特里说

---

①★ 玛德琳蛋糕才是马塞尔·普鲁斯特（Marcel Proust）的感官记忆开关，特里自然非常清楚这一点。但把蛋糕说成饼干，听起来更有趣，也会少几分做作。

他更想回去重新看一遍天文馆的灯光秀,所以他们就真的那么做了。

得益于布鲁克邦德茶的市场部和伦敦天文馆的特效团队,特里很快在天文学方面显现出超群的聪慧。还在上小学的他,在某天早上吃早餐时,发现家乐氏玉米片包装背面印着的火星描述含有一处错误。不知是受了母亲的怂恿,还是凭着他的早慧,他及时向生产商致信指正了这一错误。

遗憾的是,弄错的其实是特里:火星的质量的确如家乐氏所印。即便如此,家乐氏还是认真回复了特里,还额外赠送了他几盒玉米片。特里也成功超越了父亲在"薅羊毛"方面的赫赫战绩,赢得了父亲的钦佩。大卫·普拉切特曾给一家剃须刀公司写信,表明他已使用该品牌的某款刀片整整一年。他暗想这则高度赞扬的用户好评定能为他赢得奖赏。然而,几天后,他大失所望地收到了一个小信封,里面装着一个孤零零的新刀片和一则字条。字条先是表达了公司很高兴听到其产品坚固耐用,紧接着写道"新一年的产品目录详见此处,敬请阅览。"

为了继续鼓励特里,特里的父母还给他买了一副望远镜。这副望远镜的质量并不尽如人意;透过雾蒙蒙的镜片向外看,木星好似"摇摇晃晃的彩虹球"。但想象力之所以存在,不就是为了弥补这种缺憾吗?就这样,在比肯斯菲尔德西端的花园里,特里站在黑暗中,探明了绕月遨游的路线。

★　★　★　★　★

一本书继而突然闯进了特里的世界，带着一只獾、一只河鼠和一只会开车的蟾蜍。

"如果宇宙有那么点戏剧天赋的话，"特里写道，"那一刻，应该配一记响亮的'乒'声，很可能要用竖琴演奏。"

这对特里来说是个关键的转折点，是豁然开朗的瞬间。这一刻，天平向一端倾斜，机器咔嗒咔嗒地开始运作，他的人生冲着一个崭新的方向飞驰。特里的父母带他去伦敦看望旧友唐纳德·吉本斯。后来，特里猜想他的母亲定是先同唐纳德打过招呼了，整件事可能从一开始就是个圈套，又是艾琳的激将法。但这不重要，结果都是一样的。那天，在特里要跟着父母离开时，唐纳德·吉本斯走向书架，取下肯尼斯·格雷厄姆（Kenneth Grahame）的《柳林风声》（*The Wind in the Willows*）递给他。

截至目前，我们知道，若是没有母亲明晃晃的"贿赂"，特里可不愿拿起书本阅读。但他对阅读的抗拒似乎在慢慢消失。此前，特里已经自发阅读过几本漫画，还通过其中一本认识了超人。有段时间，他去哪儿都在脖子上系个红毛巾，充当超人的披风。他也非常喜欢老师在班上朗读伊芙·加尼特（Eve Garnett）于二十世纪三十年代创作的工人阶级文学经典《无尾巷的一家人》（*The Family from One End Street*）。类似的进步还有很多。

但这本书？和上述这些完全不是一个量级。

"（书里）有一只鼹鼠，"特里写道，"但这是一只忙着春季大扫除的鼹鼠！鼹鼠、河鼠和蟾蜍都和人一样走来走去，还穿着衣服？这就是黄金国，即使那时我并不知道黄金国是什么①★。当父亲开着辆新车沿着西大道载我回家时，我翻开了书，借着路灯的光阅读。路灯显然不是为了照亮一个车后座男孩的文学启蒙之路而设计的，这也是为什么当我们沿着燧石小径往家走时，我眼前的世界摇摇晃晃的。

"倘若此时有人留心观察，就会发现朝南的卧室亮起了一束微弱的灯光。光之所以微弱，是因为它藏在被子下面。"

特里第二天就读完了这本书。是的，他在"不求回报"地阅读，只为快乐而阅读。"它以一种奇怪的方式进入你的大脑，你却一度对此浑然不知。那只蟾蜍有多大？在我家花园深处的蟾蜍用一只手就可以握得下；而这只蟾蜍，即便它还是蟾蜍的样子，却可以开车！书中没人对这件事感到惊讶。所以，要想乐在其中，你必须设想那个世界有些许不同。这正合我的心意。"

《柳林风声》让特里尝到了阅读的甜头，我们将看到，他的变化是惊人的：从前什么都不愿读的他，如今一头扎进了书的海洋，真正做到了博览群书。

除此之外，还有件新鲜事值得一提。它推翻了亨利·威廉·塔梅的悲观预判，也充分印证了艾琳·普拉切特在背后付出的辛勤努力，

---

①★ 并不是那部注定失败的英国电视剧（1992—1993），而是指讲述探秘黄金城的南美传说。

那就是特里通过了他的"11+"考试。据称,他是山羊班里唯一通过考试的学生。下次我们见到他时,他就是身着长裤①的中学生了。当然,他的阅读仍在继续。

———

① 二十世纪六十年代,大多数英国男孩在小学阶段一年四季都身着短裤。

第 二 章

书籍借阅、中土大陆一日之旅
和鲍勃·蒙克豪斯的趣闻

2017年春天，特里的女儿蕾哈娜和我应比肯斯菲尔德议会之邀，前往该镇的图书馆参加为纪念特里举办的牌匾揭幕仪式。以这样的方式致敬特里，可谓是再合适不过了，因为我们很快就会讲到，倘若要在特里的家乡挑选一处最能诠释他的建筑，图书馆定是不二之选。

不过，乘车赶去活动的路上，我们二人都有些担忧。这是我们继2016年巴比肯艺术中心追悼会后，第一次应邀参加以特里之名组织的公开活动。我们对自己会有怎样的感受或者我们应当扮演什么角色一无所知。那段时间，面对父亲的突然缺席，蕾哈娜顶着很大的压力和我搭档（我们自嘲是"普拉切特应急小组"），减轻她的压力似乎是当务之急。此外,从商业角度考虑,特里离世后,我在公众面前应当扮演怎样的角色? 这个问题,我才刚刚开始考虑。

这周恰逢特里去世两周年,我们俩的心情难免有些沉重。重返比肯斯菲尔德图书馆唤醒了我的回忆,我想起特里还在世时两次截然不同的探访。

第一次是在2004年3月,特里来这儿参加讲座和读书会。任何有图书馆员参加的活动对特里来说都是好的,若是这场活动有他老家的图书馆员参加,更是好事成双。他热情满满地在前台忙了一个半小时,帮着图书馆出借书籍,热情到人们不得不把橡皮章从他手中抢过来,才肯罢休。接着,他又花了很长时间为所有拿着他的书慕名前来的读者一一签名。对携其他物品前来的读者,亦是来者不拒。因为特里在这种场合,一直坚定秉承一个原则:"只要这件东西是你的,你想让我在上面签字,我就签。"那天,他状态很好,以每小时一百英里的速度往来于各处。而我,则像往常一样提着大包小包,勉强跟着他的步伐走在街上,时不时在最后几码①路冲刺小跑几步。身为他的助理,我觉得自己无论去哪儿都应该比他先进门,但这往往少不了一番努力。

另一次则迥然不同。那是2013年夏天一个炎热的日子。比肯斯菲尔德图书馆的管理员在特里心中的分量丝毫未减当年。但那一天,在我们从"礼堂"动身前往图书馆的募捐活动前,特里却一直

---

① 英美制长度单位。1码合0.914 4米。

在挣扎纠结。这时,距离他被确诊为脑后皮质萎缩已过去了六年。这些年来,特里凭着超凡的意志力和日臻完善的应对方案,已取得飞速的进步:大部分情况下,他都能像正常人一样生活;在条件完全不允许的情况下,他也至少能营造出正常生活的表象。

但这件事变得越来越难了。特里已经经历了几次发病期。发病时的他虚弱、恐惧。整个外部世界仿佛突然轰塌,朝他结结实实地压过来。视觉和空间意识渐渐抛弃了他。他迷失在大脑发给他的纷乱信息之中,找不到出路。发病时,纵使是特里这般意志坚毅的人也实感力不从心。

此前不久,特里取消了去温莎城堡颁发某项爱丁堡公爵金奖的行程。我觉得,这件事宛如某种预兆,毕竟,这本是他满心期待的事。他并非对每个活动都有如此高的期待,哪怕是在他身体康健、迫使他离开书桌且见不到图书馆员的活动比比皆是之时。特里此前曾愉快地提议:"我们应该在每周的工作日志里加一些可以取消的活动,这就像多了个自由日。"的确,若是一项日程因故取消了,特里就突然多了可以在"礼堂"写作和娱乐的时间,气氛堪比过节。不过,去温莎城堡颁发爱丁堡公爵奖绝对不算在"工作日志中可以取消的活动"之列。①★

---

①★特里非常支持爱丁堡公爵奖,因为它鼓励年轻人去往户外,在野外漫步、搭帐篷、淋雨,尝试传统课堂以外的事。正如他所说,这些事是"'生而为人'的必备体验"。诚然,特里本人并不热衷于露营,但任何能帮助年轻人解放思想、逃脱学校束缚的活动,对他而言都是好事。

但那天早上,车子和司机一直在路边等待……无尽头地等待。最后,特里还是没能走出家门。他和琳恩待在家里。

我给活动方打电话传达了他的歉意。那天,他休息了一整天,第二天也是如此,这是之前从未发生过的。随后,他又振作了起来。但我的心情仍旧沉重,我意识到,如今我们安排的所有事都得打上一个问号。工作日志中再也没有任何一件事能被视作板上钉钉。

那件事发生后不久,特里受邀参加比肯斯菲尔德图书馆的座谈会。早上临出门,他又遇到了麻烦。我当时觉得就算比肯斯菲尔德和它的图书馆员再有吸引力,我们也绝无办法成行了。然而,不知怎的,他走出了"礼堂",上了车。我至今都不知道他是如何办到的。他在路上睡了很久,而我坐在车上,一直为他抵达目的地后的状况忧心。

是我多虑了。

当他下车走进图书馆,热情地同夹道的人群打招呼,世界仿佛又重新回到了他的掌控之中。我陪他坐在观众席前,随时做好准备替他分享趣事来暖场,在谈话快进行不下去时填补空白。然而,冷场的状况并未出现。现场笑声不断,特里·普拉切特总能让观众尽兴而归。聊到图书馆对孩子的重要性时,特里向与会者保证他在学校只学会了"如何吐痰和打架"(这一说法可能并不准确,但着实收获了热烈的现场效果)。他还揭秘了碟形世界中兰克里女巫团的成员——奥格奶奶的人物原型。该人物的灵感来自他父母的朋友——普拉姆里奇夫人。她住在比肯斯菲尔德老城,常被唤作普拉姆夫人①★。

他在会上还用"黑磨坊"喻指作家时常抱持的冷静思维。无论遇到什么情况,他们寻求素材的那部分大脑永远都不会关闭。"父亲临终时,母亲在一旁哭,我在安慰她。"特里对听众讲,"即便是在那时,我的大脑还有一部分在运转,感慨'原来是这种感觉……'这些都是'黑磨坊'的磨料,终有一日会派上用场。"

彼时,《蒸汽升腾》的手稿刚刚交给出版商,由于特里自己已经不能阅读了,我找出手机文档替他读了几页。节选部分讲的是斯托拉特的居民齐聚一堂,见证碟形世界有史以来的第一辆蒸汽火车发车。读毕,我们就离开了。和从前一样,特里收获了观众的阵阵掌声与喝彩声。

回家的路上,他在车上又睡着了,我的心情也又五味杂陈起来。这其中有活动顺利结束的如释重负,有对这位脑退化症患者再次油然而生的钦佩之情,也有悲伤和焦虑。像这样的日子还能有多少呢?

而现在是2017年,特里已经走了。我和蕾哈娜重返比肯斯菲尔

---

①★特里在自传手稿中写到了普拉姆夫人。她是他童年记忆里的常驻人物,是大卫和艾琳常聚的酒伴。她个性开朗,极度乐观,"她的笑声不大好听,像是高级妓院的排水孔发出的汩汩声。"她每年圣诞都会送给特里父亲一本有点色情的裸体日历。不过,哪年要是缺了它,汽修厂的墙面就得空空荡荡了。

德,车又一次停在图书馆外,我们不知道该怀着怎样的期待。最先令我们惊讶的是门前停满的汽车。我们之前几乎不敢想有没有人来参加这场揭幕仪式:有人会愿意为了块牌匾出门吗?然而,除了图书馆的工作人员和他们邀请的嘉宾,以及一些媒体摄影师,现场真的有粉丝。不但有本地的,还有从利兹和斯旺西远道而来的。会场人头攒动,气氛热烈得像过狂欢节,你绝对猜不出这不过是郡级图书馆为一块小小的圆形装饰举办的揭幕仪式。比肯斯菲尔德的镇长戴着精美的市长纹带;一些粉丝装扮成了《碟形世界》中的人物;镇上的发言人理查德·"狄克"·史密斯也来了,穿着华丽的金绿色……嗯……总归是令人艳羡的装束,上面缀满了奖章,还戴着一顶点缀羽毛的黑色海军上将帽。特里一定会喜欢这顶帽子,但凡有一丁点儿机会,他肯定愿意试戴。

最后的惊喜来自牌匾本身。当天鹅绒布正式揭开,映入眼帘的是深棕色底映衬的金色浮雕字体。题字庄重而感人,亦合乎情理,写着:"特里·普拉切特到此一游。"

好吧,我说笑的。它其实印着:"特里·普拉切特爵士,大英帝国官佐勋章获得者。1948年4月28日生于比肯斯菲尔德。世界著名作家,著有《碟形世界》系列小说等多部文学作品。1948—2015年。"①★

蕾哈娜在活动中表现得很出色,我既为她骄傲,又对她充满感

---

①★ 其实,特里早在1987年的小说《平等权利》(*Equal Rites*)中就讽刺过这类事:"通常情况下,一块小牌匾便足以证明某位万民景仰的大人物其实就出生在此处半墙高的地方,尽管这种出生位置完全不具有任何生态学上的可能性。"

激。至于我,面对形形色色乔装打扮的宾客,我在接下来的几小时里都被一种不真实的云雾笼罩着。所以,当有位男士走过来,自称是已故演员、《黄金镜头》节目主持人——鲍勃·蒙克豪斯(Bob Monkhouse)的前经纪人时,我还是浑浑噩噩的。他告诉我鲍勃生前有多么喜欢特里的书,还为拥有特里亲笔签名的碟形世界小说感到自豪。我听到这个消息开心极了①★。鲍勃·蒙克豪斯是我一直以来的偶像,我还有本他的自传《笑着哭:我的人生故事》(*Crying with Laughter: My Life Story*)。

图书馆有一侧进行了扩建;"比肯斯菲尔德图书馆分馆"几个大字从墙上取了下来;楼前的区域改成了停车场。但除此之外,这栋郡级图书馆几乎和1959年出现在特里眼前的一模一样:建筑崭新而又低调,门前有一片混凝土铺砌的迷你广场,依照镇议会的要求摆着几盆植物。②★建筑内部是个类似谷仓的开放空间,天花板很

---

①★ 我记得,我们还聊到鲍勃·蒙克豪斯的喜剧创作手法和特里为小说收集素材的方法有异曲同工之妙(鲍勃·蒙克豪斯习惯将随手搜集的笑料或是铺垫塞进剧本里),最后得出的结论是,他们二人都时刻心系创作,且对创作有着极为科学的认识。这一观点似乎是成立的。这让我想到,也许我们可以用二人各自搜集的"一句话段子集锦",组织一场名为"蒙克豪斯还是普拉切特?"的风格问答游戏。例如,"伯恩茅斯的一个微型村庄着火了,火焰三英尺外就看得见。"(答案:蒙克豪斯);"燃起火堆,温暖整日;燃起斗志,温暖余生。"(答案:普拉切特),如此等等。

②★ 我敢肯定比肯斯菲尔德图书馆分馆绝不是碟形世界中幽冥大学图书馆的创作原型。后者的创作灵感也许来自莫里茨·科内利斯·埃舍尔(Maurits Cornelis Escher)的画,有着拔地而起的书堆、令人头晕目眩的书架和消失的地平线;而前者显然建造于常规的三维空间。

高，设有一排排组合式书架。这些书架装着驱动特里·普拉切特写作生涯的马达。

我猜想他应是在某个周六外出购物时，被母亲带去那儿的。这个十一岁的男孩原本对什么都漠不关心，需要被拽到书前。但如今，他已经被《柳林风声》的力量唤醒了，对书充满渴求。就在十一岁这年，他突然肩负起了阅读一切的使命。不过，第一次进入比肯斯菲尔德图书馆分馆的读者很快就会发现馆内的藏书并不丰富，但数量也不算少，并且该馆似乎也清楚该从哪里查漏补缺，求购图书。

有太多书等待特里阅读，也有太多阅读之道等待特里探索，而这里恰巧有个房间可以供特里完成这些事，它散发着纸张、胶水和吸过尘的地毯的味道。父亲告诉他，小时候自己很喜欢里奇玛尔·克罗普顿（Richmal Crompton）的《捣蛋鬼威廉》（*Just William*）系列，所以没准特里也会喜欢。两本《捣蛋鬼威廉》似乎是特里在图书馆第一次借阅的书籍。拿去服务台的书被盖上了崭新的日期戳，有他名字的新借阅卡也标注了三周后还书的日期。图书馆显然有一套神圣的管理流程，单是这件事就足以让初来乍到的新手兴奋不已。

借来的书正对他的胃口。这可能是因为威廉的故事和特里在福蒂格林的日子有点相像（特里将这段故事美化成了一群自由散漫的孩子无忧无虑地四处游荡，找寻磕破膝盖、打发时间的方法），也可能是因为书里的故事和他的生活迥然不同。这显然也是阅读的益处：带你探访新地方，遇见新的人。

随后,一个儿子已经长大离家的邻居送给了特里一大批《捣蛋鬼威廉》的书。这意味着特里可以将这些书放在自己的卧室,真正地拥有它们。现在,他彻底沦陷了。

"我觉得自己中了魔咒。"谈到阅读克罗普顿的经历,特里如此形容道,"我当时说不出为什么,但现在我知道我读到的是讽刺手法,一种言语版的递眼色。它能让读者心领神会,让人陶醉其中!你可以玩文字游戏!"

再去图书馆时,他又听从了父亲的建议,拿了几本威廉·厄尔·约翰斯(William Earl Johns)上尉创作的《比格斯》(*Biggles*)系列小说。飞机、缠斗、爆炸等许许多多的精彩故事吸引着特里。截至1959年特里踏入比肯斯菲尔德图书馆之时,威廉·厄尔·约翰斯上尉已经写了六十五本以英雄飞行员比格斯为主角的小说(该系列最终共收录九十八本小说①★):《比格斯西飞记》《比格斯北飞记》《比格斯南飞记》《比格斯归乡记》……一个普通男孩可能要花几个月的时间才能看完图书馆陈列的系列全集——但特里是个例外,他只花了几天时间就读完了全部。

接着,他开始读特伦斯·翰伯瑞·怀特(T. H. White)的《马沙姆小姐的歇息》(*Mistress Masham's Repose*)。该书讲述了一个十岁的女孤儿在英国北安普敦郡发现小人国的故事。这本书同样引人入胜,

---

①★ 事实证明,比格斯就像漫画《流浪者队的罗伊》(*Roy of the Rovers*),奇迹般地丝毫没有受到岁月的侵袭。1968年,在他的冒险之旅结束时,他的面容依旧是那么年轻,眼神依旧是那么敏锐,与1932年踏上旅程时别无二致。

因为它侧面印证了另一个虚构世界——斯威夫特的《格列佛游记》是真实存在的[①]。既然如此,他不妨将《格列佛游记》也一并读了。

"我没有在刻意寻找想法、技巧或是那个可怕的词——指点。"很多年后,特里如此写道,"我只是一味地吸收。"或者正如他在2013年接受访谈时对观众所说:"我一直读到我的脑袋被填满为止。"他从没想过要取用它们,只是以自己的方式穿行在书本间,甚至一度觉得只要靠近书本就会有所收获。"不知为何,"特里在自传手稿中写过,"似乎只要待在图书馆就够了,书里的一切像是会慢慢渗进你的皮肤,即便到现在我也还是这么认为。"

这也是为什么他每周六早上在图书馆越待越久。不知从何时起,他去那儿不再只是为了还书和借阅新书,他会在书架旁徘徊,一待就是几个小时。特里总在周末流连于比肯斯菲尔德图书馆,这和有人会在周六下午逛吉他店没什么两样——只是单纯想要待在那儿,待在热爱的事物旁,待在属于自己的群落里。

不知怎的,待着待着,特里竟为自己找了份事做。十二岁时,特里发现自己加入了图书馆的工作队伍,成了一名"周六志愿者"。不过,图书馆是否真的刊登过类似的招聘启事?以及此前有过"周六志愿者"的职位吗?其实,特里似乎只是从闲逛变成了自发地帮忙,而他能做的事也越来越多。起初,他主要是帮着把书放回书架;后来,他会坐在桌前,拿着胶水和胶带,挥舞着剪刀和刻刀,修复一摞破损

①《马沙姆小姐的歇息》中,小女孩遇到的小人是格列佛遇见的小人国居民的后代。

的书籍①★。他还一度有机会领略了杜威十进制图书分类法的魔力。他从不曾因此获得酬劳。

但劳动还是为他换来了甜头。这个人小鬼大、戴着眼镜且十分执拗的小孩从一项不成文的协议中受益良多:管理人员对特里为自己写了多少张借阅券视而不见。虽然特里自估的最高借阅册数总是变来变去,但"六十七"是他最常提到的数字。这能填满一整面书架的书原属于比肯斯菲尔德及其周边的居民,但似乎没人注意到它们曾被临时搬进了特里的卧室。

偶尔会有读者拦住他寻求建议。据特里回忆:"进了图书馆的人会拦住这个搬着一摞摞书走来走去、奇怪却又彬彬有礼的孩子问一些问题。比如,'有适合八岁小孩读的书吗?'我会回答:'有给十二岁小孩读的。'因为我一直觉得向图书馆员寻求建议的家长永远无法真正理解喜欢阅读的孩子是怎么读书的。谁会想要读一本适合自己的书? 至少我不会。我想要读不合适的书。"

查尔斯·"奇克"·塞尔(Charles 'Chic' Sale)的《专家》(*The Specialist*)算是不合适的书吗? 这本书也在特里父亲推荐的书目之列。特里·普拉切特称它是有史以来最精彩的文学作品之一。他言之有理。塞尔是一位美国杂耍演员,他的短篇小说《专家》创作于1929年,故事讲述了一个户外厕所的建造者十分热爱自己的专长,

---

① ★ 当我想象特里灵巧地修复图书馆书籍的样子,我不禁回忆起我跪在"礼堂"的地板上帮他包装圣诞礼物时,他双手抱胸地站在一旁看着我,说:"我总是怀疑怎么会有人能把礼物包得这么好。"显然,他在这方面的才能远比他展露的多。

总是不吝发挥自己在厕所建造方面的才能，为他人提供便利。特里在图书馆的书架上找到了这本书，带回家后狼吞虎咽地读完了整本。这本书最吸引他的地方在于它不包含任何笑料，却依旧妙趣横生。这显然是门真正的艺术。

后来，特里在2004年为水石书店的内部出版物《图书季刊》撰写了一篇文章，盛赞这本薄薄的书是"道破幽默本质的温和教育。幽默那东西需要深厚的土壤。"特里写道，又讥讽地加了句，"风趣只需要种在潮湿的法兰绒上。"

那图书馆里装订成册的旧杂志《笨拙》（Punch）会被归为不合适的书吗？这些暗红色的书册已略微发霉，其历史可以追溯至十九至二十世纪之交，数量惊人，占据了书架几码的空间，大概也不是专门为十二到十四岁的读者准备的。然而，年幼的特里抽丝剥茧地将它们都读完了，一本都没落下。他声称自己绝不是只看了漫画和H.M.百特曼（H. M. Bateman）的插画（尽管它们定是让特里在那段时间拿起画笔，开始自创漫画的部分灵感来源），而是徜徉于一篇篇文章中，在漫画创作方面获得了珍贵的启蒙。

他在《笨拙》合订本中读到了P.G.伍德豪斯（P. G. Wodehouse）、乔伊斯·顾莲费尔（Joyce Grenfell）、金斯利·艾米斯（Kingsley Amis）、昆廷·克里斯普（Quentin Crisp）、巴兹尔·布斯罗伊德（Basil Boothroyd）和萨默塞特·毛姆（Somerset Maugham）的作品。杰奥弗里·韦兰斯（Geoffrey Willans）和罗纳德·塞尔（Ronald Searle）的作品

将他引向了玛丽·路易莎·莫尔斯华斯(Mary Louisa Molesworth)的书；循着R.J.叶特曼(R. J. Yeatman)和W.C.塞勒(W. C. Sellar)的文章，他又读了两位合著的戏说历史类作品——《1066年及其他一切》(*1066 and All That*)，以及更鲜为人知的《现在这一切》(*And Now All This*)、《马之谬言》(*Horse Nonsense*)和《花园垃圾》(*Garden Rubbish*)……

《笨拙》将马克·吐温还有杰罗姆·K.杰罗姆①也带进了特里的视野，他就顺带延伸拜读了两位作家的作品。阅读《笨拙》还意味着他会读到帕特里克·坎贝尔(Patrick Campbell)的专栏。帕特里克·坎贝尔和艾伦·科伦(Alan Coren)(另一位为《笨拙》供稿的作者和报纸专栏作家，特里后来很喜欢他，也公开打趣过他)一样，后来因在BBC单词猜谜节目《唬人游戏》中担任队长一炮而红，但对特里而言，早在帕特里克担任《笨拙》的作者时，他就已经闻名于世了②★。这些装订成册的杂志成了名副其实的百科全书，影响深远，先是塑造了特里的

---

①杰罗姆·K.杰罗姆(Jerome K. Jerome, 1859—1927)，英国幽默作家，以喜剧游记《三人同舟》(*Three Men in a Boat*)而闻名。

②★1997年11月，特里实现了自己一直以来的梦想，和艾伦·科伦、巴里·克莱尔(Barry Cryer)和桑蒂·图克斯威格(Sandi Toksvig)一同上了《唬人游戏》。唯一遗憾的是，当时，节目主持人已经从罗伯特·罗宾逊换成了鲍勃·霍尔尼斯(Bob Holness)。特里很崇拜罗宾逊，不过最让他崇敬的，也是最早注意到的，是身为作家的罗宾逊。至于特里在节目中的表现如何，他在粉丝论坛 alt.fan. pratchett 中这样写道："宁可割腕自杀，也别在艾伦·科伦和巴里·克莱尔搭档时虚张声势、班门弄斧。"但他已经表现得足够好了。他补充道："我想接下来该进入咖啡广告时间了。"

新闻职业生涯，随后又为他的写作提供了源源不断的动力。①★

　　也正是在《笨拙》杂志中，特里第一次读到了亨利·梅休（Henry Mayhew）的名字。他指引特里走到图书馆的另一面书架前，翻开梅休的代表作、维多利亚时期的新闻纪实作品——《伦敦劳工与伦敦贫民》（*London Labour and the London Poor*），沉沦其中。梅休遍访伦敦，同遇到的每个人谈论他们的工作。从舍己为人严防恶性咬伤、"为女王消灭老鼠和鼹鼠的灭鼠人"，到收集狗粪卖给制革厂的"至纯探索者"，以及介于二者间的形形色色的街头小贩，这本书和伦敦的街道一样熙熙攘攘，充斥着各色人物的声音。梅休的这部伟大作品最终成为特里2012年创作的小说《道奇》的直接灵感源泉。但可以说，早在那之前，它就已经幻化为碟形世界中安科-莫波克城的街道，甚至比那更早，它就已经在特里的想象世界占据一隅之地了。

　　1961年末，特里十三岁，一位比肯斯菲尔德图书馆的管理员将三册用绳子捆扎的书推到这位"周六男孩"的桌前，说了句："我想你可能会对这个感兴趣。"

　　特里后来谈到《指环王》（*The Lord of the Rings*）时说②★："那套该死的书是我一生之路上的绊脚石。"当时，托尔金的这部伟大作品

---

①★ 2013年再访图书馆时，特里向图书馆员大声哀叹，惋惜那些《笨拙》杂志已经下架了。他提议用当天的票务收入，即要捐赠给图书馆的收入，重新购买这些书。他并非完全是在说笑，不过我想图书馆还是慷慨地行使了不理会他的权利。

②★ 1985年，特里在考文垂诺瓦科幻大会（Novacon）上发表演讲《为什么甘道夫从没结婚》（"Why Gandalf never married"）时说过这番话。

尚未像现在这么热门:三卷书相继出版于1954年至1955年,但其创作早在1949年就完成了。学校里的其他孩子早就读了这部作品,针对它的讨论也已过了风口浪尖。所以,特里不慌不忙地将它搁置了几周,直到跨年夜帮父母的朋友看孩子时,才独自坐在别人家的起居室里翻开了第一卷。

卷首的地图顿时让特里预判这会是本好书。一本书开篇就有地图往往能反映出其质量之高,不是吗?这说明你将踏上一场探奇访胜的旅程。特里并没有失望。很多年后,他仍记得自己坐在六十年代的沙发上,前厅空空荡荡、略带寒意(这位业余保姆显然没有注意到暖气关了),阅读时他感受到"地毯的边缘衍生出大片的森林。我记得灯透过树木投出绿色的光。我从未如此真实地体验过置身故事的感觉。"

他一整晚都在读这本书。午夜到了,1962年接踵而至,但特里仍在阅读。接着,他的父母从派对回来了,他回了家,在床上一直读到凌晨三点。元旦当天醒来时,书就在他胸前。于是,他又捧起来继续读。当晚,特里就把三本书都读完了。据他的估算,他一共花了二十三到二十五个小时。读完第三卷后,他又翻开第一卷重新读起。

如果说《柳林风声》在特里的人生电影中出场时应以竖琴配乐,那么《指环王》就是另一个需要竖琴伴乐的时刻,并且弦应是拨得更用力。这是他初次接触"幻想小说",也是他第一次停下来思考这个标签是否真的有意义,或者说是否真的像人们认为的那般有意义(就定义而言,所有的小说不都是某种程度的幻想吗?成年后,特里花了大半辈子的时间投身这场辩论)。这还是他第一次陷入一种青少年式的狂热崇拜中,他最终将走出这种崇拜,只留最深最持久的印记未能磨灭。当然,特里绝不是唯一一位在年少时将《指环王》奉为人类最伟大成就的读者。但考虑到特里在比肯斯菲尔德图书馆拥有的特权地位,这本书的意义不仅关乎书籍本身,还关乎它打开的更广阔的世界。它将特里送去了迄今为止他从未涉足的图书馆区域:神话区、远古历史区、历史区、考古区……就像引发了一场地震,任地面的裂缝朝着四面八方延伸。

六年后,特里就中篇小说《大伍顿的史密斯》(*Smith of Wootton Major*)给托尔金写了封信。小说讲述了铁匠的儿子误食了藏在节日蛋糕中的神秘成分得访仙境的故事。原作出版于1967年11月9日,特里很快就读完了这本书:他给作者的信是11月22日写的。托尔金也很迅速地回了信,回信标注的日期是11月24日,所以他基本上是一收到信就写了回复。这封信写于特里十九岁,自赖丁路25号寄出。特里并未提到自己的记者身份(他已在《白金汉郡自由报》工作了快两年),也没提到自己是一名抱负远大的作家。彼时,他已经发表了第一篇小说,手上还有一部儿童文学的手稿。写信时,他并未期待会有回复,只想单以粉丝的身份表达感激。

尊敬的托尔金教授：

这只是一封单纯的感谢信。我刚刚读完了《大伍顿的史密斯》。实话说，当订购这本书时，我以为它会是有点像《哈莫农夫贾尔斯》①★的轻松故事。然而，我却将它读了一遍又一遍，心中满是敬畏。

我不知道是书中的什么触动了我，让我提笔写下这封信。有种东西在《指环王》中几乎从未出现过，即便出现过也只是一转即逝，那就是认同感。您在《大伍顿的史密斯》中所写（我希望我充分理解了其内涵），让人产生了一种近乎认同的感觉。阅读时，一种奇怪的悲伤笼罩着我。我无法更具体地形容我的感受。就像听到了一首久远的曲子，不过按照格雷夫斯②★的定义，说它是诗歌更为贴切。非常感谢您的创作。

期待《精灵宝钻》的面世。③★

您的忠实读者

特里·普拉切特

---

①★《哈莫农夫贾尔斯》（*Farmer Giles of Ham*），托尔金于1937年出版的中世纪幽默寓言故事。该书讲述了一个资质平平的农民用大口径枪击退了一个弱势的巨人，意外成了当地的英雄。随后，他被人们寄予厚望，对付来到当地的、更为凶残的巨龙。

②★指罗伯特·格雷夫斯（Robert Graves, 1895—1985），作家。他最出名的作品是战争回忆录《向一切告别》（*Goodbye to All That*）和为罗马皇帝创作的虚构性自传《我，克劳狄乌斯》（*I, Claudius*）。他还著有许多诗集，深受特里喜欢。

③★特里且得等上一段时间。托尔金自1917年就开始创作收录了《精灵宝钻》（*The Silmarillion*，特里在信中误拼成了"Silmarilion"）的故事集。但该书最终由托尔金的儿子克里斯托弗整理，直至1977年托尔金去世四年后才出版。

托尔金的回信很简短，简短到像是在挥毫间一蹴而就。短短四句话里，他先是提到这是他收到的第一封有关《大伍顿的史密斯》的粉丝信件，接着补充道："你对这个故事的理解程度显然和我一样。我也说不出更多了。"我们无须纠结事实是否真的如托尔金所言：他再也表达不出更多看法了。这不重要。重要的是，这次迅捷的通信或正或误地重新塑造了托尔金在特里心中的形象。他不再是高居庙堂之人，而是平易可亲的凡人，会用打字机直接回复他的读者，这给特里留下了深刻的印象。

一切还要说回比肯斯菲尔德图书馆和那摞用绳子绑着、被推到特里桌前的书。这个"笨蛋和做着白日梦的孩子"（再次引用特里的原话）在图书馆找到了属于他的可能性。那就是成为一名作家，写出能收录于图书馆的著作，供其他的笨蛋和白日梦想家发掘，以寻找属于他们的可能性……我坚信，由此产生的正向循环，会给特里带来比其他任何职业成就都要持久深刻的满足感。

"很难想象会有没先成为读者的作家。"特里曾这样写道。我几乎可以想象到他的样子，快满十二岁的他盘腿坐在儿童科幻区的地板上，低头读着一本在腿上摊开的书，旁边的地板还另放着几本，一条属于他的道路已在他的面前延伸开来。又或者，正如蕾哈娜为牌匾揭幕仪式发表讲话时所说："爸爸生于比肯斯菲尔德，但特里·普拉切特诞生于比肯斯菲尔德图书馆。"

第 三 章

色情杂志、没吃完的蛋奶糊
和撒旦配色的校服

在两件事上，特里·普拉切特是受了祖母的启蒙：

第一件是读G.K.切斯特顿①的作品。

第二件是对抽烟的态度。

也许我们该先从抽烟说起。

特里的祖母——普拉切特奶奶，习惯自己卷烟抽。抽完烟后，她会把烟头从烟灰缸里拿出来，挑开卷烟纸，把未燃尽的烟丝再放回装烟草的罐子里。不浪费就不愁缺。正如特里在2004年一篇写到她的文章中所说："这件事让年幼的我着迷，因为你不用细算就知

---

① G.K.切斯特顿（Gilbert Keith Chesterton，1874—1936），英国作家，哲学家，文学和艺术评论家。他被称为"悖论王子"，善用谚语、格言和寓言等来表达观点，著有"布朗神父"系列侦探小说。

道有些烟丝定是她抽过数十年的,甚至更久。"

　　学校放假时,每遇到父母要工作,特里就会被打包送到普拉切特奶奶家。奶奶住在比肯斯菲尔德的公营公寓①★。某次他在奶奶家顽皮,在老人面前用一个挖空的土豆和一根吸管仿制了一顶"烟斗",一边做还一边大声嘟囔,他很好奇烟的口感和吸烟的感觉是什么样的。那年,他约莫八岁。

　　这种时候,换作没那么明智或是现在的监护人,可能早就一把从男孩的手中夺过土豆,教育他小小年纪要把心思花在制作更有益身心的东西上,比如枪。但普拉切特奶奶的做法显然和其他监护人迥然不同。她耐心等着特里完成他的手工,默默从罐子里取出一点烟丝,放在特里即兴制作的烟斗的斗钵里,帮他点燃烟丝……然后静静地看着他吸了口吸管,脸唰地变成惨绿色。她仍默不作声,为他递上一杯柠檬水好帮他恢复。

　　此举可谓是一招制胜。特里后来简略地提过一句,除了"二十世纪六十年代发生的一些情有可原的逾矩事件",他从那天起就再未抽过烟。

　　那件事发生约三年后,特里十一岁时,G.K.切斯特顿出现了。普拉切特奶奶似乎又采取了沉浸式教育的策略,这一次的成效更是

---

　　①★ 特里声称,正是在这间公寓,他在地板上玩时,一抬头看到电视里正放着死神在与什么人交谈。事实上,那是英格玛·伯格曼(Ingmar Bergman)1957年执导的电影《第七封印》(The Seventh Seal)中的场景。这部片中的死神给特里留下的印象是和蔼可亲的,而并非狰狞可怖。特里决定把这个想法珍藏起来,以供后用。

立竿见影。奶奶的公寓里有个摆满书的书架,上面最厚的书当属《填字游戏解谜字典》(普拉切特奶奶十分热衷且擅长做填字游戏),幻想读物也不少。有一次,和特里在一起时,她从书架上取下了切斯特顿1904年出版的幻想小说《诺丁山的拿破仑》(*The Napoleon of Notting Hill*),讲的是1984年[①]★伦敦迎来爱说笑的新王登基的故事。

特里写道:"我朗读,奶奶就在一旁听着"。他读完《诺丁山的拿破仑》后,奶奶又让他试着读《星期四人》(*The Man Who Was Thursday*)。特里后来表示,他认为每位从政者都应当读读这本书。

除了提供书,普拉切特奶奶还告诉特里,1936年过世的切斯特顿也曾住在比肯斯菲尔德。很久前,她还在街上偶遇过他。她还和特里说,切斯特顿"身材高大、声音尖细"。这(指切斯特顿曾居于此、身材高大且声音尖细一事)让特里瞬间想通了为什么普拉切特奶奶家对面的草坪被称作"切斯特顿绿地"。

接着,普拉切特奶奶还透露了切斯特顿的另一件光辉逸事。有一次,这位伟大作家为了将延迟完稿的文章按时送到伦敦的《斯特兰德》杂志社,硬生生地在比肯斯菲尔德火车站拦下了一列火车。

G.K.切斯特顿媲美超级英雄的拦火车能力自然值得惊叹,但爆料最吸引特里的地方在于这位著名作家生活在特里全然熟悉的村镇——比肯斯菲尔德。就在同一个火车站,小特里曾在铁轨上放过硬币,等待过往的火车从上面碾过去。从某种程度而言,关于切斯特顿

---

①★ 让人想到乔治·奥威尔(George Orwell)的《一九八四》。事实上,有人认为奥威尔是为了致敬切斯特顿才选择了该年份。

的传言给特里的冲击,不亚于若干年后在伦敦科幻大会上,他在小便池前发现身旁站着他的偶像——阿瑟·克拉克。这让特里意识到,人们或许很容易为作家树立起宏伟的形象,但作家也是生活在我们身边有血有肉的人(比如,阿瑟·克拉克甚至会在你身旁排空他的膀胱)。既然如此,相信自己在很久之后会成为一名作家也没什么稀奇。

特里怀着对切斯特顿的好奇去了图书馆。他发现切斯特顿曾为童话故事辩护,驳斥童话故事误人子弟之说。"反对童话故事是因为它告诉孩子们世界上有恶龙。"切斯特顿如此写道,仔细想来这些句子像极了普拉切特的风格,"但孩子早就知道世界上有恶龙了。童话故事只是告诉他们,恶龙是可以被杀死的。"

特里将从切斯特顿身上学到:"若是以意想不到的全新角度观察不起眼的日常小物,便会发现,它们比虚幻的野生生物更诡谲怪诞。"这一感受显然成了特里自己在创作时运用的试金石。多年后,应邀为自己的梦幻作家晚宴指定嘉宾时,特里选择了G.K.切斯特顿、马克·吐温和尼尔·盖曼,并解释说他是出于文学才能和不俗谈吐选择切斯特顿和吐温,选择盖曼则是因为他总能帮自己找到好吃的寿司。特里和尼尔还将他们合著的小说《好兆头》[1]献给了切斯特顿——"一位洞察世事之人。"

所以,普拉切特奶奶给了特里切斯特顿的书,以及随书而来的一切,而特里也投桃报李,回她以科幻小说。特里待在图书馆科幻区

---

[1] *Good Omens*, 全名为 *Good Omens: The Nice and Accurate Prophecies of Agnes Nutter, Witch*(《好兆头:巫女艾格妮丝·风子的<精良准确预言书>》)。

的时间越来越长,他觉得应该同祖母分享自己的文学发现才对,就像祖母和他分享一样。

于是,他带着许多科幻小说来到公寓:有詹姆斯·布利什(James Blish)的《飞行都市》(*Cities in Flight*)系列——《地球人,我们回家》(*Earthman Come Home*,1955)、《它们将拥有星辰》(*They Shall Have Stars*,1956)、《在时空的尽头凯旋》(*A Clash of Cymbals/ The Triumph of Time*,1959),还有布莱恩·奥尔迪斯(Brian Aldiss)的短篇故事集《太空、时间和纳撒内尔》(*Space, Time and Nathaniel*,1957)、《时间之幕》(*The Canopy of Time*,1959)和《明日之机》(*No Time Like Tomorrow*,1959)。一直鼓励他的普拉切特奶奶总是热情地接过书,在他走后就忘我地读起来。

"她是这么说的。"特里写道,"不过,你永远摸不清奶奶是怎么想的。"

相较特里母亲的严厉鞭策,普拉切特奶奶采用了更温和的教育方式,同样为特里尚未成熟的心智带来了深刻影响。奶奶名叫弗洛伦丝,生于亨特。这位身材矮小的妇人看似沉默寡言,任劳任怨,但特里后来才意识到她实则特立独行,大智若愚。倘若条件允许,她也可以很有冒险精神。出学校后,她去做了服务生,接着又自学了法语,去法国做贴身女仆。

在第一次世界大战期间,年轻的女性响应号召给前线士兵写信。据特里说,弗洛伦丝在一顶盛着众多笔友姓名的帽子里抽了一张，从众多"孤独的汤米"①中选中了威廉·普拉切特。他们在通信中渐生情愫，待普拉切特家三兄弟都奇迹般地从大战生还后，二人就在一起了。"这就像《拯救大兵瑞恩》，"特里用这个发生在不同年代的故事作比，叙述家人奔赴前线之事，"只不过结局不同：所有的二等兵都活了下来。"普拉切特家族史骄傲地宣示，特里的曾祖父母曾收到一封国王的亲笔信，感谢他们为抗战做出了三份贡献。

特里总觉得祖母是下嫁给了祖父。诚然，威廉·普拉切特〔特里对他的形容五花八门，时而称他像温斯顿·丘吉尔、乐队领队比利·科顿（Billy Cotton），时而叫他脾气恶劣的老土豆〕为人正直，为夫忠诚，也算是优秀合格的祖父：他会给特里讲述许多令人瞠目结舌的一战故事、偷猎时取得的丰功伟绩，抑或是孩提时代发生的奇闻逸事。比如，人们要他冲着乙炔车灯撒尿，因为乙炔这种碳晶体一旦干燥就无法产生气体，无法在夜间为汽车照明。特里在他的自传手稿中写道："那是种真正的怀旧之思，如今所说的怀旧和那比起来，完全不是一个等级的。"

但威廉·普拉切特没什么文化，他的乐趣之一是在玩二十一点和多米诺骨牌时作弊。他对书籍和阅读嗤之以鼻，这意味着普拉切特奶奶不得不偷偷摸摸、担惊受怕地读书。即便如此，她还是不露声色地读完了她能接触到的所有书籍（詹姆斯·布利什的作品可能也在其中），并努力守护着那个让勤学好问的特里受益匪浅的书架。

---

① "孤独的汤米"特指战争期间前线的孤独士兵。

顺带提一句,普拉切特爷爷享年九十二岁,但他一直认为自己活到了九十四岁高龄。弗洛伦丝去世后,他独自坚强地过活,守着"一桶桶冒着气泡的自制葡萄酒",特里回忆道。他终是学会了照顾自己,这是他那代男性往往终其一生也无须掌握的技能。有天,他置办了一桌丰盛的午餐独自享用,用牧羊人派佐以梅子和蛋奶糊。吃到一半,普拉切特爷爷就觉得不舒服,敲墙招呼邻居叫了救护车。车子还没到医院,他就过世了。根据特里父亲叙述的故事版本,威廉·普拉切特留给这个世界的最后一句话,是他痛苦喊出的那句:"我还没吃我的蛋奶糊呢!"

显然,这又是一个可以归为"精彩到需要查证"的家族故事。

事情往往都是这么发展的。一开始,你只是从图书馆或祖母那儿借几本书,想着一切尽在掌控,你能处理好:不过是借几本书,有什么大不了的。接着,你会得寸进尺地开始去二手书店买旧书回家,甚至会把它们摆在卧室的书架上。至此,你已深陷泥潭,无可救药,不知不觉间将手伸向新书,从此染上了一生都戒不掉的书瘾。

就这样,某个周末,小特里·普拉切特并没去图书馆,而是骑着自行车去了离家不远的佩恩村的村舍书店。这里从前开的是炸鱼薯条店和巴克莱银行分行,直到有人在一个窗口放了几本旧精装书,每本卖几便士,才做起了贩书的新买卖。但从外观看,比起店铺,它还是更像间小村舍。

不过，《碟形世界》的读者想必对L空间(L-space)这一概念不会陌生，没读过也不要紧，只需查阅《碟形世界指南》(*The Discworld Companion*)的"图书馆性质篇"就能略知一二："再普通的书籍，合在一起也能扭曲空间和时间。凡是在真正的老式二手书店待过的人都能轻易证明这点。书店的楼梯通道比楼层都多，一排排书架通向一扇扇小门，小到人无法直立通行。"L空间的法则显然适用于村舍书店：每个小房间都摆满了高高的书堆，不同类别和年代的书籍将房间挤得水泄不通。特里可能就是在这儿获得了最初的灵感，开始构思那些法则，但这里绝非他的唯一灵感来源。

特里在村舍书店买的第一本书，是一本状态尚新的二手《布留沃英文成语与寓言词典》(*Brewer's Dictionary of Phrase and Fable*)。后来，他在受邀为这本黄金参考书作序时(他将此事定义为他职业生涯中值得骄傲的里程碑①★)，一开始还试图用"神话、传说、名言、偏门野史和俚语汇编"定义该书，随即就放弃了，说："更妥帖的描述应当是一段受教之旅。"这本工具书自是他查询信息的重要对象，正如2004年他在波士顿世界科幻大会发表演讲时所言："当我需要弄清如何建造一个以花开花谢来报时的花钟时，我最先想到的就是《布留沃英文成语与寓言词典》，答案就在书里。"但特里最开始可不是这么理解该书的用法的。毫不知情的他径直翻开书，像读小

---

①★ 在特里眼中，这比亮相《唬人游戏》、从高高的台阶上走下来还要棒。

说一样,将其从头到尾读了一遍①★。

后来,特里会以更常规的方式使用这本书。但即便如此,对特里而言,这本书的魔力并不在于它能满足隐秘的好奇心;相反地,它的特别之处恰恰在于,它能让隐秘的好奇心勾出更为隐秘的好奇,随着阅读的深入,脑中逐渐浮展出一幅奇异的旅行路线图。特里喜欢这本书呈现并倡导的触类旁通之道,让一件事自然地指向另一件。他认为,试着只读《布留沃英文成语与寓言词典》的一个词条就和"试着只吃一颗咸花生"一样,注定行不通。从这一角度来看,特里觉得它是一本完美的参考书。

村舍书店的二手科幻和奇幻小说书架同样具有魔力。身处全球化网购时代的我们,很容易忘记一个初来乍到的科幻迷要在二十世纪六十年代初觅得这些书有多难。当地图书馆的书要是借完了,就得闻风而动、掘地三尺地寻觅科幻小说。那段时间,特里总去报刊亭、烟店和药店的塑料转盘架前碰运气,架子上混列着英国和美国出版的廉价简装书,由专人定期补货。每到一个新的市镇,他都要将这些摊位扫荡一遍。言情小说、战争故事和西部小说占据了转盘的大半江山,偶尔运气好,才能淘到少许特里想要的宝贝,找到艾萨克·阿西莫夫、阿瑟·克拉克、哈尔·克莱蒙特(Hal Clement)或A.E.范·沃格特(A. E. van Vogt)的书。

---

①★ 过了好一段时间,特里才听到有人讲出他在这本词典中遇到的一些生僻词。他告诉我,他在很多年里都误以为"ogre"(食人魔)一词的发音是"oggree",直到某一天才突然顿悟。

　　特里发现一家藏书丰富的二手书店可以成为你最好的挚友。就像福蒂格林的园丁傍晚骑着满载蔬菜的自行车回家，特里骑车回位于上赖丁路的家时，车把上也挂着沉甸甸的手提袋，里面塞满了廉价而又珍贵的书籍，摇摇欲坠。如果说特里·普拉切特生于比肯斯菲尔德，作家特里·普拉切特生于比肯斯菲尔德图书馆，那么藏书人特里·普拉切特定是出生在佩恩的村舍书店。

　　除了村舍书店，"小图书馆"是特里在阅读领域的第二大重要发现。实际上，这个地方勉强算是个商店，但绝称不上是图书馆。它只是个简陋的木棚，坐落于海威科姆浮若阁摩尔街区一处未经修缮的轰炸遗址。一天下午放学后，年约十三的特里肩上还背着书包，大胆地走近这座其貌不扬的建筑，掀开珠帘走了进去。

　　要是他个头再高一点，自信再足一些，抬眼时他的视线可能刚好就能撞见比肯斯菲尔德最全的系列色情书刊。那时，店主——那个坐在柜台后织毛衣的老妇人，大概就会暗示这个中学生来错了地方，要他离开。

　　但特里的眼睛看向了地板，那里堆着装满英国和美国科幻杂志的纸箱，占据了屋内一半的空间。他惊喜地翻阅着这些杂志。这里有不少诸如《新世界科幻》(*New Worlds Science Fiction*)和《科学奇幻》(*Science Fantasy*)的英国刊物，也有异域风情扑面而来的美国期刊：《奇幻和科幻杂志》(*The Magazine of Fantasy and Science Fiction*)配有色彩绚丽的封面；《银河科幻》(*Galaxy Science Fiction*)让你有机会读到考德怀纳·史密斯（Cordwainer Smith）或哈兰·埃里森（Harlan Ellison）的作品；厚厚的小开本杂志《惊奇科幻》（*Astounding Science Fiction*）引人入胜，创刊于1930年，若是幸运，还能在其中读到罗伯特·海因莱因或詹姆斯·布利什的长篇。这里还能找到《向量》（*Vector*）杂志。这本略显简陋的黑白打印版爱好者杂志，其实是某个叫"英国科幻协会（British Science Fiction Association）"的机构的评论月刊，这又立即激起了特里的延伸探索欲。后来，特里每周要来"小图书馆"两到三次，每次离开时都背着快被撑爆的书包，口袋里又少了几个先令。

特里严重怀疑他是唯一对地板上那些箱子感兴趣的常客。在柜台后面织毛衣的女士已经习惯了他的到访，时不时地还会请他喝杯茶。当特里询问她从哪儿弄来了这些他视作掌上明珠的宝贝时，她只是简短地答道："有人扔在这儿的。"至于书店的主业……好吧，特里的目光应是终于飘向了书架上层。不过，他坚称那里陈列的都是软色情作品，若是按后世的标准来论，完全算得上是正经杂志。他将这类文学统称为"咯咯笑和吊袜带"。尽管如此，特里的确目睹了店主从柜台下取出装在神秘棕色信封中的货物，一言不发地递给鲜少登门、来时却总是穿着雨衣的顾客。根据特里的观察，信封里装的应该不大可能是稀有的科幻杂志。

不幸的是，这些科幻宝藏的确和成柜的淫秽作品比邻。这似乎也揭示出科幻小说在那一时期的英国文化中占据的普遍地位——

带着些俗丽和尴尬。特里将会发现，那一时期的科幻作品虽然很多，却没有一本能让人肃然起敬。

不过，这并不妨碍你阅读它们。有一天，就在特里翻箱倒柜时，木棚进来了位绅士。从发型和他眯着眼扫视全屋的样子，可以猜出他是位在执勤的便衣警察。"他在这儿做什么？"男人指着坐在地板上还未成年的特里，疾声问道。

妇人一边织着毛衣，一边优雅地回了句法语名言："honi soit qui mal y pense（心怀邪念者蒙羞），杰弗里。"她的白金汉郡方言让这句话听起来像是"Onny swar key marley ponce[①]"，令特里忍俊不禁。警察没作声就离开了。

后来，"小图书馆"改成了汽车经销店的前院。但在此之前，少年特里已从这里搬回了成堆的资料，囤在卧室里，独自品读，为黑磨坊储藏更多磨料。这些书中不乏草草写完的平庸或粗劣之作，特里知道。[②★]但照他的话讲，即便是最烂的科幻或奇幻作品也能"让他的大脑做单车训练：它可能无法带你游历四方，但还是能紧实你的肌肉"。一本小说若是能够持续思索未来的可能性、展望之前从未

[①] 谐音略像"I swear he's merely a police（我发誓他只是个警察）"，这可能是让特里发笑的原因。

[②★] 为 J.G.巴拉德作传的传记作者兼科幻作家约翰·巴克斯特（John Baxter）曾在他的藏书回忆录《一磅纸：一个嗜书者的告白》（*A Pound of Paper: Confessions of a Book Addict*）中直言不讳地分享过他的心得。他欣喜地在一个同学的车库里发现了大量科幻杂志宝藏："我偶然撞破了科幻文学的经典法则：90%的作品都是垃圾。"特里全然赞同这一观点，然而……

畅想过的未来,就绝不会只有腐蚀心灵之效,不是吗?特里认为:
"科幻小说读多了,要成为偏听偏信的盲从者也很难。"单就他的经
历来看,他说的没错。

当然,特里不可能把所有时间都花在阅读上,他每天还得抽空
兼顾课业。1959年九月,得益于艾琳的积极敦促,特里压线通过
"11+"小升初考试,成功跳过比肯斯菲尔德现代中学,赶上了驶往威
科姆技术高等中学的车。他换上了从海威科姆的赫尔-鲁斯利-皮尔
斯百货商场新买的统一制服。除领带和西装外,制服还配了一顶点
缀黄边的黑色帽子(正是从1959年开始的惯例)。特里对此的评价
是:"我记得后来读到过,那是撒旦的配色①★。"

撇开这一联系不谈,我们至少能从一点看出威科姆技术高等
中学的不同寻常。它在排名垫底的现代中学和名列前茅的文法学
校间夹缝生存,致力于在提供传统、全面的文法式教育的同时,兼顾
向贸易、商业等任何"经世致用"领域倾斜的实践应用。因此,特里
在学校常用的学习用品还包含一条木工围裙和一套金属加工用
具。学校还设有异常多设施完善的工作坊,外加一个壁手球场。然
而,就实际情况而言,教育的中间地带并未像1944年《巴特勒教育法

---

①★特里的记忆有些模糊,但并非毫无根据。法国贝桑教堂的中世纪壁画
呈现了红色火焰为背景、黑黄相间的撒旦。不过,画中的撒旦没戴帽子,更没有
乘公交车去威科姆。

案》①设想的那般容易占领,成功开办的技术中学寥寥无几,充其量只有2%~3%的英国学生真正在"技术"领域找到了自我。因为稀缺,特里接受的这种学校教育可谓是颇具价值。

特里的父母自是认同学校推行的实践型教育,但在乎程度似乎也还没强烈到准许儿子开学第一天就去上学。那年九月,和之前去霍尔茨普尔小学入学时一样,普拉切特夫妇又一次拒绝缩短他们来之不易的暑假,而特里又不得不在其他人已经上了一整天学后才去新学校报到。这一次,所幸没有会造成心理伤害的挂衣钩图片,但特里后来坚称,数学老师在开学第一天讲了代数,这就是为什么他一直不会解一元二次方程,语气坚定得像在陈述一件不争的事实。

好不容易摸清学校的环境,找到自己的储物柜后(他发现威科姆技术高等中学每个储物柜上配的钥匙都能打开所有的柜子),特里似乎很快就认准了自己的定位,即成为一名不惹人注意的中等生,确保自己既不会备受关注,也不会招惹是非。在特里心中,学生要想在学校过得快乐,最好待在"高而不被打压,低而避开射程"的位置。他似乎迅速就找到了目标位置,并一直稳坐其上。

有母亲的敦促,特里自是用功,家庭作业定是能够完成。但若是拿学校期望的标准来衡量,他并不出类拔萃:不看代数部分,他的

①《巴特勒教育法案》(Butler Education Act)在1944年由时任英国教育部长R.A.巴特勒指导通过议会。在该法案的指导下,英国地方教育当局致力于建立学校体系中的三个主要类别——文法学校、现代中学和技术中学,旨在为英国所有背景的学生提供免费中等教育。

数学成绩还不赖[1]★;他对历史感兴趣,但也会对历史课教的内容意兴
阑珊;他的木工和金属加工技艺略胜一筹;他擅长美术,但偏爱的是
动画和讽刺漫画,而不是美术作业要求的一板一眼的严肃作品;他矮
小瘦弱,不擅运动,特别是曲棍球。尽管他喜欢"手握武器"的感觉,
但这的确是一门他"不仅不擅长还得以身犯险"的运动。没有记录表
明特里是否尝试过壁手球,不过这可能也是件好事。那年,他还被迫
参加了田径越野跑。跑步时,他和朋友迈克尔·罗故意落在队尾,跟
着队伍,毫无好胜心地沿着划船的小溪跑进威科姆拉伊树林,一边聊
得火热,一边观察着四周。有天,他们在瀑布边停下,观察一群刚刚
孵化的小青蛙在草坪上跳来跳去。可是好景不长,"当我们低头看脚
下的时候,"迈克尔回忆道,"突然意识到我们踩在一层小青蛙的尸体
上。跑在我们前面的人途经此地时踩到了成百上千的小家伙,踩扁
的尸体在小路上简直铺成了一块地毯。"迈克尔和特里继续跑起来,
心有余悸[2]★。

　　在班上,一切只能靠自己,母亲也鞭长莫及。特里似乎对功课
并不怎么上心,作业也不够整洁。

　　在他仅存的几本练习册中,有他在3C和4A班用的英语和数学

---

　　[1]★ 许多年后,特里仍在为代数苦恼。和他关系很好的伊恩·斯图尔特教授
试图给他开小灶,教他解二次方程。然而,在很多张餐巾都写满数字后,特里依旧
一头雾水,并坚信整件事就是个用希腊语欺骗他的阴谋。"我定是缺少某种酶或者
别的什么。"最后,特里推出了这个毫无科学依据的结论。

　　[2]★ 日后,童年途经白垩岩看到的这一幕的幻影再一次浮现在特里眼前。
写《地毯一族》时,他大概又想到了脚下可能出现的大面积死尸。

作业本。奶油色封面上净是用红色和蓝色圆珠笔胡乱涂鸦的印记。若是感兴趣凑近细看,能依稀辨认出几截扭曲的铁轨,一辆自行车,两个面容失真、戴着三角帽的海盗,一个断头台(上面挂着的头颅看起来有些不开心),一个挂着"大黄菜园"标牌的篱笆桩,一长串脚印,还有大大小小的气泡框,里面写着些短句,诸如"大黄、大黄、大黄、大黄……""哦哧!""我以为我的脸已经算红了,直到我看到你的。"特里还多此一举地划掉自己的名字,又在上面加了句:"我的名字在最后一页。"

他的德文练习册内页则没头没脑地写着:"你抽烟吗? 不抽,但有时我会突然燃烧。"随手涂鸦的插画里有许多标着"斯纳格"字样的小生物,每一个几乎都只画了胡子和鼻子。这些形象将在特里的第一本小说《地毯一族》(*The Carpet People*)中完整亮相[1]。另一张画占了整整一页,画的是一艘雪茄形状的外星飞船朝着地球的方向坠落,尾部冒着烟。正儿八经的德文练习倒是没写几句。

特里虽没有熊熊燃烧的学习热情,但没有顽皮到一把火把学校点了也算是万幸。他正稳步地迈向O-level考试,五门课程都顺利通过后,他将进入预科学校读书,通过A-level考试,并可能由此一跃成为家中第一个大学生[2]。不过,特里似乎在人生的任何阶段都没想

---

① 斯纳格(Snargs)是特里创作的第一本小说《地毯一族》中的一种虚构的食肉动物。

② 预科学校(sixth form)为英国基础教育的最高阶段,相当于高中。O-level考试为英国普通程度考试,为中学会考。A-level考试为进入大学前的全国会考,两年里分四轮考完。

过要接受高等教育,他的父母虽考虑过这种可能性,但对此也并不强求。他们更希望看到儿子尽快安定下来,找到一份待遇好、最好能有退休金的稳定工作。

特里精力充沛,兴趣广泛,只不过他的兴趣爱好大多和学校无关。他和父亲对家用电子设备的探索仍在继续,随着特里长大,探索的领域逐渐拓展至家用机械产品。大卫·普拉切特和那些谨小慎微的父母不同,特里很幸运拥有一位鼓励他倒腾热焊料和通电电线①★等"危险品"的父亲。二人花时间用无线电阀门制作了一款井字棋电子棋盘②★,让玩家与机器对阵。他们还在联合广播电台"Homebrew R1155"的号召下,加入了奇尔特恩无线电爱好者俱乐部,每周在一处距离海威科姆五英里路的公共大厅聚会。

1962 年二月发行的威科姆技术高等中学校刊《技术天鹅》(Technical Cygnet)在针对 3C 班的介绍中肯定了"普拉切特"的这一爱好,宣称他是"一位忠实的无线电爱好者",且"拥有自己的业余无

---

①★ 据特里说,父亲的双手因为做机工结了厚厚一层茧,对98%的电击绝缘。这意味着,他能够用一种通常不推荐的方式测试通电电线——笑着把手指放在电线上。至于他被儿子用棚屋的门把手和磁铁意外电击,就是另外一回事了。

②★ 这个装定是放在特里的卧室中,摆在他的魔法机器人(Magic Robot,一种问答游戏桌游)旁。"那时我们人手一个,不是吗?"1987年,特里在比肯发表演讲时,提到了这个风靡二十世纪五十年代的传奇机器人问答游戏玩具。它的方形金属头和四肢可以在磁铁的帮助下旋转,并指向特里提出的任何问题的正确答案(只要是转盘上有的问题)。"当我们厌倦了他洋洋得意地站在镜面旋转台上给出所有正确答案,"特里继续说道,"我们就将他拔下来,头朝下地粘回去,纯粹是为了好玩。天呐,我们是不是很邪恶?"

线电接收器①★"。 但是,特里坚称他的爱好都是在学校之外发展的,与丰富多彩的校园生活无关。在一张1962年或1963年拍摄的奇尔特恩无线电爱好者俱乐部聚会合照中,留着软塌刘海的特里在一群打着领带、穿着夹克和开衫的成年男性中显得格外扎眼。然而,当他和高等中学的同学在一起时,就显得没那么善于交际了:他的确是个书虫,但当脑袋离开了书本,聪慧的他也总是发表尖锐的评论或是脱离现实的即兴发言,很难让人同他亲近,和他成为朋友。他身上带着几分孤僻,按特里自己的话说,他"有点古怪"。迈克尔·罗还记得他和特里是在课间攀谈时一见如故的。特里认为自己"笨嘴拙舌,不善言辞",而迈克尔有口吃。"可能正是因为我们是患有语言障碍的难兄难弟,才不自觉地亲近起来。"迈克尔猜测道,"但我们从没聊过这个。"不过,他们的确有一项共同爱好,将二人最爱的科目——特的创意写作和迈克尔的金属加工——相结合②★。特里画了不少描绘迈克尔锤击铁砧的讽刺画,还用打字机打印了一份题为《干得好,兄弟》的讽刺科幻故事手稿。他把这些作品都拿给迈克尔看,征询他的意见。他还交给迈克尔一份亲手绘制的详尽地图,命名为"涂鸦之岛"。"他好像在那时就已意识到,他需要为他的故事寻

---

①★ 实际上,那是一个闲置的军用D-65 HRO通信接收器,中央有一个巨大的黑色和银色表盘。特里的父亲在二手交易市场淘到了它,它能窃听欧洲的所有电台。

②★ 迈克尔·罗是威科姆技术高等中学第一位金属加工课拿A的学生。他后来成了伦敦皇家艺术学院金属艺术和珠宝设计专业的教授。

找依托,封疆画界。"迈克尔说道。二人时常一起探讨特里的构想:特里希望出一本名为"已知事实之书"的百科全书。"我们翻来覆去地讨论这件事。探讨这个或那个能不能写进书里。"不过,他们并没有去对方家中做过客。就算在学校交了要好的朋友,特里也会绝口不提此事。

谈到那几年,特里往往会说,他更喜欢和爸爸待在家里做东西或是独自做手工,而不是硬着头皮和同学相处。

不过,特里并不是游走在校园生活边缘的怪胎:他被选为3C班的代表;凭借辩论会上舌战群雄的精彩表现广获赞誉(这是后话了);念预科低年级时,他还晋升为图书馆副馆长。这一职位在学校的权力网中或许微不足道,但它却为特里谋得了无上的"特权"——周四放学后能留下来为图书编目或修复破损的书籍。在比肯斯菲尔德图书馆分馆苦心修炼的使用胶水和胶带的技能,再次派上了用场。特里依然自得其乐,足见他并不是个彻头彻尾、不受学校关注的透明人。

说起特里和老师的关系,看过特里1987年写的《碟形世界》系列之《死神学徒》(Mort)的读者想必记得工作经纪人基布尔先生是如何为死神找到新工作的。死神只是具披着斗篷的骷髅,在面试中自然表现欠佳。"看来,您不会一点儿有用的技能或天赋啊!"基布尔先生叹道,"您考虑过教书吗?"这句话简直是一棍子打死了一群人,但这也恰是它的幽默所在。不过,有一次,一位读者问特里这句话是否"发自内心",特里毫不犹豫地答道:"起码是发自大脑。"

这样的态度难免令人揣测特里和威科姆技术高等中学的老师相处得并不融洽。他的确遇到了几位严格且易怒的老师,喜欢扔粉笔乃至木制的黑板擦。特里和同学把丢黑板擦看作一种常见的匡正手段,戏称它的威力大到足以造成"无法痊愈的脑损伤"。特里本人应是从未被教学用具袭击过,但他目击了传说中最冷酷无情的一位老师教训班上的一个男生(据特里描述,那是个招人喜欢的小伙子,笑声如空袭警报般响亮)。打人时用的是男生的丁字尺,由于太用力尺子都折断了。接着,老师还罚这位可怜的学生在木工坊里禁足一周,什么时候做好了新尺子,什么时候才能走。

"奇怪的是,我觉得没人心生怨结。"特里写道。甚至可以说,体罚是那个年代司空见惯的事:你若是读过《捣蛋鬼威廉》系列或比利·邦特(Billy Bunter)的故事,或是翻过几页《比诺》(Beano)和《丹迪》(Dandy)漫画,就会对此习以为常,认为藤条与课桌和食堂餐桌一样,是教学设施的一部分。这致使特里后来一直将学校比作禁忌之所,和他一样敏感的孩子注定要挣扎着修完这堂"生存课"。

然而,特里也承认,热爱自己的学科、谆谆教导学生,且从不诉诸暴力或乱用黑板擦的老师还是大有人在。每每想起他们,他总是"心怀感念"。特里回忆称:"科学老师借给我达尔文的《物种起源》,凑巧的是第二天我就得了重流感。即便如此,我还是硬撑着读完了它,因为它是本有意义的书,也真的值得一读。"特里还很喜欢历史老师斯坦·贝特里奇,《碟形世界》系列《最后的英雄》(*The Last Hero*)中安科-莫波克城历史学家协会的一位成员就以这位老师的名字命名。还有,技术课的老师庞德·斯蒂宾斯可能怎么也不会想到,有天自己会在平行世界摇身一变,成为广受爱戴的巫师,后来又晋升为幽冥大学"不建议应用魔法系"的系主任①★。

不幸的是,命运再次重演。威科姆技术高等中学的校长哈里·沃德同霍尔茨普尔小学校长塔梅一样,傲立于权力金字塔尖,注定要在特里的反派万神殿常驻。哈里·沃德和特里差不多同一时间进校,他时常让特里想到亚瑟·罗维(Arthur Lowe)在《爸爸的军队》(*Dad's Army*)中饰演的上尉梅沃林——比起暴戾的独裁者,他更像哗众取宠的丑角。不过,这是在他们打过交道之前的印象了。后来,特里又为哈里·沃德量身定制了一个新的角色——《最后的英雄》中的哈里魔王。这次迟到的文学报复是为了回应二人曾就《大英百科全书》(*Encyclopaedia Britannica*)爆发的激烈争执,而且整个事件可以说是"非常特里"了。

事情的导火索其实是校图书馆那套破旧的二十四卷《大英百科全书》。经过岁月的洗礼,外加威科姆技术高等中学历届学生的翻阅(这些学生对待书并不总是温柔,手也不一定干净),它们终于变成了该淘汰的破烂。至少沃德先生是这么想的。有天早上,沃德把

①★ 读者初识庞德·斯蒂宾斯或许是在《碟形世界》系列《会动的图片》(*Moving Pictures*, 1990)中,那时他还是个学生。后来,他被奉为幽冥大学为数不多的务实聪慧的巫师之一。

二十四卷书从书架上全部拿下来,扔进了学校的工业废料垃圾桶。

图书馆副馆长特里在发现这一蓄意破坏文化的行径后,勃然大怒。要知道这件事还是背着他、在他的地盘上发生的。在特里心中,任何毁坏书籍的行为都是无良的亵渎,更何况被毁的还是《大英百科全书》……这是对所有知识的大不敬。无论是以副馆长的身份,还是从特里自身的立场出发,他都不能坐视不理,对这起野蛮行径姑息纵容。

因此,特里又把那二十四卷书一本不落地从垃圾桶里捡了回来,拿回了图书馆。据说,在接下来的一周里,他把所有的课间、午餐和休息时间都拿出来修补这些书,直至它们又恢复到能够使用的状态。特里真诚地和我说,在他做完这项工作后,他是多么地为自己骄傲。他认为这是他经手的最出色的图书修复工作,想象着沃德先生在看到他的劳动成果时定会赞不绝口,夸赞他的聪明才智和出色手艺,乃至他前瞻性的回收利用意识,还会承认之前因为书破了一点,就决定将所有人类知识弃置不顾的做法实在欠妥。

然而,沃德先生没有。面对焕然一新的《大英百科全书》,他满眼看到的只有违抗忤逆,于是又把整套书扔进了垃圾桶。这时,特里(公平而言,大概完全是出于不想言听计从的心态)又一次决定解救这些书,将它们拿回图书馆。据特里对这场解救运动最生动的叙述版本记述,二人还上演了一场追逐戏:特里从垃圾桶朝图书馆飞奔,手里抱着一卷或几卷《大英百科全书》;愤怒的校长在他身后穷追不舍,脸涨得通红①★。

无论上述故事情节是否属实,有件事是肯定的:沃德先生最后还是抓住了特里。特里受到了迄今为止最严厉的批评教育,还被剥夺了参选级长②★的资格。滥用权力亦是特里最鄙夷的事。他余生始终对此耿耿于怀,对学校体系不屑一顾。

不过,无法否认的是,正是在那样的学校体系中,特里首次在写作方面取得了突破。通过大量阅读积累,有些东西开始渐渐渗入他的英文创作。这一迹象最早可见特里仿照简·奥斯汀的风格创作的幻想小说。小说讲述了兽人袭击牧师住宅的故事。遗憾的是,这部可能具有跨时代意义的作品并未留下任何踪迹,就连老师对它也没什么印象。但特里坚称这部大胆而几近鲁莽的混编作品赢得了同学的盛赞,个中缘由想必各位应当知晓。

不过,倒是有五篇特里的英文创意写作作业留存至今。它们都是特里在威科姆技术高等中学就读时完成的,但创作的年份略有不同。其中有篇文章至关重要,写于特里十四岁时。

那一次,英语老师生病了,改由技术制图和艺术课老师珍妮特·

①★ 此处您可尽情发挥想象,再加上几句类似"你小子,给我回来!"或是"你这个该死的……"的呼喊。

②★ 特里曾在他的自传手稿中解释说,他认为级长"与内奸无异,借着校长之名狐假虎威。级长拥有的权力无非是上报在走廊奔跑或做出其他类似违纪行为的学生名单,其用处和橡胶扳手没什么两样。"不过,无论这个职位是不是花架子,它都本应对特里在图书馆管理方面成效的嘉奖。所以,特里觉得自己受到了不公平的恶意阻挠。

坎贝尔-迪克（她也是全校唯一的女教师，大家亲切地称其为C-D夫人）代课。她在课上要求全班写一篇短篇故事。特里动笔写了一篇题为《商业对手》（"Business Rivals"）的文章。

文中写道，魔王在四起的硫黄味烟雾中高调现身地球。他去拜访了颇有成就的广告公司主管"坩埚"，要求他为地狱打广告。因为在过去两千年中，地狱的生意实在有些惨淡。除了但丁光顾过，鲜有人至。坩埚照做了。自此，地狱繁荣昌盛，魔丁兴旺，坩埚暴富。文章浅显而幽默地影射了俄耳甫斯和刻耳柏洛斯①的故事，还依照地狱风格对狗粮和香烟广告进行了适度的改写。故事最后以电闪雷鸣、查尔斯·达尔文的半身像被打碎收尾，隐喻因果报应和神启。

这篇小说振聋发聩、大放异彩，带着几分不符合作者年龄的老成，被奉为佳作。"它绝不是一篇伟大的故事，"特里坦言，"但肯定是当天全班写得最好的一篇。"

C-D夫人也同意这一点。她给特里打了满分二十分，并把作文拿给回校的英语老师看。英语老师又将这篇文章投到了校刊。《商业对手》顺理成章地登上了《技术天鹅》的1962年12月刊。这篇邪恶的地狱故事旁，亲切地署着"T.普拉切特，3C班"的字样。

特里随后又在《技术天鹅》上发表了四则故事，分别是《寻找小龙？》（"Look for the Little‑Dragon?"）、《搜寻者》（"The Searcher"）、《图片》（"The Picture"）和《解决方案》（"Solution"）。不知怎的，文章

---

① 俄耳甫斯为古希腊传说中的人物，刻耳柏洛斯是古希腊神话中的地狱看门犬。

的草稿出现在了特里的经济史练习册中,蓝色字迹旁还配着铅笔画的蝙蝠和蘑菇。文章下的署名分别是"T.普拉切特,5A班"和"T.普拉切特,L6A班"。

不过,几篇文章中最出彩的还是特里在3C时期创作的《商业对手》。它给予了特里极大的鼓舞,激励他开始构思更为大胆的计划,向更广阔的世界兜售他的故事,看看会发生什么。他这么做是出于老师、母亲或者同学的鞭策,还是自己一人拿的主意,我们不得而知。也许所有人都或多或少推了他一把。总之,特里精心撰写了一封信,连同发表在《技术天鹅》上的文章,一并寄到了约翰·卡内尔(John Carnell)的办公室。约翰·卡内尔是时任《新世界科幻》和《科学奇幻》的杂志编辑,特里在小图书馆淘书时认识了他。

不用说,通过这样的毛遂自荐中选的概率实在渺茫。当时,《新世界科幻》和《科学奇幻》广开贤路,供稿的作家多是已经发表作品的著名科幻作家,英美作家都有。况且这两本刊物从未明确表示过会接收学生作品,不管是3C还是其他年级。因此,一个月后,当那个装着投稿的信封退回上赖丁路25号时,特里并不感到惊讶。

不过,稿件还随附了一封卡内尔的亲笔信。卡内尔显然是敏锐地捕捉到了些什么,觉得这件事有继续推进的必要。"他建议我做些修改,"特里写道,"还说我应该再写一稿。"特里按要求做了,每晚放学后他都在家忙着改稿。故事的开头变得更加紧凑,篇幅也变长了。在对修改成果感到满意后,特里在关怀备至的母亲的帮助下,麻烦一位家中有打印机的朋友，替他将手写的新稿件打出来重新提交。

卡内尔后来在一篇社论文章中公开承认那则故事"绝非完美之作"，不过他还是将《冥界的生意》（"The Hades Business"）①★一文刊登在1963年8月发行的《科学奇幻》第二十卷第六十期。刚刚年满十五岁的特里，就这样在一夜之间成了出版作家。

除了在社论中温馨提及了这篇作品，卡内尔还在文章上方的编辑寄语栏为这则故事写了导言，用斜体字印着："虽然我们时常收到堪为可塑之材的年轻作者的投稿，但鲜有故事真正值得发表。要知道，作家雷·布拉德伯里，还有我们的签约作者约翰·布鲁纳十七岁时就在出版业初露头角。我们从未停止寻觅。终于，就在本月，我们找到了特里·普拉切特。他年纪更轻，未来不可限量。"

凭借这篇十四岁构思创作的小说，特里走近了这家杰出的出版社。《科学奇幻》的发行量虽然不高（约五千册），但正如卡内尔所言，它是布拉德伯里和布鲁纳写作生涯的起点，网罗了J.G.巴拉德和托马斯·伯内特·斯万（Thomas Burnett Swann）等科幻作家。特里的名字出现在内页，紧挨着马尔文·皮克（Mervyn Peake）。那时，皮克已凭借《歌门鬼城》系列（Gormenghast）声名大噪，深得迈克尔·莫考克喜爱，他在同期杂志的第五十三页发表了一篇短篇小说。这期杂志之后，《科学奇幻》又刊登了布莱恩·奥尔迪斯、基思·罗伯茨（Keith

---

①★ 尚不清楚这个更为醒目的修改版标题出自特里还是卡内尔。

Roberts)、詹姆斯·布利什等人的作品。这些作家都是特里崇敬的对象,给了他无限启迪。能借着此次里程碑式的写作突破和他们出现在同一本杂志里,让年少的特里备受鼓舞,更何况这还是特里的首次试水。

这篇小说处女作为特里赢得了一张十四英镑的支票。这笔稿酬要是放在 2021 年,约合二百五十英镑。对一个十五岁的男孩而言,这绝不是一笔小数目。特里很早就懂得了写小说也是一种只要取之有道就能获益的事。他明智地决定用这笔新收入投资一台二手打字机,一台坚固耐用、按键响亮的 Imperial 58 型英国制造打字机。有它在家中的课桌上,特里不仅看起来是个像样的作家,听起来也像。默默跟进事态发展的母亲总能及时发现教育的契机,她为特里报了比肯斯菲尔德一位私人教师在家中开设的打字班,理由是,若是她的儿子有着成为职业作家的疯狂念头,他至少得有一门实实在在的技艺傍身,这样一旦失败也方便转行。

与此同时,特里在收到他的打字机后,立即给《向量》的主编写了封信。这本英国科幻协会刊物曾在小图书馆吸引了特里的注意。杂志最新一期发表了一篇题为《学校里的科幻》的文章,作者罗恩·贝内特(Ron Bennett)是这本爱好者杂志的编辑,亦是一名英语文学老师。他反对大众对科幻小说抱持的偏见,认为科幻小说理应进入教学课程或是作为训练想象力的写作练习。十五岁的特里在信中"谦卑地"以"大师特里·普拉切特"自居,表达了对该观点的认同:"我认为罗恩·贝内特的学生何其幸运能有一位对科幻感兴趣的老师。在我们学校,我们拿到的写作主题都是千篇一律、沉闷枯燥的'我的宠物'或是'火车站的一天'。"①★

显然,就算《商业对手》在校刊引起了热烈反响,还帮特里赢得了赞誉和打字机,特里依旧觉得自己没有获得学校的祝佑,他最爱的幻想类小说也依旧没能摆脱被轻视的命运。当然,这样的感受在未来还将同他如影随形。针对来信,《向量》在下方温和而公正地指出,如果你能选用恰当的宠物、恰当的火车站和恰当的时间,"我的宠物"或是"火车站的一天"也可以是很好的科幻小说主题。这则回复让特里有了更多思考。

不久后,特里会在《向量》读到一则他期待已久的广告:一年一度的英国全国科幻大会门票即将开售。新一届盛事将于1964年复活节周末期间在彼得伯勒拉开序幕,届时将举办座谈会、读书会等活动,会有众多展位和著名作家现身……特里最期待的是去那儿结识志同道合之人,并且他确定在那儿一定找得到。尽管年纪尚小,他还是希望能借着上刊作家的身份和他们打成一片。可他的母亲宁愿他骑着沾满泥巴的摩托车在起居室溜达一晚上,也不会允许他自己出远门,一个人在酒店住三晚。

话虽如此,但没准他能试着说服她。

①★ 特里的来信刊登于《向量》的1963年9月刊。

第 四 章

消失的华夫饼、抽烟斗的人
和墙纸上乍现的乳头

吉姆·格罗夫斯(Jim Groves)在《向量》杂志五月刊中写道,1964
年的英国全国科幻大会是"我参加过最好的一届"。美中不足的是
来了几个"愣头青",兴奋得在走廊里上蹿下跳,尖叫不已。

他说的是谁呢? 我们可以肯定的是,绝对不是85号参会者特
里·普拉切特;也不是5A班的特里·普拉切特——还差一个月就满
十六岁的他正穿着夹克、打着领带,准备参加O-level考试;亦不是住
在比肯斯菲尔德上赖丁路25号的"大师特里·普拉切特"——他最近
才以微乎其微的优势辩赢了母亲,获得了参加本届大会的机会。最
后迫使母亲让步的说辞是:这次大会是严肃乏味的正式学术活动,
对像特里这样抱负远大的出版作家而言,无异于绝佳的招聘会,机

会难得。

因此，特里并未和那群愣头青混在一起狂欢。但他肯定知道，那个周末的凌晨，成群结队的科幻迷把彼得伯勒两层楼高的布尔酒店挤了个水泄不通，有节奏地敲着酒瓶，冲着早已睡下、但身旁不一定是其伴侣的与会者喊道："回到你妻子身边！回到你妻子身边！"

他也肯定听说过有人在房间开深夜派对，屋里挤满了酣醉的宾客，最后派对被一阵愤怒的敲门声打断。

"您知道几点了吗？"走廊有个声音怒吼道。

"知道。"应答的人倒是中气十足，"两点四十。"

这些事特里都听说了，也觉得很有趣，但他是否有参与其中，冲在狂欢的前线？显然没有。

至于我们很快就要提到的小插曲——特里和另一位参会者一脸无辜地走进某位科幻作者的房间，正巧撞见他和另一位与会者的幽会……好吧，这件事的确让在场所有人目瞪口呆，不过意外还是发生了，也许这位作家下次该记得锁好门。

虽然恶作剧在1964年的英国全国科幻大会上屡见不鲜，肇事者也大多逍遥法外，但毫不夸张地说，十五岁的特里在那个复活节赶去彼得伯勒只冲着一个目的，那就是科幻。

他只身一人赴会，谁都不认识，但这也恰恰给了人们认识他的机会。无论如何，他知道，若是他在谈话中透露他有篇小说发表在上个夏天的《科学奇幻》里，定能让他从这个特殊的小团体中脱颖而出，乃至为他赢得赞誉。何况他才十五岁,就已经有了拿得出手的名片!

因此,1964年复活节前的神圣星期五,特里登上了驶往彼得伯勒的火车,昂首阔步地从车站步行至布尔酒店。这家二星级酒店位于镇中心,紧邻金石南奶酪店。鉴于通常被戏称为"复活节大会(Eastercon)"的英国全国科幻大会去年也是在此地召开,组织方巧妙地将本届大会命名为"再访彼得大会"(RePetercon)。特里走到大会登记台前——其实就是一张铺着手绘装饰纸的桌子,桌子后面的墙上贴着十二英寸①高的以海底世界为主题的纸模画板,其上点缀着礁石、鲨鱼和盛满宝藏的海底百宝箱,致敬大会的荣誉嘉宾埃德温·查尔斯·塔伯(Edwin Charles Tubb)。特里在桌上签了名,等着领胸牌。胸牌是一个橙色的小飞碟,上面画着背着喷气背包在空中遨游的太空人。不过,胸牌发得有些迟。不一会儿,接待台前就聚起了一小撮与会者坐着等待②★。利物浦代表团的一位成员播放了他们用磁带录制的自制科幻剧《黏液大军》,成功俘获了在场观众的欢心。

大会共有一百二十位和特里一样的报名参会者,加上讲者和嘉宾,约莫共来了一百五十人。由于人数众多,布尔酒店无法为所有与会者提供住宿,所以有些人就改住在邻街的天使酒店。与会者中,有不少从伦敦来的,从伯明翰来的更多(人们很快就给他们起了个绰号——"伯明翰复活节兔")。还有之前提到的利物浦代表团,他们来之前挖空心思制作了"寄语卡",将卡片藏在会场各处,等待入住的与会

---

① 英美制长度单位,1英寸合0.025 4米。

②★ 胸牌到了后,人们又很难把它贴在身上,实为一大疏漏。

者在画框的边缝处、啤酒杯垫下或者厕所的抽纸盒里找到它们。卡片上写的句子时而突兀("你不喜欢维他麦""你不知道'爱好者'怎么拼"),时而带着明显的挑逗意味("你的脚真性感"),时而具有超现实主义风格("你的眼睛生在发间,残翼的飞蛾令你惊愕""你往海罗尼默斯机里放意面""你喜欢看撕裂的灵魂笨重地骚动")。

这些卡片连带着开场前趁机推广的《黏液大军》都像是某种强烈的信号,预示着十五岁的特里即将投身一场二十世纪六十年代的浪潮。的确,在场的年轻粉丝和作家都是推动科幻"新浪潮"的中坚力量。他们拿着录像带和为周六下午的放映会准备的自制科幻电影,以及写着只言片语的"寄语卡"("你流口水")。前来参会的老派人士也不少。这些资深科幻作家和老科幻迷以男性居多,身着西服或花呢运动夹克和羊毛衫,有些是退伍军人,周末会议的间隙常能碰到他们在酒吧的圆桌前或酒店的楼梯间打牌和抽雪茄。

回顾当时的时代背景:那是1964年,一场"青年震荡"正席卷全国。披头士和滚石乐队挤进音乐排行榜。彼得和戈登乐队(Peter and Gordon)演唱的《买不来的爱》(*Can't Buy Me Love*)霸榜了一月之久,而滚石乐队的《永不消逝》(*Not Fade Away*)则稳居排行榜第八,社会和文化革新风起云涌。

不过,这波浪潮尚未覆盖全国,至少还未抵达彼得伯勒的布尔酒店——在第十五届英国全国科幻大会现场,大部分与会者都和特里一样打着领带。

特里在自传手稿中揭示了"摇摆的六十年代"①的真实发展情况，尤其是它对海威科姆及其周边地区的影响："别信你读到的任何东西。在英国，六十年代风潮只发生在伦敦卡纳比街附近，参与其中的约二百五十人，他们用玛氏巧克力棒做了些很棒的事，让全世界都看见了，或者说，至少让警察看到了。我们余下的人只是在做作业时听听音乐。"特里的结论是，"总而言之，六十年代风潮直至七十年代才刮到我面前，没错，就是七十年代。"所以，1964年参加彼得伯勒英国全国科幻大会时，特里定然还不知晓"摇摆的六十年代"意味着什么。

不过，就是在那次大会上，他遇到了戴夫·巴斯比。戴夫个头很高、身材消瘦，留着深色的卷发，他骑着一辆兰美达摩托从沃金厄姆赶来。三月底的寒风几乎将他冻僵了。他戴着头盔和护目镜，穿着灰色西装，外面套了件哈罗德·威尔逊②也爱穿的同款雨衣。戴夫和哈罗德·威尔逊一样，也抽烟斗。不过和威尔逊的不同是，戴夫只有十七岁，他将成为特里一生的挚友③★。

---

① "摇摆的六十年代"（The Swinging Sixties）一词经常用来指代二十世纪六十年代中后期在英国发生的以青年为主导的文化革新，它以伦敦为中心，强调现代性和享乐主义，并在这一时期见证了英国艺术、音乐和时尚的繁荣。如今为人们所熟知的披头士乐队、滚石乐队和谁人乐队等，都是这一时期的产物。

② 哈罗德·威尔逊（Harold Wilson，1916—1995），英国政治家，曾两次担任英国首相，分别是从1964年10月到1970年6月，以及从1974年3月至1976年4月。

③★ 1964年，哈罗德·威尔逊四十八岁，他将于同年十月当选英国首相。据戴夫说，特里一直取笑戴夫年纪轻轻就用上了烟斗。

他们俩大概率在第一晚的"见面会"就迅速混熟了。那天的活动持续了很久,现场那么多与会者都要挨个儿站起来发言,简要介绍自己。站在台前的委员会成员不厌其烦地轮换举起示意"安静"和"鼓掌"的牌子。戴夫和特里显然有很多共同点。这里的共同点不是说身高,也不指年龄。戴夫比特里大整整两岁。在他们那个年纪,两岁无异于无法逾越的鸿沟。但年龄的代沟并没有成为二人间的阻隔,因为除了都是住在外省的科幻迷以外,他们还有许多其他的共同点。戴夫也曾充满希冀地在小镇的塑料图书转盘前碰运气,淘金般地在色情小说和花里胡哨的犯罪小说中寻找科幻小说。戴夫也知道,公开宣称自己是科幻爱好者,不会得到热情的附和,人们往往会一脸惊恐,甚至流露出略带同情的尴尬。

戴夫也已经开始写小说了。特里的《冥界的生意》发表在《科学奇幻》的第二个月,戴夫·巴斯比创作的《无尽头》就登上了约翰·卡内尔主编的另一本刊物——《新世界科幻》(1963年9月刊)。所以,二人都是有作品发表的作家,都赢在了起跑线。他们也都渴望遇到心意相通的同类,所幸很快就找到了彼此。

特里和戴夫还有另一点相像,那就是他们骨子里都有一种幽默毒舌的傲娇。即便对某项事物怀着真诚的热爱,他们也还是更习惯于退居一旁,摆出一副横眉冷眼的样子,时刻准备搬出青少年特有的戏谑口吻。在彼得伯勒,他们可以肆无忌惮地表达这种态度,对旁人的粗俗之举嗤之以鼻,对正襟危坐或是拿腔作势的人避之若浼,向所有人昭告他们的群而不党。

说回1957年,大作家J.G.巴拉德也曾在劝说之下,参加了在伦敦国王殿酒店举办的第十五届世界科幻大会。他发誓自己绝不会去第二次。约翰·巴克斯特在为巴拉德所作的传记中写道:"他可能是对拉帮结派的风气不满。约翰·温德汉姆(John Wyndham)、萨姆·约德(Sam Youd)、埃德温·查尔斯·塔伯等资深作家都聚在酒吧里,就连滴酒不沾的阿瑟·克拉克也在,一行人谈天说地,就是不聊科幻。他也不喜欢那些乔装打扮的粉丝,他们挥着类似射线枪的水枪,戴着头顶有螺旋桨的小帽子[①]★。"

总之,巴拉德待了一晚上就离开了,后来他声称这次经历让他之后整整一年都写不出什么。

"我们和巴拉德的感受差不多。"戴夫说,"有很多活动我们看着开心归开心,但并不认同。"比如,周六晚上大会依例举办了扮装有奖竞赛。有人扮成了太空火箭,有人扮成了护士,"最逼真科幻造型奖"最后颁给了来自伦敦的伊恩和贝蒂·彼得斯夫妇,他们扮的是弗里茨·莱伯(Fritz Leiber)故事里的法夫纳和盗贼灰鼠[②]。特里和戴夫没有参与扮装,也对比赛结果嗤之以鼻。戴夫认为他们对周六晚上的噪声爵士乐乐团"贝利弗派斯"(由迈克尔·莫考克担任首席小提琴手和口琴演奏者)的表演也已是宽容至极了。

[①]★ 出自《内在的人:J.G.巴拉德的一生》(*The Inner Man: The Life of J. G. Ballard*),约翰·巴克斯特著,2011年。

[②]《法夫纳与盗贼灰鼠》(*Fafhrd and the Gray Mouser*)中的人物。

"那些想成为作家的人,"戴夫说,"比如我、特里、克里斯·普瑞丝特等等,都只想认真探讨写作、科幻、科学、社会和世界的未来……"

那个周末,除了爵士乐表演、扮装舞会和在走廊闲逛,还是有不少严肃的讨论活动的。遗憾的是,特里心心念念的布莱恩·奥尔迪斯并没有出席座谈会,他显然是被叫去南斯拉夫出差了。不过,大会倒是办了场题为"粉丝需要科幻吗?"的座谈会。大厅纸模宣传画致敬的主角——埃德温·查尔斯·塔伯发了言,朗读并回答了提问。沃利·韦伯(Wally Weber)专程从西雅图飞来。来自美国的夫妻档作家埃德蒙·汉密尔顿(Edmond Hamilton)和雷·布雷克特(Leigh Brackett)①★谈起了在美国夫妻搭档合写作品的利弊。周日有个专场活动,致敬诺瓦出版社和约翰·卡内尔对年轻作家的支持,特里和戴夫恰是最好的见证人。

要说整届大会最有价值的瞬间,当属活动间隙那些见缝插针的对话。早在二十世纪五十年代就在科幻舞台大放异彩的阿奇·默瑟(Archie Mercer),在聊到《冥界的生意》时与特里一拍即合。他和特里说,根据这篇小说可以判定特里是奥利佛·安德森(Oliver Anderson)的粉丝,特里肯定了他的判断。接着,戴夫就看着默瑟和

①★身为编剧,雷·布雷克特创作了《夜长梦多》〔*The Big Sleep*,亨弗莱·鲍嘉(Humphrey Bogart)和劳伦·白考尔(Lauren Bacall)主演〕和《赤胆屠龙》〔*Rio Bravo*,霍华德·霍克斯(Howard Hawks)执导,约翰·韦恩(John Wayne)主演〕等脍炙人口的电影作品。她完全有实力成为本届大会最受瞩目的作家,但人们似乎并不这么看。

特里聊起了他们有多喜爱一本戴夫从没听过的书——《指环王》。"那时,这本书显然已经刻在了特里的 DNA 里,并且再未离开。"戴夫回忆说。他对托尔金一向不感冒。

"听起来有点夸张,"戴夫说道,"但当时我们所有人都有种感觉,觉得我们很特别。我们触到了未来,掌握了某些秘密。互联网、大流行病、气候变化、载人航空旅行、人工智能……这些都是我们聚在一起时普遍讨论的话题。并且,我们聊的不是它们有没有可能面世,而是在讨论它们将何时面世。我们清楚这些东西即将出现,并将自己视作这场变革的一员。"

诚然,大家也会聊更接地气的话题。比如,约翰·卡内尔支付的稿酬是千字多少,怎么进入稿酬能达到十倍多的美国市场。按戴夫的话讲,谈论这些的人"就像是有个无形的教派,其中信徒就像秘密特工,时不时地召开密谈,像是在策划什么惊天动地的阴谋。"但这些带着铜臭味的对话并不会动摇大家对自我使命的认知。

"若是这番话听起来有些妄自尊大,"戴夫补充道,"那是因为那段时间的特里和我的确如此。"

因此,特里和戴夫完全是抱着求知解惑的想法,在那天晚上去找了某位他们刚认识的作家。推开房门时,正撞见他一丝不挂地躺在床上,身旁还有个人,也是一丝不挂,显然不是在忙着讨论世界的未来。

床上的女士平视着两位不速之客,说:"你们是否介意……"特里和戴夫转身而逃。

周日晚,大会在众人微醺中接近尾声。埃德温·查尔斯·塔伯和一些人像是喝高了,即兴组织了一场"哼唱慢摇"典礼,这场仪式包含模拟献祭和复活环节。"被复活"的女孩由内利·古尔丁扮演,她开心难掩,不受剧本限制地咯咯直笑。屋子里的其他参会者则闭上眼,跟着哼唱慢摇。查尔斯·普拉特在爱好者杂志的一篇报道中写道:"迈克尔·莫考克伴着玻璃破碎的声音滑倒了,并未参加活动。而埃德温·查尔斯·塔伯身着衬衫,一手拿着酒瓶,一手拿着杯子,也没为仪式烘托什么气氛。"

"哼着歌慢摇真的很古怪。"戴夫说,"很多年后,特里和我还聊到了这件事,只记得它有种近乎催眠效果,像是某种奇怪的邪教仪式。"

第二天一早,特里拿着他过夜的行李包,坐火车回到了比肯斯菲尔德。包里装满了在大会书摊上买的杂志、爱好者杂志和简装书。那之后不久,他又很快返回了学校。

5月,第二十六期《向量》寄到了家,里面有吉姆·格罗夫斯针对1964年英国全国科幻大会写的一篇报道。这本粗糙的杂志自创立以来第一次刊登了一组黑白照片。特里萌生了给编辑再写一封信的想法,于是又坐在打字机前忙碌起来。

"第二十七期[①]★《向量》有些'支离破碎',"特里打字写道,"但鉴

---

①★ 应为第二十六期《向量》。特里的来信刊登在第二十七期《向量》上。

于这是新主编接任后出的第一本杂志,自然还有进步的空间。电子制版后的版面不知比从前好了多少倍！照片也让人惊喜;但荣誉嘉宾怎么只露了一次脸,还是在一张黑色背景的照片里?"

"很遗憾,塔伯没能出现在照片栏。"《向量》的新主编罗杰·佩顿(Roger Peyton)坦言,他在特里的来信下方回道,"我一张他像样点的照片都没找到,因为他正忙着四处拉新,号召人们加入英国科幻协会!"

彼得伯勒的经历一直萦绕着特里,直至威科姆技术高等中学新学期开学也未曾散去。可以想见,和这段经历相比,学校的一切都黯然失色。他没费什么周章就通过了五门O-level考试,又选了A-level考试的科目:英语、历史和艺术。但他的精力大多早已放在别处。

戴夫·巴斯比和特里在彼得伯勒分别时,发誓要继续保持联系,他们也的确遵守了诺言。每隔一周,戴夫都会在周六下午骑着他的兰美达摩托去特里家看他,从沃金厄姆到比肯斯菲尔德,要骑二十英里路。十三岁前,戴夫就读于沃金厄姆一所中产预备学校——霍姆格兰奇①★。后来,家中遭了变故,他就被转到当地的一所中学念书,很快对上学和考试失了兴趣。十五岁时,他离开了学校,不仅文凭没拿到,还创下了"无人可破的低出勤记录"。自此,他开始从事形形色色的工作:在铁路站场的一家出租车公司做接线员,先是一周赚四英镑,后来又降成三英镑;在印刷电路板工厂的质检部上班;在女装零

---

①★ 该校的校长是约翰·格雷夫斯,诗人罗伯特·格雷夫斯的弟弟。特里在给托尔金写信时还提到了罗伯特。

售连锁品牌的货仓做印刷机操作员。戴夫因而比特里多了几分世故。在戴夫第一次登门拜访时，特里略微有些窘迫，担忧这位稍比他年长的客人会如何看待他家。那时，特里才注意到：普拉切特家的内饰用了太多的橙色；起居室壁炉上方的那块墙挂着一幅镶了框的打印画，画的是树林里的木屋。不知怎的，它在此刻变得分外扎眼。当戴夫的目光落在画上时，他能感觉到特里的局促不安。

但戴夫并不介意这些。他们已然找到共同的兴趣，友情日益深厚。有时，他们也会像其他闲散的少年一样，胡闹着打发时间：用棉花卷轴、蜡烛和火柴制作坦克，发动坦克大战，去户外试飞橡皮筋动力飞机，翻阅被学校列为禁书的美国讽刺杂志《疯狂》(Mad)，特里有次带了一本去威科姆技术高等中学，还被没收了。但大部分时候，他们会待在特里的小卧室里，卧室的墙面有特里手绘的卡通画。两个人就这么坐着，聊很久的科幻。"我们开设了一个典型的科幻作家交流坊。"戴夫说。他们给对方看各自写的小说。"我的拼写很烂。"戴夫坦言，而特里(实话说，他可不是什么体贴的交谈对象)显然从戴夫把"奶酪和葡萄酒"写成"奶酪和风"①这件事中获得了不少乐趣。他们分享和讨论喜欢的作家(弗里茨·莱伯、拉里·尼文、阿尔弗雷德·埃尔登·范·沃格特和基思·罗伯茨)最近有什么新动态。他们周六一次可以聊好几个小时，有时戴夫凌晨四点才离开，骑着摩托返回沃金厄姆。

---

① 英文中 wine(葡萄酒)与 wind(风)的拼写相近。

不过,他们从不会聊特里学校的事。他的课程、他的作业,这些都是二人从未谈过的话题,有了戴夫的陪伴后,特里似是已经脱离那里的生活了。

通过发表作品和参加彼得伯勒科幻大会,特里和戴夫在遗世独立、孤芳自赏却又鼓舞人心的科幻世界开辟了一片小天地。但若是要更深入地探索那个世界,戴夫享有年龄、出行和独立生活之便;而特里——尽管他绝口不提此事——仍是名学生,且还要应付母亲的管束。显然,用拓宽人脉、获得职业优势为由,说服艾琳允许特里去参加科幻大会是一回事,让她放特里去诺丁山查尔斯·普拉特的出租屋,参加其为科幻作家及其好友举办的派对就是另一回事了。作为曾经的伦敦人,艾琳对诺丁山难免抱持着有失偏颇的成见。这也是为什么1965年2月特里收到邀请函后,艾琳严令禁止他出门,戴夫只能独自一人赴会。

就这样,十六岁的特里错过了一场波西米亚式的自由主义盛宴。据说,当天有伏特加、大麻和别的消遣品供应,楼上的狂野劲舞让楼下喝酒的宾客看着头顶的天花板晃个不停;有"谢珀顿预言家"之称的J.G.巴拉德也来了。那时,戴夫刚从外面回来。他骑着他的摩托车在诺丁山的街巷溜了一圈,四处找寻有斯米诺伏特加卖的烟酒店。他并没有上前和这位特别来宾搭话,巴拉德身上散发的前卫知识精英的成熟气质令他自惭形秽,觉得自己在巴拉德面前显得木讷拘谨。但有个场景将永远刻在戴夫脑中:他站在顶楼的窗前俯瞰漆黑的街道,就像黑白间谍片中会出现的那样,目送着巴拉德离开,看他钻进一辆奥斯汀A90大西洋敞篷车。这款五十年代车型洋溢着《大胆阿丹》^①式的未来主义感。特里虽不像戴夫一样是巴拉德的粉丝,但他对这类故事喜闻乐见,同时也暗暗为错过这次聚会愤愤不平。

后来,戴夫比特里年长几岁的事实渐渐派上了用场。一开始,戴夫的中产阶级口音还让艾琳有些犹疑。消除了心理上的芥蒂后,她很快意识到除了飙摩托车外,戴夫总体来说是个妥帖持重的人。她可以信赖他,让他在出行时帮忙照顾儿子。因此,在诺丁山派对召开几个月后,特里较为轻松地就获得了母亲的准许,参加在伯明翰米德兰酒店召开的1965年伯明翰科幻大会。这次大会和彼得伯勒那届相比有些冷清,只有七十人参会。由于参会人数过少,扮装比赛甚至评不出奖来。特里和戴夫依旧无意参赛。不过,他们倒是遇见了约翰·布鲁纳。这位比他们大十几岁、又比一般科幻作家圆滑不少的前辈态度傲慢,留着山羊胡,酷爱白色扭绳花纹高领衫。他是真的会用长烟嘴抽烟吗?还是说,这是后来特里他们添油加醋的细节?无论如何,这似乎都让他的形象增色不少。

此外,特里和戴夫终于见到了布莱恩·奥尔迪斯。奥尔迪斯对他们很友好,他在这届大会上和同伴布鲁米·哈里·哈里森(Brummy Harry Harrison)总是形影不离。特里和戴夫很快也以二人组的身份

---

① *Dan Dare*,英国科幻漫画,弗兰克·汉普森(Frank Hampson)著。

在圈子里扬名:特里淘气冒失,而戴夫高瘦率直,两人都带着些远离纷争、轻世傲物的距离感。久而久之,在伯明翰,特里一人时,一定会被问"你的朋友呢?"而戴夫独自一人时也有同样的遭遇。贝丽尔·亨利在大会报道中提到,她周末遇到过特里,看到他"窝在角落做着些很有趣的事,但我忘了是什么"。有一张伯明翰大会的活动照片拍到了这个坐在观众席的新生代二人组:特里正埋头看书,而坐在他旁边的戴夫扭头看向一侧,似是有些无聊。值得注意的是,他们坐在后排,希望在出席粉丝活动的同时,以这种方式明确宣示对活动本身的犹疑态度。

这对拍档想必是在彼得伯勒大会上就吸引了艾拉·帕克的注意。帕克留着一头黑发,被发箍拢在头后,戴着一副牛角镜框眼镜。她在伦敦的家中开办了科幻作家"沙龙",其高雅程度完全配得上"沙龙"一词:夜谈会定在帕克位于伦敦东区一座高楼第十一层的公寓里,蛋糕、咖啡和葡萄酒应有尽有。总之,特里和戴夫给帕克留下了深刻的印象,她开始邀请他们参加一些聚会。鉴于这是个拓展人脉的好机会,艾琳也没过多干涉。于是,特里和戴夫在周五晚搭乘火车抵达伦敦马里波恩,随后又转乘地铁跨越整个城市赶赴帕克在那周举办的晚会。晚会邀请了约十五位作家,以男性作家居多。那天晚上,戴夫记得特里和查尔斯·普拉特展开了一番激辩。特里对奇幻想象的支持似乎与正统的科幻文学背道相驰。戴夫还记得他发表了一篇关于J.G.巴拉德的评论,并因此与迈克尔·莫考克起了争执。最后，莫考克说了句"我和吉姆①私下可是很好的朋友，他的情况，我再清楚不过了"。戴夫承认："这句话的杀伤力十足。"

"你记得弗雷德吗？"很久之后，特里有天突然问戴夫。弗雷德是艾拉·帕克可怜的弟弟。帕克总是将他赶进他的卧室，勒令他在讨论会期间待在里面不准出来。

伯明翰科幻大会的参会人数之所以变少了，原因之一在于科幻界的成员都在为那年夏天即将到来的大型盛事存钱。已有二十三年历史的世界科幻大会将第二次花落伦敦，大放异彩，届时还有众多知名美国作家亮相。算上酒店的费用，戴夫和特里每人支付了六十先令。他们在1965年8月公共假期的周末入住了位于伦敦大理石拱门的蒙特皇家酒店。

回忆起这次活动，戴夫永远不会忘记一场"史诗级的宿醉"让他浪费了一整天时间。"据特里说，我出现时脸上泛着可怕的绿，渐渐褪成黄色，直至变成如死般的惨白。"戴夫要在周六下午科幻大会的座谈会上发言，出于排解压力才喝了太多烈酒。座谈会探讨了粉丝杂志以及阅读和投稿给科幻迷带来的收获，戴夫在发言时直言不讳，毫不留情地揭穿那些宣称造福读者或投稿者的刊物，粉碎他们冠冕堂皇的说辞。"我不觉得我的所有观点都获得了认同。"戴夫说道。特里坐在观众席，被逗得开怀大笑。

不过，与彼得伯勒和伯明翰相比，这届活动的酒店住宿和餐食

---

① "吉姆"是对J.G.巴拉德名字的昵称。

水准径直上了一个档次。当然,并不是每位宾客都对此心满意足。特里和戴夫就幸灾乐祸地听着美国作家詹姆斯·布利什苦涩地抱怨自助早餐没有华夫饼。自此,大声模仿美国口音哀喊"华——夫饼",成了二人过不去的哏。

也正是在这次世界科幻大会期间,特里在小便时发现身旁站着阿瑟·克拉克。正如我们之前所说,这让他意识到,再伟大的人也免不了要去公共卫生间解手。但这件事其实还有个更劲爆的后续:特里和戴夫偷听到克拉克和一位很可能是记者的人讨论写作,二人随即表示这是他们听过最恃才傲物的对话。

回到房间后,克拉克围绕"我如何学会打消顾虑并爱上斯坦利·库布里克[①]"发表了一番高谈阔论,详述和这位电影导演的新合作。电影一开始命名为《星际之旅》(*Journey Beyond the Stars*),后来他们想到了更好、更具希冀的名字——《2001 太空漫游》(*2001: A Space Odyssey*)。克拉克还带来了一枚据称源自十八世纪"邦迪号"帆船的钉子和一块来自"水星号"飞船的隔热板碎片。他举起这两样东西,强调它们只相隔了两千多年,技术和未来正以迅雷不及掩耳之势悄然来到我们身边[②★]。

---

① 斯坦利·库布里克(Stanley Kubrick, 1928—1999),著名美国电影导演,代表作有《发条橙》《闪灵》《巴里·林登》等。此处原文"How I Learned to Stop Worrying and Love Stanley Kubrick"是对库布里克另一代表作《奇爱博士,或者:我如何学会停止恐惧并爱上炸弹》片名的戏仿。

②★ 特里常打的关于时间坍缩的比方是,若是地理因素稍加改变,他的父亲就能和传奇警长怀特·厄普(Wyatt Earp)握手了。

在大会其他活动中，如今我们熟悉的科幻小说和非科幻小说之争在那时已然成形。哈里·哈里森在"科幻：现代小说的拯救者"座谈会中大胆宣布非科幻小说已死，还用不容置疑的口吻加了句："要勇于宣称我们是对的，而他们是错的。"大会还揭晓了"神秘嘉宾"的身份，邀请的是美国作者罗伯特·布洛克（Robert Bloch），他的作品《惊魂记》被知名导演阿尔弗雷德·希区柯克（Alfred Hitchcock）翻拍成了电影①★。特里对这本小说兴味索然，但对布洛克那天的好几句精辟发言印象深刻。他将西敏寺称作"穷人的福乐纪念公园②"，宣称"我家的亲戚很多，和出生的数量一样多"，并且提到"我和上帝已经和解了；他两周前投降了。"

世界科幻大会的恢宏阵仗镇住了一部分"愣头青"，在彼得伯勒和伯明翰发生的骚乱并没有重演。不过，显然不是所有人都就此消停了。有人用红色毡头笔在酒店新贴的、以维多利亚时期女性为主题的墙纸上，为女像添了乳头。（蒙特皇家酒店大概会后悔把翻修时间定在了世界科幻大会召开前。）

克里斯托弗·李③也出席了此次大会，但特里和戴夫并没看到

---

①★ 将书翻拍成经典电影还不够，获得版权后，阿尔弗雷德·希区柯克还几乎买下了所有图书版本的《惊魂记》，确保不会有更多人读到这本小说。双赢。

② Forest Lawn，位于美国加利福尼亚州。有众多名人权贵葬于该墓园。

③ 克里斯托弗·李（Christopher Lee，1922—2015），著名英国演员。他曾在汉默电影公司版本的《德古拉》中饰演德古拉伯爵，被普遍认为"复兴了流行文化中尖牙吸血鬼的形象"。他的其他知名电影角色包括多部《星球大战》电影中的杜库伯爵，以及《指环王》电影三部曲中的萨鲁曼。

他。就是看见了，估计也不会有什么印象。那时，李尚未成为备受尊崇的国宝级演员，特里和戴夫只知道他在汉默电影公司①制作的烂片中演过蹩脚的角色②★。二人也没参加企鹅出版集团在伦敦天文台举办的"神秘博士"主题闭幕活动。据悉，活动特邀了"戴立克"的扮演者亲临现场。特里和戴夫认为，戴立克和神秘博士的故事算不上是真正的科幻，是给小孩子看的东西③★。

大会闭幕时是8月底。就像1964年参加彼得伯勒大会时一样，特里回家后直接返回了学校。单说他的心思不在学校了，已不足以描述他此时的状态。彼时才十七岁的他，即将突然放弃全日制教育，和戴夫一样参加工作。

---

① Hammer Film，英国电影公司。该公司成立于1934年，以二十世纪五十年代中期至七十年代制作的一系列哥特式恐怖和奇幻电影而闻名。

②★ 2008年，当李为英国天空电视台改编的《魔法的颜色》（*The Colour of Magic*）中的死神一角配音时，这位演员的地位早已不可同日而语。特里为他的加盟兴奋不已。李还参加了特里的五十岁生日派对，特里高兴极了。

③★ 特里一直对《神秘博士》无感。尽管他真心喜欢演员大卫·田纳特（译注：David Tennant，饰演第十任和第十四任神秘博士），但特里觉得让博士顺手掏出应对危机的万能音速起子，是科幻小说中典型的"一劳永逸"式破局套路。特里觉得这种设计太老套了，是逃避动脑、想象缺失的一种表现。

第 五 章

奇异蔬菜大赏、法官的底裤
和地狱摩托

　　有天,特里和我花了几小时的时间才将来信理出头绪。这项差事的难度堪比给福斯桥上漆①——永远没个头。但我们会定期抽出些时间尽力为之:我先朗读信件,再由特里口述回信,我代为执笔。

　　回信时须遵守几条重要的基本原则。其一是所有以"我有个创作想法,觉得您的小说一定得上……"开头的信都得默默搁在一旁,特里一律不听。这么做无关创意好坏、趣味与否,而是出于对潜在风险的考量。若是之后提供灵感的人状告特里用了他的点子,法律诉讼带来的时间和成本可想而知。同理,所有自发投递、附言以

①　福斯桥(Forth Bridge)位于英国爱丁堡北福斯河,长2.5公里。历史上该桥曾多次开展上漆工程。每次都是旧的工程刚结束,新工程又要开始了。所以人们常用"为福斯桥上漆"喻指永无止境之事。

"我以《碟形世界》为背景写了篇小说,希望您能阅读……"开头的包裹也适用于同样的法定免责条款①★。

其二是不吃任何可食用的东西。这条原则是在有天下午,我和特里吃了一个寄到"礼堂"的水果蛋糕后制订的。蛋糕看起来很美味,工作了一会儿后,我和特里满怀感恩地享用了它,还配了下午茶。一开始我们没多想,然而在接下来的二十四小时里,我们俩都出现了持续的轻微致幻感。虽然特里常说,想象时,他会有种几近幻觉之感,但这和我们出现的致幻感并不是一种。那是种隐隐的不适,看东西也需要比往常更用力,才能确定眼前之物是什么。我们再无可能知晓水果蛋糕里除了水果和蛋糕还有些什么——原因很简单,证据已经被我们销毁了。但从那天开始,"不要吃书迷送的食物"就成了我们防微杜渐的金科玉律。

在最近的回信环节中,没有出现吃的、可疑物品一类的东西,我拆开了一封来自学生记者的信为特里朗读。她在信中先是表达了对特里书作的喜爱,提到课上布置了采访作业,询问特里是否愿意接受她的采访,这不仅能帮助她完成多年的心愿,还会令她受益匪浅。特里收到过很多类似的信件,通常他都会回信祝愿来信人学业

---

①★ 真的有人曾声称自己为特里提供了 1998 年的小说《最后的大陆》(*The Last Continent*)的灵感。很可惜,这一说法并站不住脚。他在信中泛泛而谈,慷慨向特里提出要以澳大利亚为背景展开碟形世界的冒险。那封信寄达时,特里的终稿已经在印刷厂了。我常觉得,给一个以小说创意闻名的人寄送创作灵感是件匪夷所思的事,这就像要给保罗·麦卡特尼(Paul McCartney)提供也许能派得上用场的旋律。

顺利,未来可期,然后就作罢。但这次,他有了不同的想法。

"上面留了电话吗?"

的确有。我把信递过去,特里拿起电话。

"你好。"我听到他干脆地说,"我是特里·普拉切特,听说你想要采访我。"

特里顿了一下,默默地听着话筒。坐在房间另一侧的我可以想象到,特里可能刚刚在那个可怜学生的世界丢下了一颗引发恐慌的炸弹,她这下正手忙脚乱,不知所措。我发现自己也替她捏了把汗。毕竟,双方提前约好采访一位人气作家是一回事,因为尚有时间准备,但在随便哪个周二冷不丁儿地接到电话就是另一回事了。

"好吧,那么……"最后,特里淡淡地说,"那我给你留个号码。"

随后,他挂了电话。

"她说她得去拿录音机。"特里和我说,"之后会回拨给我。"

我们又继续翻阅信件,但特里显然心不在焉,一直瞥眼看着手表。一个人需要多久才能找到录音机?十分钟过去了,这位学生记者并没有回电。

特里又拿起电话。显然,他不准备就此作罢,放过这个谎言。既然这名学生提出了采访请求,不管她愿不愿意,她都得得到一场才行。

特里拿着听筒坐在那儿。与此同时,在英国某地一个学生的卧室里,电话铃响起。响了又响。特里就任由它响了很久。接着他放下了听筒。

"这就是为什么你永远不会在《泰晤士报》的头版看到她的名字。"他说道。

好吧，这很难说。她定能在某一刻不再恐慌，就像我一样。谁又能知道一旦她回振精神，她会达到怎样的职业高度？但事情就是如此。特里在和记者打交道时，无论对方是不是学生，他总会以前记者的身份自居。他希望人们知道这一点。他希望记者了解到他曾在新闻行业恪尽职守，也还保留着从事该行业所需的技能——他知道如何取材，如何撰写文章，他也知道新闻行业的运作规则。这段经历让他这些年来，在面对前来采访的记者时获得了竞争优势，甚至有时也可以成为一种博弈优势。他可能会突然问采访者：诽谤文章的五条自辩方法是什么？①★他们会速记吗？速度如何？盲打呢？

简言之，他希望记者知道他了解他们的游戏规则。不可否认的是，他的确了解。

★　★　★　★　★

1965年9月，预科二年级刚开学，特里的心早已飘向校外的生活，他给《白金汉郡自由报》的主编阿瑟·丘奇写了封信。《白金汉郡自由报》是当地的一家周报，总部设在海威科姆，创立于1856年。按特里的话讲，若是少了这家报社，"白金汉郡以南的大部分地区，从阿默舍姆到比肯斯菲尔德，包括海威科姆的正中心，以及诸如莱西

①★ 这五条分别是事实陈述、真诚的看法、涉及公共利益的文章、绝对特权保护和不知情传播。我也是查了资料才知道。

绿地、卢斯利罗、斯佩恩等周边附属地区将无法正常处理出生、嫁娶、丧葬和上庭事宜,也无法公布果蔬展最逗乐萝卜种植奖的得主。"特里告知主编,次年夏天待他参加完三门 A-level 考试,就会离开威科姆技术高等中学,并询问届时是否有他能应征的职位。

这并不意味着特里放弃了成为科幻作家的梦想。恰恰相反,那年秋天他返校后,就在着手推进他职业生涯的第二次兜售。和戴夫待在一起讨论的那些周末,特里刚刚写完了一部题为《夜行者》的短篇小说,以第一人称视角,采用船长日记的形式记录了一艘距离冥王星四千万英里的飞船的航行之旅。这是一篇相对传统的科幻小说,沉抑而发人深省,一反特里往常的风格,没用到任何笑料。这一点从故事的开头就能看出来:"宇宙是片汪洋,我仍记得,当我看着蓝色的奈斯弗舰队逆着太阳风航行时。舰队正朝着太阳的方向前行,安然沐浴在金色的光影里。已然逃离了风暴。"特里把小说投给了已接替约翰·卡内尔担任《新世界科幻》主编的迈克尔·莫考克。莫考克接受了这篇投稿,最后将其发表在11月刊上①★。

虽说《冥界的生意》为特里从约翰·卡内尔那儿赚得了十四英镑,这次莫考克也支付了差不多的稿酬,但特里还是很快就想明白了与写作有关的一件事:靠写小说谋生的人少得可怜。看看那些参加

---

①★ 小说最后刊登于为新兴年轻作家出版的特刊内,占据了六页篇幅。迈克尔·莫考克在编辑寄语中写道:"十四岁在《科学奇幻》开启写作生涯的特里·普拉切特,现发表他的第二篇小说(他现年十六岁),以崭新而诗意的目光叙写外太空的故事。"这段话介绍故事的部分是中肯的,但年龄不对。那期《科学奇幻》杂志出版时,特里已满十五岁,而在莫考克在写下这段话时,特里已经十七岁了。

科幻大会的人就知道,只靠写作维持生计的全职作家绝对是少数,大家要么有其他收入,要么已经破产。因此,平心而论,要想成为一名作家,必须具备三大要素:对文字驾轻就熟,想象力丰富和拥有另一份收入。

有段时间,特里一直在想,也许做图书管理员可以为他带来那份额外的收入,更何况对他来说,这是份再幸福不过的工作,就像"派一只猴子去管理香蕉种植园"。但进入新闻行业的念头渐渐盖过了应征比肯斯菲尔德图书馆管理员的想法。特里觉得新闻工作和写作很像,二者最大的区别在于,前者可以获得足以维生的薪水。诚然,做新闻并不是他的心之所向,但至少是条值得探索的路径。

特里常调侃,他写给阿瑟·丘奇的那封申请信已经提前用上了"准确而又不完全真实"的新闻写作技巧。诚然,他对丘奇说的话不假:他会在本学年结束时参加三门 A-level 考试,但实际通过的能有几门呢? 他并不敢自信给出一个确切的数字。英语? 应该能过。艺术? 再努力一番也许行。历史? 这门就不好说了……不知道编辑是从上述新闻技巧中看到了特里成为新闻大师的潜力,还是因为特里写信的时机恰当。总之,丘奇回了信,约特里去办公室一见。

那时,丘奇已在《白金汉郡自由报》名声赫赫,是一名真正的报刊媒体人,亦是一名从一而终的报刊媒体人。他十六岁加入自由报,从小记者做起,在特里踏进他的办公室时,他已在这家报社工作了三十七年。直至 2000 年,他去世的前一年(享年八十九岁),他还在为该报撰写专栏文章。丘奇对地方新闻事业的贡献和信仰自是没得说，他没时间去理会那些闲言碎语，说地方报纸是记者"镀金深造"、好跃升国家级报纸的敲门砖。丘奇反倒认为，若是做法得当，地方报纸也能让一个人攀上事业巅峰。

在特里绘声绘色讲述的那些和阿瑟·丘奇有关的故事中，当属1969年的一桩逸事最令人印象深刻。这位主编接到《白金汉郡自由报》社长的指示，要用报社的彩色打印机在头版刊印阿波罗任务在月球拍摄并发回的地球影像。丘奇一向厌恶上级对他的头版指手画脚，也绝不希望用珍贵的报纸门面报道非本地新闻，于是他冷冷地回了句："这不在我们的报道范围之内。"最后，经过一番漫长的内心斗争，他终于勉强说服了自己，将这张图片归入了本地新闻，并和新闻室解释道："我想月光也照着海威科姆。"

当下，坐在这位当地报界的泰斗面前，特里说自己已经在《科学奇幻》上发表了一篇小说，刚刚又卖出了另一篇，并且他还会打字。丘奇显然不是晦涩难懂的科幻杂志的爱好者——毕竟，冥王星开外四万英里的地方的确超出了他的发行范围。相较科幻写作，他可能更看重特里的打字技能，不过，事实证明，特里身为科幻作家的才能很快就能派上用场。总之，又问了几个问题后，丘奇就和特里说："我喜欢你的做派①★，年轻人。"随后，他又补充道，有个学徒记者的

---

①★特里觉得，丘奇大概是英国最后一个在谈话时不含任何讽刺意味地使用该表达的人。（译注：原句为"I like the cut of your jib"，十九世纪时人们常用该谚语指代一个人的行事方式。）

职缺,不知特里愿不愿意考虑。

决定未来的发展道路突然变成了紧迫之事。特里现在不得不回家,向父母和盘托出实情。好消息是他接到了份工作,坏消息是只有立即放弃学业才作数。大卫毫不犹豫地支持特里的选择:特里猜测只要能让儿子不用过躺在车底的生活,父亲什么事都会赞成。艾琳和大卫不同,她为特里万一不能通过各科 A-level 考试而忧心,毕竟他已经走了这么远。但另一方面,学徒的在职学习性质倒是能帮助特里至少通过英文科目的 A-level 考试,所以他也算是在继续学业。再者,记者这份带薪工作满足了母亲的两个基本要求:这份工作虽然算不上多么受人尊崇,但至少算是稳定且有退休金可领,也有职业发展路径可言,不是吗?两年的学徒生涯结束后,前途大有可为。特里确信,母亲脑中定闪过这样的画面:若是他用心钻营,十年或二十年后,就可以成为《泰晤士报》的编辑了,自然受人尊崇。或者,就算不受人尊崇,也定是身居要位。不管怎样,艾琳最后也认可了这件事。

一家人似乎从未讨论过特里完成 A-level 考试后进入大学攻读学位的可能性。普拉切特家并未有过这样的先例,也不觉得这是条多么值得推荐的路径。A-level 考试至少等同于划分蓝领和白领工作的分水岭,尚且是值得"奋进"的目标。但高等教育只是在浪费你和其他人的时间,过犹不及。其实,当时的特里也部分赞同这一观点。"我不觉得大学适合我。"他在自传手稿中写道,又加了句他的感受,"再者,就算去了也会受到它的碾压。"他继续写道:"地方报社这所大学提供差旅机会,最远可以去到斯皮恩,还能收获许多值得推敲的谈判技巧和人文教育,为全方面了解人类共性①★开了一扇窗。"

全家人一致同意后,特里接受了丘奇提供的职位。鉴于特里还是法律意义上的未成年人,他让父亲陪他去办公室签了"长得有点像中世纪文书"的学徒合同。现在,从法律层面讲,他还是名退学生,所以为了履行这一事实,特里去威科姆技术高等中学还了书,骄傲地穿着自己的便服,而不是校服,走在校园里(那时,即便是预科生也必须穿校服)。"那是我第一次也是最后一次,从老师和访客专用通道走出学校,踏上遣词造句的人生道路。"

显然,他在离开时并没有落泪。那学校呢?是否有为他的离开哭泣不舍?没有证据表明校长曾跪下来求特里重新考虑,但经证实,他的离开还是撼动了校园生活的一部分——辩论社。面对特里的缺席,那年冬天,该社的秘书长在《技术天鹅》中惋惜道:"普拉切特的过早离开,意味着我们失去了一员大将。"接着他温情回顾了特里在那年5月一场辩论赛中的表现,当时特里的持方是"政府应满足司机的需求"。这是"今年最令人难忘的辩论之一,"秘书长评价道,"普拉切特在这场辩论中脱颖而出,恐怕连《呆子秀》②的斯派克·米利根都难以复刻他的表现。就是在这场辩论中,普拉切特赋予了

---

① ★ "人类共性"这一表述对特里来说意义非凡,我们之后会再次提到。

② *The Goon Show*,英国电台喜剧。

'专制主义'新的含义——'专车统治①'。"

这篇高度赞扬的评述是特里迄今为止收到的最高评价。当然，这也绝不是他最后一次凭借绝妙的双关语获得赞扬。不过，这些都不足以动摇他退学的心意。

特里在他的都柏林圣三一学院就职演讲稿中曾写道："六十年代中期，报社实习记者的处境只略优于奴隶；你可以住在家，且不会被人用铁链笞打。"还有些别的优点：有调休，虽然特里发誓他连调休的影子都没见过；有每周八英镑十先令的薪水，少是少了点，但应该比过去的奴隶拿得多。

的确，在《白金汉郡自由报》做学徒很辛苦。因为当地的新闻可不会遵照朝九晚五的时间表出现。特里的工作时间长且不规律，常常超出法律规定的时长。这些对前一周还按着自己的节奏做事的学生来说，无疑是一大冲击。除了要面对报社交代的新任务和挑战，特里每周还有一天会被派去不同的大学参加国家记者培训理事会组织的培训，学习和报刊有关的法律、地方政府的运作机制，还有不容小觑的速记。"因为，"特里写道，"之后会有技能测试，若是你的皮德曼速记法达不到每分钟一百词，就没有参考资格。"除了这些，他还要备考英文 A-level 考试。

"报社支配着我。"特里说道，"我的生活不属于我，日子在飞逝。"

---

① 原文为"government by autos"。特里在此处运用了双关手法，"autos"可指代"autocracy"（专制）或"automobile"（汽车）。

1965年9月末的某个周一早上,特里穿着一件"崭新的外套","嘴里还残留着前一晚学校晚餐的味道",来到海威科姆办公室报到,认识新同事。他先见了首席记者乔治·托普利。"他是我见过的最有天赋的记者。"特里如此评价道。托普利尽职尽责,有强烈的政治主张,他常把年轻时的一桩光辉事迹拿出来吹嘘。故事以虚构成分居多,说他曾搭乘英国南部的一艘船偷渡,原本打算去西班牙参加内战,却阴差阳错上了北上去赫尔的船。这又是一个可以归为"精彩到需要查证"的故事。"阿瑟·丘奇一点点地向我传授了新闻伦理。"特里说道,"而乔治却温和地教会了我,有时光守伦理是不够的。"

接着是约翰尼·豪。他是"首席记者,也是唯一的副编辑","有着满脑子的淫邪念头",深谙双关之道。他曾自豪地和特里分享过一个故事。有一次,他获准报道暴露狂擅闯妇女协会举办的鲜花果蔬展一事。他在报道中如此描述这位闯入展会的裸男:"他在可人的'小蛋糕'前引发了一阵恐慌,随后就被不解风情的'醋栗'警官带走了"。豪性格开朗,身材矮胖(据特里形容,他的身形"已经离球形不远"),与《白金汉郡自由报》的新编辑肯·伯勒斯形成了鲜明对比。后者瘦削而寡言。"二人午休一起去酒吧时,看起来就像数字'1'和数字'0'并肩走在一起。"特里回忆道。

然后是资深记者阿伦·亨特。阿瑟·丘奇叫亨特把这个新来的男孩带在身边,带他熟悉新闻采集的流程。在办公室适应了几天环境后,亨特带着战战兢兢地拿着笔记本和笔的特里,第一次出了外访。也是在那一回,特里头次站在田间和一具尸体面对面。

这次初体验对特里而言是火一般的试炼,或者更准确而言,是接受了一场泥沙的洗礼。三大紧急服务机构都到现场了,打捞上来的尸体停放在院子里。"我们的右前方,"特里回忆说,"躺着一个秽浊的死者。他从院子里的一台拖拉机跳下来,着陆时正好落在一口井上。井原是用木板盖着的,所以没人记得它的存在。木板渐渐和周遭融为一体,摧枯腐烂,所以那人径直穿过井口,重重地摔在地上,淹死在井下的污泥之中。"

带特里的前辈正专业地忙着和警方还有倒霉的农场主交谈。"而我,则一边努力地消化这一切,一边忍着不把今天的早餐吐出来。我在想会由谁去通知他的母亲,以及他有女朋友吗?"正如特里所说,地方报社这所大学开设的是生活速成课,显然,这门课也包含名为"死亡"的主题模块。

这堂特殊的课仍在继续。特里每周要去死因裁判法庭一到两次,强忍着反胃倾听并记录验尸官描述形形色色的死者的临终细节。谋杀案很罕见——毕竟这是在南白金汉郡,不是在美国布朗克斯[1],但自杀案却不少。特里曾在都柏林就职演说中写道,"刽子手皮埃尔伯恩特[2]了解如何迅速绞死一个人,绳子该多长,绳结应该打

---

[1] 纽约有名的贫民区,犯罪率高。

[2] 阿尔伯特·皮埃尔伯恩特(Albert Pierrepoint)是英国最出名,也是最高效的刽子手,他在二十五年的职业生涯中一共绞死了超过六百人。

在脖子的哪个位置,才能让死者善终。但大多数人并不知道。"从那时起,特里一直怀疑"安详离世"是否真的存在。

有时,特里还得出席一些严肃的场合,比如裁判法院。在那里,"正义必须在众人瞩目下才能得到伸张,因此,这位《白金汉郡自由报》的坚定拥护者必须穿着他的廉价夹克坐在那儿,用皮特曼速记法一字不落地记录下一切。"在这儿,年轻的普拉切特受到了两件事的冲击:第一件是看到"评审团或法官理案时,无赖、警察和律师聚在一处,有说有笑,互相递着烟。不知为何,你的眼眶就突然湿润了。他们看上去都一样,唯一不同的是那个温室被砸或者车被烧了的可怜人,他一脸困惑,想知道为什么涉案之人在和警察搭伙聊天。"

至于第二件,和主持庭审的那位"德高望重的女法官"有关。她喜欢穿海军蓝色的内裤。这一细节特里不需要做新闻调查就能知道,因为这是这位德高望重的女士自己展露给全庭人看的:她叉着腿坐在长椅上,身前没有任何遮挡。"所以每个被传唤的证人眼睛都盯着天花板。"特里注意到。他总在想,这位女士在发现大家的视线总会避开她后,是否有反思过为什么。

也有些没那么戏剧化的场合,比如在市区议会开会的漫漫长夜。那些似乎永远开不完的会秉承民主原则,面向公众和媒体开放。不过特里发现前来听会的,往往只有他一人——孤零零地兼饰公众和媒体两角。他总是提心吊胆,害怕眼看无尽头的会议就要到头时,就会有议员从椅子上站起来说:"主席先生,请容我再提一个和其他事务相关的问题……"

除此之外，特里也少不了前往合唱团、乐队和业余戏剧社团进行报道。当然，还有乡村表演，若是逢对季节，还能赶上新奇的果蔬巡回展。金婚夫妇的新闻价值也不容小觑，值得小记者专程上门拜访，并在岁月静好的合照下，配一两段话放在下期报纸里。特里发现这项任务的创意空间实在有限，唯一能采访的问题，就是维持长久幸福婚姻的秘诀是什么。

"一般情况下，答案我都能提前写好。"特里写道，"无非是懂得给予和接受，相敬如宾和相互理解，等等。但我记得有一次丈夫兴高采烈地回答：'我们做了很多爱，现在依旧如此。'他的妻子也笑容满面、毫无羞赧之色地附和道：'的确是这样，亲爱的。你们年轻人觉得是你们发明了性爱，但我们在过去灯火管制时做的事也很美妙。'丈夫开心地补充道：'还是在自行车上。没有横梁的女士自行车是我的挚友。'谈话仍在继续，直到我像专业记者一样，镇定地寻了个借口离开，只想找个地方洗个冷水澡①★。"

周四是刊印日，一周中办公室最忙的一天。周五，待报纸印好，就相对清闲了。这时，特里要做的第一件事，就是清理票据叉。它的木质底座上立了根尖锐的长钉子，收纳了所有当周被毙的稿件。若是日后需要，稿子还能取回来再用。特里认为它"有点像有还原功能

---

①★ 我并不确信故事中提到的女士自行车一事是真的。毕竟，谈话发生时，我并不在场。

的废纸篓①★"。清理完票据叉后,特里就会奉命扮演一两个小时的吉姆叔叔。

"没人愿意写吉姆叔叔的专栏。"特里表示。《白金汉郡自由报》有个专门为小读者设立的版面——《儿童圈》,里面会刊登父母投稿的生日祝福以及短篇故事。故事的主角有时是一只叫"布布兔儿"的会说话的兔子,或者同样会讲话的鼹鼠"彼得·派珀"。整个栏目由神秘的吉姆叔叔主持,然而实际上他只是个普通职员,摊上了全办公室都不愿做的活计。毕竟,要是按照新闻任务的硬核程度给这项任务打分,它绝对是项"软差",比报道新奇果蔬展的指数还要低。

更糟的是,做这项任务还得懂得避开陷阱。"当吉姆叔叔得学会斗智斗勇。"特里写道,"因为当地每个爱开玩笑的人都会尽其所能地,从报纸里那些无辜孩子的名字中找点乐子,真是混蛋。要怎么说才能更婉转呢? 好吧,倘若你真的叫R.Sitch,那么我为那次没有向整个白金汉郡公开给你送的生日祝福道歉,因为那条投稿压根儿没在我这儿通过②★。"

作为办公室新招的小跟班,特里没有说"不"的权利。很快,扮演吉姆叔叔这项没有那么繁重的任务就落到了他肩上。但特里其实

---

①★ 许多编辑曾试图挽救被毙的稿件,给它们加些简洁的亮点,却总是扎破了自己的手,特别是蹭到拇指和食指尖的皮肤。特里注意到,若是某个新闻周异常忙碌,他在清理票据叉时,总能翻到有大量阴干血迹的稿件。

②★ 据说,还有些投稿也没通过。比如,生日快乐,休·贾纳斯(Hugh Janus)![译注:该名与huge anus(大肛门)同音。正文中的姓氏Sitch在俚语中是sick bitch(正点辣妹)的简称。]

也无意抱怨,因为事实证明这项任务正适合他。

可以说,特里·普拉切特的到来,彻底改变了《儿童圈》。自《白金汉郡自由报》创立以来,从没有人能像特里这般,让吉姆叔叔的形象如此活灵活现。在他接任该角色的前几周,该专栏就发生了翻天覆地的变化,掀起了一场创意海啸。布布兔儿和彼得·派珀立即领了盒饭。特里不会再给白金汉郡的孩子讲他们的故事,他要讲的故事比这个有趣多了:孩子们会跟着韦尔克教授建造火箭登上火星,火箭的窗户挂了窗帘,正门还安了个巨大的黄铜扣环;或者加入后罗马时代殖民军,在来自托施鲁恩群岛特罗佩尼亚国的"灰溜溜"将军的带领下,向大不列颠群岛发动一次失败的进攻("历史即是如此。"故事的讲者如此解释道,"人们总是看到一个地方,就想要征服它。英吉利海峡常常挤满了排着队赶来征服它的船只。");他们还会读到一群小矮人搭乘一艘橡皮筋动力胡桃船,穿过波涛汹涌的海面;或者看到魔笛手在清洁工罢工时,来到布莱克伯里镇,用笛声将镇议会带离了小镇——"除了帕特尔先生,他躲在河畔的水草丛里,试着用一根芦苇换气,实际做起来可没故事里看起来那么容易。"

读者还会发现,在这些故事里,威尔士变成了英国版的狂野西部。不过,让这片土地变得富庶而又狂热危险的,倒不是淘金热,而是淘煤热。读者将邂逅"全世界最英俊的牧羊人"——贝德维尔,受邀"同他和他的爱狗——全威尔士最好的牧羊犬贝德维特"一起踏上冒险之旅。

这些特里精心撰写的故事虽然篇幅短小、尚显稚嫩,但它们清晰地展现出一台具有典型普拉切特风格的机器已经磨砺以须,在努力运转。年仅十七岁,特里就已经掌握了改造俗套叙事框架的要领:先通过深入挖掘,让故事重焕新生,再让一整套虚构设定和现代世界的世俗伦理正面碰撞。比如,故事可以这么开场:"很久很久以前(这总是个好开头),有位年轻的王子……"不一会儿,树上的鸟儿就会告诉年轻的王子:"那个女孩是塞莱娜,你要是想娶她,就得想办法打动她,准备好巧克力和鲜花等等。"这位学徒记者已经逐渐摸索出如何插科打诨地讥讽英雄主义作品,打破传统叙事的金科玉律,看看故事会呈现出怎样的趣味。

在特里看来,接管《儿童圈》也为他带来了便利。他正好能借着发短篇,推进一项思虑已久、但还尚未完成的计划——写一本儿童文学。他似乎是在戴夫妈妈家的会客厅里有了这个想法。

戴夫现在把兰美达摩托换成了一辆有皮革内饰的罗孚2000,他是用继承的一小笔遗产买的。本来这笔钱应该能让他待业得再久一点,好集中精力写作。戴夫坦言:"然而车的诱惑实在太大了。"有了车,意味着周末和特里见面的地点,可以不再局限于上赖丁路25号,戴夫可以把特里接去沃金厄姆。

有一次,俩人见面时爆发了一场激辩,戴夫为了论证自己的观点,激动地一脚踩到了客厅的地毯。

"当心。"特里说道,"别惊扰了地毯小人。"

谁？地毯小人。特里指的当然是那些生活在地毯纤维中、在面包屑、尘螨和残渣间夹缝求生的微生物家族。这些小人长期遭受着未知浩瀚的宏观世界的威胁，它们在特里动笔把它们写进故事后，才真正走进了人们的视野。它们的故事或许最后会被出成书，但不管怎样，它们在儿童专栏连载的人气颇高。特里第一次在专栏用到该素材时，写了飘落的烟灰给这个小部落带来的危机。故事发表后似乎反响不错，他就一直将连载写了下去①★。

就这样，这位初来乍到的记者在两年学徒生涯伊始的那几个月，努力打磨着一项将令他终生受用的技能："在半小时内，借助一通电话或一则简报迅速了解一个话题，写出一篇内容翔实、连贯可读的专栏文章。"当然，透过地毯纤维里的微观世界，特里的儿童文学创作能力也得到了锻炼，虽然在这件事上并没有他讨价还价的余地。

戴夫·巴斯比开着新买的罗孚2000，风光无限地载特里参加了1966年的英国全国科幻大会。这次大会在距离英国诺福克海岸一百六十英里的大雅茅斯召开。所以，4月初，特里难得休了个周末，和戴夫以及一百多名科幻爱好者一道入住了海边的皇家酒店。有个细节特里不会不知道，查尔斯·狄更斯就是住在这儿写完了《大卫·科波菲尔》。想来，狄更斯肯定没受到三场科幻竞标会、扮装游行和深夜走廊吵闹声的叨扰。多亏了恶劣的天气，本届大会没有沦为摩

---

①★ 有件事显而易见却又值得一提，早在《魔法的颜色》面世前约二十年，特里就已经尝试在一个扁平的星球创造自给自足的世界了。

登青年和摇滚乐手的闲散聚集地,这让诺福克的警察也松了一口气。1965年复活节周一在海滩发生的臭名昭著的斗殴事件并没有重演①★。

如今,特里和戴夫都不再是新人,对大会及其流程都轻车熟路。特里的胸牌上标注着他是第108号参会者,日程单上写着:"请时刻佩戴您的胸牌,即便是穿着睡衣(或睡袍,视具体情况而定)的时候。"单子上还印着维克多·格兰茨出版社打的广告,宣传将于7月21日面世的弗兰克·赫伯特的小说《沙丘》。特里和戴夫都觉得这本书值得找机会好好读一下。

不同于去年的伯明翰大会,本届大会的参会人数完全够评最佳扮装奖,也不枉艾娜·肖罗克挖空心思扮成了"仙女座号"。不过,大会最重要的活动当属周六早上十点半举办的"新作家"座谈会。活动颇具规模,出席的有兰登·琼斯(Langdon Jones)、基斯·伍德科特(Keith Woodcott)、帕迪·奥哈洛伦(Paddy O'Halloran)、拉姆齐·坎贝尔(Ramsey Campbell)、詹姆斯·科尔文(James Colvin)、汉克·丹普西(Hank Dempsey)……还有戴夫·巴斯比和特里·普拉切特。戴夫已是科幻座谈会的常客,但这回是特里第一次以作家的身份公开亮相。不曾有笔录或参会人提及,巴斯比和普拉切特这对搭档在座谈会中是出了风头还是笑话,抑或是延续着一贯的低调风格。但有一点是显而易见的:不知道是不是因为见识过1965年的世界科幻大

---

①★ 凑巧的是,特里未来的私人助理在1986年复活节期间在大雅茅斯凭借自己改装的伟士牌小轮摩托赢得了最佳摩托车奖。那年也没发生斗殴事件。

会,再看英国全国科幻大会就觉得它相形见绌,有些小家子气,也有可能是因为二人都工作繁忙或有别的什么原因,总之,他们对参加科幻大会的热情都大不如前了。

开着罗孚2000回白金汉郡的路上,特里和戴夫一致认为,重复做一件事的前提是它尚未褪去光环,而他们已经耗尽了参会的热情,该从一个人生阶段跳至另一个了。但凡他们中有人能预知到,在这次谈话发生的三十八年后,特里将成为第六十二届世界科幻大会的荣誉嘉宾,受到美国马萨诸塞州波士顿市六千名参会者的热烈欢迎,他们就不会这么讲了。这之后,特里直至1985年才重返科幻大会。那次,在很多人眼中还是个"新作家"的他,肩负着宣传小说的使命。

同一时期,特里也到了需要代步工具的时候,南白金汉郡支离破碎的公交服务网络或戴夫的罗孚2000都已无法满足他的需求。于是,这位《白金汉郡自由报》的学徒记者从祖父那儿,淘来了一辆闲置的破旧邓克利S65惠比特小轮摩托。这事儿让从前开兰美达的戴夫乐了半天,他觉得这辆笨重的五十年代英式摩托是在蹩脚地模仿意大利风格。

此话不错。特里也承认,他的坐骑的外观并不招人喜欢,"它的周身包裹着金属,就像身披铠甲的中世纪骑士"。哪怕是进行最基础的维修,它那可怜的主人也不得不把"铠甲"高高抬起,再匆匆找个东西勉强支着它,以防它落下来。赶上强风或是稍微有点风的天气,维修时难免会蹭破手指。然而,特里和父亲还是得硬着头皮以身犯险,因为特里清楚这辆摩托的"脾气暴躁",常以掉链子为乐,用它能想到的一切大大小小的方式捉弄特里[①]★。

特里曾写道:"我的父亲大卫,昵称戴夫,有一群秘密联络的'戴夫兄弟',帮他从垃圾场、车库还有铁道拱桥下的秘密窝棚里寻来老旧的备件。即便如此,他发现还是很难让这辆摩托安全上路。"但对特里而言,那辆惠比特是出行工具,而出行代表着……或多或少的自由。"我骑着这台差劲的车在白金汉郡的乡村各处转悠。"特里写道,"闻着燃料没燃尽的味儿,担心着它会不会随时趴窝。"这辆摩托断断续续地陪伴了他几年,直到彻底报废,寿终正寝。它的最后一任主人并没有过度地哀伤。"都说邓克利惠比特是收藏品。"特里后来写道,"那你也许可以把我那辆埋在门迪普山农场里的摩托挖出来收藏,但量你也不敢这么干,因为等待你的将是地狱。"

不过,在这辆时常抽风的烂摩托被流放到牧场之前,它可是帮特里做了件实事——完成他的追爱计划。

---

①★ 特里祖父在骑这辆惠比特摩托时,显然毫不吝惜地使唤过它,把它折磨得奄奄一息。这么看,这辆惠比特也算是"得救"了。

第 六 章

鸡尾酒大虾、泡泡车中毒事件
和糖果罐里的死老鼠

"一位年轻男子若是拾到了年轻小姐的首饰,有义务将它物归原主。我很确定简·奥斯汀说过类似的话。"

特里在自传手稿中如此写道。不管简·奥斯汀对此做何感想,我们掌握的实情其实是这样的:一天晚上,特里聚会完回家,正准备脱衣服睡觉,夹克上方的口袋掉出了一团柔软闪亮之物。他凑近细瞧,才发现这东西并不是自己的——是一只大号的洋红色配藕荷色的耳环。

命运刚刚朝特里露出了温暖的笑容,透着前所未有的暖意。

聚会是特里的同事乔安娜在家中办的。她家在吉斯伯勒王子镇。若是要界定它的位置,阿瑟·丘奇肯定会说,它位于《白金汉郡自由报》发行区域的最西端，而特里则会说，那是他要胆战心惊地骑着摩托车，从比肯斯菲尔德跑十八英里路，才能到的地方。虽说某人晚上回家后发现兜里揣着别人的耳环，但这次聚会其实并不是我们想象的那种狂欢夜。真实的场景是，即将年满十九岁的特里穿着他最好的衬衫，手里拿着一小杯吉尼斯黑啤，坐在报社同事间聊天。这时，不知从哪儿冒出来了"一位美丽的金发姑娘，耳畔坠着一对大耳环，她突然在我腿上坐下，抬头问我：'你是韦恩·丰塔纳（Wayne Fontana）吗？'我连忙回答'不是。'"特里写道。

他没说谎。特里的确不是那位曼彻斯特流行乐队"灵念大师"（The Mindbenders）的主唱，也没有在1965年借着《爱之游戏》（*The Game Of Love*）一曲成名，荣登排行榜，但架不住在这样一个气氛烘托到位、摩肩接踵的客厅里，有女孩喝了太多宾客带来放在厨房的酒后，就一时眯瞪把特里认成了韦恩·丰塔纳。尽管开场白很直白，但在女主人乔安娜把这位不速之客带走前，他几乎没能从她那里得到任何有用的信息，只知道腿上坐着的这位女孩名叫琳恩。特里觉得她在被乔安娜拉走时，朝自己使了个意味深长的眼神。紧跟着，聚会就散场了。

离开时，特里心事重重。"回家路上，小摩托吭哧吭哧地赶着路，路上下了点雨，我阴着脸蹚过一个个水坑，为错失机会而懊恼。"

老实说，特里在约会方面的经验实在有限，他还未曾有过机会，亲身检验简·奥斯汀就爱和吸引发表的各种名言。他也绝对还没习惯女孩突然坐在他腿上,问他是不是某位流行乐手这样的事。刚进《白金汉郡自由报》时,他曾暗恋过办公室的一个姑娘,但这段爱慕很快就无疾而终了。后来有一次,他在火车上看到一位金发姑娘在读《指环王》(除了相貌出众外,她阅读的书无疑也能迅速引起特里的注意),可是她一直没抬头,他也没勇气开口搭讪。试想,若是几周后正是那位读书女孩突然在派对上坐在了他腿上,问他是不是韦恩·丰塔纳,事情会怎么发展。

事实上,这正是发生的事情。无巧不成书,派对上的女孩和火车上的那位其实正是同一人。后来,他们开始约会后,特里对琳恩说自己早就倾慕于她了,她以为他在编故事哄她,但其实是真的。琳恩每天都要去伦敦的塞尔福里奇百货公司上班,而特里要去东伦敦上大学的新闻在职课。就这样,他在一天早上遇到了埋头阅读托尔金书籍的她[1]★。他已在火车上与她有过一面之缘,也对她心生好奇,现如今这个女孩从天而降,落在他腿上,他这个呆子却没有抓住机会。

谁承想,夹克口袋里掉出了那只洋红色配藕荷色耳环。就别管什么简·奥斯汀了,这情形更像托马斯·哈代笔下会发生的事情,就算这只耳环的出现不是在暗示冥冥中自有注定,至少它给了特里挽救的机会。

到单位后,特里以还琳恩耳环为借口,问乔安娜要了琳恩的电

---

①★ 即便特里长得很像韦恩·丰塔纳,琳恩没有注意到他也不为奇:她完全沉浸在《指环王》的世界里,有天晚上甚至搭错了地铁,连坐了好几站。

话。他原想装出一副不经意的样子,却不怎么成功,反倒将心迹暴露无遗。他问了一堆关于琳恩家世的问题,打听到的消息却让他有些气馁。琳恩所在的珀维斯一家,显然住在白金汉郡一带的富人区——格拉茨克罗兹,无论是过去还是现在,人们都会用"绿树成荫"形容那里。虽然住在格拉茨克罗兹的不一定都是有钱人,但它的确可以作为一大参考标准。更糟的是,珀维斯家有辆宾利。比那还糟的是,他们有艘船,在多赛特郡还有栋乡村别墅。这些彰显阶级地位的细节每出现一个,特里的心就往下沉几分。在这样圈层的家庭面前,一个拿着记者学徒工资、住廉租房的穷小子又有什么希望可言呢?

不过,要说新闻行业教会了他什么,最重要的一件事,就是要勇于拿起电话打给陌生人,包括有钱人。特里还确信,当乔安娜把琳恩的号码递给他时,她的眼中闪烁着鼓励的光芒,这让他信心倍增。那晚,他拨通了珀维斯家的电话。

"接电话的是一位上了年纪的妇人。"特里回忆道,"我猜想她很可能是位公爵夫人。我说要找琳恩,让我惊讶的是她很爽快地就帮我转接了,完全没问我要做什么或是我的父亲从事什么职业。最后,琳恩接了电话。她听起来很友好,对我自告奋勇要在下次路过她家时把耳环还给她充满感激。可其实我从未有过机会路过格拉茨克罗兹。但明天,我肯定会路过那儿,绝对会路过那儿。"

于是,隔天晚上,"恰巧路过"的特里来到了位于迪克伍德大道的琳恩家。那的确是栋很好的房子，平层设计，现代大方，还有个可爱的花园。不过，没有两英里长的车道、没有孔雀和迷宫花园，门口也没有穿制服的仆人负责开门。特里因而觉得自己也还没到完全低人一等的地步，只能算是部分低人一等，虽然有时这会让他感觉更糟。特里归还了耳环（无论这是否真的如简·奥斯汀所愿），接着强装镇静地问琳恩，愿不愿意什么时候和他一起吃顿晚餐，琳恩说好。

所以，现在特里需要做的，是找个合适的地方，完成一项崇高的任务：证明特里·普拉切特的优点完全可以弥补他不是韦恩·丰塔纳的缺憾。他很快就有了主意。彼时，摇摆的六十年代风潮已在白金汉郡掀起了惊涛骇浪，就连比肯斯菲尔德都开了家中餐馆。哪个女人能对这家店说"不"呢？实地调研时，特里站在那家令他费解的异域餐厅门外，看着橱窗上的菜单，默默在脑中盘算：他的荷包勉强能负担两个人吃顿饭，还不至于彻底破产，而且这里似乎还有最具亚洲风情的菜肴——鸡尾酒大虾，既上档次又在他的消费能力之内。他便预订了位置。

剩下要解决的就是当晚的交通问题了。让约会对象坐在邓克利上的风险太高，既有失面子，又不够安全——那辆越来越不靠谱的摩托车连拉一个人外加工具箱都要遭不住了，更别提两个成年人。出租车显然才是最好的选择。但从比肯斯菲尔德搭到格拉茨克罗兹，再折回比肯斯菲尔德，晚上吃完饭再返回格拉茨克罗兹，然后再去比肯斯菲尔德,打表的话少说也要二十英里,光车费就要大出血。在经过一番周密的考量后,特里想出了一个绝妙的省钱方案。

他会预订一辆从琳恩父母家出发的出租车,接着用邓克利把自己从比肯斯菲尔德送到格拉茨克罗兹,再把那辆破旧的小摩托连同头盔和工装藏在转角的一片草丛里。当订好的出租停在路边等客时,他也慢悠悠地在车道上踱步,佯装自己就是坐这辆车来的。据他估计,这条妙计至少能为自己省下两盘鸡尾酒大虾的钱,还能在琳恩和珀维斯家的其他成员面前展示自己不是个随随便便骑着廉价英式摩托的莽撞骑手,而是一个有能力和格调的小伙子,有大好前途。

出人意料的是,第一段从摩托换乘出租的行程进行得异常顺利。出租车载着他们来到了比肯斯菲尔德小镇第一家也是唯一一家融合川菜馆,特里在琳恩对面落座。鸡尾酒大虾还没从冰箱端出来,两人就轻松地聊了起来,并且很快就产生了永恒的思想碰撞。特里了解到,琳恩喜欢艺术,曾在切尔西艺术学院学习插画设计。有一回,她的大学布置了项作业,要他们为自己最爱的小说设计封面。班上几乎所有人都选了《故园风雨后》(*Brideshead Revisited*),只有琳恩在画封面时选了英国惊悚小说作家、"恐怖大师"约翰·布莱克本(John Blackburn)1958年的小说《酸苹果树》(*A Sour Apple Tree*)。显然,特里也会是同一种艺术生。

至于身份差异……让特里安心的是琳恩的父亲并不是什么坐拥地产的公爵，而是现今英国电信的执行工程师。"那艘船是有两个床位的摩托艇，而不是豪华游轮。"特里写道，"多赛特的别墅是栋荒废已久的建筑，琳恩的父亲正在自己动手装修。宾利倒是的确存在，只不过如今的它和四轮版的邓克利无异，被闲置在车库里落灰[1]★。"

除了这些振奋人心的消息，还有件事让特里大为震惊。用餐结束该买单时，琳恩拿出她的钱包，提出要支付她的那部分。"当时的我从没听过这种理念。"特里写道，不过，刻在他骨子里的骑士精神让他勇敢拒绝了琳恩的提议，心甘情愿地在发工资前过一周节衣缩食的日子。琳恩倒不是单因为这件事对特里产生了好感，最打动她的其实是特里一以贯之的善良。出租车载着两人回到迪克伍德大道时，他们都清楚约会还会有后续。

"在她家门口轻轻吻别后，"特里写道，"我走进昏暗处，出租车司机好心地打开又关上了乘客侧的车门，做出我已经钻进车里的样子。又走了一小截路后，我从灌木丛里取回了邓克利。它的性子果真是阴晴不定，回家半道经过A40公路的贝尔旅馆时，又第n次地罢了工。我推着这辆该死的车往家走时，天空下起了雨。我的靴子进了水，但我的心里淌着歌。"

---

[1]★ 琳恩认为宾利遭受了不公平的待遇。它和大多数能上路的车（包括农用车）一样，性能比邓克利可靠多了，舒适度也没得说。但由于它的油耗太高，一升油不够跑2.5公里，使用时自得精省些，多是在周末去教堂和去多塞特看祖父时才会开。

鉴于琳恩在伦敦工作,而特里在当地报社的工作时间长且不稳定,他们很难找到双方都有空的夜晚约会。并且,特里每周都得固定腾出一个晚上(通常是周四)来写《地毯一族》。这件事他和琳恩讲得很清楚,琳恩也完全理解。毕竟,谁还没个爱好呢? 有时,赶上周末要报道乡村表演和蒸汽机展会,特里会邀请琳恩和他同去,正好可以借此约会。时机成熟时,特里鼓起勇气把琳恩带回了上赖丁路的家。琳恩勇敢地顶住了艾琳那双狭长的眼睛投来的审视目光,欣赏着窗外奇尔特恩山的景色。她说她很喜欢家中的橙色装饰,特里如释重负。

他们都不曾隆重地向对方求过婚——没有人单膝跪地,也没有人在某个精心策划的瞬间,惊喜地拿出一枚戒指,这个话题只是在某天外出散步时自然地被提起。那时他们相遇不过数周,确定关系也还不足一个月,但结婚似乎已是必然。

二人在这件事上从没有过任何疑义。事实上,这段婚约经受过的最大、可能也是唯一的考验就是1968年2月普拉切特家和珀维斯家约好碰面讨论婚礼事宜,让特里错过了英国独立电视台直播的《密谋》(The Prisoner)大结局。帕特里克·麦古恩(Patrick McGoohan)在这部经典科幻悬疑剧中担纲主演,饰演六号特工。片中被羁押在波特梅里恩的他,向每位审讯者重申"我不是个代号,我是自由之人"。

该剧始播于1967年7月,特里和戴夫对它欲罢不能,每集播完后都心急如焚地凑在一起讨论剧情。两个人为大结局不停争论了好几周。所以可以想见,在特里意识到,他要因为这场必须赴约的聚会错过大结局时有多沮丧。①★"他失望极了。"戴夫回忆说,"跑来询问我的意见,我不得不帮他理清究竟什么才是对他而言真正糟糕的事。"

那时,戴夫还是单身,他还要等上几年,才会遇到他后来的妻子吉尔。特里决心把这位挚友和琳恩的朋友、那位在吉斯伯勒王子镇组织派对的乔安娜撮合在一起,这样他们四个就能成双成对地出行了。为此,特里绞尽脑汁地安排戴夫和乔安娜"偶遇",即便在办公室也会当着乔安娜的面打电话密谋,还会用代号代称关键人物,以防阴谋败露。比如,戴夫的临时代号是"亚里士多德"。这场以特里脑补居多的行动以失败告终,戴夫和乔安娜并没有在一起。

不过,特里、琳恩和戴夫的三人组合也非常欢乐。他们结伴前往伦敦,去1968年五月新开的莱斯特广场影院观看《2001太空漫游》②★。那年夏天,三人一起去多塞特度了几天假。琳恩住在她家重修了一半的度假小屋里,特里和戴夫则住在法纳姆沿街的博物馆

---

①★ 要知道,在没有电视回放甚至录像的年代,若是你错过了某个电视节目直播,就是真的错过了它。那年夏天,特里没法前往结局更晚播出的美国,他能做的只有等待录像带的面世……一等就等到了1982年。虽说时间跨度有点大,但从好的方面来看,Betamax和VHS格式的录像带一下子就都上市了。

②★ 那时,距离特里和戴夫在1965年伦敦世界科幻大会撞见阿瑟·克拉克卖关子式地谈论该片已经过去了三年。

旅馆。连着几晚，他们都在酒吧喝酒，玩桌上足球，开怀大笑。①★一晚，他们喝完啤酒后，跟跟跄跄地走在乡间小路上，心血来潮地决定模仿太阳系仪。戴夫是太阳，在原地"自转"。特里是地球，一边"自转"一边绕着戴夫旋转。琳恩一边"自转"一边绕着特里旋转——她扮演的是绕地的月亮。②★

那时，曾为特里和琳恩终成眷属立下汗马功劳的邓克利，已在农场的墓穴中与世长辞。特里花十先令从一位老先生那里买了辆二手摩比莱特③，样式要比邓克利时髦些。成交时老人一副兴高采烈的样子，这让特里隐隐有些担忧。但他其实完全不用多虑，和那辆寿终正寝的邓克利相比，这辆车简直堪称性能稳定的典范。特里称它是"美妙的小东西，散发着爱德华时代的优雅气质。"虽然和弧形握把自行车相比，它不过是多安了个马达，但胜在还有前侧挡风玻璃和腿部挡风板，"一点都不逊色于那些大家伙"。顺风时，挡风板就变成了风帆，像帆船一样借着风力推动车子前行。然而逆风

---

①★ 我遇到特里时，在玩桌上足球时大展英姿的日子已经离他很远了。不过，你可不要低估了他对这项游戏的热情。1975年，特里在为《巴斯和威尔特郡晚报》撰稿时，对席德·瓦德尔（Sid Waddell）和约翰·米德（John Mead）所写的《室内联盟》（The Indoor League）一书发表了评论。他指出这本酒吧游戏汇编包含"两项我的最爱：桌球和桌上足球。在被野蛮的保龄球游戏收服之前，我可是为它们花了不知多少个先令。"

②★ 准确来讲，只演示太阳、地球和月亮，不包含太阳系其他星球的太阳系仪学名应该叫"三天体地球仪（tellurion）"。我想特里会希望我阐明这一点。

③ 摩比莱特（Mobylette）是二十世纪下半叶法国制造商"摩托大亨"（Motobécane）的一款全球知名轻便摩托车。如今 Mobylette 这个词在法语中泛指轻便摩托车。

时,车子基本和弧形握把自行车没什么区别,需要特里顶着风狂蹬,上气不接下气地长途跋涉,每次骑二十英里去沃金厄姆看戴夫即是如此。

不过,天朗气清时,往往单手就够驾驭摩比莱特了。特里指出这是他骑过的唯一一辆可以让他边骑车边吃三明治的摩托车。上任车主还在车把上安了个变阻器,用来调节前灯的电流大小。这个装置显然不能调高前灯的亮度——前灯和电池即将耗尽的儿童手电筒一样依旧闪着昏暗的光,但装置本身始终发着烫,这意味着天冷时可以用一只手开车,另一只则方便地搭在定制款变阻器上取暖。

那年秋天,随着婚期将近,这对即将步入婚姻的情侣在父母的支持下交了定金,购置了位于海威科姆唐尼区旧法姆路4号的住房。他们原本打算买一栋旧式的半独立屋现房,但因为那时购买新建的"起步房"贷款更容易,就改了主意。就这样,他们的婚房买在了靠近城郊开发地带的一处短排屋。他们几乎是邻里中唯一没有小孩的夫妇。

婚礼前一天,特里工作完从马洛骑车回家,摩比莱特终于半路在山道上一命呜呼了,连同它的腿部挡风板等零件一起。所幸,它还知道要等特里抵达最后一个山头才撂挑子,特里尚且可以顺着坡势从山上溜进城,赶在第二天一早结婚前去海威科姆理发。理发师一边修剪着特里已然稀疏的头发,一边听着特里的摩比莱特的悲惨结局。沉思片刻后,他提出要用理发服务交换那辆废车。特里觉得这是桩好买卖,就同意了。理完发,他步行回到旧法姆路的家,和父亲碰面。父亲带来了许多用作新房安置的结婚礼物。那晚,琳恩和她的父母住在迪克伍德大道,特里和戴夫则大饱口福,点了份"油光晶亮"的豪华中餐外卖。新家还没布置好,只有一张床,所以戴夫睡了沙发。

婚礼在格拉茨克罗兹的公理会教堂举行。新娘身着白色礼裙,头戴面纱,垂颈处别着一枚浮雕宝石胸针,手里拿着一个扫烟囱的小玩偶作为幸运物。新郎和伴郎严正拒绝了穿传统常礼服、戴高帽的提议,选择了配套的黄褐色定制西装,上面点缀着时尚的小驳领,搭配淡紫色领带。琳恩确信特里和戴夫是想追求某种"中世纪"格调,但戴夫解释说他们想走的其实是"摄政风"路线。"我们看起来就像两个穿戴整齐的截路山匪。"戴夫评价道。据他回忆,试礼服的那天下午,他们在海威科姆首屈一指的男装店尽顾着讨论弗兰克·赫伯特的《沙丘》了,那时他们俩都在读这本书。①★

必须得说,两位穿戴整齐的山匪中,有一位一整天都面色憔悴,倒不是因为紧张,也不是如许多爱开玩笑的宾客所猜——前晚喝了太多酒壮胆。罪魁祸首其实是那顿油腻的外卖。"都怪炒面让我犯

---

①★ 1975 年,戴夫在自己的婚礼上又从衣橱里翻出这套仿摄政风西服穿上。不过,这次特里拒绝在婚礼上和他穿同款礼服配搭。琳恩说,七十年代时,特里只有在遇到必须正装出席的罕见场合,才肯换上那套西装。那之后,特里的座右铭就变成了"我绝不会为了除上帝以外的任何事物穿西装。"

恶心。"特里解释道。

这是特里和琳恩近期参加的第四场婚礼,也是唯一一场阳光和煦的婚礼。婚礼上,琳恩差点忘了特里的名字,主持婚礼的牧师甚至把"在座的各位"说成了"在座的各块"。礼成后,所有人移步市政厅,听各位远方叔舅挨个儿发表长篇大论,戴夫也简短地上台致了辞。婚礼往往让人觉得,年轻人只是这场盛大仪式的配角,真正纵情狂欢的是那些长辈。但也无妨。随后,筵席呈上了切好的蛋糕,曾为琳恩的二十一岁生日派对演奏的钢鼓乐队再一次登台献艺。这对将终身相伴的新人后来还登上了当地报纸,报道的标题是:《白金汉郡报记者和他的格拉茨克罗兹新娘》。

那是1968年10月5日。从那天开始,直至他生命的尽头,特里将会是你见过的最忠于婚姻的人。

没钱去度蜜月,特里和琳恩就待在新家收拾屋子。特里打了个书柜,又和琳恩一起组装了戴夫送给他们的结婚礼物——一台加勒德SP25高保真唱片机、一个扩音器和一对书架音箱。音响套组安好后,琳恩一遍遍地循环播放着管弦乐《布兰诗歌》,特里听得毛骨悚然。

"我没想到婚礼结束没多久,他们就联系了我。"戴夫说,"实际上,新婚第三天,特里就打电话问我:'你要不要来吃晚饭?'"

这是戴夫第一次看到脸上有胡茬的特里。特里开始留胡子,并且那胡子将在他的脸上长驻。戴夫觉得这像是某种宣言,但它可不是那种声称放弃自由、被婚姻"套牢"的陈词滥调。恰恰相反,戴夫看到的是一个找回自由的男人:"他挣脱了父母,挣脱了想要左右他一生的母亲。现在,他将完全属于自己。一个全新的特里诞生了。"

特里的工作并非只有参加蒸汽机展会、记录冗长的市政会议或采访分享欲爆棚的金婚夫妇。写儿童专栏故事也只是他工作的一部分:在他的专栏中,59A公交车回到了过去,道金斯完成了漫长的冒险征途,而汉弗莱·纽特得到了一辆雷电马车。此时的特里已经展现出他真正的才华,愈加频繁地从新闻部被借调去写篇幅更长、更有深度的文章,譬如专题和采访。就这样,1968年春季的一天,乔治·托普利把一本书放在特里桌上,要他去找作者聊聊。

这本书题为《展望七十年代:下一个十年的教育蓝图》(*Looking Forward to the Seventies: A blueprint for education in the next decade*)。这是一本由多位作家合著的论文集,探讨的是教育改革。这在当时,或者说随便哪个年代,都是热议的话题。书的编辑叫彼得·班德尔,恰好也是出版该书的科林·斯迈思出版社的联合创始人。

就这样,命运再次指引着特里,来到格拉茨克罗兹区的科纳韦斯宅邸。这是幢二十世纪二十年代建造的都铎式独栋房屋,门前的车道两侧种着行道树。特里并不知道,他未来的出版商和经纪人就在这里居住和办公。

我在1997年时也曾为了和科林·斯迈思约好的面试,踏进这个神圣的大门。我在想,多年前迎接这位《白金汉郡自由报》记者的场景，和我当时的所见是否有所不同。这个场景固然有着不同寻常的永恒意义。进入科纳韦斯宅邸，你将穿梭于镶着镀金边框画作、花卉浮雕玻璃置物柜和琳琅满目的古玩装饰置物架之间。我惊喜地发现科林办公室摆了一张仿金铜的书桌，那是爱尔兰剧作家格雷戈里夫人（Lady Gregory）曾用过的，上面满满堆着十二英寸高的书稿。书桌周围的墙上挂着威廉·巴特勒·叶芝的女儿安妮·叶芝的画作，还有他的弟弟杰克·巴特勒·叶芝的素描。办公室还放了一套书架梯，也是格雷戈里夫人曾在位于爱尔兰西海岸戈尔韦郡库尔公园的家中所用。还有一只名为但丁的大丹犬，它身形巨大、淌着口水，友好地在屋中四处闲逛，时不时从一个五升的特百惠罐子里叼出块适合犬类食用的巧克力。每个可用的平面似乎都堆满了书或文件，冲着天花板的方向无限延伸。这里融合了学术的混乱无序、知识分子的波西米亚主义和弥足珍贵的儒雅英式礼仪——会按"指宽"测量威士忌，正门边的桌子上还摆着本访客登记册。

我和科林面谈时，他邀我留下来吃晚餐。我给女友打了通电话，告诉她我会晚点回家。

"你那儿的噪声是什么？"她问我。

"是个……饭罄？"我回答道。

那儿真的有个饭罄。

特里说，他被派去采访的彼得·班德尔是个"英俊的男子"，烟不离手，戴着有彩色镜片的眼镜，说着一口带有浓重德国腔的英文。

他后来随了德裔母亲的母家姓,更名为彼得·班德尔·范杜伦(Peter Bander Van Duren)。他的出版社合伙人科林·斯迈思身材高大、精于世故、言谈温和,毕业于都柏林圣三一学院,即便是在当时也能称得上是精致绅士学者的代表。二人实际都没比特里大多少,但在当时的特里看来,却像是年长出许多——他们的成就地位之高,学识之渊博让二十岁的特里微微有些露怯(如果他也有过露怯的话)。可以负责地说,彼得和科林的共同兴趣覆盖了各个领域,包含二十世纪早期的爱尔兰文学(科林的专业)、罗马天主教会(彼得的专业)、纹章学、教育、科幻、奇幻、民俗、烹饪、钓鳟鱼、超自然现象、不明飞行物、儿童文学……不胜枚举。

科林·斯迈思出版社的电子版出版书目里骄傲地收录了像《查尔方特圣彼得和格拉茨克罗兹史》[1]这样深受当地读者青睐的书籍;他们也会出版探究亡灵之声是否真的存在的书籍,比如《链接:一位少年灵媒的非凡天赋》[2]。这本书的作者马修·曼宁声称通过自主意识绘画能够压制幽魂的活动,他自己就曾在绘画时与毕加索、奥伯利·比亚兹莱[3]等大艺术家心神共鸣。在大厅翻看访客登记册时,我毫不意外地找到了年轻的特里·普拉切特的签名。不知道为什么,

---

① *A History of Chalfont St Peter and Gerrards Cross*,杰弗里·埃德蒙兹(Geoffrey Edmonds)著。

② *Link: The Extraordinary Gifts of a Teenage Psychic*,马修·曼宁(Matthew Manning)著。

③奥伯利·比亚兹莱(Aubrey Beardsley,1872—1898),十九世纪末英国插画艺术家。他的作品风格突出,经常使用简洁流畅的线条与对比强烈的黑白色块。

《星际迷航》的创作者吉恩·罗登贝瑞(Gene Roddenberry)的签名也在名册里。科纳韦斯宅邸的晚宴设于一间铺着绿色亚麻布的餐厅。在这里,爱尔兰神秘学学者、罗马天主教会的达官显贵可与尼古拉斯·帕森斯、大卫·弗罗斯特、盖尔斯·布兰德雷思[①],还有英国最受喜爱的电视厨艺节目主持搭档——范尼和约翰尼·克拉多克(Fanny and Johnnie Cradock)等人欢聚一堂,把酒言欢。这般诡异的场景的确出现过。

在看到这些时,特里一定和我一样大开眼界、兴奋不已。他应该觉得为彼得·班德尔和他的书写期专访不是什么难事。那天,两人先就科幻小说和所有类别的书籍聊了很久,然后才谈到《展望七十年代》。校长和老师带给特里的累累伤痕还尚未结痂,特里始终无法全然相信学校可以变得更加公正。1968年5月,他发表了一篇广获好评的文章,题目引用了班德尔的话:"教育不应该沦为政治玩具。"

这是《白金汉郡自由报》记者特里和科林·斯迈思出版社深厚情谊的缘起。不得不说,这也是一段互惠互利的情缘:对科林和彼得而言,有当地记者为出版的书籍背书自是有益无害;对特里而言,科林和彼得以及他们在科纳韦斯宅邸的业务,可以提供绝佳的新闻素

---

① 以上三人皆为英国文化艺术界知名人士:尼古拉斯·帕森斯(Nicholas Parsons,1923—2020)为英国演员和广播电视节目主持人,大卫·弗罗斯特(David Frost,1939—2013)为英国电视节目主持人、记者、喜剧演员和作家,盖尔斯·布兰德雷思(Gyles Brandreth,1948—)为英国广播主持人。

材。事实也的确如此。后来，特里为前文提到的《查尔方特圣彼得和格拉茨克罗兹史》撰写了评论文章，还写过一篇题为《还剩三代教宗即可验证圣马拉奇预言》的文章，报道彼得·班德尔1969年所写的书籍《圣马拉奇和圣科伦布基里的预言》（The Prophecies of St Malachy and St Columbkille）。当科林出版了前英国驻缅甸行政长官莫里斯·科利思的小说《三神》（The Three Gods）时，特里也写了书评。

更重要的是，在某次会面时，特里曾和班德尔提到他一直在写一本小说。不管他是否是有意为之，总之班德尔催着他无论书写没写完（那时，书的确还没完稿），都先交给科林看看。而这本小说就是后来的《地毯一族》。

若是把这段轶事拍成电影，场景定然会是如此：一位未来坐拥一亿册销量的无名作家，走到经纪人家门口，胳膊下夹着马尼拉文件夹装的书稿，叩响了门。镜头继而切换到科林·斯迈思打开门，接着又切到一千台亮闪闪的收银机呼啦作响的剪辑画面。①★当然，这些永远不会在现实世界发生，真实的情况其实是特里这个当地报社的年轻写手挑了某个平凡的周中下午，把自行车停在房边，不抱希

①★几乎是在同一时期，文化界的另一端发生了类似的事：雷·奥沙利文（Ray O'Sullivan）走到流行乐大师戈登·米尔斯〔Gordon Mills，著名歌手汤姆·琼斯（Tom Jones）和英格伯·汉普汀克（Engelbert Humperdinck）的经纪人〕位于温特沃斯的宅邸门前。他按响了门铃并问："我可以进去为您演奏几首我的歌吗？"米尔斯居然请这位陌生人进了门，准许他用家中的钢琴弹了首《再度不禁孤独》（Alone Again, Naturally），并将雷·奥沙利文一名更改为吉尔伯特·奥沙利文（Gilbert O'Sullivan）。接下来的十年，两人就此过上了日进斗金的生活。不过，特里自是不用改名。

望地投递了装着打印书稿的文件袋。即便如此,科林·斯迈思在打开文件袋的那一刻,就嗅到了成功的气息,他知道特里会成功。

"一开始,"皮斯迈尔说,"鸿蒙初辟,只有无尽的平坦。接着,地毯出现了,覆于平坦之上……然后是落在地毯的灰尘,散落在绒毛间,扎根于深邃的阴影。更多的灰尘缓缓降下,在静谧中翻滚起舞,直至在地毯积起厚厚的一层。

"尘土飞扬间,地毯将我们尽数编织其中……"

"我不会让这本佳作从我手中溜走。"科林说道,"我立马意识到他即将开启一段路程。至于能走多远,我并不清楚。可是,他才这么年轻,文笔就已如此了得,五年后又会达到怎样的境界呢?"

1969年1月9日,科林·斯迈思出版社和特伦斯·大卫·约翰·普拉切特签订了《地毯一族》的出版合同,并提出若是一切进展顺利,还会出版特里接下来的两本著作。和在《白金汉郡自由报》入职时一样,合同必须由特里的父亲代签。因为彼时特里虽然已经结婚三个月了,还拥有了一套房产,但他还有四个月才到法定成年年龄。

第一本小说的合约刚刚签好,墨迹尚新,特里就提了个有些不同寻常的请求:他能不能彻底重写这本书。他是对作品缺乏信心?也许吧。但更多是因为,他知道这本书能变得更好。科林同意了,并提出了自己的要求。此前,特里已经开始为报纸专栏中吉姆叔叔的故事绘制插画：1968年6月，他为其中一篇分为八部分的大作《巴松和胡格诺派教徒》的第四部分还有之后发表的许多故事配了自己手绘的插图。特里也萌生了为《地毯一族》配插画的念头。重写外加配插画花了不少时间，特里的第一本书等了足足两年多才在书店面市。不过，似乎也没人急着催他。毕竟他们有的是时间，何乐而不为呢？

1969年，特里终于迎来了二十一岁生日，正式成为法定意义上的成年人。他的生活开始渐入佳境：婚姻幸福，拥有自己的房子，在报社有周更专栏，还手握一本书的出版合同。最重要的是，他还荣升为车主，买了辆亨克尔卡宾微型泡泡车。不过，那辆泡泡车险些要了他的命，还是两次，但那都是后话了。

《白金汉郡自由报》改版为一周两期，特里因而拥有了自己的专栏。加更的《周中自由报》每周二出版，相较每周五发行的新闻特刊，内容以专题报道和图片为主。特里化名"马库斯"，在新刊物中开了一个占据半页版面的固定专栏。专栏另辟蹊径，聚焦当地的日常小事和"讽刺笑谈"。这对特里来说是个难能可贵的好机会，因为一板一眼的地方新闻报道可不会允许他在报纸中发表自己的独特见解，还能在化名的掩护下自在行事。他的第一篇专栏文章题为《白金汉郡青青草地上的枪声》（"Gunsmoke on the Green Green Grass of Bucks"），写的是复兴牛仔文化的表演团体。有一周，他饶有兴致地讨论了在斯劳试运营的"站立式公交"(车上没有设立座位,乘客只能站着),分析该服务若在威科姆地区推行会带来怎样的影响,末了,他还大胆畅想了"跑步式"无车底公车。有时候,他会写写最近出版的新书,其中不乏科林·斯迈思出版社推出的作品。马库斯专栏成了继吉姆叔叔系列故事后,特里的又一大绘画实验田。他常常亲自为专栏绘制插图。

马库斯专栏也会写专访文章。比如,特里去马洛拜访了巴塞尔·亨利·李德哈特爵士。这位退役军人和军事史学家自称是"闪电战"(集中兵力、迅速发起全面攻击)的幕后推手,并坚称德国是剽窃了英国的战术,方才抢占了先机。①★于是,特里为这篇专访配上了引人入胜的标题——《巴塞尔爵士——倡导闪电战的和平人士》("Sir Basil—A Man of Peace Despite the Blitzkrieg")。

还有一次,马库斯专栏采访了当地作家罗尔德·达尔②。那时,达尔已经发表了小说《查理和巧克力工厂》和《詹姆斯与大仙桃》,但还远称不上是家喻户晓的作家。特里觉得有必要为他正名:"十五年来,罗尔德·达尔一直住在大米森登,深耕写作。但英国民众往往只知他是演员帕特里夏·尼尔的丈夫、电影《007之雷霆谷》(*You Only*

---

①★ 后来有史学家认为,1970年1月过世的李德哈特高估了自己在该领域的影响。

② 罗尔德·达尔(Roald Dahl, 1916—1990),英国杰出流行儿童文学和短篇小说作家,被誉为"二十世纪最伟大的儿童故事讲述者之一"。代表作有小说《查理和巧克力工厂》(*Charlie and the Chocolate Factory*)、《詹姆斯与大仙桃》(*James and the Giant Peach*)、《玛蒂尔达》(*Matilda*)等。

Live Twice)的编剧(台词"努力工作、努力玩"就是他的手笔),或者《飞天万能车》(*Chitty Chitty Bang Bang*)的剧作人。"

双方只通过一个来回的书信往来就敲定了此次专访。1969年4月25日,特里用抬头大胆印着"每周净销量超过42 000份"的《白金汉郡自由报》官方信纸写了封信,内容如下:

尊敬的先生,

作为您的短篇小说和儿童读物的忠实读者,我十分希望最近能有机会专程拜访,为鄙报写一篇专题报道。倘若您愿意,可以通过上方地址联系我,我们将依照您方便的时间安排专访事宜。

您忠实的,

特里·普拉切特

不到一周,特里就收到了达尔寄来的同样简短的回信,里面写着若是特里"能在哪天的十二点半左右打给我,我们就来聊会面安排的事。"就这样,特里受邀前往吉普赛宫①,拜会一位即将声名大振、不再只是某位演员的丈夫的作家。此行,他有两点惊喜的发现:其一是达尔有个温室花园;其二是花园里种满了兰花。我们很快就会看到特里拿自己身为作家赚得的第一笔可观收入建了座温室花园。不过,特里和达尔似乎花了点时间才熟络起来。"他在我面前好

---

① 罗尔德·达尔将自己的家命名为吉普赛宫(Gipsy House)。

像很紧张。"特里在自传手稿中回忆说,"这让采访很难推进。直到他问我'你们家从威尔士来吗?'我说据我所知不是。他这才放松下来。我也是后来读他自传时才知道他小时候住在威尔士,很惧怕一位被称作'普拉切特夫人'的糖果店店主。[1]★"

提到这位糖果店店主,达尔用了"刻薄和令人生厌"来形容她。不过,他也承认,自己曾伙同八岁的玩伴在那位普拉切特夫人的糖果罐里放了一只死老鼠,所以这件事也可能是一个巴掌拍不响。

特里为这篇专访配了个平平无奇的标题——《毫无启示的成功故事》("The Success Story of a Man Without A Message")。但实际上,达尔在采访中讲的很多话,都让特里感同身受,对他产生了深远的影响。比如,达尔告诉特里:"我这样的作家,为的就是写出简单纯粹、娱乐大众的作品。故事里没有任何大道理,只有所有作家都要试着传达的信息,即这世上有好人,也有恶人。说实话,要是你深挖,大多数人都是不招人待见的。但无论如何,很多作家常常忘记写作的初衷是娱乐,就此成了高高在上的道德评判者。"

他还说:"儿童读物并不好写,佳作难出。但它能带来更丰厚的回报。这种回报不在于物质,而在别处。"

以及,"艺术的重要性被严重高估了,尤其是被艺术家们高估。他们走到哪儿想的都是艺术是世间最重要的事,他们是世上最重要的人。世间最重要的应是育儿、家庭、医学等。艺术家真是厚颜无

---

[1]★ 特里提到的这本自传为《好小子:童年故事》(*Boy: Tales of Childhood*,罗尔德·达尔著),于1984年出版,那时距离此次专访已过去了十五年。

耻！他们从不考虑世间万物，只想着自己。"

特里始终牢记这三段话，并用它们来构建自己的写作和处世哲学。这样看来，两位销量百万的作家在成名前的这场会面还不赖，至少特里是这么认为。除了温室大棚，大米森登的拜访之旅定是埋下了某种伏笔。

去见罗尔德·达尔那天，特里开的是他的绿松石色亨克尔卡宾泡泡车吗？虽然没有任何记录可以证明，但完全有可能。因为那时，特里已经买了那辆车，用来替代他忽悠理发师接手的摩比莱特。那时，人们号称亨克尔卡宾是"当代智能车"。特里表示，若是智能车的定义是有三个轮子，像聒噪的吹风机一样发出独特的呼啸声，要从侧面铰接的前板钻进去，司机还要握着方向盘晃几下才能落座，那此话尚可当真。①★

不过，作为六十年代末嬉皮士时尚的代表，绿松石色的双座泡泡车优点也不少。开着这辆有玻璃天窗的小车在白金汉郡飞驰，显然给特里和琳恩带来了不少乐趣。不过，二人也险些因为这辆车中毒身亡。有天，他们从海威科姆的干洗店取了些衣服放在车里。亨克尔卡宾的后备厢并不宽敞，车子开了没多久，他们就觉得头晕目眩。刚洗好的衣物散发的化学气味在密闭的玻璃泡泡里发酵，渐渐

---

①★ 不得不提的是，亨克尔卡宾在英国电影最出彩的两次亮相都是在喜剧里：一部是《杰克，我一切都好》(*I'm All Right, Jack*, 1959)，另一部是《荒唐娘子军》(*Blue Murder at St Trinian's*, 1957)。从这个层面上来讲，它可比不上迷你库珀车 (Mini Cooper)。

渗入他们的身体。就在二人几近昏迷之时,特里突然反应过来这是怎么一回事,连忙靠边停车,推开车子的前板,这才让二人获救。时机拿捏得正好。想必没人愿意读到《格拉茨克罗兹新娘和白金汉郡自由报记者因干洗衣物在泡泡车内中毒身亡》这样的头条。

特里第二次因为这辆车命悬一线,是他和一辆更大更结实的车发生了追尾。这起事故也解答了一个疑问:亨克尔卡宾泡泡车若是撞上路虎的侧翼会怎样?答案是:泡泡车基本散架了。特里写道:"我还坐在座位上,车子像仙女环一样在我周围散得七零八落。"不出所料,路虎毫发无伤。

亨克尔卡宾随之被一辆四手莫里斯旅行车取代。它的散热器有严重的问题,这意味着特里和琳恩走到哪儿都得带桶水。他们很快就不耐烦了,处理了这辆车。随后,特里夫妇又瞄准了一辆橄榄绿色的旧GPO莫里斯迈诺面包车。特里坚称它是辆"出色的汽车,虽然持续直行时,方向盘有点歪。"还有点生锈。但特里表示:"那时候所有的汽车都少不了锈迹。我甚至觉得锈就喷在车漆下面。"

琳恩和特里的第一辆莫里斯面包车(以后还会有好几辆)为他们在海威科姆一带提供了良好的出行服务。让琳恩记忆犹新的是,有个寒夜,天气糟得让一辆运砂车都侧翻了,这辆强大的莫里斯还坚挺地扒着路面行驶。它属于皮实型的出行工具,你只需要想好怎么收拾行李,然后就放空地跟着它走就行,方便极了。特里和琳恩也是这么做的。

第七章

丢茶壶、结冰的胡须
和《地毯一族》的糖霜水晶蛋糕

那是一个周五下午,我正要从"礼堂"下班,回家过周末,特里叫我去他桌前。

"罗伯,我能和你说件事吗?"

那时,我刚刚担任特里的助理,什么事都还没上手,尚在摸索工作方法。特里也还在适应有人在身边听命于他的生活。

我期待地站在那儿等了一会儿。特里像是聚精会神地看着桌上的什么。这种等待大概持续了几分钟。接着,他坐直了身,若有所思地望着远方。

依旧是沉默。

"还好吗,特里?"我问。

他还是一副沉思的表情，凝视着同一个方向。过了更久后，他终是摇了摇头，看向我。

"算了，我不想毁了你的周末。我们周一再来处理吧。"

"但如果有什么……"我说。

"不用，不用。"特里打断我，"我们周一再说。"

我出门走到车前，既困惑又担心。我犯了什么错吗？我哪里做得不对吗？我是不是把东西装错了，或者不小心扔了什么？我是不是多有冒犯？是我对办公室那只有"人力总监"之称的猫帕奇不够恭顺？还是我早上开车上班不小心压到了乌龟？到底是怎么回事？

紧随其后的那个周末，我一直悬着心，很难不去想这件事。我回想了那周我做过的每一件小事，试图找出问题可能出在哪儿，以及它会给我的职业生涯造成怎样的影响。说实话，我很喜欢这份工作，若是丢了它，我应该会很难过。整个周末我都在纠结这件事。到了周一，这悬念快把我折磨得崩溃了。

我到"礼堂"时，特里已经在办公桌前了。

"早。"他随意地打了声招呼，面色非常正常。

我走进厨房，把水壶拿出来烧水。特里没什么反应，仍在工作。我把一杯茶放在他桌上，他头也没抬地说了声谢谢，依旧接着工作。我给自己倒了杯茶，回到我的办公桌前坐下，满心的焦虑。还是什么都没发生。

最后，我再也忍不了了。

"特里,你之前说想和我说点儿什么。"

特里抬头,一脸困惑。

"我说过吗?"特里问,"真的?"

"上周五说的。"我应道,"好像还是件要事。"

特里拿起茶杯,靠在椅背上,开始绞尽脑汁地回忆,缓缓地摇着头。他什么也没想起来,"没有……我完全想不起来。"

接着,他突然想起了什么。

"啊,对了! 埃里克·普莱斯(Eric Price)!"

埃里克·普莱斯? 现在我是真的糊涂了。

"埃里克·普莱斯!"他又重复了一遍,"对啊! 我完全忘了!'我们周一再说'。埃里克·普莱斯在我为布里斯托尔《西部日报》工作的第一周就给我来了这么一招。我整个周末都在想这件事,却什么也没发生,这个混蛋!"

显然,特里给我来了出恶作剧,而且他似乎全然忘记了自己设计了这出好戏。所以,我算是被诓了两次。至于恶作剧是完全得逞了,还是得逞了一半,我并不确定。

不过,特里倒是很高兴。

"我等了一百年那么久,才终于有机会在别人身上试试这招!"他温和地朝我笑着。

随即,他又开始工作,接下来的一整天都沉浸在心满意足的喜悦中。

★ ★ ★ ★ ★

所以，埃里克·普莱斯是谁呢？他是如何根深蒂固地影响着特里，以至于特里在时隔三十年后，仍想着要通过逗弄他的新助理泄愤？

在我们回答这些问题之前，有必要先厘清特里当初在布里斯托尔《西部日报》工作时，和埃里克·普莱斯是什么关系。

1970年秋，特里二十二岁，已经为《白金汉郡自由报》工作了五年。总的来说，这是段愉快的时光，他快速掌握了很多知识，很快就适应了报社的工作节奏和时间安排，但工作也渐渐失去了挑战性。周中发表的马库斯专栏固然有趣，但做了近一百期后也就……好吧，不知是白金汉郡变小了，还是特里长大了？这时，简·奥斯汀可能又会跳出来说，一个智慧超群、掌握皮德曼速记法、在当地报社工作了五年的年轻人应该去追求更好的工作。不然，他可能要写一辈子的蒸汽机展、市政会议和金婚夫妇。特里清楚地感觉到自己该做出改变了。

或许，现在也是时候改换路线了？这也反映出特里在人生的这一阶段对自身的抱负缺乏清醒的认识。他曾在1969年写给科林·斯迈思的信中提到，自己正考虑跳槽，开启一段截然不同的职业生涯。这封信是用《白金汉郡自由报》的信纸写的，字里行间都透着低迷。

我想问问你认不认识其他出版社的人可以帮我推荐份工作？老实讲，我完全厌倦了在这家报社的生活，更何况没有在郡级晚报长期工作的经历，就没可能进入国家级的晚报或晨报。我积累了大量报纸制作和审稿方面的经验，也掌握了不少行业经验能派上用场……我之前一直确信自己会从事写作方面的工作，但现在我对这一点产生了深深的怀疑。

科林自己自然没有出版相关的工作可以提供给特里，更何况他和特里签的第一本小说的合约还尚未履行，后续可能还有两本要合作。所以，他只能安抚特里并敦促他继续写作。特里似乎也没再纠结去出版社的事，而是开始思考怎么换家报社，每天都在《新闻公报》浏览招聘广告。他的心意有多坚定，我们无从知晓，但这一选择无疑是发展现有职业道路的正确做法。正巧布里斯托尔《西部日报》有个职缺，这份每周在大都市上六天班的工作定能帮助特里从《白金汉郡自由报》上个台阶，获得进入国家级报纸的垫脚石，倘如这真的是特里想要的……但我们知道，这并不是他的心之所向，只是件正确的事罢了。

不过，搬去西部似乎也不错。毕竟，琳恩的父母已经装修好了那边的房子。大卫和艾琳最近也借着艾琳勤俭持家省下来的积蓄在蒂弗顿附近买了间小屋。①★特里和琳恩自然也可以卖掉那套离

---

①★ 特里坚称，他曾问过父亲比肯斯菲尔德市镇议会怎么看他作为租户在别处拥有房产这件事。特里向他保证说，租赁办公室的人听到这个消息后，只给了他一个鼓励的微笑："很高兴听到您能在这世间有所进益。"我想要么是大卫过度美化了这个故事，要么是比肯斯菲尔德市镇议会住房部员工那天的心情极好。

伦敦很近的唐尼区起步房,用这笔钱去西部找个合适的郊区,买套更大、甚至是独栋的房子。所以,特里接下了这份工作。他和琳恩卖了旧法姆路4号的房子,一边看新房,一边赶在特里入职前,搬进了诺尔西韦斯特区蒂龙沃克路3号,那是特里的教父——里加·迪克斯叔叔的家。那栋房子位于布里斯托尔郊区的一处死胡同。琳恩入职了布里斯托尔的博姿公司,特里则开始了同埃里克·普莱斯共事的噩梦时光。

在报界,人们像敬畏自然一样敬畏普莱斯。他的同事曾说他"如龙卷风一般粗暴"。二战期间,普莱斯曾在法国开油罐车,也上过前线。英德圣纳泽尔战役时,他爬上了一艘运牛船方才死里逃生。每段经历都可以塑造一个人的性格,在来布里斯托尔之前,普莱斯还去《每日快报》工作过。那时,《每日快报》还是如日中天的国家级报社,其势力之大,就连爱丁堡公爵都忍不住在1962年时抱怨它是一份"糟糕透顶的报纸……满纸的谎言、谣言和臆想"。普莱斯就是在那年离开了"糟糕透顶"的《每日快报》,考察了《西部日报》这片新天地后,他迅速宣布他的任务是要让这个地方不再(套用他的原话)"死气沉沉"。

为此,他采用的主要策略是撸起袖子积极猛干,走舰队街那些国家级报纸的经营路线。这意味着《西部日报》既需要恪守其作为地方性报社的本分,报道鲜花展、金婚夫妇一类的新闻,又需要每日在头版头条报道全国性新闻,成为与权威正面对抗的利器,揭露官僚主

义、两面三刀的政客和市镇领导班子,紧跟时事,制造轰动,打响普莱斯为报社制定的口号——成为"为西部而战的报纸"。①★

普莱斯还采取了一项颇为诡诈的策略。他将《西部日报》设计得和《每日快报》几乎一模一样。相传,就连访问布里斯托尔的快报记者,在报摊上买自家报纸时都误买成了《西部日报》。没准其他读者也遇到过类似的事。不管怎样,在普莱斯的带领下,《西部日报》的发行量从1962年岌岌可危的一万两千份迅速提升至特里入职时的八万份。

特里和普莱斯似乎一向不怎么对付,二人的冲突折射出报界长期存在的一项争议。特里认为报社的文字编辑只会"在报纸发行前,搞乱记者写好的新闻稿"。②★在埃里克·普莱斯面前发表这样的观点显然不大明智。在普莱斯心中,梳理修改稿件、为稿件添加亮眼标题的编辑工作是门神圣的艺术,而文字编辑更是"新闻界的无冕之王"。许多经过普莱斯调教的编辑都升迁去做了更高的职位。特里在该报工作时,曾有位不堪重负的员工指责普莱斯是在组建

---

①★ 值得一提的是,在对抗权威方面,普莱斯不偏不倚。有人曾评价,他既反对"托利党的自傲浮夸",又反对社会党的干涉主义"。

②★ 后来发生的一件事,让特里对报社编辑的反感终于落到了实处。在这儿本不该点名道姓,但事件的主角其实是《星期日泰晤士报》。该报的一位编辑将特里文章中的"numinous"(神秘的)一词改成了"luminous"(闪亮的)。特里倒是不介意编辑做如此微小的改动,但他不能接受的是这位编辑想当然地认为特里作为一名幻想作家定不会使用"numinous"这样的高级词,要用也是用简单的"luminous"才合理。换言之,困扰特里的不是编辑工作本身,而是趋炎附势的傲慢姿态。

"舰队街的新兵训练营"。身为新兵训练营的长官,普莱斯自己也是个工作狂,他经常一周工作六天,很少休息,更别提参加什么文化休闲活动了。

2013年,普莱斯去世,享年九十五岁。《每日电讯报》刊登的讣告中写道,普莱斯曾拒绝去布里斯托尔老维克剧院看莎士比亚戏剧的邀请,并说:"莎士比亚剧里的错误,去一位好编辑就足够纠正了。"

特里的新老板显然很会找乐子,但他只对某种特定的乐子情有独钟。普莱斯喜欢恶作剧,他把图钉放在编辑的椅子上,在他们工作时在椅子底下点个小火。他的办公室管理风格更是具有鲜明的个性特征,他常常愤怒地冲着办公室另一头扔茶壶,有次甚至还扔了一整台打字机。不过,打字机并未命中目标,击中那位年轻的记者,而是砸破四楼的窗子,掉在了街上。①★据说,普莱斯有次还用手怒拍一位编辑的办公桌,结果反倒被桌上的钉子扎得不轻。②★

这般强势好斗、专横跋扈、甚至不惜自损的新闻工作环境,与阿瑟·丘奇治下的《白金汉郡自由报》截然不同:"为白金汉郡而战"这样的口号在自由报是掀不起什么水花的。按理说,依照特里的秉性以及他对专制或霸凌事件的深恶痛绝,他断然无法接受这种独断专行的工作氛围。

---

①★ 显然,我在那个周末忍受的心理煎熬和这些相比都不算什么。

②★ 这个大快人心的故事的真实性尚且存疑。马丁·温赖特(特里后来在《巴斯晚报》愉快共事的同事)在向我转述这个故事时,透露它可能只是一番"美好的臆想"。

谁料,好巧不巧地,特里在布里斯托尔第一回上班,就遇上了五十二岁的埃及总统贾迈勒·阿卜杜尔·纳赛尔因心脏病发作去世的突发新闻。特里的职业生涯似是开启了一扇新的大门:这条新闻绝对不可能成为阿瑟·丘奇的《白金汉郡自由报》的头版头条,但却是埃里克·普莱斯和特里眼中当仁不让的热点。就这样,特里第一天来《西部日报》办公室报到,外套才刚挂好,就接到了撰写这条新闻的任务。

"要我说,这份工作还不赖。"特里在自传手稿中写道,"撰稿人半小时里能做的事是惊人的。他得手里拿着简报,眼睛盯着隔壁的电视,竖耳听着身后的电话,脑中快速缜密分析。"特里可能还会补一句:全程还要仰人鼻息,在埃里克·普莱斯的注视下行事。不管怎样,写完第一篇报道后,新老板难得一见地为特里竖起了大拇指。特里回到诺尔西韦斯特区的家见到琳恩时,他对新职位和自己处理工作的能力还是"热情满满"。

那之后,事情就开始急转直下。

"我无法适应日报的工作时间。"特里写道,"它实行的是轮班制,外加把一天的工作时长拆成几个时段上班,给我带来了不少麻烦,不但扰乱了我的睡眠习惯,还严重侵占了我的社交生活。这对一心想干一年左右就跳去国家级报纸的人固然不错,但它真的让我在大部分时间里都萎靡不振。"

对特里来说,最糟的是夜班,也就是常说的"值大夜"。一晚,特里独自待在记者室,接到电话爆料克里夫顿悬索桥上有人想跳桥自杀。他不得不前往现场,在那儿看到了令他终生难忘的一幕。这也绝不是他最后一次目睹这样的场景。"有的人还算好,只是掉进了水里。"特里写道,"比撞到岩石的好多了。"

还有一晚,在见证了悬索桥上的另一桩自绝事件后,特里在开车回办公室的路上被警察拦下接受酒精呼吸测试。确认结果显示完全没有酒精后,特里哀怨地对扣下他的警察说:"我今晚一直和您的同僚待在一起,我胃里能吐的都吐了。"

不过,特里在布里斯托尔工作期间,遇到的也不都是可怕的自杀、横空飞来的茶壶或者椅子下升起的火苗,也有过轻松愉快的时光。

比如,人们很快发现特里是《西部日报》最适合穿晚宴正装的员工,所以他代表报社携琳恩出席了布里斯托尔的官方活动,与市长一道享用了三道式的晚餐。特里还写了几篇小说。《西部日报》和《白金汉郡自由报》一样设有儿童专版——《阳光俱乐部》,它迅速吸引了特里的注意力。早在1970年11月,入职仅两个月的他就为该版撰写了短篇故事。遗憾的是,我们无从知晓埃里克·普莱斯对那篇《奶酪陷阱先生和他的诺亚方舟》("Mr Trapcheese and his Ark")有怎样的评价,但特里后来还在儿童版发表了其他连载,包括六章的《穿越时空的山顶洞人》("The Time Travelling Caveman")和三章《活力

四项接力赛》("Prod Ye A-Diddle Oh!")。①★

那年圣诞,特里不用报道严肃新闻,可以在报道的语气和态度上自由发挥。他被派往布里斯托尔的布罗德米德购物中心,寻找圣诞节的必备单品——黄金、乳香和没药,并为此写一篇特别专题。为此,他换上了由布里斯托尔艺术中心服装部提供的服饰,扮成东方王子的模样。"布里斯托尔的购物者都很酷。"特里写道,"没人注意到,有个东方王子跳来跳去的,努力不让他的斗篷被水坑弄脏。"②★

然而,署名为"特里·普拉切特"的报纸文章多是社会新闻,要么是埃里克·普莱斯委派特里写的,要么是为了取悦埃里克·普莱斯而写的,比如:《母亲为子捐肾》《叫板当局的又一位律师》《卡宾仿制枪袭击银行》《司机表示道路坡度疑造成生命危险》《郡犯罪记录创下新高》……因此,那段时间,特里除了有生活方面的焦虑外,在写作方面也经历着某种存在主义危机。

"我意识到传统新闻困扰我的是什么。"特里写道,"我基本没时间去探究事实背后的真相。"当特里坐在法庭的媒体席,看着一些可怜的年轻人因为一项毫无意义的恶劣罪行被关在被告席,他会思考"在那儿的为什么是他而不是我?"他继而意识到,无论他怎么报道这

---

①★ 特里还以帕特里克·卡恩斯(Patrick Kearns)为笔名为该报供稿,并亲自为1970年平安夜特别发表的节庆作品《邮筒里的鹧鸪》("A Partridge in a Post Box")绘制了插图。卡恩斯是特里母亲的姓氏,而帕特里克则与普拉切特听起来很像。

②★ 这次搜寻的发现是:黄金易求,乳香和没药就算了吧。就连博茨都没有乳香的库存。特里的结论是:"明年,我准备只买个礼品篮。"

个案件，都永远无法就这个问题给出令人满意的答案。还有一回，他采访了一位母亲。这位女士的儿子刚刚在街头斗殴中丧生，她正承受着切肤之痛。特里却必须向她抛出那些直白而粗鲁的问题，这让特里胆战心惊，话语都变得干涩起来。

有一次更为滑稽。他要采访一位家庭纠纷现场的证人，于是拿着笔记本，认真地询问证人的基础个人信息以便归档。证人先告诉了特里她的名字，看着特里一笔一画地记下，才接着说："年二九，逗号，金发，逗号，三孩母亲。"这位女士对报刊用语驾轻就熟，甚至愿意帮记者解决标点符号的问题，这反倒让特里意识到媒体语言的普遍性和空洞性。"那种语言是碎片式的。"他写道，"就像一个又一个勾选框。用速记法叙写本应用饱满的文字书写的世界，会让沟通贬值，以至于记者最后只能按部就班地把勾选框垒起来。这门语言不需要精妙的细节，亦不需要思考。陈词滥调是表达工具箱中实用的锤子和钉子，但若是表达中只剩陈词滥调，会发生什么呢？"

人们可以根据特里的这句反问，推测出答案：新闻也就诞生了。

1971年4月底，入职仅八个月的特里以《西部日报》职员的身份发表了最后一篇文章。该文报道的是从伦敦来的火车提速了，题目是："新'布里斯托尔号'提速了五分钟"。然后，他就离开了。

这其中究竟发生了什么？特里声称是普莱斯炒了他的鱿鱼。他也多次提到，普莱斯经常无缘无故地辞退员工，常常只是图一时的戏剧效果，没什么实际原因。有时，他辞退员工，只是为了杀鸡儆猴。鉴于他辞退了太多人,他经常自己都不记得谁被解雇了,谁没有。因此,员工很快发现,被解雇的员工只需第二天照常来上班,就有很大概率可以继续工作,像是什么都没发生过。①★据琳恩说,特里被普莱斯解雇的次数不是一次两次,而是三次。所以,前两回特里定是回去继续工作了,也许那时他还愿意这么做。但第三回他没有。

"我的身体状况很糟。"特里坦言,他开始有胃疼的毛病,还昏厥过几次。据说,有一回,在针尖对麦芒的压力环境下,他曾当着普莱斯的面昏倒在办公室的地毯上,而普莱斯只是面若冰霜地说:"来个人把这具尸体拖出去。"②★琳恩说,那次特里去医院拍了片,检查自己有没有中风或心脏病。检查结果是他的压力过大,而压力的源头不言而喻。

就这样,特里和《西部日报》不欢而散。等到他再提笔为报社撰稿,已是一年后的事了。

休息一段时间、在家休养生息,对特里来说也是好事,何况新房子还有不少活儿等着干。

特里和琳恩总不能一直接受里加叔叔的善意,长时间寄住在他在诺尔西韦斯特区闲置的卧室里。所以他们每到周末,就开着橄榄

---

①★就像我在本书开头提到的,尽管我所在的办公室更小,辞退也因而更有迹可循,特里对我的数次辞退,也遵循同样的健忘法则,可能都是受埃里克·普莱斯的影响。

②★又是一个有待查证的好故事。

绿色的莫里斯面包车,去乡下看房,很快找到了一处感兴趣并且也负担得起的地方。那是一幢十八世纪的低矮别墅,面积不大,过去住着一位退休的牧师和他的妻子。屋子位于门迪普山龙伯罗一带的小村庄萨摩塞特,距离布利斯托尔约十五英里,有"加泽别墅"之名。屋顶原先铺的是稻草,后来改铺了砖瓦。屋子的前身是一家糖果店,这也是为什么楼下开了扇特大号的窗子,从主卧向外眺,可以看到山谷另一头的多勒伯里沃伦丘堡。特里说,这让他想起了小时候在福蒂格林的家。

进一步唤醒特里记忆的,还有年久失修的屋况。这间屋子虽然不像特里居住的第一套房子那样,存在瓦片滑落伤人的风险,但其他毛病也不少。琳恩和特里搬进来时正值1970年的隆冬,新房子冷极了,晚上尤甚,特里有天早上醒来,甚至发现自己的胡子上都结着冰碴儿。他们这才意识到,翻修这房子是个大工程。好消息是,他们可以申请市政的房屋翻修补助。坏消息是,翻修所需的费用远远超过了补助金额,他们必须另寻资金。

除一扇门外,屋里剩下的房门都要换。天花板也得换。老实说,这幢房子好像也找不出几个不需要修补或升级的地方。不过,外墙的铁环绝对碰不得。在牧师退休搬进来之前,加泽别墅住着位车夫,他在房子右侧的砖墙上安了两个直径约三英寸的铁环,当作"车夫链"来拴马匹。多年来,山谷里的托韦斯家族流传着一条古训:无论如何,都别盖住那些铁环,否则……家族会招来什么邪恶的报应可就不一定了，想必也没人愿意一探究竟。普拉切特夫妇当然认为应该尊重传统，在他们入住期间，谁想使用铁环都悉听尊便。据琳恩回忆，她和特里晚上躺在床上时，有时能隐约听到外面有"马的亡魂"的声音。

这对新主人在加泽别墅听到的诡异之音其实不止这一种。特里和琳恩都清晰地感受到，之前住在这儿的牧师仍以某种形式留在屋子里。某天早上八点左右，特里去上班后，琳恩听到屋里传来嘀嗒作响的声音，顺着壁炉，飘向窗户。她和邻居聊到此事时，他们说她听到的可能是前房主的怀表，猜测他可能想知道她在家做什么。特里和琳恩给牧师起了个外号，叫"普雷布"①。之后的几年里，他们都时不时会听到普雷布怀表的嘀嗒声。

屋子里似乎还有件有生命的事物——湿气。如果说其他房子是砖垒的，那这幢房子就是由湿气包裹的。墙体采用琢石构筑，有一层石头那么厚，像是铆着劲儿地要把雨水、雾气、露水、水壶冒出的蒸汽以及空气中所有潮湿因子通通吸纳其中。特里后来意识到，对待湿气的最好方式是同它和解——"去接受它。"特里如此写道，"将它看作屋子不可分割的一部分，思考如何让水汽无害地蒸发。"然而在那之前，他和琳恩先听了旁人的建议，斥巨资为屋子建了现代的防潮层。这项工程极具破坏性，并且在防潮层建好后，湿气反倒有增无减。虽然最后他们还是控制住了湿气，但这终究是一场永

---

① Preb，英文中牧师"prebendary"一词的缩略语。

远无法全胜而归的博弈。

不过这也没关系,琳恩和特里对自己居住的地方十分满意。他们喜欢这处别墅,喜欢它的花园,喜欢周边的环境。他们一同上山下山,踏遍了门迪普山的每个角落,探索了洞穴、坑洞和旧矿井,感受中世纪堡垒散发的神秘气息。站在多勒伯里沃伦山的山顶,田野一望无际。天气晴朗时,可以径直望到布里斯托尔海峡。他们也很喜欢当地的酒馆:街头的天鹅酒馆拥有得天独厚的地理优势,在畅饮一晚苹果酒后,只需顺着笔直的小路就能返回别墅,不至于太危险。A38公路上的明星酒馆则能让人深度领略萨摩塞特特色。那是一家名副其实的苹果酒酒馆,店内灯光昏暗,酒客多是上了年纪的当地居民,他们的牙齿,哪怕是已经掉光的那些,都见证了他们对苏格兰烈性苹果酒终其一生的热爱。晚上若是来这儿喝酒,酒杯斟满后,你可能会在里间遇到一个外号"闪电"的男人,和他热络地攀谈起来。他的外号之所以叫"闪电",是因为他违背了上文提到的古训,被闪电劈中过两次。特里惊奇地发现,顾客中有人带着"老式帽子、狗和略显笨重的猎枪",枪看起来应是世代相传的。"门迪普的某些方面会让我想起我出生的地方。"特里写道,"但这里多了些无政府主义的东西,有种歌里唱的'在晴亮的夜晚尽享快乐'的意味。不同的是,这里的夜总是雾色蒙蒙。①★"

特里在这儿度过了为期一年的休闲时光。琳恩仍在布里斯托

---

①★ 此处影射英格兰民谣《林肯郡的外来者》(*The Lincolnshire Poacher*),有一定的地域色彩。

尔上班,特里则在找工作。他读了很多书(离开学校开始工作后,他就鲜有机会这么全神贯注地阅读了),记录写作出书的灵感,修缮屋子或是监督工人施工,散步,喝苹果酒。就这样,在被《西部日报》摧残了几个月后,他终于渐渐找回了平衡。

这段时间,他也正式成了一名有出版作品的小说家。随着重写工作和插画绘制进入尾声,在出版合同签署了两年后,特里的第一部正式作品终于在书店上架了。

1971年10月,科林·斯迈思带着《地毯一族》的样书强势入驻法兰克福书展。据《纽约时报》估计,那年共有来自五十八个国家的3522位参展商,销售的新书数量高达近78 000册。尽管竞争激烈,科林还是帮特里的处女作找到了一位德国出版商,这也将是特里拿下的首个海外订单。①★但事情进展得并不顺利,科林回到英国后,出版商印了一批书,却把插图印倒了,不得不返厂重印。不过,11月时,这本书已经准备好要上市了。

作为一家小型独立出版社,科林·斯迈思有限公司并不擅长用华丽的主题派对为新书预热,但这次他们觉得有必要花大价钱宣传特里和他的《地毯一族》。于是,出版社在伦敦市中心图腾汉厅路的高端家居商场希尔之家的地毯区举办了一场傍晚酒会。科林还机智地从英国羊毛营销委员会拉了些活动赞助,这也是普拉切特平生

①★《纽约时报》还注意到法兰克福那年的文化潮流正在发生变化:"去年占据会场半壁江山的情色文学大幅减少……"

唯一一次和英国领先的农产品组织建立密切合作。

酒会当天，特里和琳恩早早就到了。贴着"地毯精粹"字样的特调鸡尾酒里，除了樱桃白兰地，还混着些其他东西，不过好在也没人记得了。酒会还为宾客准备了几道用《地毯一族》人物命名的餐食：烟熏韦夫博雷尔和紫色格罗德、炸特龙普和绿色格勒贝沙拉、炖斯那格佐主厨蘑菇、克里斯托贝拉奶酪和糖霜水晶蛋糕。出版界的从业者、书商和文学评论家坐在店内堆着的地毯卷中间尽兴吃喝，推杯换盏。希尔之家的广告部不知从哪儿找来了些孩子，特里带着他们席地而坐，办了个即兴的卡通工作坊，教他们画斯那格。接着，科林·斯迈思有限公司的董事长罗伯特·迈耶爵士^①★为酒会致辞，介绍了特里并称赞了他的小说。会场一端是坐在地板上涂鸦的孩子，另一端是九十二岁高龄、正深情演讲的罗伯特爵士。若是论宾客的年龄跨度，特里的新书发布会定能在当晚伦敦的文学派对中拔得头筹。这是特里第一次参加专门为他举办的庆功宴，成为人群关注的焦点。在观众温暖的注视下，他很自然地就适应了这样的场合，甚至开始侃侃而谈。这也是好事，因为过几年，还有一两场这样的活动在等着他。

这也是他第一次签售自己的作品，他似乎也乐在其中。戴夫·

---

①★ 罗伯特·迈耶爵士（Robert Mayer）是位德国慈善家，1896年迁居英国，靠着银行业发迹，随后参与创办了伦敦爱乐乐团和著名的罗伯特·迈耶儿童音乐会。百岁时，他曾做客《荒岛孤碟》（*Desert Island Discs*）节目。他于1985年去世，享年一百零五岁。我们都应该像罗伯特·迈耶爵士一样长寿且健康。

巴斯比没能出席此次发布会,特里送了他一本带有手绘插图的书,诚挚感谢戴夫母亲家的阿科明斯特地毯赋予他的灵感。题词写道:"赠予戴夫·巴斯比,地毯的主人。"

发令枪已然打响。特里现在已成为一名有出版作品的小说家,他蹬离了起跑器,利用身后的风,在赛道加速飞驰,聚敛速度、销量和读者,径直提速至高产的步速,并始终保持着这一节奏。自此,他将闻名于世,受人景仰。

事实并非如此。在接下来的四年半时间里,特里都没有再出新书。不过,他的世界里倒是会有鸡,有蜜蜂,还有山羊。

第 八 章

希腊陆龟、酒桶里的鸡
和缺席的太阳能炉灶

　　事实上,《地毯一族》并没有即刻改变特里的人生。待到酒杯收起、糖霜水晶蛋糕的碎屑清扫干净、希尔之家变回家具店的模样,特里又过回了在萨默塞特待业的生活。这本书收到的反响几乎都是正面的。除了《星期日泰晤士报》简略地谈到,这部小说有人物过多的问题——"普拉切特先生笔下的人物形象生动,性格鲜明,定会受到读者的喜爱,前提是他们要有恒心厘清多如牛毛的种族和民族。"《每日快报》认为小说的情节"扣人心弦",《爱尔兰时报》夸奖《地毯一族》抵达了"全新的想象维度",还特别赞扬其"文风优美"。出版业期刊《史密斯商业新闻》盛赞《地毯一族》是"十年来书店上架的最具创意的儿童读物之一"。尽管特里对"儿童读物"的说法颇有微

词,但他还是欣然接受了这番赞美。教育杂志《教师世界》则评价特里的作品"堪称杰作"。①★

一位无名作者发表的第一本儿童文学,能在出版业掀起这样的水花,特里和科林·斯迈思功不可没。前者用迷人的文字抓住读者,后者则用樱桃白兰地和新奇的小食,在对的时间笼络了对的人。《地毯一族》共发行了三千册,其中很大一部分(约有一千册)卖给了图书馆,最后剩下的五百册运到了澳大利亚。无论是特里还是科林,都没法凭着这样的销量很快退休。②★不过,即便特里已经成了名副其实的小说作家,他仍认为从事小说写作的人需要一份正职工作。

幸运的是,工作很快就出现了。1972年春,一直四处奔波的特里接到了《白金汉郡自由报》一位前同事打来的电话,询问他是否愿意再回他的老东家工作,不过这次不是做新闻记者,而是当编辑。某种意义上,这样的变动算是降职,甚至是略带羞辱意味的贬谪。特里不是已经大胆离开《白金汉郡自由报》的怀抱,义无反顾地走向通往国家级报纸的阶梯了吗?遭遇了一次打击、信心受挫后,难道就能甘心灰头土脸地回去,把自己埋在一份文职工作里吗?特里深

①★别小瞧《教师世界》这本杂志,虽然它已经停刊了,但二十世纪二三十年代时,伊妮德·布莱顿可是它的主要供稿人。〔译注:伊妮德·布莱顿(Enid Blyton,1897—1968),笔名是玛丽·波洛克(Mary Pollock),活跃于二十世纪四十年代的著名英国儿童文学家。〕

②★在2021年,一本初版的《地毯一族》售价约四百五十英镑。特里亲自手绘的版本约有十二本,售价可以轻松卖到四位数。不过当初,当科林把卖剩的书打包销往澳大利亚时,肯定卖不出这样的价格。

知，"编辑基本是人不离座。他们很少出门，也很少讲话，偶尔会在办公室吆喝一声：'喂！这个叫阿里斯托芬的混蛋是谁？'"不过，那里毕竟是他曾经工作的地方，又何必刻意避开呢？在《西部日报》的生活不如意，此刻，由阿瑟·丘奇英明领导的《白金汉郡自由报》，在特里眼中定是个温暖迷人的避难所，更何况阿瑟·丘奇还率先发现了特里身上的"做派"，对特里有知遇之恩。

琳恩和特里已经把自己当作萨默塞特人了，或者说他们已经习惯了住在加泽别墅的生活。这就是他们寻觅的心仪之所，爱屋及乌，连带花园和亡魂也变得可爱起来。他们无意卖掉房子，举家迁回比肯斯菲尔德。于是，1972年春，二十四岁的特里开始了双城通勤生活。他每周六晚开车回到东部的比肯斯菲尔德，工作日就住在父母家，周末再开回萨默塞特，而琳恩还留在龙伯罗。两地分居的生活让二人都很苦恼，所以过了段时间，他们又在海威科姆的阿默舍姆山一幢爱德华时期的住宅一层租了间便宜的公寓，带着群小乌龟搬了进去。这群乌龟也会跟着他们往返于双城之间。

会有这么多乌龟都是特里的错。他发现自己每每看到乌龟，都很难抑制"拯救"它们的冲动。第一次是在海威科姆的弗罗格莫尔街区的宠物店，后来同样的事又在另外几家宠物店上演。乌龟的队伍渐渐壮大到十只左右，它们中有些是地中海龟，有些是希腊陆龟。很多年后，特里还是很容易产生这种拯救的冲动。二十世纪九十年代，在格拉斯哥巡回签售时，他将关在市中心一家宠物店的乌龟"大斑点"救了出来，却在机场被告知不能带着它登机。[1]★"您不能拦我，"特里严肃地说，"这里是英国。"大斑点就跟着特里飞去了南安普顿。

为了配合全新的通勤安排，琳恩在海威科姆找了份文书工作。工作日，二人都在海威科姆上班，周五是《白金汉郡自由报》发刊的第二天，较为清闲，特里会设法早点下班，把乌龟打包装进莫里斯面包车，然后驱车返回西部的萨默塞特。他们开的大多是小路，中途会停在莫尔伯勒买一份炸鱼薯条。特里说"那儿的薯条特别好吃。"这样的生活，他们过了十八个月。

特里似乎很顺利地就重新适应了在《白金汉郡自由报》的生活，内心如释重负。除了做报社编辑，他重新肩负起扮演吉姆叔叔的职责，《儿童圈》也再度成为输出优质故事的低调平台，汇聚了《会说话的马约翰诺》（"Johnno the Talking Horse"）《时间旅行电视》（"The Time-Travelling Television"）《林思文格：埃文莫尔的小精灵》（"Rincemangle, the Gnome of Even Moor"）等寓言故事。在《林思文格：埃文莫尔的小精灵》中，特里畅想了秘密住在百货公司的小精灵发生的趣事，并于1989年将这则故事扩写成儿童文学三部曲"小人族"（The Bromeliad)的第一部小说《卡车司机》（Truckers)。1972年3月1日起，他开始抽时间为"马库斯专栏"写作，发表了一些值得品读的泛谈类文章。除此之外，特里还写了几篇和科林·斯迈思有限公

---

①★ 那时候，乌龟还没有成为"提供情感慰藉的宠物龟"。带着陆栖爬行生物上飞机，并不像现在这么简单。

司业务相关的短通讯:一篇报道了该公司的董事长罗伯特·迈耶爵士入选1973年授勋名单,被授予荣誉骑士勋章;另一篇于同月发表,宣布了科林·斯迈思有限公司的签约作者、特里的同事莫里斯·科利思的死讯。这一回,特里·普拉切特再没报道过不幸坠井、溺水身亡的农夫或是家庭暴力的受害者。这类新闻的素材收集工作已经交给别人来做了,特里只需要稳如泰山地坐在他的工位上。

他也更快乐了。尽管两地通勤带来了诸多不便,这段日子反倒成了令特里和琳恩都满意愉悦的时光,与特里在布里斯托尔的那几个月形成鲜明对比。阿默舍姆山的位置便利,他们可以步行抵达任何想去的地方,包括上班和去中餐馆。那时,中餐已经在比肯斯菲尔德到海威科姆一带遍地开花。戴夫·巴斯比现在在雷丁做丝网印刷工作,他推荐特里去听斯蒂里·斯潘乐团(Steeleye Span)1971年发行的民谣摇滚专辑《拜见国王》(*Please to See the King*)。虽然特里对音乐的兴趣没多么高涨,他还是很喜欢那张专辑,一直循环播放。他和琳恩还有戴夫开始在夜晚光顾海威科姆的民谣俱乐部,或是附近一带有民谣乐队驻唱的酒吧。①★回到公寓后,特里和琳恩会自制梅子酒和无花果酒。无花果酒是用在当地进口杂货店采买的无花果干酿制的,酒瓶立在起居室的煤气炉附近发酵,紧靠着在煤气炉周围取暖的乌龟绕成一圈。特里和琳恩站在酒瓶后,变成第三个外圈。

---

①★ 二十世纪六十年代中期,有个叫保罗·西蒙的艺术家在海威科姆民谣俱乐部驻唱。我很想知道他后来怎么样了。

起居室还有张桌子供特里坐下画漫画。科林·斯迈思有限公司开始发行英国通灵者协会的月报——《灵媒学研究者和通灵者公报》，由彼得·班德尔担任主编。特里受邀为公报提供连环画。他立马构想出"术士大堂"的概念，那是一处峭壁边上的英国乡村建筑，也是"灵媒学研究和发展协会"总部的所在地。连环画的开篇写着："这是一支由年轻有活力的蒂姆·鲍勒博士领导的松散科学家团队，以科学的迷信取代旧式的无知迷信。"从第一个画格就可以看出，刊物的新漫画师并未严肃看待灵媒学研究，事实也是如此。在一则漫画中，"灵媒实验室"的门上挂着一块牌子，告诫访客："请按门铃，因为敲门易引起困惑。"尚不清楚灵媒协会是否有较真的成员不满月报里出现类似的戏弄，但特里为该报连载了十七期《术士大堂》漫画。

为月报供稿期间，特里还获得了难得的和法尼·克拉多克合作的机会。想来，二人似乎没什么交集，不是那种会分享读后感或其他什么的交情，唯一会分享的大概是黑森林蛋糕。彼时，克拉多克称得上是英国最著名的电视主厨。她低沉而粗犷的嗓音曾被比作"圆锯切割松子酒浸泡过的纸板的声音"，她在厨台前盛气凌人地使唤丈夫兼助手约翰尼的架势，在那个年代并不常见，被视作率先走向性别政治和女性优先的标杆。但很少有人知道，法尼·克拉多克自称是通灵者，很小就曾因为举办通灵仪式被学校停课。这也是为什么法尼和约翰尼以"红鲱鱼"为笔名在月报合开了专栏。1973 年七月,该专栏配了一张特里绘制的插画,画中有一条活泼生动的鱼,似是身着长袍,与标题的"红鲱鱼"相呼应。[①]★遗憾的是,二人的合作始于此处,也终于此处。据我们所知,特里和法尼的人生再未有过交集,无论是在这个世界还是其他世界。

在工作、画画和去民谣俱乐部的间隙,特里整理了下一本书的书稿。他曾认真考虑过是否要为《地毯一族》写一部续集,也曾多次和科林以及戴夫探讨过此事。但后来他在写给科林的信中提到,他觉得即便续集能"和第一部一样好",读者也可能会觉得它是"借了前情背景之便",会"让地毯世界失了神秘感"。特里不愿利用故事设置这件事似乎让科林感到困惑:若是他拒绝在同一个虚构空间内挖掘新角落,后来又怎么会创作了四十一本《碟形世界》系列小说呢?也许他这么说只是为了合理化他的想法:这次,他不想再出一本儿童文学,而是想写点什么给成年人看。显然,他心意已决。他没有再写一本什么《地毯一族Ⅱ:重返阿克明斯特》,而是着手创作科幻小说《太阳的黑暗面》(*Dark Side of the Sun*)。他大多会利用晚上的碎片时间创作,给自己设定每天写四百字的目标,偶尔也会写得更勤勉些。比如,1973年8月,他在龙伯罗"休假"一周,据他向科林报告,他实际上在以每天三千字的速度赶稿,对小说的第三稿进行了"大刀阔斧的重写"。

这时,对特里和琳恩而言,无论是写作还是生活都进入了一种

---

①★虽然专栏采用笔名创作,但作者大方地在文章底部的版权栏标注了版权归"约翰尼和法尼·克拉多克"所有。

稳态。他们挣了些钱,在阿默舍姆山的公寓住得很舒心,回到龙伯罗的日子就更开心了。美中不足的一点就是要来回奔波,不过莫尔伯勒的炸鱼薯条还是很不错的。特里最好还是可以找到一份工作,既能让他像在《白金汉郡自由报》那样安逸,又能离龙伯罗近一些,不会逼着他和琳恩还有龟群每周五晚同马洛山的路况搏斗,赶着回家过周末。若是他能在西部找到一份合适的工作,一切就完满了。

《巴斯和威尔特郡晚报》①的办公室位于巴斯市中心的韦斯特盖特大街。每周一至周六下午三点半,印刷机准时启动,发出隆隆的声响,在地下室哗啦啦地印出当天的报纸,连带着整栋楼一起震动。接着,一切又在下午五点归于平静。

关于这家报社,还有两则重要的信息值得一提:办公室距离龙伯罗仅二十五英里;1973年7月,报社空出了一个编辑的职务。

特里在当地的报纸集团——威斯敏斯特新闻社的员工通告中看到了招聘启事,于是立即前去应征。就这样,他第二次离开了《白金汉郡自由报》,但这次离职显然得到了阿瑟·丘奇的祝福和大力推荐。特里在巴斯一工作就是七年,直至1979年,也就是他三十一岁生日后。在特里供职的三家报社中,《巴斯和威尔特郡晚报》也是最令他开心的地方。这里和《白金汉郡自由报》一样,有着蓬勃向上的良性工作环境。诚然,报社有位来自兰开斯特的新闻编辑叫莫里

---

① 简称《巴斯晚报》。

斯·博德曼,在有人没达到他预期的标准时,会大发雷霆,可他在大家心中依旧是友善和循循善诱的。特里的顶头上司、首席编辑杰拉尔德·沃克则是位名副其实的绅士,彬彬有礼,温润如玉。他的家族与晚报的渊源甚深,一度还做过这家报社的主人。编辑部的秘书丽塔·汉考克可谓是人见人爱,大家也都很喜欢她十几岁的女儿克莉丝汀。报社职员自娱自乐的方式是把"每周一词"藏进报道里,或是捉弄高级记者鲍勃·福尔克斯。鲍勃有次接到爆料说温莎城堡起火了,他在追踪报道时将电话打到了英国皇家公关团队,大声质问他们的失职。然而,着火的其实是上布里斯托尔路的一家叫"温莎城堡"的酒吧。

若是觉得整蛊鲍勃·福尔克斯无趣,你还可以试着装作不经意地在罗伯特森夫人面前说"golly"这个词①。罗伯特森夫人的家族专营果酱产业,在当地富甲一方,她也是巴斯文化界有头有脸的人物,常常到访报社的办公室。②★事实上,所有的访客以及自认为有故事可讲的当地人,都可以直接推开韦斯特盖特大街的报社大门找人倾诉。若是你碰巧在写一篇批评巴斯管风琴戏剧协会的文章,没准你在报社后侧楼梯聚集的人群中就能找到该协会的成员,和他们聊上几句。巴斯晚报队素以这种开放性为荣。"我们是负责任的报社。"特

① Golly特指一种有着黑色面孔和黑色卷曲头发的布娃娃。这个形象曾被用作罗伯特森牌果酱的商标和吉祥物,于1910年首次出现在罗伯特森公司的标签和价格表上。

②★罗伯特森牌果酱的Golly商标渐渐落伍,不过直到2002年才正式退市。

里这一时期的好友马丁·温赖特如是说。马丁就是那位批评巴斯管风琴戏剧协会的文章的作者,后来去了《卫报》。

"我们很幸运赶上了天时和地利。"马丁说,"巴斯之美,贵在它忧郁的衰败中,透着对过往荣光的怅然若失。这个城市不大,一名记者要想完全了解它,三年足矣,但它是丰富多面的,远非表面呈现的那般单调。"这儿的生活和特里在布里斯托尔的日子相比,简直是一个天上一个地下。琳恩会为特里烤小蛋糕,带去办公室和其他编辑一起分享。大家似乎都对蛋糕,尤其是柠香蛋糕毫无招架之力,纷纷要特里再带来办公室。于是,特里会在央求琳恩时说:"就想想他们期盼的小脸吧。"据我所知,特里绝对没想过要给埃里克·普莱斯带柠香蛋糕。正如马丁所说:"我确信在经历了《西部日报》的专制统治后,特里定是觉得晚报是个温暖友善的大家庭。"

晚报大楼屋顶林立的烟囱间有间棚屋,特里随时可以来这儿小憩,沉思和喂鸽子。反正特里是这么说的,还念叨了很多年,不过,并没有记录显示《巴斯晚报》韦斯特盖特大街办公楼的屋顶上有过棚屋,报社也没什么理由搭这么间屋子。即便有,允许编辑自由出入,独自在里面工作的可能性也是微乎其微。撇下别的不说,若是事实真的如此,特里在需要时该冲着谁抱怨和大喊大叫? 显然,除了鸽子,这里一个人也没有。也许,一切只是幻觉。

马丁记得那时的特里"很害羞,笑起来会发出'呵呵呵'的声音,透着几分内敛,似不由衷。但不得不说他的幽默却是外放造作的,后来他将这种幽默很好地用进了书里。"他还记得特里对"亮色条纹毛衣"情有独钟。在1977年晚报拍摄的百年庆合照中,特里留着光头和浓密的黑色胡须,穿着一件破旧的条纹羊毛衫,在满目的衬衫和夹克之中格格不入。尽管马丁是新闻记者,特里是编辑,他们时不时也有合作的机会,为报纸的《日复一日》专栏写些剑走偏锋的专题文章。专栏标题下方的导语带着几分孤芳自赏——"现在该有点儿不同的了。"专栏最具代表性的一篇文章是《哎哟嗬,小心船底漂浮的香蕉》("Yo heave ho, and mind the bananas adrift in the bilges"),副标题写着:"奇彭勒姆至巴斯十一小时双人独木舟之旅未经删节版(超长篇)记录,创作者:马丁·温赖特(绘画主笔)和 特里·普拉切特(文字主笔)。"

让特里难过的是,二十世纪七十年代中期,马丁离开巴斯,跳槽去了《布拉德福德电讯阿尔戈斯报》。马丁决定徒步前往新的城市,拜托特里开车把他的全部身家拉去北方。在那之后,他们保持了一阵联系。马丁和妻子佩妮去龙伯罗拜访过特里和琳恩,特里也去北方的莱克韦克和马丁一起参加过徒步旅行。那是一次全长四十英里的长途跋涉,需要在二十四小时内艰难地穿越地势崎岖的北约克高沼区。二人在黑漆漆的夜里走了几小时后,终于在凌晨两点登上克利夫兰悬崖,脚下的蒂斯河沿岸闪着亮光。

"那是什么?"特里惊呼。

"米德尔斯伯勒的灯火。"马丁答道。

·

那次徒步旅行后又过了段时日，马丁收到了琳恩的一封信，询问他妈妈在巴斯告别宴上做的那道惊艳的蜂蜜辣味鸡用了什么配方。琳恩还和马丁更新了他们在龙伯罗的近况，说特里成天"要么粘在铁锹上，要么粘在打字机上"，每晚敲一千词的书稿。他的新书"有趣极了，集齐了维京人、撒克逊人、飞毯、巨龙和恶魔等多种元素。"①★"特里太忙了，都没空不开心。"琳恩又加了句，"他不是在掘土，就是在写作。生活忙碌而充实。"

的确如此。在龙伯罗的日子将成为特里自我耕耘、韬光养晦的黄金二十年。那时，自给自足的概念和反大企业主义已经深入英国文化。1975年，英国广播公司甚至还就这一主题出了部名为《美好生活》(The Good Life)的情景喜剧。在外人看来，除了中产阶级的身份外，这一时期的特里和琳恩倒和剧中的汤姆和芭芭拉有几分相似。别墅的花园种着苹果树、大黄、红醋栗和黑醋栗，以及树莓和草莓。出版第二本书收到的几百英镑的预付款直接被特里拿来建了座温室，第三本书的稿酬则被用来建了座更大的温室，里面种满了西红柿、土豆和几种豆类作物。家里养了猫和乌龟，有时把拖鞋放在明火边烤热时，乌龟会趁机钻进拖鞋里取暖。更危险的是，它们还会在夜里爬进尚有余热的灰烬里，所以早上再点火时得格外留心，别一不小心用乌龟当了火引子。据琳恩说，这样的紧急事件至少发生过一次，她不得不把跑进厨房把乌龟放在冷水龙头下冲洗。

①★ 听起来，特里应是在写他的第三本小说《地层》(Strata)。

家里还养了鸡,一开始它们窝在一只苹果酒桶里睡觉和下蛋,待特里把室外的茅房改造扩建成了专门的鸡舍,它们就过上了奢华的生活;还有鸽子,最先是养在草坪的箱子里,后来也迁进了鸽屋。等到特里和琳恩有能力建造车库后,他们特地在里面留了处空间给鸽屋。

家里还养了山羊,有两只吐根堡山羊,一只叫"亨尼"的努比亚长耳山羊。有一次,琳恩赶着三只山羊下山时,亨尼突然受惊,拽着琳恩滚下了山谷。后来,特里和琳恩在小屋对面买了块地,扩大了他们的产业。据特里说,耕种那块地的历任主人"都是离经叛道的教徒,在天国门外排了很久的队。"田地被改造成了菜园。随后,琳恩的父亲出了点力,帮他们买下了一块两英亩①的田,地界从离小屋不远的山下一直延展至山坡的另一侧。他们费了好些工夫锄净杂草,在那儿建了处羊棚,挤奶时再把山羊赶回小屋。靠向山顶一侧的田头住了一窝獾,草地里还有蝰蛇出没。特里有天发现了一具被山羊踩扁的蝰蛇尸体,看来山羊也懂得如何照料自己。

两人还养了蜜蜂。当地有位人称布鲁克斯先生的长者精通养蜂之术,是名振萨默塞特郡的养蜂人。他向特里倾囊相授,教这位"愿喝苹果酒、不怕蜜蜂钻进裤管里的年轻人"也让他乐在其中。特里和琳恩养了三箱蜂。蜂箱起初放在花园里,但蜜蜂曾不止一次地从蜂箱中蜂拥而出,带着些怒气地冲去金银花树篱边、树上和邻居

---

① 英美制地积单位,1英亩合4 046.86平方米。

的花园里,等着主人将它们一一捉回。此外,有些蜜蜂好像不喜欢琳恩把洗好的衣服拿出来晾在外边,所以总是借机钻进她的头发来表达抗议。于是,蜂箱被移上了山。

特里之前买了辆MZ摩托。这又是辆毫无时尚感可言的车。如果说之前那辆惠比特小轮摩托试图复刻的是意大利兰美达的炫酷风格,这辆MZ模仿的就是德国宝马华美精湛的机械工艺,却同样难逃东施效颦的命运。不过,这台摩托不需要有多拉风,它的主要用途是送特里去韦斯特盖特大街的晚报报社上下班,方便他随时把车停在办公室楼下。它也可以用作农业设备,驮着特里和他所需的零零碎碎往返于田间。琳恩时不时地会望向窗外,视线追随着丈夫的背影。一身白色养蜂服的他,骑着摩托,膝盖朝两侧外开,小心翼翼地平衡着架在摩托油箱上的蜂箱,在小屋和田间缓缓穿行,画面颇有几分超现实主义意味。为了纪念养蜂和骑摩托产生的罕见交集,特里用黑色的粗马克笔在养蜂服的背面写了句"地狱养蜂人",旁边画了个卡通骷髅头。这具骷髅毫无违和感地穿着养蜂服,戴着面纱。①★

养蜂是特里在龙伯罗生活的一部分。这其中有特里对自给自足政治理念的探讨,但更可能是因为他和琳恩都怀着旺盛的好奇心,迫切地想要探索旧时的生活方式。纺织是另一件重要的事。琳

---

①★ 想象一下这个大家喜闻乐见的画面:在一个公休周末,一群戴着面纱的养蜂人骑着摩托沿M23号公路向布莱顿海滨进发,可怜的地狱养蜂人也是他们中的一员。

恩的母亲养了雅各布绵羊。那是一种极为特殊的花斑羊,头上生着犄角,羊毛厚到就算没有羊在里面,羊毛也几乎能够独立成形。琳恩学会了如何用纺锤和羊身上剃下的毛纺织毛线,又教特里掌握了这门手艺。特里甚至还买了一台新西兰制造的脚踏纺车,开始学着使用。他和琳恩总是把纺好的毛线还给琳恩的母亲,母亲再和琳恩的祖母一道用毛线织成袜子和套头毛衣。当特里告诉报社的同事他标志性的条纹毛衣是用一堆手头的原材料做的时,他们以为他在开玩笑,但其实没有。

蜜蜂采蜜,母鸡下蛋,美味的酸辣酱成罐地增加,山羊奶也成桶地出产。特里家的山羊奶酪已经达到了工业化量产的地步,甚至连浴室里堆得都是。戴夫·巴斯比回忆说,在奶酪泛滥的那段时期,奶酪的味道"渗入了屋子的每个毛孔",琳恩和特里却乐在其中。戴夫记得特里还曾想过种植和加工烟草,他并不抽烟,"只是单纯喜欢这么做"。他心血来潮想自己酿蜂蜜酒也是这么个道理。"特里不嗜酒,也不是寻欢作乐之人。"戴夫说,"他讨厌失控的感觉。自己酿酒,只是因为这是件新奇有趣的事。"那些年里,他的兴趣转换自如。在好奇心的驱使下,他还去上了夜校,(用他的话说)把自己变成了一位"点虫成金的小专家"。

特里似乎一直对昆虫模型情有独钟。戴夫回忆说,特里曾在二十世纪六十年代末送给他"一只非常漂亮的金色蜜蜂,是用精巧的卷纸折的"。他的灵感源自艺术家兼雕塑家迈克尔·埃尔顿

（Michael Ayrton）1967年的小说《造迷宫的人》（*The Maze Maker*）。该书改写了希腊传奇工匠代达罗斯的故事。代达罗斯最大的成就是为伊卡洛斯制作了一对能飞的翅膀，他做的黄金蜂巢更是能以假乱真，引得蜜蜂飞去那儿将蜂巢灌满了蜜。[①*]特里时常重读这本小说，他和戴夫都对埃尔顿颇具兴趣，还专门去参观了1969年在雷丁美术博物馆举办的埃尔顿绘画、素描和雕塑展。戴夫觉得，特里对展览中的绘画和素描兴趣索然，但雕塑工艺却深深吸引着他。《造迷宫的人》描述了铸造黄金蜂巢使用的"失蜡法"，也就是用真的蜂巢做铸件的模具，烧制后，金属器具就做好了。同样的方法也适用于复刻蜜蜂尸体。特里似乎一直想烧铸自己的黄金蜜蜂。这个念头迫使他揣着彼得·班德尔在项目结束后赠予他的少量黄金，去夜校学习金银铸造技艺。

这份礼物几乎是白白浪费了：特里第一次尝试用滚烫的液体黄金铸件时，没能把离心机固定好，就在他放下锤子转动发条时，一股熔化的金雾突然喷出，溅得教室和天花板到处都是，所幸没有任何人受伤。不过，等到课程结束时就好了，学生特里做出了一只完美的黄金蜜蜂、一只黄金蚂蚱和几只银蝗虫。

特里后来和我说，他曾为"失蜡法"联系过迈克尔·埃尔顿，二人为此通过几封书信。埃尔顿曾在一位富商的赞助下，和珠宝师约

---

①★ 代达罗斯还造过一座栩栩如生的空心母牛雕塑，供克里特岛的王后藏在里面，成功引诱了波塞冬的公牛，怀孕诞下牛头人米诺陶洛斯。若是你喜欢写实艺术，代达罗斯显然会是你喜欢的那种艺术家。

翰·唐纳德合作铸造黄金蜂巢,历经十六次失败后,方才成功。这只
蜂巢放在草地上时,的确引来了蜜蜂。不过埃尔顿告诉特里,铸造
蜜蜂一事苦恼了他很久,他一直无法复刻出蜜蜂翕动的翅膀。特里
自豪地和我说,他在夜校期间想出了攻克这一难题的妙招,他做的
那只黄金蜜蜂的翅膀有着清晰漂亮的纹路。据特里说,埃尔顿迫不
及待地想见到他的成品。于是,他带着用特百惠塑料杯小心翼翼装
着的黄金蜜蜂,去牛津拜访了埃尔顿。

"你是怎么做到的?"埃尔顿好奇地问他。

"不告诉你。"特里啪的一声合上了杯盖。①★

有山羊、小鸡、鸭子、蜜蜂、菜地和两英亩的田要照料,还要根据
迈克尔·埃尔顿的小说,用昆虫和贵金属制作精繁的手工艺品,特里
这一时期还在写作吗? 当然。不过,他的写作推进得很慢。

1971年的《地毯一族》出版后,《太阳的黑暗面》时隔四年半才面世。
又过了五年,也就是1981年,他姗姗来迟的第三本小说《地层》才出版。

不知怎的,这位十五岁就早早发文见报、十七岁就完成了第一
部小说手稿的作家似乎不再着急了。他有太多别的事情要做,特别
是夏日天长的时候。有那么一阵儿,特里只在冬天写小说,就和有
人只在冬天去滑雪一样。

"我们就像嬉皮士。"特里如此描述那段时期的他和琳恩,"不过
是有工作的嬉皮士。"这不禁让我们想问:在那些秉承反企业、自给

①★ 我在这儿也就不告诉你们了。

191

自足、自力更生理念开展的五花八门的园艺项目中,特里是否出于好奇试着在门迪普山上种过大麻? 有没有怀着同样的实验精神,晒干、点燃并销毁过它? 倘若有过,他又是否吸食过大麻?

出于严谨,我们无法得出确切的结论,只能在此用特里自己的话作结:他在七十年代的那十年里才彻底领略了摇摆的六十年代。

1976 年 5 月,科林·斯迈思有限公司出版了《太阳的黑暗面》。这一次,公司没在伦敦的商店举办奢华的发布会,提供定制鸡尾酒和主题小食。"1976 年时,我们的经营状况不是很好。"科林回忆说,"我记得请特里和琳恩来家里吃了顿晚餐。"因此,二十八岁的特里在出版第二部长篇小说时,没有在伦敦市中心大张旗鼓地庆祝,而是在格拉茨克罗兹低调地与三两好友把酒言欢。

《太阳的黑暗面》和随后出版的《地层》一样,都是科幻小说。在追求"笑果"方面,它仍有模仿和暗讽的痕迹在,但在结构方面则下了番工夫,致敬俄裔作家艾萨克·阿西莫夫和美国作家拉里·尼文。尼文 1970 年的作品《环形世界》曾让特里深陷其中,无法自拔。①★特里的小说围绕一个熟悉的科幻设定展开:解开某个先进族群离奇消失乃至灭绝的谜团。在这样的设定下,特里创造了一个名为"霍格

①★ 环形世界(Ringworld)宽一百万英里,它如彩带般环绕着一颗恒星,而不是绕着恒星的轨道运行。它显然是碟形世界的灵感源泉,只不过了少了大象和乌龟。几年后,特里遇到了拉里·尼文,二人相谈甚欢。尼文似乎认为《地层》是对自己的致敬之作,而特里则在事后对戴夫说,尼文就像"一只小小的、毛茸茸的猫头鹰",这句评价在特里口中绝无贬义。

斯沃奇节"①的盛大节日(《碟形世界》系列的读者之后会经常读到这个名字),还开玩笑说,那些专家计算的发生概率在数百万分之一的事件,十次里有九次都会应验——他很喜欢这个梗。十多年后,他写《死神学徒》时,把它重新用了一遍,隔了两年,又把这个笑话翻出来加工了一番,放在了《卫兵!卫兵!》(*Guards! Guards!*)的结尾。②★《牛津时报》对《太阳的黑暗面》的反响热烈,称它"出人意料……别出心裁……妙笔生花,博闻强识而又幽默风趣",但特里的前东家《西部日报》却给出了略显刻薄的评价,一篇未署名的评论提到小说"不失为一部不错的主流科幻小说,作者把所有东西一股脑地塞了进去,却唯独落了太阳能炉灶。"不过,就连《西部日报》也预测"这位作家前途无量",前提是他得"稍微克制下助他写成科幻小说的疯狂想象力"。这是一种夹枪带棒式的赞美,特里需要学着习惯它。

当然,"《西部日报》评论'还不错'"的字样不大可能印在平装书的封面上,但这回小说起码有了平装本,要知道《地毯一族》可没有这样的待遇。科林和新大英图书馆达成协议,于1978年出版了平装版的《太阳的黑暗面》,实现了特里的另一桩夙愿——在塑料转盘上看到写着自己名字的长篇小说。与此同时,科林又去了趟热火朝天的法兰克福书展卖力推销,他在活动中为受邀的外国出版商登台朗

---

① 霍格斯沃奇节(Hogswatch)和我们的世界中的圣诞节有着诸多相似之处。

②★ 特里总说自己属于"可回收文学派",不浪费任何可用的资源。若是所用之物仍具生命力,就没什么理由舍弃它。这是一种道德义务。

读了《太阳的黑暗面》,和美国圣马丁出版社签订了协议。这是特里拿到的第二笔海外订单。特里和科林显然正朝着征服世界的目标迈进,但他们一次只去一个国家,卖几百本书。《太阳的黑暗面》在英美两国的首次印刷总量约为两千四百本。即便《牛津时报》对这本书寄予厚望,这本书也并没有成为被抢购一空的畅销书。①★

不过这不重要,因为有一件远比这重要的事发生了——琳恩怀孕了。这个孩子从各个层面来说,都来得正是时候,唯一不巧的是赶上了英国1976年著名的酷暑,琳恩不得不穿着她所说的"丑丑的厚紧身衣"。那个夏天,她大多在吃西梅干和蛋奶糊,这是她孕期的固定餐食。家里新出生的两只康贝尔鸭也叫"西梅干"和"蛋奶糊",一只矮脚鸡在加泽别墅的厨房里孵化了它们。等到西梅干、蛋奶糊和其他小鸭子长得都比它大了,这只鸡仍试图摆出母亲的姿态,坐在小家伙身上。

这一时期的龙伯罗显然极为多产。孩子快足月时,琳恩去医生那儿进行了最后一次复查,和医生说:"我不能久留,我养的山羊正在发情期。"琳恩提到的山羊叫"梅格",是一只西非侏儒羊。它挑了普拉切特家最忙的时候开放短暂的生育窗口,和山谷另一头的一只西非侏儒公羊匆匆结合。公羊比梅格矮得多。为了完成必要的仪式,它不得不有些屈辱地接受安排,站在一个木箱上。

梅格的天性得到满足后,普拉切特夫妇自己的孩子终于在1977

①★ 特里坚持要送一本样书给《巴斯晚报》的同事马丁·温赖特。然而,四十五年后,马丁在2021年坦言:"我很惭愧自己还没读完它。"

年即将来临之际——即 1976 年 12 月 30 日降生。这天早上,琳恩察觉到宫缩的速度变快了。她给特里的办公室打了电话,要特里开车回家接她。特里进门问的第一句话是"你放羊了吗?",惹得琳恩一下子哭了出来。就在这时,电话响了,艾琳告诉特里他的外祖父去世了。生与死的轮回就这样压缩在短短一天内。在艾琳看来,卡恩斯爷爷之所以离世,是因为他们的女儿蕾哈娜已经在来到这个世界的路上了。

开着旧面包车去布里斯托尔的邵斯密医院要走十八英里,冬天的天气也越来越糟。不过,面包车从没让他们失望过,这次也没掉链子。孩子局促地卧在母亲的子宫里,分娩漫长而复杂。事件的主角琳恩却在麻醉和氧气的作用下,变得格外亢奋。她记得看到特里穿着手术服,"头上戴着有点像软抹布的东西",十分滑稽。最后,他们的女儿不得不像她父亲一样,在产钳的帮助下,完成了进入这个世界的最后一程。接着,她被送进重症监护室住了几个小时,直至病情稳定。在女儿的头发长出来之前,特里一直叫她"圆顶"。有了头发后,她就变成了《每日镜报》连环画《淘气鬼》里的"臭脸宝宝",接着是"臭脸包"和"小臭脸",但是她出生证明上写的依然是"蕾哈娜"。

随后,母女二人从邵斯密医院转入了威尔斯的综合医院,在那儿住了一周接受抗生素治疗。特里穿了件厚厚的哈里斯斜纹花呢西装御寒,由于他的光头和胡子,他看起来比其他新手父亲都要老,常常在病房被错认成医生。管理病房的是一位专制的护士。她制定了许多严苛的规则,其中有一条是所有母亲给新生儿喂奶的时间必须精确到二十分钟,一秒不多一秒不少。特里立即给她起了个绰号叫"铁梁"。①★在威尔斯住院期间,还发生了另一件令人印象深刻的事,医院的病房里居然会有黑甲虫成群结队地窜来窜去——至少琳恩以为那是甲虫。据特里回忆,它们是"那年冬季的第一批蟑螂"。不过,无论是虫害还是"铁梁",都说明这家医院不宜久留。特里开着莫里斯面包车,把琳恩和蕾哈娜接回了家,开启了一家三口的新生活。

在所有难忘的记忆中,没有哪段能比特里在孩子出生当晚开车返回龙伯罗更令他印象深刻。孩子顺利降生,一切安好。他的内心涌上了一股初为人父、任务圆满完成的自得感,虽然为生产出力的并不是他。多年之后,他被确诊,疾病在他脑中植入了混沌的思绪。也许有一天他的记忆会被完全抹去,而这段记忆正是特里说他最害怕失去的,哪怕只是想想也会让他接受不了:在12月那个漆黑的雪夜,他开着莫里斯面包车回家,上山时轮胎打着滑前行。他把车停在房边上,小心翼翼地走在结冰的小路上,却还是摔了个趔趄,脸着地摔在了冰上,但他只觉得好笑。毕竟和突然成为父亲相比,这件事有什么要紧的呢? 在特里看来,若是这些他通通都忘了,他又会是谁呢?

做了父亲的他也会感到饿。"我在厨房找到了一块牛排,"特里

①★ 在特里2013年的小说《蒸汽升腾》(*Raising Steam*)中,迪克·西姆内尔将他的蒸汽机原型命名为"铁梁",以这种方式向这位病房的护士致敬。

写道,"用木槌敲成碎块后,加入蘑菇、油脂和切碎的洋葱,大火熬煮,就着大半瓶威士忌吃了。无论是那之前还是之后,我从没吃过如此美味的菜肴。"

　　然后,他上了楼。小屋冷极了,他把所有能找到的毯子都放在床上,又拿出了两个热水瓶,抱着那只能用来取暖的猫——俄狄浦斯,进入了梦乡。

第九章

偶遇维京人、植物的声音
和"每个人都要成为自己的特雷弗"

　　或许是因为特里刚入行时，特里·普拉切特和道格拉斯·亚当斯这两个名字常被同时提起，人们往往无法相信二人其实只见过一面。

　　倒不是因为不想相见。"我们在很多场合都失之交臂，"特里写道，"最诡异的一次是在牛津大学的晚宴。那是我记忆中天气最糟的一天，车子在肮脏冰冷的大雾中摸索前行，就像是在做盲文练习。我要不是因为只用开车二十英里，也赶不过来。他本来要从伦敦过来，最后却没能到场。要不我们的座位其实正好面对着面。"

　　后来，天朗气清时，一场电影首映式将他们聚在一起。1995年夏天，特里和蕾哈娜出席在莱斯特广场举办的《刚果惊魂》(Congo)首映仪式。这部影片改编自迈克尔·克莱顿(Michael Crichton)的同名小说，海报上的标语写着："当你成为濒危物种。"鉴于特里素来少有机会见到音乐剧明星，这个明星之夜值得被载入史册：他见到了《洛基恐怖秀》(*The Rocky Horror Show*)的主创理查德·奥布里恩，还与他即兴合唱了电影《隐形船长归来》的配乐《点你的酒》(*Name Your Poison*)①★。当然，这一晚也注定写入史册，因为它见证了《碟形世界》系列的作者和《银河系漫游指南》的作者今生唯一的一次相遇。

亚当斯身高一米八，比特里高出不少。尽管特里的事业已步步高升，他还是只有一米七二的个头。②★二人期待已久的对话就这样伴着电影红毯之夜的喧嚣展开：

特里："你好！"

亚当斯："什么？"

特里："我说，你好！"

亚当斯："噢！你好！很棒的夜晚！"

特里："什么？"

---

①★理查德·奥布里恩(Richard O'Brien)和理查德·哈利(Richard Harley)为1983年的电影《隐形船长归来》(*The Return of Captain Invincible*)献唱了三首歌曲。这部影片是普拉切特家最爱的电影，他们把它存在DVD上，反复观看。除了该片外，《时光大盗》(*Time Bandits*)、《颠倒乾坤》(*Trading Places*)、《公主新娘》(*The Princess Bride*)、《布鲁斯兄弟》(*The Blues Brothers*)、《鹰狼传奇》(*Ladyhawke*)、《侏罗纪公园》(*Jurassic Park*)、《野蛮人柯南》(*Conan the Barbarian*)和《兄弟，你在哪儿》(*O Brother, Where Art Thou?*)都是普拉切特家珍藏的影片。

②★1994年11月，特里站在英国华威大学的讲台上，就身高一事聊到了自己从前找科幻期刊的经历，"科幻作家大多是小个子。他们把时间都花在坐在地板上翻旧科幻杂志了，而不是爬到书架最上层去找色情杂志。顺便提一句，道格拉斯·亚当斯相当高。"

亚当斯："很棒的夜晚！"

特里："的确。"

就是这样了。人群淹没了他们，而夜晚仍在继续。

六年后，也就是2001年，我陪特里去美国巡回签售《时间盗贼》（*Thief of Time*）。我们在芝加哥北密歇根大道的洲际酒店吃早餐，我随手翻阅着《今日美国》的新闻。

"天哪！"我惊呼，"道格拉斯·亚当斯过世了。"

报上说亚当斯在加利福尼亚州蒙特西托一家健身房运动时突发心脏病，过世时年仅四十九岁。

"好吧。"特里缓缓开口，"至少那不是我。"

我有必要立即申明下，这是特里对任何一条死讯的标准回应，无论逝者是否和他相熟。有人觉得，他是为了营造黑色幽默和语不惊人死不休的效果，才会接这么一句。他喜欢用这样的策略驱散笼罩在屋内的死亡阴霾，他也是这么把艾琳·普拉切特过世的惊天消息告诉我的：2011年的某天清晨，他走进"礼堂"时喊了句："还有母亲的，都坐着别动。"

因此，这句"至少那不是我"并不能真实反映出道格拉斯·亚当斯的离世对特里·普拉切特的影响。直到后来，他才透露说，当他听说此事时，房间突然变得很冷，他独自哼起了《参宿四安魂曲》①★，一

---

①★ 在《银河系漫游指南》中，《参宿四安魂曲》（Betelgeusian Death Anthem）被赋予了"之后一切都会变好"的意义。巧的是，1993年D:Ream乐队的一首热门流行舞曲也传达了同一主题。尽管不知为什么，人们很少将二者联系在一起。

连几天都在想这件事。《银河系漫游指南》曾对特里的人生产生奠基性的影响,从各种方面来说都算是引他走上了新的路径。1983年,《阿西莫夫科幻》杂志的一位评论员表示《魔法的颜色》是他读过最有趣的书时,特里的回答是"那他大概是没读过《银河系漫游指南》。"

特里先是听了BBC四台1978年放送的《银河系漫游指南》同名广播剧,1980年又收听了第二季。当然,在两季广播剧播出的间隙,也就是1979年,他读了这本书,然后煎熬地熬过二十世纪八十和九十年代,追完了著名的"分为五部的三部曲"。该书讲述了沃贡人的建筑舰队清理地球、修建超空间快速通道的故事。它正是那种能让星际幻想和平凡世俗尽情碰撞,让特里竖耳倾听、心悦神怡的故事。主人公阿瑟·邓特和福特·普里弗克特显然是碟形世界中灵思风和双花的原型,他们和银河系总统赞福德、偏执狂机器人马文还有崔莉恩,一直漫游在特里和我们许多人的想象中。但对特里而言,这些人物可以化作具象的、鼓舞人心的力量。亚当斯的著作在文化界流传甚广,但特里却在仔细揣摩该书的创作理念,也许正是他对写作手法的钻研指引他写出了《魔法的颜色》,为他的职业生涯奠定了基础。此外,特里也是因为这本书,才终于下定决心在加泽别墅安了台电视机。

可以肯定的是,琳恩和特里在龙伯罗的头十年里,织羊毛、做奶酪、养蜜蜂和乌龟比看电视重要。和特里同在《巴斯晚报》编辑部共事的前辈杰拉尔德·沃克讲过这么一件事:有天晚上,他叫特里来家吃饭。一起看智力竞猜节目时,这位客人激动地从座上蹦了起来,冲着荧幕高呼答案。于是,特里给沃克留下了从没看过电视的印象。当然,事实并非如此:特里父母在比肯斯菲尔德的房子有一台电视。特里就是用那台电视收看的《密谋》(直到因为筹备婚礼错过了大结局)。不过,加泽别墅十多年来一直没安电视,直至1981年BBC改编的六集《银河系漫游指南》播出。该节目于每周一晚放送,起初,琳恩和特里会准时跑去邻居家看。但这显然不是长久之计。为了让错过《密谋》大结局的遗憾不再重演,特里搬了一台小电视机回家。

这样一来,特里和琳恩就能舒舒服服地在自己家看《银河系漫游指南》了,年幼的蕾哈娜也能收看随后播出的《布偶奇遇记》(The Muppets)。不过,好景不长,威尔士第四频道(S4C,它是除BBC一台和画面夹着雪花的二台之外,特里家的小电视天线唯一能够收到的频道)很快就决定用足球节目换掉《布偶奇遇记》。为了报复,蕾哈娜画了"她能想到的最可怕的东西——独眼巨人",在抬头部分写上"致威尔士人",将画投进了天鹅酒馆附近的邮筒里。

出于这样或那样的原因,写作似乎在特里的这一人生阶段已经退居其次。二十世纪七十年代末八十年代初,特里曾有过一些短暂的兴趣爱好。比如,从《太阳的黑暗面》出版到1981年《地层》出版的五年时间里,他曾迷恋过民用波段无线电台(CB电台),这一兴趣虽然持续时间不长,却也耗费了他大量的时间。当时,CB电台风靡一时,《警察与卡车强盗》(*Smokey and the Bandit*, 1977)和《大车队》(*Convoy*, 1978)等电影从同名西部乡村歌曲《大车队》①中汲取灵感,让英国民众对"10-4(信息收到)""10-9(请重发)"" breaker, breaker(打断对话)"" c'mon(请某人回答消息)""bear in the air(有空警巡逻)"等美国卡车司机常用的电台简语耳熟能详。可以说,CB电台就相当于今天的社交媒体,但它播报的主要是路况信息,且内容低俗得史无前例。特里入手了一套双向通信无线电设备(配备用听筒线圈连接的黑色听筒),放在空置的卧室,又买了一套放在车上②★。他的呼号是"羽毛笔"。

有个周末,戴夫·巴斯比从雷丁来拜访特里,一晚上都在楼上看着特里捣鼓他的CB电台,"通过断断续续的电波,和形形色色的人聊天,他们大多是中年男性和女性,有着诸如鲍勃或多琳一类的名字,操着CB电台人才知道的奇怪行话"。有些"鲍勃"和"多琳"显然对线下在休息站见面很感兴趣(也就是我们现在说的"面基")。但戴夫确信特里从没做过类似的事,他听特里聊的,大多是布里斯托尔的交通路况或是炸鱼薯条店测评。"我完全不懂特里为什么会迷上电台。"戴夫不解地说,"我觉得他在这个阶段飘忽不定,对自给自

---

① 指C.W.麦考尔(C.W. McCall)1975年的歌曲《Convoy》。

②★之前提到过,特里一向不舍得扔电子元件。我在特里的谷仓里毫不意外地找到了这两台CB电台和它们配备的听筒,上面虽已积满灰尘,却还是完好无损。

足的生活渐渐失了兴趣，没有清晰的写作目标，也不知道生活会将他引至何处。我们险些在那段时间绝交。"

不过，特里还是在那些年找到了一个生活重心——抚养女儿。动手能力极强的他自己做了一个婴儿闹钟，方便监护入睡的蕾哈娜。闹钟采用的是双向传输设计，所以当闹钟里传出特里和琳恩催眠哄睡的声音时，仿若从天而降的声音完全没起到安抚的作用，反而吓到了蕾哈娜。所以特里又把闹钟调回了单向设计。扬声器还不断收到俄罗斯广播电台的信号，如琳恩所说，那些信号穿过门迪普山，触到花园里的植物又反弹回来，植物就似天线一般。

类似的手工项目还有很多。蕾哈娜的祖父大卫自制了一个带灯的洋娃娃小屋，特里也开始自己动手为女儿做玩具，他做了有彩绘小陶人的姆明小屋、带橡胶蜜蜂的玩具蜂巢、供孩子钻进去玩耍的温迪屋，还有挂着"格鲁坡商店"招牌的市场摊位。楼梯旁正对着蕾哈娜卧室的那面墙有一幅壁画，买小屋时就在，特里和琳恩也就将它原封不动地保留了下来。壁画颇有奥伯利·比亚兹莱的风格，画的是骑士坐在马背上，一群猎狗跟在其后去狩猎狮子的场景。

待蕾哈娜再大一点，他就带着她去地里放羊。下雪时，那片斜坡正好适合滑雪橇。他们爬上门迪普山挖苔藓来种，一路上特里给她讲了许多故事，关于小孩如何在树林里迷路、又如何在树林里被找到，还有他们脚下的这片白垩土。蕾哈娜回忆说，他还教她如何辨别"哪些是能吃的，哪些是只能吃一回的。"他们给森林里的地点取名——"老人洞穴""老人池塘",高声大唱,唱的多是一首名为《这些是谁的猪?》的歌。有天外出散步时,他们遇到了一队带着角盔,披着羊皮斗篷,佩戴粗剑的维京人在山谷操练。特里和蕾哈娜用阿斯泰利克斯[1]主题的保温杯请他们喝了杯水。周一,特里给蕾哈娜的老师写了张便条:"若是她提到这周末遇到了维京人,此事确有发生。"当他坐在电脑前的大转椅上时,她会像个靠垫一样把自己塞在他身后。

蕾哈娜说,特里对儿时的她而言"更像大哥哥,而不是父亲。严厉的母亲唱的是红脸,而他则扮白脸。"

和女儿一起去野外觅食,照料山羊和蜜蜂,和"鲍勃"还有"多琳"讨论炸鱼薯条店,迈入三十的特里过上了惬意轻松的生活。然而,这种闲云野鹤的日子很快就蒙上了一层阴影。《布里斯托尔晚报》1979年初刊登的新闻标题《毒村警报》言简意赅地概述了此事。

新闻中提到的村庄是希伯姆村,而有毒物质指的是镉。一项全国性调查显示,希伯姆村土壤中的镉含量远高于全国平均水平。镉进入人体后,会积聚在肾脏和肝脏中,读过《皇家医学杂志》的希伯姆村村民定知道"长期摄入镉会引发肺气肿、蛋白尿、慢性肾衰竭和轻度溶血",免不了自我吓唬一番。后世还有研究激烈讨论过镉金属与前列腺癌和肺癌的关联,二者的联系似乎在那时就已浮现。

对了,顺便说明一下,希伯姆村紧挨着龙伯罗,离特里和琳恩住的

---

[1]《阿斯泰利克斯历险记》,法国漫画,以高卢英雄为主题。

地方不超过半英里,并且蕾哈娜吃的蔬菜和水果都是他们自己种的。

特里记得,那天当地政府部门的人顶着暴风雪挨家挨户地"给村民送信,内容没什么新意,告诉我们这个区域的镉含量存在超标的风险,但完全不用惊慌……"

"我们很多人都知道当地所说的'矿石'。"特里写道,"它随处可见。徒步的人可以随脚踢到普里迪矿还在时遗留下来的小铅块,有位邻居还在岩石勘探中发现了一块砷,这件事可非同小可。"

幸运的是,这波恐慌没持续多久。虽然英国中央环境污染局表示"希伯姆村居民的镉摄入量是英国平均水平的两倍",该数值很快被证明"远低于损伤肾脏的水平"。环境局还给出了另一则令人宽慰的结论:"就算镉污染对希伯姆村的死亡率有什么影响,这种影响也是微乎其微的,不会给居民带来严重的健康风险。"事实证明,"毒村"并未如《布里斯托尔晚报》说的那般病入膏肓。①★

"风波很快就平定了。"特里写道,"人们开始意识到他们还活着,有项针对坟墓的调查表明,当地人都很长寿,必须得有一记当头棒喝,才肯开始修建墓园。"

尽管如此,这仍是段令人忧心的小插曲,也是冥冥之中的某种演练。处理公共卫生事件很快就会成为特里的本职工作。

1979年春,特里去中央电力局西南分部面试。时隔十多年,他

---

①★ 一项和希伯姆村相关的研究表明,即便一切正常,"也不能让孩子吃土。"不过,这条建议搁在哪儿都适用。

第一次在工作场合换上了西装,向面试官阐述他对新一代镁诺克斯反应堆的看法。二十世纪五十年代以来,镁诺克斯一直稳定地为英国提供电力,特里坚称它是反应堆里的小可爱。不过老实说,更新换代后的反应堆并没有返老还童,而是垂垂老矣,已接近设计寿命的终点。并且随着时间的推移,反应堆在安全性和适用性方面的问题只会越来越多。你或许会问下一个重大公共危机是什么,答案就在这里。

特里为何会对英国发电系统的前沿动态有如此专业的理解?是因为他对国家电网和核问题始终抱有好奇心?倒也没到这个地步。是出于强烈的道德使命感?绝对不是。因为他在《巴斯晚报》看了数小时的剪报?答案似乎是这个。"两通电话加归纳信息"的新闻能力再一次显现出优势。只不过这一次,电话换成了聊天。特里和同村一位在布里斯托尔中央电力局供职的员工聊过天,这位职工觉得特里应该会喜欢那里的生活。不管怎样,特里觉得给面试团留下深刻印象的,不是他有多了解设备的使用寿命,而是他顶着提问的压力仍能泰然自若。或者就像特里自己所说:"我觉得自己是在核污水流入风车时也能站在一旁看着的家伙。"他拿下了这份工作。

回首特里在三十二岁那年决定放弃《巴斯晚报》编辑职位、跳到国企区域新闻办一事,或许我们可以仿照莫顿夫人问黛比·麦基为什么要和身家百万的魔术师保罗·丹尼尔斯结婚时的经典发问,询问他:"所以,特里,中央电力局的工作最吸引你的是什么? 丰厚的年薪？私人医保？还是公司配车？"特里的事业发展再次遇到瓶颈。单靠在当地报社做编辑是无法变得富有的，甚至无法保障一种舒适的小康生活，何况现在还有孩子要考虑。无论是跟着内心的直觉，还是受外部压力所迫，他都觉得是时候向前走了。不管你对中央电力局的这份工作怎么看，它至少具备特里所说的"一份真正的工作该有的附属品"。特里的薪级定在了PAG3，这意味着他有一辆红色的福特轿车可以免费开三年。特里不怎么在乎车，也没怎么认真聊过它，但他并不介意有辆免费的车开。[①]★马丁·温赖特对前同事的离职大失所望，"那时，我觉得接那份公关工作就是在做活死人。"这个比喻自然不够恰当。活死人怎么有资格领公司的养老金？

而且，用极为诗意的话讲，核反应堆辐射的中子和伽马射线"如阳光般闪耀"。特里这样的人怎么会对这样的世界说不呢？

他把贴在韦斯特盖特大街办公室桌旁的标语取了下来——"我们刊登一切适合刊登的新闻。"（这是一句出自《纽约时报》的经典格言，特里以编辑的视角对它进行了改编），接着就去位于布里斯托尔贝德明斯特唐的中央电力局西南分部入职了。

就在几个月前，中央电力局把大半西部业务部门迁去了名为"亭阁"的新办公地址。这组白色棋盘镶嵌式立面建筑群由奥雅纳集团建筑事务所倾力打造，还获了建筑奖，优雅奢华至极，连带着周围的景观都榜上有名。早年在那儿工作的人，若是厌倦了领队带着成

①★ 三年后，特里有权选择升级公司的配车，他立即选择了……另一辆同款红色福特，足以体现他对汽车毫不在乎。

群结队的游客四处参观,对获奖建筑的辉煌夸夸其谈,是因为他们知道内情。他们知道若是下次再下大雨,还得用废纸箱去接屋顶漏的雨。①★撇开这些早期的缺陷不谈,贝德明斯特唐素以办公配套设施完善闻名,不单是因为它配备了处理放射性物质的专用实验室和厚壁地下室。在迁址之前,公司曾发过问卷,调查员工心目中理想的新办公楼应该有什么。有人半开玩笑地写了个"游泳池"。亭阁的确有游泳池,办公区还开了一家酒吧,一家体育俱乐部和一间胆敢自称"员工餐厅"的地方,不过大多数员工还是坚持称其为食堂。

至于卫生间……建得如镜厅宫殿一般,镜像反射着镜像,无限循环。科学服务部的哈里·埃拉姆注意到这些镜像都朝着一边偏,说明墙不是竖直的,不过还是值得一瞧。特里是不是看着它们才灵感乍现,写出《教母魔棒》(*Witches Abroad*)中讲"魔镜"和回落反射的段落?很难不将二者联系在一起。②★

后来,特里不厌其烦地和别人讲,他在这栋政府出资建造的豪华圣地(准确来说,是五栋亭阁中的二号馆)负责的工作是接听当地记者的电话。记者想了解的多是"报刊读者所在区域的核反应堆最近是否发生过爆炸、即将爆炸,或是有近期爆炸的计划。"但他的工作也有琐碎平淡的部分,而且实话说,这部分占据了很大的比重

---

①★ 这显然是"内部排水"系统早先出现的设计纰漏,问题最终得到了解决。搁到现在,应是不足挂齿的小问题。

②★"镜像反射着镜像,你的倒影在镜中无尽地延伸,每个倒影都一模一样,顺着光的曲线一直延伸。"

——即在中央电力局卷入没那么有趣的非核风波时,站出来平息事态。比如,当地居民曾抗议中央电力局为方便凯恩舍姆驻点和贝德明斯特唐总部通信安设电线杆。"我不赞同电线杆过高的说法。"特里冷静地和每位打来要回应的记者解释道。

他在吃午餐时和同事讨论了那天采用的话术:"那句话的潜台词是:我不赞同电线杆过高的说法……除非付我工资的人付钱让我说电线杆太高了。"滴水不漏的专业态度可见一斑。

特里还出席了中央电力局在巴里港举办的涡轮发电原型机启动仪式。第一台涡轮机于1982年11月开机,在英国风能史具有重要的里程碑意义。据说,当时的新闻发布会还提供鱼子酱。特里叙述的版本是,有些媒体人不知道该如何享用这一传说中的俄罗斯美味,只能胡乱舀几大勺塞进三明治里。不知道这其中有没有夸大其词的成分。

不过,有件事特里发誓是真的。布里斯托尔海峡欣克利角核电站的一名工人从工地借了把油漆刷拿来刷房子,导致整栋房子都沾上了轻微的放射性物质,立面闪烁着异样的光。若是他没那么尽职、用完刷子后没把它还回工地,这个错误可能永远都不会被发现。扫描仪在刷子上发现了些蛛丝马迹,这位工人一时成了罕见的将放射性材质带入核电站的罪魁祸首。据说,那之后,有一队穿着防化服的特警接到命令,铲除并妥善处理了新粉刷的墙皮。

还有一则秘事是核电站误将某种放射性物质冲进了厕所,让它流入了当地的污水处理厂。那天,特警队显然也赚到了钱,忙着在新排的污水里找放射性物质。

在严防这些可能造成破坏性影响的新闻外泄之前,特里还有一场个人仗要打。这位新进入中央电力局行政体系的公关部职员失望地发现,他写的所有新闻稿都必须送到打字组所在的"本地服务部"。那里有约莫四十位电子打字机操作员负责力求"妥当"地键入新闻稿。特里觉得这个规定费时不说,对他纯熟的打字技术更是一种赤裸裸的侮辱,于是决定就此一战。

他在自传手稿中写道:"我的上司叫特雷弗·琼斯,公司的负责人命他让专业打字员为我打字。我告诉他我不会这么做,他转达了我的话,结果有几位职员和主管硬要我按规章办事,逼得我不得不和他们摊牌。我说我不想在写紧急核事件的稿件时,要等上一天半才能发表。一天半是著名的'本地服务部'打完一篇稿件所需的平均时间。我还解释说,我是名记者,离了键盘就无法真正思考,所以,也许他们觉得,键盘对我有治疗之用。"就这样,特里获得了自己打字的权利。

虽然新闻行业的前同事对特里换工作一事存疑,但不可否认的是,那是进入核相关公关行业的绝佳时机。特里入职中央电力局是在1979年4月,此时,美国三哩岛核电站事故发生还不到一个月。这场发生在宾夕法尼亚州的部分堆芯融毁事故,被国际核事件分级表列为五级核能事故(最高为七级),尽管英国中央电力局西南分部没有直接牵涉其中，秉承着防患于未然的原则，该局还是开始着手审查现有的应急响应程序。在新修订的条例规范中，中央电力局制定了建立"新闻简报中心"的程序，用于向公众发布信息，并设置临时的电话设施和办公桌回应公众的需要。包括特里在内的应急小组成员人手配备一台传呼机，以便在灾难发生时随处接受调遣。"就像英国皇家救生艇协会一样。"特里的同事比尔·布彻打了个比方，他在管理服务部工作，也是随时待命，"虽然这种情况从没发生。""提到传呼机，"另一位在运营计划部工作的同事玛格丽特·尼泰尔斯说，"我只记得它尽收了些我听不懂的奇怪信息，我还在圣诞节被叫去上班，就因为我是唯一没喝酒的人。"

尽管如此，中央电力局西南分部一直在为最坏的情况做准备，通过事无巨细的演习反复模拟可能发生的最坏情况，先是组织了消防演习，接着又安排了别的活动。演习时，一号馆和二号馆之间的常设"信息办"，连带着一台台传真机和整个信息安全系统将全面启动。同时，隔壁的会议室也会在三十分钟内，完成邦德式的大变身，按照严格的计划重新摆放家具，将墙上的面板滑到一旁，露出下方的白板，用于及时更新"紧急事态"的情况。电话线路若是瘫痪了，有无线电台作为备用。比尔·布彻所在的团队负责在白板上记录信息，他回忆说特里曾在演习时"因为信息不够及时和准确冲我发脾气"。

这一时期的特里穿着黑色牛仔裤、黑色翻领毛衣和古巴跟短靴,跑起步来在亭阁空荡细长的走廊铿锵作响。①★碰上户外活动,他会换上单位统一发放的驴皮夹克,身后印着白色的大写字母"CEGB",还会戴一顶他自己买的带点俄式风格的皮帽。这顶帽子配上他的络腮胡,让他在公关部的同事面前得了个"列宁"的绰号——不过他们不会当着特里的面这么叫他。玛格丽特·尼泰尔斯对他的印象是"一身黑衣,一直忙前忙后,没法慢条斯理或安静做事。他给我留下的印象就像虚无缥缈的幻影。"公关部和其他部门同在一个大型开放办公区工作。隔壁计划协调部门的安德烈·库坦什声称,他认识特里的声音要比认识他本人早得多。"当特里想说明他的想法时,"安德烈说,"十米开外,隔着薄板,你都能听到他说什么。"他在办公室名声大噪,不过似是带着几分恶名昭著的意味,因为他讲话的经典开场白是:"怎么说才能显得不冒犯呢?"同事们渐渐意识到这句话其实是在为接下来四分钟的冒犯做预警。大家发现特里在闲暇时很乐于助人,但若是有人敢在他忙时靠近他,和他讲话,就免不了直接被下逐客令。"他开始做一件事,就定会有始有终。"1983年加入公关部的朱利安·柯蒂斯如此评价特里。特里是他的顶头上司。他从湖区旅行回来时,还按照特里的指示,为加泽别墅窗台上养的食虫植物带了些泥炭藓回来。

---

①★ 中央电力局没有严格的着装要求,但有条不成文的规定是,男士在上班时应着西装、打领带。特里一直保持他的工作习惯,选择自动忽略该规定。只有在足够严肃的场合,才会佩戴领带。不过他的领带要么是皮革材质,要么色彩绚丽,让他在打领带的同时也不忘表达对领带的不屑。

不用接听记者电话时，特里的大部分精力都花在为贝德明斯特唐的内部期刊《西南电力》编辑和撰稿，以及为中央电力局的全国刊物《电力新闻》供稿。《电力新闻》的黑框告示栏里写着："如果您希望为《电力新闻》提供任何新闻、动态或工作日志，敬请拨打648107（布里斯托尔），联系人：特里·普拉切特。"这一时期，特里·普拉切特发表过许多诸如《彭布罗克变废为宝：浓稠黑黄金重焕新生》的文章。上述这篇文章介绍了使用石油废料作为燃料的优点，配图是彭布罗克核电站助理化学师大卫·贝利的照片。他大胆地拿着一个盛满石油泥的大烧杯，倒扣于头顶上方，以证明石油泥的高度可燃、黏稠厚重。

还有一篇题为《长达五日的……风云变幻之旅》，讲述了公路运输一百四十吨变压器穿越德文郡的故事。"车体的长度和宽度与航天飞机差不多，不过速度慢得多。"特里写道。在侧翼随行的特里还提到了有许多德文郡居民赶来道边，看卡车载着庞然大物经过。"对许多德文郡人来说，"特里叙述道，"美好的夜晚莫过于有热保温杯和大型变压器相伴。""这是我期待已久的事。"一位德文郡人和他讲，"有这样的奇景可以看真好。"

但特里写过最好的一篇，也定是最合他心意的一篇当属《洗涤污渍引发的热议》，副标题为《化学师的谜题》，讲的是彭布罗克核电站晾晒的工作服有天出现了神秘污渍。这对长期警惕核泄漏的机构而言，无疑是个令人担忧的信号。不过化学师的谜题很快就解开了。经证实,这些污渍只是蜜蜂在做无辐射的纯天然活动时留下的。特里将这一洞见归功于"当地的一位养蜂人"(他说的是谁呢?),并指出长时间关在蜂箱里的蜜蜂通常会选择在放晴时"来一场俗称为'爽身飞行'的旅行"。"养蜂人的妻子,"特里告诉《电力新闻》的读者,"认为蜜蜂会就近飞去干净的洗衣房。"①★

"他对什么都将信将疑。"曾在管理服务(计算)部工作的哈里·华莱士在谈及特里为中央电力局期刊撰写的文章时说,"我不觉得他百分之百相信自己写的东西。"

即便亭阁有游泳池、景观花园、员工餐厅和华丽的镜厅卫生间,特里仍认为那里最重要的资产、也是那段时间对他影响最深的设施,是一个金属盒子。那是一台"太空侵略者"游戏机,它就伫立在餐厅旁边的体育俱乐部酒吧里。特里喜欢《太空侵略者》,这份喜爱对他产生了深远的影响,已到了改变人生的地步。每逢午餐时间,游戏机就会如磁铁般引来特里和其他部门的同事:安德烈·库坦什、比尔·布彻、哈里·埃拉姆、哈里·华莱士、文员测量部的马丁·汉密尔顿、运营调研部的特雷弗·斯托姆和财务部的皮特·韦斯顿。他们会亲自上阵,也会看着对方玩,然后再一起吃午餐。在这种奇妙化学反应的作用下,一个八人桌凑成了。

后来,游戏通关了,但八人桌还是八人桌,游戏还是继续玩着。

---

①★ 这句话带有几分"日常性别歧视"的意味,但鉴于那是1983年,尚且情有可原。特里在这篇文章中并没有提到蜜蜂是否会袭击晾晒衣物者的头发,不过本书的读者想必已经知晓答案了。

特雷弗站在游戏机旁静静看着。过了两三天后，他突然问："你们有没有注意到飞船出现在屏幕上方三秒后，对角会蹦出来一个燃料箱？"这种鞭辟入里的分析被冠以"特雷弗式"之名。有一天，特雷弗不在屏幕边，特里郑重其事地说："每个人都要成为自己的特雷弗。"对八人桌的成员来说，十二点开始午休，下午一点五十分还在玩游戏机是家常便饭。

若是体育俱乐部酒吧的游戏有段时间没更新，八人桌就会跑去亭阁对面的国王头酒吧，看看那儿的游戏有没有什么新花样。一天，有人听闻出了款新游戏，还是彩色版的。于是，那天午休，包括特里在内的五位八人桌成员一下班就打车去了贝德明斯特东街一家小游戏厅。传闻不虚，果然有群当地的年轻人正玩着刚刚拆封的街机游戏《小蜜蜂》。中央电力局这些大多身着西装、年龄在四十岁左右的中年人有些局促地徘徊在玩家身后，偶尔伸长脖子看一眼。最后，有个年轻人打量了一下这群焦急等待的人，用浓重的布里斯托尔口音冷冷地喊了句："伙计们加油，英格兰选拔队来了。"

午餐时的交流增进了八人桌的友谊。他们似乎有着同样的想法，同样的幽默感——都对科学和工程感兴趣，都醉心于流行文化，都有着引以为豪的书生气。有天，他们聊到为什么吐司掉在地上时，总是涂了果酱的那面朝下。特里提到他的猫总是用脚着地。所以，他们开始思考若是把一片涂了果酱的吐司粘在猫背上，让猫从空中跳下，会发生什么？他们得出的结论是猫会在半空中旋转，永不落地,而这个悖论无法自行得到破解。八人桌就这样在吃午饭时发现了反重力的奥秘。论证完毕后,随即跳过了这个话题。

除了午餐,特里有时还会和八人桌的其他成员一起参加中央电力局例常举办的"贝德明斯特唐智慧比拼"问答比赛之夜。比赛三人一组,不可以查字典,自尊也可能饱受摧残。有次,马丁·汉密尔顿被要求拼写"fictitious"(虚假的)一词,但他拼得一塌糊涂。轮到特里救场拿附加分。

"L-I-E。"特里自信拼出了"谎言"一词。

"拼写正确。"主持人说道,"但是你们还是零分。"

特里在新朋友间如鱼得水。他甚至想到为他们办一个《龙与地下城》(Dungeons & Dragons)游戏之夜。对CB电台的热情消耗殆尽后,奇幻背景的角色扮演游戏成了特里的新宠,并且这热情来得悄无声息。不知为何,特里不敢和戴夫·巴斯比说这件事。"我很惊讶他从没提过此事。"戴夫说,"他非常清楚我对电脑游戏没什么耐心。但纵使我不喜欢,我也从没拦着他聊。我也百思不得其解自己为什么对《毁灭战士》(Doom)和《雷神之锤》(Quake)就是提不起兴趣。"

然而,不知怎的,特里同八人桌能更自在地分享这项新爱好。有年冬天下班后,他在体育俱乐部办了场《龙与地下城》桌游之夜,组织其他七人围坐在舞池的大桌子边。地下城城主由特里扮演,他声称自己担任该职"名正言顺"。城主的扮演者似乎需要戴上某种帽子,他掌管着二十面骰和地下城地图,把控着游戏的叙事走向。

除了特里,在场的每个人都是第一次玩《龙与地下城》,他们对游戏的投入可能也略低于城主的期待。"他对我们有所期许,我觉得我们的表现应是让他失望了。"皮特·韦斯顿说。他记得整场游戏下来,自己只在一件事上赢得了特里的赞许。"我们准备过桥时,我问桥下有没有东西,特里说这是个好问题。"

其他人则大多记得他们解锁了许多冒险故事,像开研讨会一样进行了许多无休止的讨论,对体育俱乐部的酒吧居然能彻夜开着充满感激。据说,地下城城主在讲故事方面很有一套。哈里·埃拉姆记得特里领着大家进入洞穴,招呼大家抬头看洞顶悬着的一组钩子,那儿显然是龙的栖息之处。过了段时间,哈里·埃拉姆在《魔法的颜色》中读到倒悬着的瓦姆贝基山中有座罗斯林大厅,龙飞回山堡后可以伏在金属环上。他默默想:"我认得这个地方。①★"

中场休息时,特里向马丁·汉密尔顿吐露,他在投掷骰子时对官方给出的指示的处理"很灵活"——"也就是说,他完全没理上面怎么写,"马丁说,"胡编乱造一通,佯装自己是在按章办事。"待到游戏重新开始,百无聊赖的马丁决定耍无赖,突然宣布:"小精灵渡了河,跑进了河对岸的隧道。"然后,他坐去舞池的另一边,酝酿着用弩箭射杀团体其他成员——当然,是在幻想之中。游戏结束时,大家一致认为

---

①★ 很难说清《龙与地下城》的哪些内容融入了这本小说,这本小说中又有哪些内容融入了《龙与地下城》。但有一点是确定的,《魔法的颜色》中长着腿的行李箱是特里为角色扮演游戏发明的,不过不是在中央电力局的那次聚会上,而是在另一场活动中。特里希望他的角色能不负累地带着大量装备到处跑,这才有了长脚的箱子。这个灵感本身也像长了脚似的,久演不衰。

这个夜晚无比漫长。特里向大家展示了地下城的地图,并表示他们只完成了通常新手可完成任务的10%。"我们再没办过《龙与地下城》桌游夜。"马丁说,"这着实让我松了口气,我想特里也是。"

比起桌游,中央电力局的计算机社团受欢迎多了。早在1981年,特里就拥有了一台辛克莱牌ZX81计算机,(正如前文所说)还教会了它说话。因此,特里一直积极参加每月的例会,知无不言。例会同样在体育社交俱乐部的舞厅召开,二十多位隶属于社团的员工会在当晚又回到单位,有些人还带着孩子①★。据比尔·布彻说,这些会议是用来"交流盗版软件和展示各种游戏操作的。我们曾因为打开安全门伸了根天线出去,惹恼了保安,接着我们又将错就错,把车开到草坪上充当天线的'背板'"。会上也有嘉宾发言和演讲环节。有天晚上,一位嘉宾带来了他的"数字竖笛",连上电脑后,展示了竖笛的优美音色。还有位讲者兴致勃勃地同大家分享了怎么用一种叫作"调制解调器"的新奇装置,连接计算机和外部世界,拿了个厚厚的塑料底座用来搁电话听筒。特里自己也发了言,介绍如何初步实现家居自动化,他最近才写了段编程,教会龙伯罗小屋的门说"很高兴为您服务——祝您穿过这道门后旅途愉快",致敬《银河系漫游指南》里的飞船"黄金之心"。

有天午休,安德烈和特里两人不辞辛苦地赶去了巴顿山的彗星

①★ 比尔·布彻在上中学的女儿露易丝就在其中。她记得那些夜晚,"每个人都充分展现了他们的支持和包容,包括特里。"后来,她走上了编写代码的职业道路。

商店,回来时每个人都搬了一台阿姆斯特拉德CPC 464彩色个人计算机①★。安德烈说,特里这个"招摇的家伙"迅速给他的那台加了个磁盘驱动器。他们二人是拥抱家用文字处理时代的先锋,率先同复杂得令人发指的软盘管理系统厮杀搏斗,摸索着什么在哪儿,什么又是什么的备份;他们也绝对是头号受害者,吃尽了内存不足的苦头。

　　那段时间,八人桌聊的都是微型计算机在二十世纪八十年代前半期的发展,当然,他们的侧重点主要在电脑游戏。这时的电脑游戏还处在非常原始的阶段,没什么实质的内容,却又让人欲罢不能。ZX80电脑之前有一款动作冒险迷宫游戏叫《怪物迷宫》(Mazogs),有着粗糙的黑白画面,屏幕上几乎看不到什么,但特里却很喜欢它,说它的结构很精良,让人无法抗拒。后来出的《疯狂矿工》(Manic Miner)更是趣味无穷,突破连连,还增添了游戏配乐,遗憾的是缺了"保存"功能,这意味着每次打开后都要先不厌其烦地完成所有简单的初级关卡。特里告诉安德烈,有艾琳·普拉切特"读完一页书给一便士"的先例在,他开始付钱给蕾哈娜,叫她帮自己打过那些无聊的初级关卡。待关卡变得有趣时,才放她离开,重新接

---

　　①★ 这台电脑在当时相当昂贵,但特里可以用它减税。这笔费用出现在特里填写的1984到1985年自由职业税表的支出栏:"购买阿姆斯特拉德CPC 464电脑、显示器、磁盘驱动器、菊轮打印机和配套电线:789.46英镑。"特里还申报了购买软盘的费用——"二十五张三寸软盘:104.25英镑"。根据记录,特里那年的自由职业总收入只有3 646.88英镑。那时距离他决定全职写作还有两年。

手。①★游戏只会一关比一关有趣,而特里对游戏的喜爱也只会愈来愈深。

后来,特里成功说服中央电力局为他在办公室配一台CPC 464。不过,这台电脑可不是用来玩游戏的,或者说至少明面上不是。特里和特雷弗·琼斯谈判、劝他有必要买台电脑的话术是:"听着,我们就假装大吵过一架,最后我赢了,事情就这么办了。"这个策略似乎奏效了,很快公关部就开箱了一台CPC 464。如特里所愿,这台电脑显著提升了整个办公室的效率。不过,事后想来,想必它也方便了特里从家带来存储文稿的磁盘,午休时挤出半小时,再多写二百字。

这提供了极大的便利,因为被特里搁置的写作又渐渐开始蓄力了。

---

①★蕾哈娜并不记得父亲这样贿赂过她,但她说这看起来像是父亲会做的事。她确实记得自己曾窝在他的办公椅上玩《魔域之狼》(Knight Lore)、《狗狗迷宫》(Head Over Heels)和《外星公路》(Alien Highway),还坐在他旁边在画纸上为父亲画过地图。长大后,蕾哈娜先是做了游戏记者,后来又成了游戏剧作家。2016年她凭借由她主笔的《古墓丽影:崛起》(Rise of the Tomb Raider)赢得了美国编剧工会奖。这样"不光彩"的职业选择,显然是受到了特里的影响。蕾哈娜将这项荣誉献给了父亲,遗憾父亲生前没能见证这一切。

第 十 章

震撼的撞车实验、黄色的正确表达和四百词目标

一天,在中央电力局的食堂吃午餐时,特里和安德烈·库坦什聊到他在写小说。

"真的吗?"安德烈问道,"你署了什么名?"

对话略微尴尬地停滞了一下。

"特里·普拉切特。"特里回道。

"特里从不炫耀自己的作品。"安德鲁和我说,"不会逢人就说。"不过,这时特里的作品也没掀起什么大的水花。1981年6月,特里入职中央电力局两年多,科林·斯迈思有限公司发表了小说《地层》。这部成人科幻作品获得的最高评价来自《英国奇幻通信》某个二十多岁、名叫尼尔·盖曼的评论员——他说这是个"极具创造力的故事"。特里的第三本小说远没有成为举国瞩目、全民热议的话题，即便是在他自己的办公室，也没有掀起什么讨论。

然而，就在这一时期，有什么东西像是豁然开朗了。戴夫·巴斯比记得二十世纪八十年代初的一个周末，他和特里在萨默塞特散步时有过一次长谈。特里大步流星，兴奋地聊着他的新书计划和新的写作方向。"他告诉我，他想写一只小恶魔住在前工业时期的相机里，负责速绘本该印出来的照片。"戴夫说，"我们互相交流了一些想法。"戴夫觉得，《银河系漫游指南》显然扣动了特里心中的某个开关。"他认为自己是一个幽默的作家，决定持续发扬这一优势。"幽默其实早已在特里此前的作品中生根发芽，《太阳的黑暗面》和《地层》的确有对拉里·尼文的幽默借鉴，但特里现在想做的更像是一次彻底的变革，标志着崭新的开始。戴夫还没有完全接受他的朋友从热衷科幻转向热衷奇幻，也承认他对特里要写喜剧作品一事抱持着怀疑的态度。他跟着特里走在门迪普山上，和他讲了很多。"我记得我对整件事都很犹豫，"戴夫说，"我觉得这有点不伦不类。但特里不是娇嫩的温室花朵。他可以对这些毫不理会，他知道我想说什么。"

特里在构思的新书名为《魔法的颜色》。

为特里出了三本书后，科林·斯迈思开始起草新合同，出版"短篇故事集"。这是特里的主意，他说这本故事集可能包含四个"没有清晰故事线"的独立故事，松散地相互交织，背景设定接近奇幻世界。但凡是短篇故事集，无论有没有清晰的故事线，都比长篇小说难卖。但科林充分彰显了他身为绅士出版人的风度,还是决定咬牙坚持。他最初签下特里时,就希望能帮特里找到属于自己的写作道路,如今也没什么理由改弦更张。

不过,科林的确想在有件事上做出改变,那就是为特里更换平装书的出版商。出版《太阳的黑暗面》时合作的新大英图书馆的销售成绩平平。他们显然没能像六十年代捧红哈罗德·罗宾斯(Harold Robbins)一样,帮助特里·普拉切特创造辉煌。1982年5月出版的《地层》封面印着不祥的闪电图案,由蒂姆·怀特绘制,销量并不理想。据科林估计,新大英图书馆刊印了约五千册书,发现卖不动后,1985年廉价甩卖了出去。"那时他们正要被霍德&斯托顿(Hodder & Stoughton)收购。"科林说,"我猜应是有点自顾不暇。"

然而,非常遗憾的是,新大英图书馆还握着特里下一本书的版权,而科林知道环球出版社(Transworld)的资深编辑黛安娜·皮尔森很欣赏特里,她正为环球的平装书品牌科尔吉(Corgi)寻找新作者。科尔吉能为特里刊印和发行的作品数量,是新大英图书馆所望尘莫及的。

这种时候,有位绅士出版人在身边着实是件幸事。科林发现可以拿《地层》表现不佳说事,将其作为谈判的筹码。

于是,他拿起电话,打给新大英图书馆,反客为主地开始谈解约:"我和他们说的大概是,'《地层》的销量太差了,贵司想必也不愿再出版特里的下一本书了,对吗? 哦,天哪。好吧,没关系。我们再找找看,看看能不能为他寻些别的资源。'"就这样,科尔吉出版了特里的下一本平装书——并且今后每一本印着特里名字的平装书都将交由科尔吉出版。①★

1983年十一月,科林·斯迈思有限公司出版了《魔法的颜色》的精装本。"在那遥远的多次元空间,在那不会飞升的星际平面上,星辰的花样弯曲延展,分分合合……"特里·普拉切特的"碟形世界"在世人面前首次亮相——扁平的星球由四只巨象(拜瑞利亚、图布尔、大图峰和杰拉金)托着,巨象又驮在星际巨龟大阿图音的背上。这一设定源自特里悄悄从印度神话②★汲取的灵感,为全书奠定了基调,却又与小说情节没什么关联。《魔法的颜色》讲了蹩脚巫师灵思风、旅行者双花以及会走路的行李箱的故事,还有碟形世界光谱上名为"玲珑心"的第八色,这种颜色只有巫师和猫才能看到。这本书为奇幻小说类别增添了无限趣味。它之所以有趣,是因为它真正探讨的不是大象、不是宇宙级别的巨龟或巫师,甚至不是猫,而是人类的弱点。这本书的作者表明,尽管他的写作技艺还有待磨砺,但他已经找到揭露和凸显这些弱点的独特方式。特里总强调,这本书旨在"像《闪亮的马鞍》(Blazing Saddles)变革西部片一样,变革奇幻小

---

①★ 科林总能谈成特里找不到的折中方案。尽管特里总是受益于此,科林的谈判手段还是时不时地会刺痛特里。"人们总觉得要想取悦特里,就得取悦科林。"有一天特里自言自语道,"但其实取悦特里的方式还得是让特里自己高兴。"

②★ "我偷走了这个点子,"特里写道,"并且在警报响起之前就逃之夭夭。"印度神话可能有全世界最生动的乌龟形象。进一步探索后,特里发现其实所有神话都在某个时期对在太空中飞行的乌龟情有独钟。为什么不呢?

说",当然,还要像《银河系漫游指南》变革科幻小说一样。若是你读了它、喜欢它,觉得备受鼓舞,充满力量,这正是该书想要达到的效果。

该书收获了一些好评——评论变多了,也变好了,肯定比特里之前写的任何作品都要好。"妙语连珠""想象力丰富""辞藻华丽""创新""极富趣味"——这些都是人们为它贴上的赞誉标签,尽管给出评价的多是发行量欠佳的专业报刊。"英勇的野蛮人、邪恶的怪物、美丽的公主和暴躁的龙在小说中齐聚一堂,但没有一个合乎他们原本在人们想象中的样子。"《出版人周刊》如此评价道。鉴于那时距离"剧透慎入"这个说法被发明出来还有很多年,评论员还大胆加了句:"对一本能以主角坠入世界边缘收尾的书,你也不该期待里面的情节走寻常路。"大卫·朗福特在科幻杂志《白矮星》中称该书是本"可怕的反社会小说,勾引着读者硬要和周边的朋友聊它,反复讲书中的笑料。我家的天花板布满了棕色的污迹,全怪我妄图一边读普拉切特的笑话,一边喝啤酒。只有本性嗜虐的人才会推荐我读这么乱来的作品。"

当然,特里并未止步于此。他会写出更棒的书,用"清晰的故事线"将它们串联起来。他把对这个系列的小试牛刀看作少年时代的稚嫩作品——一位入行十八年的三十三岁作家的青涩产物。2004年,特里作为荣誉嘉宾参加波士顿世界科幻大会时说:"我觉得尴尬的是,人们在阅读《碟形世界》系列时总会从《魔法的颜色》和《异光》

（*The Light Fantastic*）开始。我觉得从这两本开始不是最好的选择。朋友们，我以作者本人的名义建议各位，不要从头开始读《碟形世界》。"

然而，生活在1983年的读者除了《魔法的颜色》也没得选。对这本书一阅倾心的那一小撮人，有它可读已是心满意足。不过，那种读者确实只占一小部分。相传，《魔法的颜色》缔造了神话，一下子卖出了数千册，翻涌而来的热烈反响径直将特里推上了出版界的巅峰，就此稳坐神坛。依照惯例，这段神话经过特里本人多年来公开讲话的洗礼，变得愈加出神入化。为了强化故事的戏剧效果，他喜欢把自己的成功归结为"一夜成名"。截至本书写作之时，《魔法的颜色》已经推出了包含加泰罗尼亚语、中文、马其顿语和希伯来语在内的三十五种语言版本。但要知道，事实上，在1983年时，科林·斯迈思公司只有能力印刷五百多本精装书，语言也仅限于英文版。事实上，在该书初印之时，许多人都错过了这本"开山之作"，只能回头补上。

这一次，也没有声势浩大的新书发布派对。"一场派对下来，新书的利润也吃得七七八八了。"科林解释说，他考虑再请特里和琳恩来科纳韦斯吃顿饭。除了寄送书评用书，公司也没什么营销预算。

不过，倒是有部重要的广播剧可以为新书做宣传。虽然广播剧等了六个月才播出，其影响力仍然不容小觑。科尔吉公司的黛安娜·皮尔森没有辜负科林对她的信任，多亏了有她从中周旋，《魔法的颜色》顺利入选BBC四台每个工作日下午两点播出的面向女性的时事节目——《女性时空》。《女性时空》设有书籍推介环节①★,节目提议将该书分成十部分连载,删节部分内容。后来,特里成名后,他对这部删节版作品充满了鄙夷不屑,甚至到了尖酸刻薄的地步。为这部删节版有声书配旁白的演员托尼·罗宾逊②也一度很困惑,并且在过去很长一段时间里,他都以为特里讨厌自己。但事实上,特里一点也不讨厌他,他讨厌的是删节版。他觉得编辑删掉的都是不该删的部分,或者说压根儿就不该有删节。在他看来,若是他想让这本书变得更短,他一开始就会写一本更短的书。

不过,合作之初,特里也没资格提出异议,毕竟负责读节选的可是奈杰尔·霍桑(Nigel Hawthorne),能请到他已实属不易:霍桑因在BBC情景喜剧《是,大臣》(Yes Minister)中饰演八面玲珑的公务员汉弗莱·阿普比先生而家喻户晓。从1984年6月27日周三开始,一连十个工作日,霍桑的迷人嗓音一直陪伴着听众。同特里写的那些松松垮垮、压缩大半的故事一齐放送的,还有比利·葛培理博士的"英格兰行动"十字军东征专题报道、莉兹·阿米蒂奇写的关于"异国家禽养殖业"的文章,以及最后一集的膀胱炎专题讨论。鉴于特里·普拉切特的书后来给人留下了男性读者居多、青少年居少的刻板印象,此处值得正名的是,特里的作品首次隆重亮相时,面向的是博览

---

① ★ 在双方签订的合同中,至少有一处书名被错写成了"金钱的颜色"("The Colour of Money")。不过,《女性时空》想必还是清楚他们要播的是哪本书。

② 托尼·罗宾逊(Tony Robinson,1946—),英国著名演员、作家、广播员和主持人,因出演BBC电视剧《黑爵士》(Blackadder)而闻名。

群书的女性听众,并且成功俘获了她们的芳心。"制作人说在此之前,他们从没见过一本书可以取得如此热烈的反响。"科林说。那之后不久,《女性时空》再次助力普拉切特,并且取得了更好的效果。

《魔法的颜色》在电台播出后,科林接到了新大英图书馆的电话,询问平装书的版权是否还在。"很遗憾它已经不在了……"科林说。

那是1984年的夏天。既然特里的作品已脍炙人口,他的职业生涯是否也将真正发动引擎,踩下油门,蓄势待发?

或许是。但那时特里没有时间考虑这些,他还有一辆等待撞击的火车要管。

就在《女性时空》为听众放送了《魔法的颜色》大结局的一周后,特里代表中央电力局驱车前往莱斯特郡和全国各地,冲在第一线。他的任务是为国家尽一份力,投身于"火车撞车实验"。

没错,那时的英国人心惶惶,都在为火车忧心。除却常规的客运服务(对此事的忧心由来已久,恐怕还会一直持续下去),人们真正担忧的是那些运载核废料的火车。一辆辆火车从核电站出发,在光天化日之下载着有辐射的储运罐,大摇大摆地穿过布里斯托尔建筑林立的区域,途经多地,最终抵达坎布里亚海岸的塞拉菲尔德核废料回收处理厂,难免不让人捏把汗:这样……安全吗?

当然安全,中央电力局如是说。他们不是已经证明过这一点吗?从卡车上把储运罐抛进切达一处废弃采石场尚能毫发无损,载着这些罐子的火车只是经过下您的花园,又怎么会泄漏呢?

然而,英国民众的疑虑并未就此打消。他们需要更多的安心感,更显而易见的例证。

他们需要一场火车撞车实验。

因此,在1984年7月17日这个阴云密布、略微闷热的日子,中央电力局协同旗下英国全境的新闻部门在梅尔顿莫布雷附近的戴尔比实验轨道,安排了一辆有二十二年历史的46型柴油机车,拉着三节车厢,以一百英里的时速撞击一个固定好的储运罐。这场火车撞车事故将严肃科学与有二十四克拉高光特效的宣传噱头相结合,特邀一千五百名官方委派的证人现场观摩,这其中就包括中央电力局西南分部的新闻官特里·普拉切特。其目的在于为英国的铁路核废料运输背书,证明这一运输方式绝对安全。

特里常说,火车的时速必须定成一百英里,没什么严密的科学依据可言,完全是因为每小时一百英里更适合写入故事和新闻头条,而每小时九十七英里,甚至一百零二英里,都达不到这样的语言效果。

当日,媒体和观众被安排在临近区域的临时看台上。特里在确认所有客人都就位后,才坐回去看"表演"。有位观众将现场的氛围与佛罗里达州卡纳维尔的发射日作比,在野餐般的惬意气氛中,若是每次有人一语双关地问你带"罐子"来没,你都能得到一英镑,累计的钱不久就足够在新闻发布会的桌子上摆满鱼子酱。有一队反核人士冲破了围栏,举着标语高呼抗议,警察花了点时间才处理完,开场稍有推迟。但很快,在直升机和不少于四十个架设在关键位置的照相机的监视下,一辆无人驾驶列车从八英里外发车,沿着梅尔顿莫布雷至诺丁汉米德兰线路段行驶,逐渐加速至每小时一百英里(一英里不多,一英里不少),然后猛烈地撞向那个动弹不得的储运罐。撞击时先是发出了震耳欲聋的碎裂声,继而传来有位观众所说的"惊人的滚滚低吼声"。这台败局已定的列车,车头被向上挤出了三十度角,迎着四处迸射的金属碎片向前俯冲,最后在烟雾和火焰的缭绕下,被道砟拦住,陷在深坑里。

实验结果是什么?

对火车来说可能不是件好事。车头前侧几近蒸发,残骸倒向一侧,三节车厢倒还是坚挺地屹立在后方。那储运罐呢?它的表面甚至连一道划痕都找不出。工程师测量完毕后,会方请观众去道砟检视损毁情况。储运罐内的压力值从6.9巴下降了0.02巴[①],几乎可以忽略不计。这意味着容器的盖子在撞击中纹丝未动,更别提打开了。实验结束后,这场特技表演登上了BBC的《六点新闻》,还被英国镁诺克斯公司放进了九分钟宣传片里,时至今日仍能在YouTube上找到。它大大缓解了核废料运输在英国引发的焦虑情绪,效果至少持续了一阵子,那之后任何和储运相关的疑虑,都会被一句笑谈化

---

① "巴"是常用的压强单位。1巴(bar)=100 000帕(Pa)=10牛顿/平方厘米。

解：“那就看看他们能不能用英国铁路的列车‘三明治’来做撞击试验吧。”

特里心满意足地返回了西部。

科尔吉的平装版《魔法的颜色》于1985年1月出版。封面简介带着广撒网、笼络多方读者的意味：“杰罗姆·K.杰罗姆邂逅（有几分彼得·潘之风的）指环王”。封面插图就没那么含混不清了，由乔希·卡比①★绘制。这位五十多岁的艺术家曾为伊恩·弗莱明的《太空城》（Moonraker）画过封面，还为雷·布拉德伯里、罗伯特·海因莱因和布莱恩·奥尔迪斯等人的科幻著作绘制过插图。令人诧异的是，对《魔法的颜色》这么一本将产生巨大影响力的书而言，特里和科林愣是在印刷前都没看过画好的封面。倘若他们有人提前看过，就可能会发现卡比在书中揶揄戴眼镜一事——卡比画的双花是四眼。他们也可能会建议卡比修改灵思风的胡子。卡比给这个人物画的胡子是像魔法师梅林一样的灰色胡子，而特里笔下的灵思风则留着斑驳不齐的红胡子，像是胡子还没长全。②★不过，这些小差池，丝毫没有动摇特里对这幅画的喜爱，他喜欢画面的连绵起伏、五彩绚丽，以及

---

①★ 乔希不是他的本名，他原名叫罗纳德。乔希是他在念艺术学校时的昵称。由于他那时的画作颇有乔舒亚·雷诺兹（Joshua Reynolds）爵士之风，才得了此名。

②★ 在描述灵思风的形象时，特里常常以尼古拉斯·林德赫斯特（Nicholas Lyndhurst）在《只有傻子和马》（Only Fools and Horses）中饰演的罗德尼·特罗特一角作为参考。

那种离奇的混乱感,也喜欢他的作品能和卡比产生联结。后来,卡比承接了《碟形世界》系列所有精装本和平装本的封面设计,直至2001年去世。

平装本出版后的那一周,特里开始马不停蹄地跑宣传。然而,事实上,他只在伦敦一家中餐馆和《太空旅行者》杂志的记者单独约了顿午餐。

这位记者身材高挑,二十五岁,留着一头蓬松的黑发。他独特的气质是各个小型俱乐部演出长期浸润下的产物,亦有在"禁忌星球"①漫画书架前度过漫长时日的影子。他的名字叫尼尔·盖曼。未来的他也会写出很棒的故事,投身写作事业,但此时的他还只是一个自由记者,靠着为《地层》这样的书写写书评谋生。1984年之前,他习惯介绍自己是世界上第一本"杜兰杜兰"乐队长篇传记的作者(而传记的题目"很有创意"地就叫《杜兰杜兰》),当时他应该是没和特里提过这部作品,不过就算他提了,特里肯定也对这书没什么印象。②★

尼尔赴约时戴着顶灰色的洪堡帽——"有点像亨弗莱·鲍嘉(Humphrey Bogart)在电影里戴的那种。"尼尔后来回忆时写道。随后,他又坦言自己其实一点也不像鲍嘉,反倒"像偷戴了大人的帽

①Forbidden Planet,有"二次元圣地"之称的英国著名书店。

②★ 2015年,尼尔在接受《每日电讯报》采访时说,《杜兰杜兰》(Duran Duran)是他写过的"最烂的东西",他宁愿自己从没碰过它。结果,该书在易趣上的转手价已经高达三位数。

子"。他渐渐发现,不管他怎么尝试,都无法成为"戴帽子的人"。此时的特里已经同帽子如影随形——只不过不是洪堡帽。至于他戴的是何种帽子,后文会提到。此次采访,特里戴着他在中央电力局时期常戴的列宁式皮帽,配上菱形格纹套头衫,看起来一点也不像俄罗斯革命家,更像周末小打完一轮高尔夫、回家路上来此小憩的银行经理。

专访的标题是《普拉切特的颜色》。尼尔对特里赞不绝口,而特里仍是一副特里做派。当被问及如何解读科尔吉在封面简介中提到杰罗姆·K.杰罗姆、托尔金和巴里时,特里犀利地回道:"不要让我来解释出版社说什么。"在为今后的许多采访立规矩的同时,他还主动向尼尔传授了他在新闻行业从业多年的经验:"采访不需要超过十五分钟。开头有句精彩的引语,结尾再来一句,剩下的部分你就可以回办公室再编了。"

不过,两人确是惺惺相惜。尼尔说《魔法的颜色》的作者既"睿智绝顶",又"幽默风趣",称他们发现二人有着"相同的脑回路"。特里也很快在尼尔那儿找到了另一个自己,他会把正在写的作品的软盘寄给尼尔,也会在碰到写作难题时拿起电话问:"呃,你觉得哪个更有趣—— 一个自认为是巨人的小矮人,还是一个自认为是小矮人的巨人?"

"若是两个都写呢?"尼尔的回答很严谨。

早在第三本《碟形世界》小说——《平等权利》出版时,特里就在

致谢词中感谢尼尔借给他"仅存于世的《死灵之书》。①★"一段莫逆之
交就此开启。要好如他们,在那时,二人是否考虑过合作的事?定是
没有。毕竟,合著的小说有几部是成功的?

　　特里告诉科林,他的下部小说可能还会延续碟形世界的设定。
"我觉得一本书没法穷尽所有的可能性。"特里说道。这句无心之言,
怕是可以入选出版史的谦逊保守之最。但特里隐约察觉到自己终于
找到了突破口,激励着他砥砺前行。至于他究竟有多努力,读读他保
存在 CPC 464 里的日记就知道了。

　　1985 年 2 月,特里开始写日记。那时,他刚完成《魔法的颜色》的
续作(决定将其命名为《异光》),另一本书还没开,新书的文档被他简
单地命名为"女孩"。日记里的文字多是他在工作结束后的凌晨敲进
去的。这些文字能否让我们撩开幕布,直窥他内心深处的想法和感
受,或是了解他处在个人和职业生活关键期的心境?恐怕不能,它们
只是在孜孜不倦地记录、计算和复核着每晚的字数进度。

---

　　①★ 这是盖曼和普拉切特共享的一个玩笑——《死灵之书》(*Liber Paginarum
Fulvarum*)这个拉丁文名字直译是"黄页簿之书"的意思。这个梗在《好兆头》里亦
有提到。后来,尼尔说用拉丁词 fulva 表示黄色不够准确,还有另一个词更接近传
奇商业电话簿的黄色。事实上,fulva 一词更接近"草莓金色"之意,尼尔想到的另
一个词应是 flava(黄色),或者 lutea(茉莉黄)。〔译注:Liber Paginarum Fulvarum 这
个名字运用了"伪拉丁语"手法(即 dog Latin),这种手法通常将英语单词(或其他
语言的单词)"翻译"成拉丁语,再将它们像拉丁语单词一样结合。这通常是一种
嘲笑学术严肃性的幽默手段。除了《平等权利》和《好兆头》,这个梗在尼尔主笔的
《睡魔》中也有所提及;在《睡魔》中,《死灵之书》是一本列出了各种魔法实体的神
秘之书。〕

比如,提到4月10日的《异光》手稿,特里写道:"自2月1日以来完成了11.5个文件,11.5乘1 700,合19 550词,相当于每晚写280词。预计已完成43 000词,按照目前的速度,初稿应于4月10日完成,再加上六十天,为6月9日。"初稿实际的完成日期为4月29日,"整体速率(为)每日328词"。5月30日,特里记录道:"书已完稿,现在开始二稿。"

接下来的一个半月,日记出现了一段空白。7月14日,特里重新开始记录,他已经在名为"女孩"的文档里写了7 000词,并鞭策自己:"目标是每晚写250词。"他写道,"这意味着写到60 000词,需要二百一十二天。不,在圣诞前完成好了,也就是说每晚要保证370词,争取达到400!"

这些文字似乎见证了特里在历经长达十年的低谷期后,重整旗鼓、全情写作的模样。那个十一岁抗拒阅读、十二岁博览群书的特里,如今会在养蜂之余改稿,分秒必争地创作小说。

依照这个速度,"女孩"很快出落成一部小说,起名为《平等权利》。书名出自午餐时在贝德明斯特唐的员工餐厅举办的一场头脑风暴活动。既然特里和八人桌"官宣"了自己的小说家身份,就可以无拘无碍地集思广益,时常同大家讨论正在写的书稿。这帮人或许无法在《龙与地下城》的道路上和他并肩作战太久,却很乐意在闲暇时为《碟形世界》的创作出谋划策。特里问,若是有天巡查的卫兵——科垄、嗒比和卡萝卜半偶然地阻止了安科-莫波克遭受灭顶之灾,被王公传唤封赏怎么办? 若是他们要的封赏听起来粗陋平平怎么办? 一群凯旋的英雄要求些什么才算有趣呢? 桌上有人提议水壶,有人说镖靶。这让人联想到1989年的小说《卫兵! 卫兵!》的结尾:"我们有个新水壶就行,若是可以,陛下……不知镖靶可不可以——?"

1986年2月,年近三十八岁的特里坐在他的电脑前回首过去,"从记日记的那年算起,整体还不赖:写完了两本书,(应是)有望顺利出版。更重要的是,每晚平均产出的字数也很可观。"环球出版社的总经理拉里·芬利记得1986年初,特里曾受邀为环球出版社的销售会议简短致辞,在讲话中和全公司分享过他的日均产量。那次会议在盖特威克韦纳酒店召开,似乎顺道款待了不少老鼠。在那次讲话中,特里还发出了这样的感慨:"若是各位继续照着这个速率卖我的书,我可能很快就能辞去白天的工作了。"

他继而宣布,接下来的几个月,自己会"试水剧本"。在写剧本的同时,他开了一部约40 000词的新科幻小说,名字暂定为"高梅加斯"("The High Meggas"),为一个全新的系列拉开序幕。特里和尼尔·盖曼说起此事时,尼尔表示这个主意听起来不错,但他更希望读到一本围绕死神而写的书,那是他目前最喜爱的碟形世界人物。尼尔记得这次谈话结束没多久,电话就响了,话筒里传出特里的声音:"你个混蛋,现在我要写《死神学徒》了。"接着,电话就挂断了。1986年7月21日,特里放弃了《高梅加斯》,并在8月31日的日记中汇报说："《死神学徒》的故事推进得不错，每晚能写483个词①★。"

顺便说一句，在剧本领域的小试牛刀虽是无疾而终，却让特里同英国杰出演员伯纳德·迈尔斯（Bernard Miles）以及他的妻子约瑟芬·威尔逊（Josephine Wilson）有了鲜为人知的短暂交集。伯纳德·迈尔斯是特里的童年回忆，不仅出演了战争片和大卫·里恩（David Lean）的《孤星血泪》（Great Expectations），还留下了许多单口喜剧作品。1997年特里在录制《荒岛孤碟》电台节目时还提到了其中一部作品②★。如今，迈尔斯勋爵在伦敦创立了美人鱼剧院，而约瑟芬·威尔逊，也就是现在的迈尔斯勋爵夫人，则开办分子俱乐部教育项目，将科学和儿童戏剧融为一体。特里的任务则是发挥想象，写出寓教于乐的舞台剧本。

1986年2月，特里将剧本寄给了迈尔斯勋爵夫人，并附信说："（这是）几页剧本初稿……童话剧围绕进化论展开，食物链上的每个链环——植物、鱼、两栖动物、爬行动物、鸟、哺乳动物和人，都号称自己是最优秀的物种，最终又都领悟到一则温情的生态定理：他们都很重要。"特里建议舞台布景尽量"从简，但我希望时间机器能

---

①★ 二十年后，四万词的《高梅加斯》将为特里和斯蒂芬·巴克斯特合著的《长地球》（Long Earth）系列奠定基础。

②★ 伯纳德·迈尔斯的《争夺莱茵黄金的骑行》（"The Race for the Rhinegold Stakes"）是配有赛马解说版的瓦格纳（Wagner）的《女武神的骑行》（"The Ride of the Valkyries"）——"它可能是碟形世界的灵感源泉之一。"特里告诉主持人苏·劳利（Sue Lawley），"这个经典笑料经久不衰。也正因为它流传了这么久，才愈加有趣。"

够震撼人心。"

他的建议有没有被采纳,时间机器有没有建得震撼人心,我们不得而知,但初稿似乎很顺利就通过了。三周后,特里在日记中写道:"伯纳德·迈尔斯昨天打电话了,希望我继续写剧本,谈到要按每场十英镑付定金。"这是不是意味着特里要在戏剧界掀起风浪呢?

很遗憾没有。5月19日,特里再次致信迈尔斯夫人:

很抱歉,想必您也不意外,我们无法继续推进进化论了。但若是您觉得明年我们可以合作,或许我们可以考虑下"时间"主题。

我觉得这个主题不仅有趣,还便于用蜡烛钟、水钟、时间沙漏和日晷展示。我们可以探讨"我们发现的时间"——年、月、日,和"我们创造的时间"——星期、小时和分钟。举个确切的例子,我会用时间流逝作为开场,然后跟随"主人公"的步伐,让时间倒流。您可能已经猜到了,我已经在脑中翻来覆去地构思这个情节一两周了。

若是您觉得我在这一陌生题材上的尝试还不够成熟,想要叫停,我完全理解!

迈尔斯夫人似乎的确按照特里所说,选择了适时抽身。但特里至少试过了。也许这个阶段的他已经清楚了自己真正的天赋在哪儿。他后来常说:"我是剧作家里优秀的小说家。"

至于到底有多优秀,他很快就要知道了。

第十一章

柠檬堆芯熔毁、飞钓修士
和拉·鲁演的鹅妈妈

  这件事特里不会写进日记里,但在他每晚于龙伯罗努力提高写作速率的同时,他在中央电力局的工作也面临着前所未有的挑战。比如,有一次,特里不得不牺牲宝贵的周末时间开车去威尔士,跌跌跄跄地蹚过布林莫尔小镇外三尺深的新雪。头顶老化的电缆岌岌可危,随时可能砸在几处屋落上。中央电力局已经安排了相关住户在电缆更换期间去就近的豪华酒店暂住两晚,费用全包。几乎所有住户都欣然接受了这一邀请,除了一对年迈的兄妹。他们对夜间服务和枕头上的巧克力赠品不为所动,连离开陋舍一晚都不肯,更别提两晚。这就得轮到特里出马,施展必要的外交手腕——尽管特里自己都承认,这项差事对他来说并不总是得心应手。遗憾的是,谈判的具体细节已无从考证，我们只知道，这对兄妹最终同意离开。

更棘手的是，特里这时还赶上了在中央电力局工作八年半来唯一一次真正的非演习警报——欣克利角事件。1985年10月25日，布里斯托尔海峡边的欣克利角B核电站在维护期间，有个加压钢螺栓蹦出，刺穿了锅炉管，致使气体泄漏。由于泄漏的气体可能具有放射性，核电站组织站内工作人员"紧急集合"，发放了具有防辐射作用的碘化钾片——这可不是个好兆头，放眼英国历史，这样的紧急措施此前也只实行过一次。

经查明，排放的放射性物质"完全在规定范围内"，亦没有证据表明污染物已扩散至核电站外，民众也就用不着发动汽车、去山里避险了。在长达四页的调查报告中，中央电力局轻描淡写地得出"无须忧心"的结论，坚称他们是犯了谨慎过头的错。①★

不过，当事件披露、世界末日论甚嚣尘上之时，可以想见贝德明斯特唐新闻办经历了怎样的疯狂之日。办公室的电话响个不停，所有叫得出名字的新闻机构都争相询问欣克利角究竟发生了什么、所谓的泄漏究竟有多严重，以及中央电力局打算如何处理此事。特里也终于亲历了局里精心演练多年的灾情响应，但事情进展得并不顺利。

---

①★ 直到次年4月，议会仍对这一内部调查定论存疑。萨默塞特郡约维尔选区一位叫帕迪·阿什当的议员要求贯彻"核信息公开"原则，扩大调查范围。若是被问到的人是特里，他定能做好准备，根据中央电力局的指令，要多公开有多公开。但接受调查的并不是特里。

朱利安·柯蒂斯被派去欣克利角组织当日召开的现场新闻发布会，他记得那晚七点他返回布里斯托尔德办公室时，询问了一圈特里的去向。有人回答："他心脏病犯了，被送去医院了。"

随着事态升级，来电增多，特里终于不堪重负，晕倒在办公室的地板上。中央电力局的值班医务人员组织救治后，决定叫救护车来。在此起彼伏的电话声中，特里被担架抬走了。

到了医院，特里已经完全恢复意识，医生为他做了些检查。事实上，他犯的不是心脏病，而是急性焦虑症，和在《西部日报》时昏倒在埃里克·普莱斯面前地毯上的那次很相像。

琳恩开车去布里斯托尔皇家医院照看丈夫，在特里出院后，又陪他去贝德明斯特唐取个人物品。她在保安室见到了朱利安，拿回了特里的帽子、包还有驴皮夹克。特里许是有些难为情，当时一直猫在车里。

科林·斯迈思有限公司对特里·普拉切特事业的扶持，显然已到了黔驴技穷的地步。继续同这家主营爱尔兰文学专著出版的微型独立家族企业合作，恐怕只会阻碍特里的发展。"特里想要宣传，"科林说，"而我给不了他。"两人在讨论特里的去向时，特里只有一个想法。"他想转投格兰茨（Gollancz），因为他认为那里集结了最优秀的科幻作品。"科林说。

这时，有位绅士出版人在身边的优势又凸显出来了：科林曾出版过一本关于飞钓的书①★。推进该项目时,他签约的一位学术作者乔·里佩尔建议科林向乔的朋友、飞钓爱好者大卫·伯纳特寻求建议。科林照做了,并和伯纳特结成了挚友。不飞钓时,大卫·伯纳特恰好是格兰茨的出版总监。于是,科林顺便和伯纳特提了一嘴,说他恰巧认识一位与格兰茨契合的作家。

负责格兰茨科幻奇幻书目的马尔科姆·爱德华兹记得那之后不久,"大卫·伯纳特来找了我,询问我对'这位普拉切特'有什么看法。"彼时的爱德华兹虽然知道特里的名气与日俱增,但还没读过《魔法的颜色》。他一人掌管着整个幻想类书系,忙得不可开交,"连个兼职助手都没有"。科林帮忙将特里下一本书《平等权利》的手稿转交给了大卫·伯纳特的文字编辑埃尔弗蕾达·鲍威尔。这位编辑最擅长翻译法国剧作家弗朗索瓦·萨冈(Françoise Sagan)的作品,把手稿交给她,可能并不是最合适的选择。"我不大确定她是否理解了这部作品的幽默。"爱德华兹猜测。

考虑到外界意见可以作为很好的参考,爱德华兹委托曾在《白矮星》杂志对《魔法的颜色》赞赏有加的评论员大卫·朗福特为《平等

---

①★ 为了避免引起混淆,这里提到的书是T.C.金斯米尔·穆尔(T. C. Kingsmill Moore)的《垂钓者》(*A Man May Fish*),不是那本在那段英国著名电话黄页(或者我们该叫它《死灵之书》?)广告中J.R.哈特利(J. R. Hartley)寻觅良久的《飞钓》(*Fly Fishing*)。(译注:J.R.哈特利是一个虚构人物,出现在1983年英国电信宣传电话黄页的流行广告中。在广告里,他四处搜寻自己创作的《飞钓》一书。)

权利》写阅读报告。朗福特三十三岁，是著名的幽默科幻作家，理当能够理解《平等权利》的幽默。[①]★果不其然，朗福特于1986年2月5日提交了他的意见书，结论如下："特里·普拉切特是当之无愧的幽默大师，本书包含的笑料比《魔法的颜色》要少，却依旧逗笑连连……常规的过渡段常常包含点石成金的一句话笑话……但我觉得，幽默需要一定的情节铺陈：倘若不能连续运用幽默，单靠笑话是无法让故事脱离平淡的……这本书写得很好，完全具备出版资格。我希望它能被出版，不过要是前两百页的内容能更紧凑些就好了。"

特里由此结识了对他而言至关重要的编辑。朗福特对英国喜剧写作的了解堪比百科全书，他知道"灵思风"一名取自二十世纪五十和六十年代J.B.莫顿在《每日快报》"顺便一提"专栏中反复提及的红胡子小矮人——彻姆·灵思风。这让特里既惊喜又恼火。[②]★随后，朗福特还针对《死神学徒》（初评长达十页）、《大法》(Sourcery)和

---

①★ 朗福特1984年创作的小说《泄漏》(The Leaky Establishment)讲述了以核能研究中心为背景的幽默故事。2001年再版时，特里在前言开篇写道："我嫉恨大卫·朗福特写了这本书。这本书注定该由我写。上帝想让我写这本书。"特里将这部小说视作"被忽视的经典"，称其可与迈克·弗雷恩(Michael Frayn)的《铁皮人》(The Tin Men)并驾齐驱。

②★特里或许是在潜意识里压抑了这段关于J.B.莫顿(J. B. Morton)的记忆，他一直以为"灵思风"一名是自己的原创，被提醒不是后，自是不悦。无独有偶，G.K.切斯特顿也认为，以"比奇科默"(Beachcomber)为笔名、创作"顺便一提"("By the Way")专栏的J. B.莫顿具有"超越所有英国人的伟大喜剧天赋"。莫顿深谙得体的恶作剧之道，曾将摞起来的棕色空酒瓶放在弗吉尼亚·伍尔夫(Virginia Woolf)在布鲁姆斯伯里的住处的门阶前。

《女巫复仇记》(*Wyrd Sisters*)向格兰茨提供了类似的初审报告。特里开始直接和他探讨书籍,一开始是互通信件,1994年后改用电子邮件,直至2005年第三十四本《碟形世界》系列小说《砰!砰!砰!》(*Thud!*)出版。特里逐渐意识到,初审是在将作品"朗福特化",而这一流程对特里的创作起到了不容小觑的塑造和梳理作用[①★]。

朗福特撰写的《平等权利》的报告先给格兰茨吃了颗定心丸,而黛安娜·皮尔森再次凯旋、拿下《女性时空》的连载宣传又是一桩振奋人心的好消息。更让格兰茨欣喜的是,科尔吉已经委托乔什·柯比为平装书绘制彩色插图,帮格兰茨省去了绘图的麻烦和开销。最终,格兰茨出版社签下了《平等权利》以及特里后续两部作品的版权。三本书都将印着格兰茨的标识,注有"与科林·斯迈思有限公司联合出版"的字样。

1986年3月14日,特里在日记中写道:"如今,格兰兹(存误)的协议应该是要签了,每本书的预付款为3 000英镑。"合同签订于1986年5月2日,特里当即收到了4 500英镑,对方承诺余下的费用将在三本书出版时结清,每出版一本结完1 500英镑。换算至2021年,相当于先收到11 200英镑的先期款,再收到三笔约合3 700英镑的款项。[②★]这笔钱虽远不足以改变人生,但也是实实在在的收入。

---

①★ 大卫·朗福特告诉我,《实习女巫》系列是个例外。他没什么可点评的,因为特里的叙事是那么清晰生动,就像是从记忆中流淌出来一般。特里唯一要做的,就是把浮现在他眼睑上的那些文字打出来。

②★ 上述数字通过 inflationtool.com 计算,基于1886年至2021年英国通胀率上涨151.07%得出。

当然,若是书卖出去了,还会有版税收入。前提是书卖得出去。

协议签订后,《异光》于1986年6月出版,这是特里最后一本由科林·斯迈思有限公司出版的精装本小说。"什么让您发笑?"一位给会摆在书架上层的男性杂志《无赖》(Knave)撰稿的评论员写道,随即表示他对任何在宣传简介中标榜自己好笑的书都有种本能的厌恶。"它们一向是徒有虚名。"不过,这位评论员觉得这本书是个例外。"出门买这本书。立即就去。我想说它是真的好笑。"是谁写了这则大力推荐的书评? 是化名为W.C.古尔(W. C. Gull)的杰出学者,又名尼尔·盖曼。①★

戴夫·巴斯比曾在一年前建议特里重返科幻大会,哪怕只是为了借机宣传也好。"他一想到这事就不寒而栗。"戴夫说。不过,1985年9月,特里倒是去了在伯明翰召开的奇幻大会,出席了一场座谈会。有人说看见他坐在吧台前,拿着一整袋自己写的书,和所有愿意听的人介绍自己是作家。在电脑的日记里,特里只一带而过地提了句:"(遇到了)一群志趣相投的人。"

一个月后,他在考文垂参加了中部地区举办的第十五届诺瓦科幻大会,同约翰·布鲁纳共进晚餐。次年复活节,他去了在格拉斯哥举办的英国全国科幻大会。"没什么特别的。开车花了七个多小时。"特里记道,又立即补了句,"已经注册了下一年的伯明翰英国全国科幻大会。"1986年9月,他又去伯明翰参加了一次奇幻大会,感受

---

①★ 后来《无赖》杂志进行了市场转型,转而面向低端市场,从刊登部分裸照到只刊登裸照。极有原则的尼尔在那之后不久,就停止了为《无赖》撰稿。

是"又是小圈子众多,且主题太偏恐怖悬疑。"参会前,他还忍痛推掉了一个电子游戏展的参会邀请。我们可以看出,这一时期,特里的日间和夜间工作已出现了冲突。"周六我要去'仙女座'①★参加签售会。"他在写给麦克米兰软件公司的曼迪·基奥的致歉信中这样写道,"周天得下访我们的一个发电站。"又是这个惯用的借口。同时期是否还有其他英国作家,需要把周末平分给伯明翰的签售会和中央电力局在伯克利举办的开放日活动?特里肩负的双重责任(自著书籍的销售业绩和英国国家电力供应商的公众形象)只会越来越难以调和。

1986年9月5日,科尔吉在科林·斯迈思有限公司出版精装本不久后,出版了《异光》的平装本。事情真的渐渐有了起色。短短两月后,11月初,特里给他在科尔吉的编辑马克·史密斯写信,语气显然带着几分诧异:"《魔法的颜色》的版税收入记录显示该书1985年全年销售了19 000多本,按照你和我说的,《异光》前三个月的销售量就已经远超这一数字。并且《魔法的颜色》……如今的平均销量已经达到每月1 000多册,很可能是被《异光》拉高的。我说得对吗?"

他说得没错。科尔吉印刷了34 100册《异光》,书销售得很快。更重要的是,购买这些书的读者很快就会回购第一部小说,雪球也就越滚越大。此时此刻,面对确凿的销售数字,特里渐渐在实践的温水浴中放松下来,忘却了十年前对写续作抱有的紧张情绪。他在

---

①★ 罗杰·佩顿在伯明翰开的科幻书店。

给马克·史密斯写的信中继续写道:

"考虑到未来,众所周知,系列续集的出版会刺激前作的销量。《碟形世界》系列写起来很简单,非常简单[①]★,前提是在'挖到矿脉'、江郎才尽之前能坚持下去(我都没敢和您说,《死神学徒》还有几周就写完了。第五本《碟形世界》的故事会围绕灵思风和行李箱展开,正在我脑中酝酿)。简言之,若是您以出版商的身份和我说:'别担心,你写多少《碟形世界》,我们就能卖多少',那么毕生以写作谋生的念头定会敦促我做出积极的回应。"

特里开始意识到,小说写作有望成为他的谋生之道。现在唯一的问题是,他能否承担放弃日间工作的风险,去验证这个想法。

★　★　★　★　★

1987年1月15日,《平等权利》精装本出版。虽然换了新出版商,特里依旧没有等来提供白葡萄酒和小食的晚会。"格兰茨很少举办新书发布派对。"马尔科姆·爱德华兹说,"利维娅(格兰茨的董事长)是个滴酒不沾的反酒精人士。"不过没关系,出版前夕,这本书会在黛安娜·皮尔森的安排下于《女性时空》播出,时机把握得恰到好处。小说自然又难逃被删减的命运,不过特里没有提出异议。这一次,小说由英国演员莎拉·巴德尔(Sarah Badel)朗读,当周的《广播时报》还言简意赅地概述了小说的情节:"老巫师德拉穆·比利特垂死

[①]★ 重要说明:这里是说对特里来说非常简单。但千万别在家轻易尝试,或者说,您可以在家任意尝试,但若是最终得到的东西和期望中的不一样,可别失望。

之际,将他的魔杖传给了一位新生儿。岂料,这个孩子并不是第八个儿子的第八个儿子,而是一个女孩,数世纪的神圣传统就此被打破。因为人人都知道'女人不能做巫师!'"

特里在该书中引入了新角色格兰妮·维若蜡和艾斯卡丽娜·史密斯。前者会在后来的《女巫复仇记》(1988)中短暂返场,后者则会在时隔二十三年后的《实习女巫和午夜之袍》中再次亮相。也是在这本书中,特里明确表示,若是他要粉碎奇幻小说的金科玉律,首当其冲的即是沙文主义和厌女症。因此,《女性时空》是再理想不过的平台。故事又连载了十期节目,但这一次,随节目播出的是离婚的法律意义探讨,丹弗姆林足球俱乐部的女性销售业务负责人以及对话变装演员丹尼·拉·鲁(Danny La Rue)。那年节日季,丹尼·拉·鲁为巴斯民众演绎了鹅妈妈,收获了观众的真心赞许。

在龙伯罗的家中,十岁的蕾哈娜听到广播中传出"作者特里·普拉切特"时,才第一次意识到,写作这个每晚把父亲吸在电脑前的爱好,似乎在家以外的地方有着别样的意义。她把她的黄色磁带录音机放在收音机旁,按下了录音键。

所以,现在《平等权利》已经出版了。照《泰晤士报》所说,这都要归功于"滑稽乱来的普拉切特先生"。由于格兰茨最初印刷时只谨慎地印了 2 750 册,精装本后来又加印了六次。此外,《平等权利》引着读者顺藤摸瓜地找到了《异光》,《异光》又将读者引向了《魔法的颜色》,雪球正在越滚越大。

特里见证了一切。时年三十九岁的他，即将"奔四"。他已经和一家大出版社签订了随后两本书的出版协议。所得虽不足以改变他的生活，却也足够他买些东西。手上还积累了一堆可用的素材。若是现在不纵身一跃，做出改变，又待何时？

1987年7月15日，特里给中央电力局西南分部的公关部经理马丁·凯写了封信：

亲爱的马丁：

继上周那封非正式信函后，我思量再三，觉得最好还是提前告知您，我打算十月底从中央电力局离职，相当于提前三个月通知您。

我定会不遗余力地协助解决因我的离职造成的任何困难，但恕我无法接受更长的通知期，因为我觉得这一期限势必会自动顺延。

您真诚的

特里·普拉切特

接着他又给每年帮着他申报所有自由职业收入的会计写了封信。若是特里有先见之明，他可能就会告诉会计："您得准备个更大的计算器了，因为马上就要下钱雨了。"不过，他还是选择了更稳妥的说辞：

当下签订的多个合同有望让我赚得更多的利润，更有意成为自雇人士。我希望能尽快找个合适的时间，和您见面详谈此事。我计划将创意写作作为我的主要收入来源，将自由新闻撰稿作为后备收入。

随后，他打给科林·斯迈思。"他对我说，'我要放弃我的工作了。'"科林说，"他等到事情尘埃落定后才告诉我。不过，他显然已经深思熟虑过，也一直在权衡利弊。得出的结论是，他的收入在短期内可能会下降，但之后就会好起来。"

事实上，的确有强烈的信号表明特里可能从这次鲁莽的转行中幸存下来，且拐点比特里预想得还要早。第四部《碟形世界》系列小说——《死神学徒》计划于11月出版，第五部《大法》准备于次年5月出版。科林正在草拟特里的下一份出版合同，认为当下正是从长计议的最佳时机。他决定不再任性胡来，开始为特里的第六本书招标。当前合作的出版社格兰茨自然是第一个受邀对象。马尔科姆·爱德华兹带着科林和特里去了备受文学界人士青睐的会员制酒吧——布里奇斯广场二号用午餐。那家店藏在伦敦考文特花园边上的一条小巷子里。在那儿，吃着香肠和洋葱肉汁土豆泥，爱德华兹一脸真诚地对特里说："我能让你成为畅销书作家。"

谈判来回拉锯了好一会儿。特里回忆，9月时，科林打电话到贝德明斯特唐办公室找他，那时距离他的离职通知期结束还剩几周时间。科林转告了特里，格兰茨预备花多少钱购买特里在未来可预见的时间内所提供的作品。

"同事说我小心翼翼地放下了电话。"特里写道,"去拿了杯咖啡,盯着窗外看了一会儿,然后给他回了电话:'你说多少?'"

金额是 306 000 英镑,放在 2021 年,约折合为 740 000 英镑。①★格兰茨对特里接下来的六本小说,每本出价 51 000 英镑。这样看来,"收入下降"的情形似乎完全不会发生。这一可能性已经烟消云散了。

协议直至 1987 年 12 月 8 日才签订完毕。特里在针对《女巫复仇记》和随后五本性质大抵相同的成人小说的合同上签了名。协议立即生效,特里获得了总计 72 000 英镑的第一笔预付款,并获悉今后他每交付一部新书、每出版一部精装本,以及每出版一部平装本都会再收到 13 000 英镑。按照特里当前的产出速度,这三个付款点每年可以达成两次。与此同时,科林不再分饰两角,担任特里的经纪人和联合出版商,而是专心做特里的经纪人。他做出这一决定时,耳畔回荡着典型的普拉切特式反话:"他和我说,'你是我最不信任的人。'"

现在离开中央电力局的风险,似乎要比特里 7 月递交离职通知书时小得多。不过,离开八人桌还是难免叫人感伤。朱利安·柯蒂斯和公关部的其他同事送给特里的离职礼物,是一包哈姆雷特雪

---

① ★ 与之前的计算方式一样,使用 inflationtool.com。该网站预估的通胀率为 141.99%,每本书 51 000 英镑相当于今天的每本书 123 000 英镑。特里收到的第一笔款项 72 000 英镑,放在今天,约合 174 000 英镑。此处的"今天"指 2021 年夏天。

茄①★和一盒巴赫的《G弦上的咏叹调》磁带。磁带用镜框装裱着,底部标注着一句话:"如遇核紧急事件,打碎玻璃。"告别仪式上,朱利安鼓起勇气问了特里一个他一直想问的问题:"你书里有哪个角色原型是我吗?"特里说,他只要把所有书都买下来就知道了。

八人桌送他的离职礼物是一个可以使用的加压柠檬反应堆,下方配有底座,配套的玻璃穹顶下有两个柠檬可以为LED仪表盘供电。他们还送给特里一只可爱的毛绒猩猩,猩猩一手拿着香蕉,一手拿着书,致敬幽冥大学的图书管理员。几个人打趣说特里是他们知道的唯一一位因为觉得工作妨碍赚钱而离开国企的人。

后来,为了表达对赠礼的谢意,特里从龙伯罗寄了封信给他们。信件仿照朋友们给他的"柠檬反应堆安全检查报告"的格式,致信"核安全委员会,柑橘属分部"。

"加压柠檬反应堆仍在运行。"特里写道,"但一半燃料出现了严重的腐蚀问题,呈现亮丽的蓝白色。装载的补给燃料经仔细检查,似乎尚可使用;相信等到柠檬必须报废之时,我们定能找到公众可接受的处理办法。"他还提到他正考虑用苹果替代柠檬,"反应堆有堆芯,会让我更安心。"

他还带来了图书管理员的消息:"新来的图书馆副经理还没吃完它的香蕉。不过,鉴于它擅于倾听,对人类问题有着深刻的见解,我正考虑让它担任人事经理。"

---

①★"幸福就是哈姆雷特雪茄。"当时很火的系列广告反复重复着这句话,强调该产品在危机时刻有放松镇静之用。

特里显然很想念他的旧同事。11月9日，他还在适应新的通勤日常——最远不超过居家办公的办公桌。从前的员工餐厅变成了自家的厨房，卫生间只有一面镜子。特里给贝德明斯特唐的八人桌写了一封字里行间都透着哀伤的信。

亲爱的朋友们：

当我在自由职业的冷水中如坐针毡，思考着这么多钱究竟该花在哪儿时，我想到了你们，想到了过去在贝德明斯特唐宁静平和的生活。昨晚在和曼彻斯特一群科幻迷聊核电时，我发现自己仍在使用"我们"一词，所以我已经在布里斯托尔皇家医院预约了手术，好将中央电力局彻底从我的脑袋里摘除。

居家办公这么久，我最大的发现是：电视台的日间节目还有很大的发展空间。

这是充满趣味的七年[①]★，你们是如此出色的工作伙伴。唉，我刚意识到，我可能再也见不到AE17申报表了[②]★。

希望，很快再见。

特里

特里的确很快就如愿见到了他们。一个月后，他在中央电力局

[①]★ 实际是将近八年半的时间。

[②]★ 中央电力局的费用报销申请表。可以肯定，它"从未"被滥用过。

举办的圣诞晚宴上见到了八人桌,并且今后的每年圣诞,他都会排除万难,赶去布里斯托尔和他们团聚,直至去世。

不过特里知道,离开的决定是正确的。一个周末,特里在花园干了些活。琳恩端着一杯茶走出来,发现他正坐在树下沉思。

"你还好吗,特里?"琳恩问。

"还好,我觉得我还好。"他说,"如果我能打好这手牌,我可能这辈子都不需要再上班了。"

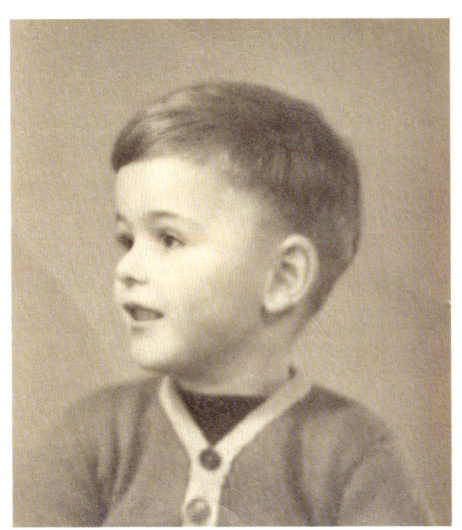

下图： 特伦斯·大卫·约翰·普拉切特两岁照，摄于1950年。特里执拗着不肯看镜头。

上图： 小特里与奶奶弗洛伦丝·普拉切特在福蒂格林。还要再等上几年，特里才会从祖母那儿获得有关G.K.切斯特顿和抽烟的启蒙。

下图： 特里的练习簿之一，因不敌他的丰富想象而饱经沧桑。

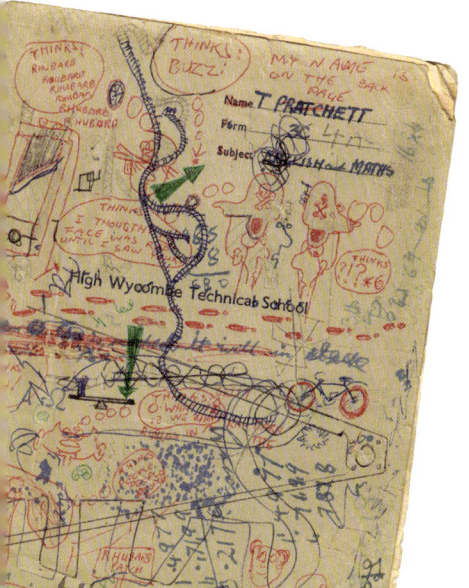

上图： 伦敦特拉法加广场上鸽群间的小特里，摄于1954年前后。特里蹲在母亲艾琳脚边，母亲与友人并立。

Editor : JOHN CARNELL
Cover Illustration by GERARD QUINN from "Same Time, Same Place"

TWO SHILLINGS AND SIXPENCE

Sole distributors in Australia : Gordon & Gotch (Australia) Ltd.
Messrs. P. B. Fisher, 564 Colombo Street, Christchurch, N.Z.
Commonwealth 6 issues 17/- post free
post free

上图： 十岁的特里在康沃尔度假，摄于1958年。新学期就要开课了，但管它呢！

左上： 十五岁，处女作发表。

左图和下图： 白金汉郡的约会时光，摄于二十世纪六十年代中期。两张为琳恩镜头里的特里；另一张是特里与琳恩的合影，琳恩母亲摄。特里身着时装模特常穿的白色高领衫。

上图： 特里正式成为世界上最忠于婚姻的男人，摄于1968年10月5日。

右图： 特里的第一张光碟租借卡，专为普拉切特的家庭观影日而备。

下图： 新娘和新郎沿街而行，两侧是矮树篱和林立的商店，摄于格拉茨克罗兹。

WINSCOMBE (GALES) VIDEO CLUB

Name MR T.D.J PRATCHETT

Address GAYES COTTAGE SCHOOL

LANE ROWBERROW WINSCOMBE

Membership No. 38.

Signature T.D.J Pratchett

右图：科技产品还是老的最好——特里自行改装的ZX81。

下图：专利款龙伯罗养蜂/骑车两用服。

上图：特里和琳恩在龙伯罗，与他们的德文郡血统吐根堡山羊——"梅格"和"蜜糖"共度幸福时光。

下图：特里的动作要够快，才能免受蜂群围攻。

上图：特里与科林·斯迈思在《地毯一族》新书发布会，摄于伦敦希尔之家家居商场，1971年。黏稠的鸡尾酒和糖霜水晶蛋糕未能出镜。

右图：特里在CEGB上班的最后一天，摄于1987年10月。全职写作生涯在召唤他。

下图：普拉切特家的猫。此处出镜的是霍布斯和被统一唤作"小不点"的三小只中的老大。

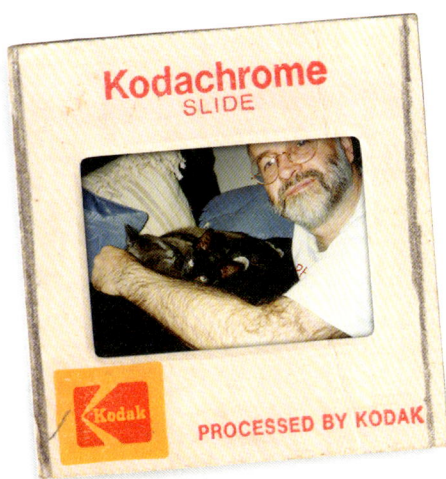

上图: 特里与十六岁的蕾哈娜。

右图: 父女二人参观电影《亲爱的，我把孩子缩小了》的展区，摄于美国佛罗里达华特迪士尼世界度假区，1990年。

下图: 特里为伯纳德·皮尔森绘制的"灵思风"形象草图，为手办设计提供了参考。

下图: 在新纪元乐园（EPCOT）度假。

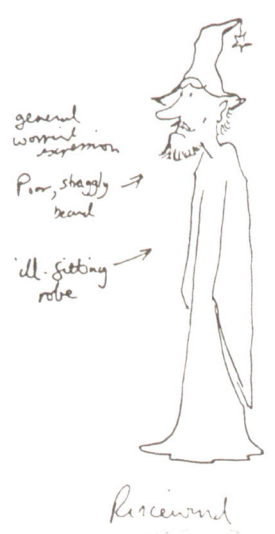

上图： 滚烫的电脑和火力全开的"伪作家"模式，摄于龙伯罗，二十世纪八十年代末。

右图： 立于岩石上的特里，摄于澳大利亚。

下图： 特里与母亲艾琳以及父亲大卫，蕾哈娜摄于1998年。

上图： 蕾哈娜、特里和琳恩盛装出席，观看斯蒂芬·布里格斯改编的业余舞台剧《剧院幽魂》，摄于1995年。

左图： 特里制作的银蝗虫模型，摄于1975年前后。

下图： 特里与杰克·科恩和伊恩·斯图尔特在《碟形世界的科学》签售会，摄于1999年。

第二部分
PART TWO

第十二章

尼尔森勋爵的双角帽、尖叫的类人猿和甜酒的秘密

这是2006年的一个夜晚。特里·普拉切特身着缀以黑色丝绸翻领的紫色天鹅绒晚礼服，坐在一辆由司机驾驶的银色奔驰里。车子穿过奇西克桥驶入伦敦，一个明亮的数字广告牌一闪而过，上面写着："特里·普拉切特作品：《拯救老爹》(*Hogfather*)"。

这位前中央电力局西南分部新闻官的名字闪烁着耀眼的光芒——特里·普拉切特俨然已登上人生巅峰。

当车子停在梅菲尔街区的寇松(Curzon)电影院门外时，特里戴上他标志性的黑色绅士帽，拿起他那根点缀银色骷髅头的纯装饰用乌木手杖，走下豪华轿车，迎接他的，是炫目的镁光灯、吵吵嚷嚷的摄影师和夹道欢呼的粉丝。

他与大卫·詹森、米歇尔·道克瑞和奈格尔·派纳并肩而立,微笑着拍摄首映之夜的红毯照片。所谓的"红毯"实际是白色的地毯,毕竟这是《拯救老爹》的首映礼,谁不梦想看到一个白色的霍格斯沃奇节?

放映结束后,特里前往公园路希尔顿酒店地下的泽塔酒吧,参加庆祝派对。一盘盘香草马提尼从他面前经过,当晚的酒会由天空电视台买单,差不多花了15 000英镑。不过没关系,大卫·詹森很快就会还天空电视台的宣传团队一个人情,他被拍到跟跟跄跄地从酒店大门出来,钻入车后座。第二天一早,题为《香槟棒极了》的头条就登上了各大小报,这样的广告效果可是千金难买。

第二天一早,特里·普拉切特回到"礼堂"的办公桌前。他对那些华丽的场合没有丝毫留恋,事实上,回味前一夜发生的事也毫无意义,因为昨日已是过去。无论是爆满的巡回签售、人山人海的书迷见面会,还是荧屏改编作品的首映礼,纵使它们在这个世界激起的涟漪再大,也终归离不开它们的波心——那个穿着园艺服、坐在屏幕前继续写下一本书的男人。

正如特里所说,"行善的奖赏,就是再做些别的善事。"

★　★　★　★　★

当然,他是后来才说的这句话。那时,他感念自己已经来到生命的尽头。

光阴飞逝,而我们在以每小时一百英里的速度失去他。

2010年9月,以实习女巫为主角的倒数第二部小说——《实习女巫和午夜之袍》出版。皮卡迪利街的伦敦水石大型书店举办了别开生面的晚间庆祝活动。午夜倒计时结束后,特里穿着小威利·温基[1]风格的红色睡衣,戴着坠着一个毛绒小球的同套睡帽,为新书签名到凌晨一点[2]★。我坐在他身旁,给签好的页面盖上橡皮章。自从特里开始丧失书写能力,我们就一直在使用这个策略。一开始,我们先在纸面盖章,让方框成为特里的瞄点,黑色的线条则能帮助他平复混乱的空间感。后来,印章渐渐成了某种官方点缀,为特里能做的有限标记锦上添花。到了2012年《道奇》签售时,他几乎连笔都用不了了,只能在章子勾出的框内按个手印。那晚在水石书店,特里参加活动时精神抖擞、毫无疲态的样子又一次让我惊喜。我继而意识到,这类活动正是此时的他获取能量的核电站。

就在那晚,他公开表达了我刚才提到的遗憾。在午夜签售会开始之前,特里站在水石书店内搭起的舞台上,与演员托尼·罗宾逊进行了长达一小时的问答专访。罗宾逊现在已经确信,特里反对的是删节版作品,而不是他。当晚早些时候,筹备活动时,托尼和他的妻子路易丝、特里、蕾哈娜和我在摄政街的印度餐厅"薇拉萨米"努力敲定了鸡尾酒单。接着,特里和托尼又在水石书店的格林厅做了些别

---

① Wee Willie Winkie,《鹅妈妈》童谣中的人物。

②★ 午夜钟声敲响时,特里的编辑菲利帕·迪金森说"午夜签售"理应在午夜时分完成。从字面意思来看,自是没错,但这也要买书的队伍以不可能的飞速通过才行。

的准备,不过他们很快就发现这次活动注定得靠临场发挥。鸡尾酒单已经暴露了一切。[①★]

在随后的采访中,托尼问到特里想给年轻时的自己什么建议。

"趁还年轻多做爱。"特里不假思索地回答。

随后,他又更认真地思考了这个问题。"我希望我能早一点开始靠写作谋生。"他最后说,"我也许会提前十年开始全职写作。"

若是按照特里·普拉切特的标准来衡量,多出来的十年会带来什么?多写二十本书吗?不管怎样,这解释了为什么特里会在1987年毅然决然地离开中央电力局,回加泽别墅经受——套用他写给前同事的信中的原话——"名为'自雇'的冷水"的洗礼。特里义无反顾地投入他的新事业,像是决心弥补错过的时间。

省去日常来往布里斯托尔通勤的麻烦后,特里起码能以更轻松的方式开启新的一天,不用急着起床出门。他爱上了清晨热水壶的沸腾声。琳恩告诉我,他会在床上小坐,喝杯茶,在大脑缓存中调取出前一晚想到的点子和她讨论。而她,则会从报纸中选些片段读给他听。

不过,起床后的安排必须是井井有条的——比起在办公室工作的条条框框,只会有过之而无不及。他把自己关在屋子里,只留窗台上的多肉植物和偶尔经过的猫做伴。不能有任何干扰。他将每日的字数目标看得更重,把给自己设定的日均字数目标抬升至三千

---

①★ 之所以说是"努力敲定"鸡尾酒菜单,是因为有款黏稠的亮绿色哈密瓜口味鸡尾酒,确实让我们纠结了许久。

词。在专用的办公场所自我隔绝似乎只会激发他的动力。"他满心在新生活中追求成功。"戴夫·巴斯比说,"他告诉我,有个周五下午,为了放松,他通读了一遍之前写的文章,并进行了拼写校对。这对他来说就是减负了。"小说家这个职业,素以顶着"创作"的名头拖延和自我骄纵闻名,更有甚者,会给人留下整日穿着丝绸睡衣、在上午十一点喝香槟的印象。而特里似乎决定要以他的方式重新诠释这份职业,成为一名彻头彻尾的文字蓝领,乃至达到某种生产间量产标准。在时间分配方面,这份"产业"也始终占据着绝对的优先地位。

蕾哈娜在九岁还是十岁时,画了顶帽子,帽子下方写着:"我爱我爸爸,但他太忙了。"

他忙于写作,也越来越多地忙于宣传作品。宣传任务推着他走出家门,去图书签售会、科幻和奇幻大会、游戏展会、出版销售会议。他像卖力写作一样卖力宣传。在科幻大会上,他又见到了那些他第一次参会时就倾慕有加的作家——布莱恩·奥尔迪斯、迈克尔·莫考克、约翰·布鲁纳。初遇时,特里还是个只有一篇发表作品的青少年,是他们口中的"男孩",而现在的他已经取得了进步,开始卖书,也有了知名度……然而,他们仍叫他"男孩",这让特里极为不悦。"粉丝群的本质,"特里说,"就是你一旦踏入,就永远无法获得地位的提升。"不过,如今,踏入粉丝群也是他工作的一部分。他将倾尽全力。

可以说，他正在笼络他的追随者，强化他的个人标签。帽子起到了关键的作用。那顶帽子购于圣詹姆斯街的洛克帽店[1]，恰逢1988年初特里去伦敦拜访出版商，难得奢侈一把。这家十八世纪便立足于此的门店点缀着深绿色的涂漆，一直深深吸引着特里，特里甚至还把它改写成了《道奇》中的一处场景。他也喜欢皮卡迪利大道对面的贝茨帽店（Bates）和橱窗里那只毛茸茸的猫咪标本——宾克斯。从二十世纪二十年代时起，宾克斯就待在这家老店里，印象中，它永远戴着高顶礼帽，熟练地叼着支土耳其雪茄。不过，丘吉尔的高顶礼帽和查理·卓别林的圆顶礼帽都来自洛克帽店，海军上将尼尔森勋爵在胜利号上牺牲时戴的双角帽也来自洛克帽店。二十一世纪初，当洛克帽店打出"Lock'n'Roll"[2]的口号吸引前沿时尚人群时，特里打心底地不赞同："想在洛克帽店购物的人都得上点儿年纪。"

四十岁的特里·普拉切特买的帽子不是绅士帽，而是路易斯安那帽，他总是不厌其烦地纠正别人这一点。后来有次去洛克帽店时，店员同他解释，他购买的确实是绅士帽，一直以来都是（他们店的"路易斯安那"款式绅士帽）。但这不重要，重要的是这款单品轻而易举地塑造了他的形象，并且这形象深入人心，哪怕是未曾读过他的书或不怎么关心他的人都略知一二。早些年，他用黑色皮革背包和黑色李维斯夹克（那时李维斯还在生产这种东西）搭配这顶绅士帽，这些

---

① Lock & Company，创始于1676年，是世界上最古老、品质最高的帽子店之一，店址在英国伦敦圣詹姆斯街6号，从1765年开始，这家店的地址就没变动过。

② 取Rock'n'Roll（摇滚）之意。

单品封存着死忠老粉对普拉切特的记忆。但是,真正具有点石成金魔力的,其实还是帽子,因为只要戴上它,他就能变成公众眼中的特里·普拉切特,人们也越来越多地期待他这么做。当然,反之亦然,只要摘下它,走回加泽别墅,他就能重新做回自己,照他所说的,"卸下伪装"。①★

特里的名气越来越大,但并不是每个人都清楚他身份的转变。有一次,他在外巡回签售,琳恩凌晨一点在家被电话吵醒。有位记者打来有要事询问特里·普拉切特。

"可他不在家,"琳恩说,"而且现在是半夜……"

"这不是中央电力局新闻官的号码吗?"电话那头说。

类似的电话一天可以接到很多个,在特里辞职后持续了一年多,同越来越多要找作家特里·普拉切特的电话混在一起。

早年特里出差回来时,琳恩总是开着她那辆油灰色的奥斯汀

---

①★ 之后会提到,澳大利亚之行后,绅士帽换成了阿库布拉帽。这种帽子通常是卡其色的,但澳大利亚有场粉丝见面会专门为特里定制了一顶黑色的帽子,他为此兴奋不已 i★。"我不得不承认,有新帽子的任何一天都是美好的。"特里曾这样写道。他购买帽子的积极性与购买其他服饰的消极态度形成了鲜明对比。对待其他服饰,他一直秉承着穿到单品绝迹才肯换新的原则。有一次,我和特里一起逛伦敦书展,发现墙上挂着一张他的巨幅宣传照。照片中的他穿着一件衬衫,口袋上写着"澳大利亚"。这张照片拍得有些年头了,我看了眼真人特里,发现他还穿着同一件衬衫。

i★ 那次见面会是澳大利亚第三届"碟形世界大会"a★(Nullus Anxietus III),在悉尼近郊彭里斯市黑豹娱乐世界举办。

a★ Nullus Anxietus 若是按拉丁文直译,意为"别担心"。

1100,去布里斯托尔圣殿草地站接他。这辆车在车流中并不打眼。有天晚上,特里跟着人潮赶着下班高峰期到家,出车站后,径直走向一辆排队等人的同型号汽车,拉开乘客座的车门,爬了进去,开始系安全带。一位他从未见过的女人坐在驾驶座上看着他说:"我猜您是把我当成您妻子了。"特里连声道歉,又爬下了车。

那段时间,特里有做不完的工作,但付出显然很快就收获了令人满意的回报。一个周日,特里难得休息,琳恩打开报纸,翻到有畅销书排行榜的那页,立即跑去花园找他。

"特里,你是第二名!"她说。

特里沉默了一秒,随即又按照他一贯的风格,在荣誉正盛时挫自己的锐气。

"那谁是第一?"他问。

"斯蒂芬·金(Stephen King)。"琳恩说。

"也对。"特里应道,"我打赌他不用在后花园给他女儿的自行车补胎。"

★　★　★　★　★

一切都来得非常迅猛。这几年,特里的事业大火,颇有燎原之势,所有的关键指标都开始扶摇直上。1987年11月,在特里正式成为居家全职作家的头几天,科尔吉的《平等权利》平装本出版,印刷了61 000册。新书供不应求,以至于当年就加印了一次,次年又加印了两次。一年后,1988年11月,科尔吉印刷出版111 500册平装本

《死神学徒》，这一次，书几乎一面市就被一抢而空了，不得不立即加印。《大法》的平装本印刷了154 500册，《灵魂收割者》(*Reaper Man*)175 000册，《精灵石圈》(*Lords and Ladies*)242 000册……1983年，科林·斯迈思有限公司首轮印刷了五百多本精装本《魔法的颜色》，1988年，首轮印刷了160 000精装本《扼住咽喉》(*Carpe Jugulum*)，一年后该书的平装本印刷量就攀升至322 000册。并且，这些书都卖空了。时间来到1998年圣诞，《扼住咽喉》和《放马过来》分别跃居精装本和平装本销量第一。同年早些时候，《最后的大陆》(*The Last Continent*)连续十二周稳坐精装本畅销榜榜首，在这本书中，特里进一步拓展碟形世界的版图，抵达一处与澳大利亚极为相似的区域。整个九十年代，特里平均每年售出的图书数量高达三百万册，全英国也找不出第二位作家可以与之匹敌。报纸常说，若是把读者购买的特里·普拉切特的书一本本首尾相连，定是可以到达很远很远的地方。①★

相应地，特里获得的预付款也在增长，从每本51 000英镑增至200 000英镑，接着又涨到400 000英镑。若不是遇到了意想不到的阻力——来自特里本人的反对，这一数字恐怕还能继续涨。在与格

---

①★ 二十世纪九十年代的一项估算显示，特里售出的书连起来可以从伦敦一路延伸到摩洛哥。截至今天，在2021年，我们或许可以畅想特里的书已经抵达开普敦，没准还更远，已经到了马拉维。正如特里知道火车撞击实验的唯一有效速度是每小时一百英里，他也深知，真正有新闻报道价值的图书销量，是连起来可以抵达月球。我们曾经在得空时，花了一下午计算特里的书在这段特别旅程中走到了哪里，但当我们发现特里的书甚至没走近地轨道后，他对这个比喻就兴趣索然了。

兰茨签订了六本书的协议后，特里离开了全职工作的安全港湾。1991年，协议随着《教母魔棒》(*Witches Abroad*)的出版自动终止，特里决定不再将自己置于长期合约的压力下，这种责任似乎给了他更多忧虑，而不是安全感。他叮嘱科林每次签约的图书数量不得超过两本，等到两本书都在顺利推进或一本写完后，再考虑继续签约的事。届时，特里会打电话告诉科林："我觉得我们可以出本书了。"科林再打给出版社开始谈判。

说是谈判，但往往也不算是真正意义上的谈判，只有形式略有相近——约顿长长的端庄午餐推杯换盏。特里对他出版一本书拿多少预付款有着清晰乃至严苛的设想。若是他无法确信预付款能在三年内赚回来，且相关图书能够盈利并获得版税，他就会拒绝签约。

由于特里的顾虑在作者间并不常见，他的态度促成了不少非典型交易。比如，有一次，环球出版社就特里写的一本儿童文学出价125 000英镑。那可是二十世纪九十年代中期，市场上针对同类型儿童文学作品的稿酬最高也不过25 000英镑，六位数的天文报价已然说明了出版社对特里作品的高度认可。科林自然激动地跑来告诉特里。可是，二人没聊几句就起了纷争。接着科林打给环球出版社说："我向特里转达了您的报价，恐怕他并不满意。"

科林说他在这儿稍稍停顿了一下，努力调整情绪，好让自己至少能笑着还价。

"不,他说这个价格太高了,他想让我和您谈个更低的价格。"

类似的顾虑还影响了特里和尼尔·盖曼1990年合作《好兆头》时的预付款金额。1985年,尼尔给特里看了一个有5 282词的文档,里面是他写的关于里奇玛尔·克罗普顿笔下的威廉·布朗①成为敌基督的故事。特里十分喜欢,一直惦念着这个构想。几年后,他打给尼尔·盖曼,询问他那个故事还有没有后续。尼尔当时正在为DC漫画创作《睡魔》(The Sandman)系列,他说他没继续写。特里说:"好吧,接下来你有两个选项,要么你把这个想法卖给我,要么我们一起合写。"尼尔当下就知道自己想选什么,正如他说的:"这就像米开朗琪罗打来问:'你想一起画个天花板吗?'"。②★

就这样,他们在实验精神的驱动下,开始了合写之旅。最初,它完全是一种业余消遣,全靠二人的兴趣支撑。按特里的说法,他们"兴尽而归,没什么可损失的"。二人的工作时段也相去甚远。这时的尼尔见不得早晨的太阳,总是一觉睡到快午餐,直至被一阵清脆的电话留言提示音吵醒。留言来自他的合作伙伴,多是在说:"快起床,你个懒鬼。"

有个周末,尼尔住在龙伯罗写书。周日早上,特里和琳恩正等着他们的客人起床,迎接仅剩的周末时光。突然,他们听到楼上的客房有什么动静。于是,他们上了楼,站在门口细听,里面传出了持

---

① William Brown,里奇玛尔·克罗普顿所著系列《捣蛋鬼威廉》的主角。

②★ 历史以及图书销量充分印证了尼尔决策的正确性。但当然,他的回答也意味着,我们再无机会得知特里预备花多少钱从尼尔手中购买这个创意。

续的撞击声和类似翅膀扑扇的声音。

他究竟在里面做什么？

特里轻轻打开门，发现尼尔还躺在床上，睡眼惺忪地盯着两只刚刚从窗子飞进来的普拉切特家的鸽子，它们正在拼了命地朝外飞。

种种不同频的作息或是破窗而入又逃窜的鸽子，都没能阻止新书如约而至。在这本书中，天使亚茨拉斐尔和恶魔克劳利联手阻止了世界末日的到来，贯穿全书的还有对女巫、预言、天启四骑士和宠物①★的深刻思考。只不过，书名从《敌基督威廉》改成了《好兆头：巫女艾格妮丝·风子的<精良准确预言书>》。二人各自将书稿交给经纪人，看它能不能出版。这本书妙趣横生，有着显而易见的商业吸引力，出价迅速蹿至六位数，据科林说，要不是特里又惊慌失措地叫停，估计还能继续涨。

同样的恐惧又来了。

特里仍害怕稿酬虚高，害怕如果真是这样，被曝光后，他的好名声会因此毁于一旦。这种恐惧始终与他如影随形。2006年，我和特里在"礼堂"收到对他的非虚构文集（后来定名为《键盘上的小小失误》）的报价，金额为750 000英镑。

特里大为震惊，觉得这些豪掷千金的出版商都疯了。"全是雄性激素在作怪。"他一怒之下宣布，"这本书我不出了。"于是，该书直到

---

①★"尽管经历了几千年的人为进化，每只狗离变成狼都只差两餐饭了。"

八年后才得以面世。

特里的忧虑，似乎都源于剑桥西德尼街一家叫加洛韦&波特（Galloway & Porter）的书店。这家店显然是无辜的，现在已经停业。多年来，它一直专营滞销图书，把成批的图书从碎纸机的利刃下解救出来，低价卖给城里的学生。

特里对这家店很熟，他去剑桥签售时，去的就是这家店附近转角的赫佛尔书店（Heffers），后来又去了博德斯书店（Borders）。加洛韦&波特书店相当于图书界的鬼门关，成了特里挥之不去的心魔。他曾幻想路过它时，看到橱窗里堆满了写着他名字的书，那副假想画面让他难以忘怀。

在恐惧的驱使下，他在后来索尔兹伯里住所的办公室墙上，挂了一幅WH史密斯公司的巨幅书籍粉碎机宣传画。那台设备可谓是出版界的死神，一度成为鞭策特里进步的灵感缪斯，在他肩头低声威胁着他。特里说，那幅图片挂在那里，时刻警醒他要写出更好的书。

特里倒不是害怕自己的名字和巨额稿酬挂钩。恰恰相反，要是书迷在签售会上和他说"谢谢您的文字"，特里会直言不讳地回答："谢谢您的钱"。他从没想过要给写作为他带来丰厚报酬的事实蒙上一层体面的遮羞布。若是被贴上富人的标签，他也定不会羞于承认他的富有。

从这一角度而言，他也许永远都是实诚的工人阶级小子。若是不以此为傲，又何必费尽心思变得富有？但他同样有着根深蒂固的工人阶级理念——钱是挣来的。否则，又有什么值得骄傲的呢？作家杰弗里·阿切尔[1]曾是特里在二十世纪九十年代的有力竞争对手，二人曾多次正面交锋，争夺畅销书排行榜第一的宝座——不过特里总能胜出，销量还领先对方一大截。[2]★特里听说阿切尔收的预付款金额高达百万后，十分不满，因为他觉得那些书根本没法赚回这么些钱，更别提盈利了。如果是他，绝对无法心安理得地收下那些钱。他说："这不是钱的事，却又都和钱有关。"他的意思是，在没有收获大量评论界好评或主流奖项时（刚起步的那十年的确如此），钱是（套用特里的原话）"一种记分方式"。但正因如此，他需要确保这个"分数"是准确的，不会因新闻炒作或漫天加价而失实。这个数字必须经过严密的计算，能切实反映出他作为出书人的成绩。

按理说，金钱可以让人安心，但它却始终无法让特里摆脱为钱犯愁的焦虑。"特里是我见过的最缺乏财务安全感的人。"戴夫·巴斯比说，"即便身家数百万，他还是会为可能到来的财务危机而担忧。他总觉得不安。"

---

[1] 杰弗里·阿切尔（Jeffrey Archer，1940—），英国畅销小说家，代表作有《该隐与亚伯》系列，《克利夫顿编年史》系列等。

[2]★ 1998年，特里在赫佛尔书店的签售会，恰巧碰到杰弗里·阿切尔在街角的水石书店参加活动。那时，《最后的大陆》是畅销榜第一，阿切尔的《第十一诫》（*The Eleventh Commandment*）排名第二。我被特里派去侦察另一面的队伍长度。得知阿切尔的书迷队伍要短很多后，特里很高兴。他还很开心地听我说阿切尔问身边的宣传人员："这个叫普拉切特的家伙到底是谁？"

这也解释了他在二十世纪八十年代末刚有大笔进账时,做出的一项财务决定。之前提到过,艾琳·普拉切特一直希望儿子能够找到一份有养老金的好工作,就像他的堂弟理查德一样,在英国皇家邮政谋份差事。她总是念叨此事。因此,当她看到特里在三十九岁毅然放弃了有稳定收入的国企工作,转而从事充满不确定性,最重要的是,没有养老金可领的自由写作后,她的心中满是不安。如今,正如我们所见,特里已经有能力反抗艾琳为他谋划的人生,开始走自己的路,但他显然终其一生还是那种希望获得母亲认可的儿子。别的作家收到第一桶金后或许会购车置房,特里却没有。"他和我说,他收到第一笔大额预付款后做的第一件事是——"戴夫说,"买了份一次性缴纳的养老保险。"

特里过世后不久,他的财务主管库茨打电话到"礼堂"找我。这时,特里的遗产金额已经核算完了,遗嘱认证流程也差不多走完了。然而,库茨却发现特里名下有一笔多年前的投资我们谁也不知道,这么多年来一直塞在沙发后面。这笔特里在事业初期受母亲影响购买的养老基金,从八十年代购入后一直没动过,在悄悄利滚利了近四分之一个世纪后,竟达到了令人瞠目的七位数。

无论艾琳是否知道养老金的事,毫无疑问,她最终说服自己接受了儿子的职业选择,与这份相对长期的工作和解,并以儿子为傲。她亲眼见证了他在2009年获封爵士称号,坐着轮椅出席了获封仪式。尽管典礼不准她觐见女王,让她有点小失望,但她的心情依旧是激动的。等到2010年特里成为都柏林圣三一学院的客座教授，她就更激动难耐了。我的儿子当了教授！不过,她是否将儿子的事业定义为一份寻常意义的工作,依旧要打上一个问号。一天,我打给艾琳,告诉她特里在澳大利亚完成签售后,会在那里多待几周休个假,事实上,这也是他这么多年来第一次休息。

"他干了什么需要休假?"艾琳问。①★

撇开"工作"的定义不谈,事实是极少有小说家能像特里辞去工作后一样,将"全职作家"中的"全职"一词诠释得如此透彻。在刚起步的那十年,他有太多的工作要做,一周很少有空做别的事,这件事让他大为光火。每当这时,他就会冲着身后驱策他的无形力量大发雷霆,却忘了这力量的主要来源是他自己。

"他有次打给我,气急败坏地说,他的出版商已经把他的付出视作理所当然之事。"戴夫·巴斯比告诉我,"他火冒三丈,已经受够了,打算休假,至少六个月不再碰写作。我为他感到开心,他需要这样的休息。接下来的六个月都没收到他的消息,我以为他计划了很多场旅行。等到我们再联系,我问他度假时做了什么。他烦躁地回

---

①★艾琳始终对特里作品的魅力保持着惊人的免疫力。她和大卫收藏了一大批《碟形世界》小说,但这些书都完好如初,书脊连一条褶皱都没有。中风后,她失去了言语能力,我去威尔士帮她搬家,把那些书装进箱子放进仓库里,又租了辆面包车,把她送到特里和琳恩在索尔兹伯里为她找的疗养院。车开了很久,一路上只有我们两个人,好在我有张《死神学徒》的有声书CD,想着可以用它作背景音调剂我们的旅程。车子刚开出几码地,艾琳就使出惊人的力量,一只手"啪"地拍在仪表盘的按钮上,好让它安静下来。

答：'我写了两本书。'"

★　★　★　★　★

1988年，特里第二次参加环球出版社的销售会议。这一次，他的身份已经从挑灯夜战的兼职作家，变成了真正的全职作家。据后来在市场部工作的拉里·芬利回忆，自1986年特里参会后，公司已经弃用了盖特威克机场附近那家鼠患成灾的酒店，将会址定在西班牙卡拉比尼耶斯马略卡岛海滨度假胜地的一处高级酒店。会议一共五天，员工需要参加一系列那时还没被称作"团建"的活动，比如赛舟、时尚裙装设计和历届与会者最爱的活动——喝酒。环球出版社的作者则会被叫来阅读、应酬，总之要在销售代表面前尽可能地展现自己的魅力。就在某场活动中——可能在特里摩拳擦掌地要向公司汇报他的每日写作字数之前，也可能在那之后——特里在攀谈时遇到了科尔吉的儿童文学编辑菲利帕·迪金森。他们聊到了一些儿童文学巨作，有二人都很喜欢的《垃圾大王》(Stig of the Dump)和《秘密花园》(The Secret Garden)，还有《柳林风声》，不过菲利帕对后者的喜爱没有特里那么深。菲利帕读过《碟形世界》系列的一些书，却完全不知道特里还写过《地毯一族》，所以她问特里是否考虑写些给孩子看的书。

特里刚开始全职写作的那几年，一直致力于在圆形世界搭建碟形世界。这时，他已经写了情节错综复杂的《金字塔》(Pyramids)，经过在碟形世界一番深度挖掘，古老的河地蒂杰里贝比得以重见天日。这是文学考古史上的一大壮举,解开了一系列神话故事和错建工程的神秘面纱,还留下了不止一句P.G.伍德豪斯和雷蒙德·钱德勒(Raymond Chandle)愿意争着抢着从他那儿买来的妙语——比如,"那位老妇人强硬得像河马的脚背"。这时,他已经写了《会动的图片》,将电影发展史压缩至寥寥数月,不过,这个经过美化的故事要精彩得多:全书的高潮是一位身高超过十五米的女人带着一只吱哇乱叫的类人猿,登上了摇摇欲坠的摩天大厦。这时,人们已经爱上了特里·普拉切特,更重要的是,爱上了他笔下的人物——灵思风、格兰妮·维若蜡、威姆斯和魏提纳利大人;这时,他已经写了《灵魂收割者》《无名小神》(Small Gods)《恢复国王》(Men At Arms)和《灵魂音乐》(Soul Music),以一年两本的速度高产创作,建构并完善着这个虚构的世界,将所有需要他讲述的、我们这个世界的故事以这种方式娓娓道来。

这几年,特里还写了六部儿童小说。他在创作时怀揣着同样强烈的使命感,甚至有过之而无不及。诚然,他在写《碟形世界》系列时很开心,一直很开心,但他内心深处始终盼望能为他人带来他十岁那年读到《柳林风声》时经历的奇迹。写出那样的书是特里从业之初——从他在《白金汉郡自由报》爽快应下《儿童圈》的工作,以及决定将《地毯一族》作为他的第一部小说起,就一直追求的崇高目标。但凡有机会,他会毫不犹豫地为之努力。如今,情况又有所不同,他能为这项工作带来些额外的东西。这时的他已经带着女儿踏遍门迪普山的每个角落,编故事给她听。他给蕾哈娜读过《霍比特人》(*The Hobbit*),两个人一起坐在加泽别墅壁炉前那把绿色的天鹅绒扶手椅上。他亲眼看着这个小女孩长大、探索世界、逐渐找到自己的处世之道,这段经历将对他的写作产生深远的影响。他一直将儿童文学创作看作一项个人使命,现在更是如此。

那次销售会议结束没多久,特里就把《卡车司机》的手稿寄给了菲利帕。这本小说是根据特里十五年前为《白金汉郡自由报》创作的故事——《林思文格:埃文莫尔的小精灵》进行的延伸创作,亦复现了特里的童年回忆——圣诞节去加米奇斯百货公司眼前幻现的漂流之景。某种程度上而言,这本书建构在一个标准的科幻故事中的"觉醒"桥段之上:生活在哈伯达沙里(一个"诺姆人"部落)的阿诺德兄弟信奉"万物皆在屋檐下"的座右铭,坚信他们居住的地方即是整个世界,直到游客的出现迫使他们开始思考,是否存在一个"外面的世界",一个超出他们认知的更广阔的天地。但真正为这个故事锦上添花、让它脱颖而出的,其实是故事的层次感。它可以被视作一个轻松爆笑的闹剧冒险故事,若是读者有意,它也可以发人深省,引发人们对宗教、政治、科学认知极限和教育的思考。换言之,它是一本完美的儿童文学作品。

菲利帕告诉特里,她觉得书的内容很出彩,但有一个问题,那就是他和写《碟形世界》系列一样,将内容一股脑地倒出来,没分章节,哪怕是简单的、用于划分叙述段落的换行符都没有。"你肯定要把故事按照章节划分。"菲利帕说。

她察觉到特里有些不快。

"问题是，"菲利帕继续说，"儿童文学就是这样。孩子自己阅读时需要章节，家长给孩子读故事时也需要有章节，这样才能说：'好吧，再读一章，就关灯睡觉了……'"

特里勉强承认她说得有道理，把这本书分成了几章，此后他写的儿童小说，也都遵循了同样的做法。

从很多方面而言，菲利帕都称得上是特里的完美编辑。她的父亲彼得·迪克森原是一名记者，后来转行做了小说家，写儿童文学和侦探小说，所以她自然很懂特里的经历。她的父亲经常给家人试读他自己写的书，菲利帕清楚地记得，有次她对一本书中的内容提出疑议，却只得了个"你错了"的回复。后来，在编辑会谈时，每当听到特里说出以"我开始怀疑……"为开头的句子时，她都会瞬时进入戒备状态。

比如："我开始怀疑你有没有读过这本书。"

还有："我开始怀疑你是不是真的有点儿迟钝。"

菲利帕也很快意识到，编辑对特里而言，是创作中最无趣的一环。一本书写完，他紧接着就怀着更饱满的热情投入下一本，并且新作通常也很快就能成形。他依旧延续着记者的工作方式：新的一天，写新的稿件。被拉着温习旧作，完全不是他想做的事。

尽管特里会对编辑大发雷霆，他还是深谙这项工作的价值，会向他信任的编辑寻求帮助,尤其是创作早期,故事还停留在待塑造阶段、有空白需要填补或是写作方向还尚未明确时。寄给菲利帕的草稿上时常标着"第0稿"的字样,她也习惯了读到哪页会突然出现一片空白,写着"此处加笑料"。《约翰尼和炸弹》(*Johnny and the Bomb*)的初稿里更是大胆添加了"此处应有精彩段落"的指示。

1989年9月,《卡车司机》出版,内容一字未删,排版也遵照完全正确的顺序。很快,特里又接连写了两部和诺姆人相关的故事——《挖掘者》(*Diggers*)(仅隔七个月,于1990年4月出版)和《翅膀》(*Wings*)(又只隔了五个月,于1990年9月出版)。这三部故事后来被统称为"小人族三部曲"。好几家大公司投来了橄榄枝,提出要高价把这几部书改编成电影和电视作品,特里却偏偏相中了一家规模相对较小的公司(事实证明,这是个英明的决策)——寇斯格罗夫霍尔电影公司(Cosgrove Hall)。这家公司坐落于乔尔顿旁哈迪,临近曼彻斯特,大热的儿童动画《神勇小白鼠》(*Dangermouse*)和《怪鸭历险记》(*Count Duckula*)就是它的手笔。不过,最吸引特里的,还是正是他们在1983年制作了《柳林风声》的定格动画。《卡车司机》也同样选用定格动画技术制作,1992年于ITV电视台播出。这是特里的作品首次搬上荧屏,也是他最满意的电视改编作品。①★

让出版商感到欣慰的是,特里在写这些书时并没有停下《碟形

---

①★ 相比之下,由梦工厂动画(Dreamworks)制作的影版《卡车司机》筹备了十年之久,最后却不了了之。等我们讲到后面的章节,提到"特里的制片地狱之行"时会介绍这段苦痛的经历。

世界》系列的创作脚步，他把这些书硬塞进了日程表里。随后，他又以同样的速度创作了"约翰尼·麦克斯韦三部曲"（Johnny Maxwell trilogy）——《只有你才能拯救人类》（Only You Can Save Mankind）（讲述一个十二岁的小男孩被吸进电脑游戏的故事）、《约翰尼和亡魂》（约翰尼在一个即将重新开发的墓地与逝者的灵魂交谈）和《约翰尼和炸弹》（以闪电战为背景的时空穿越之旅，书里添加了不少"精彩段落"）。

"这几本书都很好，"菲利帕说，"但《约翰尼和炸弹》更具深度。它们赋予了特里机会，让他能去探索那些他无法塞进碟形世界的东西。它们是不一样的平台，也显然是他喜爱的平台。"1994年，菲利帕开心地打电话通知特里《约翰尼和亡魂》入围了英国儿童文学的最高奖项——卡内基奖（Carnegie Medal）。然而，尽管她已经摸清了这位作者的脾气秉性，特里回应这项热门奖项的态度还是令她惊讶。"他说他不想和它扯上任何关系，"菲利帕说，"叫我把他的名字从名单里拿掉。"

菲利帕忘记了特里是如何解释这一自毁行为的，但完全有可能他根本没给过她解释。她只记得自己轻声告诉特里，卡内基奖是英国儿童文学界最接近诺贝尔奖的东西，没有什么宣传手段比它更好了。

因此，特里要退评的事，定会在办公室引发激烈的核战，到时候她得躲在桌子下面才能自保。特里适时放弃了退出的念头，但那年的卡内基奖却花落马文·柏吉斯(Melvin Burges)的《成瘾》(Junk)。他在事后闷闷不乐了很久。

对特里来说,入围却没获奖比一开始就没入围更糟。这个想法至少可以追溯至1989年《卡车司机》入围聪明豆儿童图书奖却惨遭淘汰之时,理由是故事似乎没写完,还有续集(事实也的确如此)。[①★]直到2007年,《迎冬之舞》(Wintersmith)入围英国国家图书奖(National Book Awards)年度儿童读物类别时,我发现特里仍秉承着这样的心态。当年的评选可谓是龙争虎斗,和特里一同被提名的还有约翰·伯恩(John Boyne)(《穿条纹睡衣的男孩》,The Boy in the Striped Pyjamas)以及弗朗西斯卡·西蒙(Francesca Simon)〔此次入选的是她的经典系列《淘气包亨利》(Horrid Henry)的一部作品〕。不过,环球出版社提前动用了一切资源打探风声,得到的反馈都是正面的:没人明说奖项究竟会花落谁家,但"礼堂"仍旧收到了某种强烈的暗示,说特里不会——你懂的,失望而归。特里和我换了衣服,开车赶赴当晚在伦敦举办的颁奖典礼。

宣布获胜者时,大屏幕切到了某个剧院的卫星镜头,好像是伊普斯维奇还是哪儿,瑞奇·热维斯(Ricky Gervais)为缺席典礼致歉,

---

①★ 后来,菲利帕在写给杂志《书商》(The Bookseller)的信中不悦地指出,若是1950年有聪明豆儿童图书奖(Smarties Book prize)这么一个奖项的话,《纳尼亚传奇:狮子、女巫和魔衣橱》(The Lion, the Witch and the Wardrobe)怕是也会因为类似的考量被淘汰。《教父》(The Godfather)也得因为这样的标准,被1973年的几项奥斯卡奖拒之门外。特里直到1996年才终于等来了聪明豆儿童图书奖——《约翰尼和炸弹》获得了9~11岁年龄组的银奖。

并感激地接受了颁发给《深海动物》(*Flanimals of the Deep*)的奖项。热维斯的获奖演说还没结束，坐在桌前的特里就压低声音倾身朝我吼道："去开车！"我们在低气压笼罩的氛围下不辞而别了。

之所以特里2002年获颁卡内基奖时一切都很顺利，是因为他提前一个月就收到了胜选的消息，并向菲利帕发誓会严格保密，他也愉快地遵守了这一诺言。[①]★颁奖典礼当晚，我的眼前浮现出一年半前，我和特里有晚参加完活动后，在旧金山皇宫酒店的魔笛手酒吧喝酒[②]★的场景。电视正在直播篮球赛，但特里的注意力都在吧台酒架上方挂着的画上。那幅巨大的油画名为《花衣魔笛手》(*The Pied Piper of Hamelin*)，出自美国艺术家马克斯菲尔德·派黎胥之手。[③]★

特里告诉我派黎胥的画最值得看的是天空。我和他一起盯着那片半透明的蓝色，它像是从画中层叠的远山径直延伸至我们所在的房间里。

接着，特里突然说："你知道的吧？整件事都是骗局。"

"什么意思？"我问。

[①]★ 菲利帕的父亲彼得·迪克森也凭借《森林魔法师》(*The Ropemaker*)入围了那年的卡内基奖。若是菲利帕看到特里胜出的心情是五味杂陈的，她应是把情绪隐藏得很好。

[②]★ 显然，我们喝的是当地的啤酒。特里和我无论去哪儿，都坚持要点用本地水酿的本地啤酒，这样才能切身同当地产生联结。也许这只是我们的一厢情愿。

[③]★ 马克斯菲尔德·派黎胥(Maxfield Parrish, 1870—1966)，画家和插画家。你可以称其为新古典主义版的诺曼·洛克威尔(Norman Rockwell)。他的《破晓》(*Daybreak*, 1922)取得了巨大成功，据说当时每四个美国家庭中，就有一家挂着这幅画。

就这样,他开始和我讲述一个在他脑中已经酝酿多时、直至现在才突然涌现的故事。

这个故事的主角是住在碟形世界的一只猫。它饱经世故,是个行骗的老手,设计了漂亮的捕鼠陷阱,却遇到了艰巨的困难。故事和花衣魔笛手很像,但又加了些新颖暗黑的部分,特里把整个故事从头到尾地和我讲了一遍。

他坐在那幅闪闪发光的派黎胥的画下面,整个故事像是径直砸在他头上。接着,我们回到楼上的房间,打开电脑,他开始口述,而我飞速敲着键盘,努力跟上他的速度。

"老鼠!

它们追着狗,咬着猫……"

而现在,仅仅时隔十八个月,他就站在那儿,接受颁给《猫鼠奇谈》(*The Amazing Maurice and His Educated Rodents*)的奖牌。接过奖牌后,他迅速剥下奖牌的金色外衣,将奖牌咬下了一大块,令在场的名流目瞪口呆。

女士们,先生们,这自然是个恶作剧。菲利帕的密报给了他一个月的策划时间。典礼前的那个周末,我被派去索尔兹伯里寻找大小合适的金币巧克力,最后在沃尔沃斯超市找到了一枚,这才上演了能比肩大卫·布莱恩①的如此一幕。

这是特里获得的第一个主流文学奖。曾获颁卡内基奖的有玛

---

① 大卫·布莱恩(David Blaine,1973—),美国魔术师。

丽·诺顿的《借东西的小人》[①]、亚瑟·兰塞姆的《鸽子邮差》[②]、理查德·亚当斯的《沃特希普荒原》[③]、菲莉帕·皮尔斯的《汤姆的午夜花园》[④]……如今轮到了特里·普拉切特的《猫鼠奇谈》。可能这也是为什么1996年他面对奖项的第一反应是拒绝。他抱怨文学界排挤自己久矣——"遭受文学机构长达十六年的冷眼相待。"《卫报》报道卡内基奖时用了这样的表述。一直坐冷板凳的遭遇化作了某种动力，推着他走向愈加边缘的位置，合理化自己的愤懑。而如今，正如他所见，正统文学机构开始承认他，向他递出加入他们的橄榄枝，特里该如何自处呢？的确，卡内基奖由图书管理员评审和颁发，特里无从指摘，而评审团的主席卡伦·厄舍（Karen Usher）更是明确宣布《猫鼠奇谈》是一部"卓越的文学作品"。抛开今后可能遇到的变数不谈，特里似乎真的得到了文学界的认可。

"要论出佳作，儿童作品要比成人书籍难得多。"特里在发表卡内基奖获奖感言时如此说道，这也是他内心最真实的想法。不过，有位好编辑会让这两类写作都变得简单，这一点他恐怕不会公开承认，就算是严刑拷打也不会松口，但特里在这方面的确很幸运[⑤★]。二十

---

① *The Borrowers*，英国儿童文学作家玛丽·诺顿（Mary Norton）著。

② *Pigeon Post*，英国记者、作家亚瑟·兰塞姆（Arthur Ransome）著。

③ *Watership Down*，英国奇幻小说作家理查德·亚当斯（Richard Adams）著。

④ *Tom's Midnight Garden*，英国儿童文学作家菲莉帕·皮尔斯（Philippa Pearce）著。

⑤★ "特里和你说过谢谢吗？"安妮·霍普的助手有一次问她。安妮是特里在美国的童书编辑，她不得不回答，好吧，其实……从来没有。

一世纪初黛安娜·皮尔森从环球出版社退休后,菲利帕顺理成章地接管了特里的成人书籍。她最早接手的小说有《碟形世界》系列的第三十四本——《砰!砰!砰!》。该书介绍了警官威姆斯奉命追查矮人演说家格拉格·哈姆克鲁舍离奇死亡一案。菲利帕很快就读完了初稿,直接向特里反馈了她的直观感受。他们已经很了解彼此,她觉得自己可以不用绕弯子。

"我和他说,'这理应是本侦探小说,特里——但问题是我读完了整本书,依旧不知道是谁干的。'"

电话那头静得可怕,紧接着电话就断了。

那晚,菲利帕躺在床上一直想,她是否越界太多,亲手毁了一段十五年的交情,并且这段交情对公司而言还很重要。

第二天,电话响了。"我想过了,你也不是爱找茬儿的人。"特里说。暴风雨已经过去,就和之前每次一样。特里已经开始重新修改这本书,完善故事的情节和结局,尽职尽责地同编辑携手打造更优质的小说,毕竟这才是重中之重。

★ ★ ★ ★ ★

1993年12月,特里和琳恩卖掉加泽别墅,搬去威尔特郡索尔兹伯里附近的查尔克山谷,住进了特里口中的"末日庄园"。这座宅邸用风化岩石砌成,形状略微有些不规则,极具特色,符合人们对一位四十五岁畅销书作家住所的设想。在龙伯罗住了那么多年,这次搬家着实令人感伤,尤其是琳恩,她对龙伯罗有着很深的眷恋,愿意在那儿快乐地度过余生。但考虑到特里现在有了这么多钱，这些钱还能拿来做什么？于是，他们搬来了查尔克山谷。这里符合特里所有的核心诉求：足够偏远，完全不惹人注意，又离文具店很近。正如特里所说："我可以买下整个苏格兰岛。但要是打印机没墨了，去哪儿找呢？"①★

他和琳恩还看过其他几处房子，差点就买下了多塞特郡北部斯陶尔河畔有处靠近米尔顿的房子。那处宅邸占地三十英亩，有泉水、由同一位园丁悉心照料四十年的巨大围墙花园、马厩，还有马车房。

卖家请他们在花园里用了茶和蛋糕，他们坐在那儿时还看到了一只翠鸟飞过，似乎是个好兆头。然而，他们还是觉得屋子离城镇太近了。

接着，他们看了德文郡靠近阿克斯明斯特的一处教区长旧宅，户型和桌游《妙探寻凶》（Cluedo board）里的画面很像，地下室有一条斜着的密道。特里和琳恩快速设想了一下将《妙探寻凶》中的每件凶器——铅管、烛台、匕首、绳子和扳手——做成雕塑，在楼下的每个房间都放一个。不过，那栋房子附近有在开发的楼盘，正朝着宅邸所在的方向扩建，可能会破坏这种乐趣。

---

①★ 还有一件事可以用来衡量这栋房子有多偏：一位叫莉迪娅的德国粉丝曾经花了整整两周才找到它。她在这片住下，每天都出门搜寻并向当地人打听消息，直到旅行的最后一晚才找到这栋房子。特里为了安慰她，请她去酒吧吃了卷心菜煎土豆。

于是,他们又回到了最先提到的那套屋子,它还有个额外的优势——离琳恩母亲住的地方很近。屋子坐落于一片洼地,四面环山,土地绵亘六十七英亩,草地上鲜花遍布。埃布勒河流经此处,河边住着水鼠,时不时有翠鸟经过,令人印象深刻的是他们还看见过水獭。①★这里有大片的空间可以用来种蔬菜和水果,养鸡、乌龟、猫头鹰还有绵羊,还有着扑面而来的历史气息。冬天,你可以透过树木依稀望见亚芬伯爵安东尼·艾登的故居,村里开小卖部的商人回忆说温斯顿·丘吉尔曾经来过。不远处就是雷迪什红堡,塞西尔·比顿就是在那里宴请了葛丽泰·嘉宝②,还把二楼改成了斗鸡场,那是段令人艳羡的流金岁月,不过现在住在那儿的是托亚·威尔考克斯③,法律也不准斗鸡了。威廉·戈尔丁④生前也住在附近,逝后葬于当地的教堂。

此外,庄园还有一个网球场,对特里的吸引力瞬时倍增。特里对网球的兴趣并不比参加当地的高尔夫俱乐部高出多少,但他一打眼就知道,那么大一块平地,用来盖个真正的温室再合适不过了。他

---

①★ 还有一次也令人难忘,有一只鸸鹋,或者说是特里以为是鸸鹋。那次,特里冲进"礼堂",大喊:"有一只该死的——鸸鹋!"等我们急匆匆赶到河边,他又改了口:"那好像是只鸵鸟。"事实上,那是一只美洲鸵鸟,可惜它已经死了。如此说来,特里猜得也不无道理——它的确很像鸸鹋,尽管是罗德尼·赫尔(Rodney Hull)照片里出现的那种手偶鸸鹋。

② 塞西尔·比顿(Cecil Beaton,1904—1980),英国著名摄影师、服装设计师。葛丽泰·嘉宝(Greta Garbo,1905—1990),瑞典国宝级电影女演员。

③ 托亚·威尔考克斯(Toyah Wilcox,1958—),英国女演员。

④ 威廉·戈尔丁(William Golding,1911—1993),英国小说家及诗人,1983年诺贝尔文学奖得主。

可以在围墙环绕的花园里，建造一个他拥有过的最大的温室，旁边就是吊床、藤架、池塘和水景。他设想得没错，这个方案的确可行。

"你打算拿那么大片地做什么？"特里的朋友伯纳德·皮尔森问特里。

"一边用脚丈量每一寸土地，一边念着：'你是我的，你是我的，你是我的……'"特里答道。

他们赶着圣诞节前搬进了新家。那年下了雪，十七岁的蕾哈娜从学校回家。她记得和父亲一起走进村庄，去奶奶家，一路上唱着那首他们最爱的传统曲目——由特里·普拉切特改编的《这些是谁的猪？》。她还记得有晚把自己锁在了屋外，不得不朝父母卧室的窗户上扔雪球，好叫醒他们帮自己开门。这栋屋子自是比加泽别墅大得多：老屋的客厅里可没有像庄园一样设有巨大的石砌壁炉，壁炉边也没有步入式厨房储物间，后来这个储物间被特里用来存放他去国外旅行时收集的光怪陆离的甜酒和度数奇高的烈酒。①★供客人留宿的房间也更多了：楼上后来变成了克雷格·查尔斯②的纪念套房——这位《红矮星号》的主演有次周末来吃了顿晚饭，然后又留宿了

---

①★这里还藏有斯洛伐克最好的葡萄酒，以及一个哈维牌布里斯托尔牛奶的瓶子，是专门给艾琳准备的。特里的母亲只喝这款牛奶，不接受任何替代品。只不过，它越来越难买了，现在市面上铺天盖地卖的都是哈维牌布里斯托尔奶油。所以，特里往往要藏在母亲看不到的地方，悄悄为她倒一杯"布里斯托尔牛奶"。这么看来，步入式厨房储物间的确带来了不少藏身的便利。

②克雷格·查尔斯（Craig Charles，1964—），英国演员，以在著名英国科幻喜剧《红矮星号》（Red Dwarf）中饰演主角大卫·李斯特闻名。

一晚。我们会发现,之后宅邸还专门建造了天文台。不过,新宅和老屋的整体氛围没什么差别:舒适的家具,堆在每个平面的书,常备的自制酸辣酱、果酱和蛋糕,当然还有几只猫。他们养的一只加菲猫更是运动天赋惊人,很快就学会了从河上一跃而过。

除了检查所有的猫是不是都跟着他们外,特里在龙伯罗收拾行李时并没有很走心,甚至还有些粗心大意——房子的新主人后来在阁楼的一个箱子里发现了一大批他的文件和课本。搬家时,特里刚刚砍了棵树,劈成上好的柴火,不可能把它们扔在那儿不管。所以,他专程赶回萨默塞特,把原木塞进琳恩的车的后备厢。拉运途中,特里在别墅的小路上滑了一跤,头磕在了石阶上,被数落了好一阵。

那次滑倒只造成了轻微的擦伤,没落下什么后遗症。但特里发现有张非常重要的纸找不到了。那是科林·斯迈思在他们开始打包搬家前送来龙伯罗的。特里知道他把它放在了一个安全的地方,想着以后再处理,谁承想他却忘记了那个"安全的地方"是哪儿。这是头部撞击导致的,还是特里本来的个性即是如此马马虎虎?都不重要了。之后,他会打给科林,看看他有没有什么办法。

那张纸是一张面额为248 000英镑的版税支票。

显然,这类事件若是继续发生,特里很快就需要一个私人助理了。

第十三章

咖喱葡萄、橘子酱
和波纹铁

　　1995年夏，一名特里·普拉切特的粉丝在萨福克郡拉文纳姆村一家名为"好奇心角"（Curiosity Corner）的手工艺店，选购官方授权制作的《碟形世界》摆件。精挑细选一番后，他拿起干青蛙药盒①★去结账。

　　"你看过特里·普拉切特的书吗？"收银台的男子问。

　　粉丝回答看过，并且还看过不少，去过几次签售会。

　　"噢，那你可能会对这个感兴趣。"店主说。

　　他从柜台上的一沓传单中抽出一张递给粉丝，上面写的是一个

---

①★干青蛙药丸：幽冥大学的会计用于治疗其谵妄症的药物。干青蛙药盒：盛装干青蛙药丸的盒子。盒盖栩栩如生地雕塑成青蛙的形状。在巴比肯中心举办的特里追悼会曾向来宾发放塑料干青蛙药盒作为纪念品。事实上，里面装的是薄荷糖，不含任何脱水或其他形式的青蛙成分——望周知。

叫"克莱尔手工公司碟形世界大会"的活动。

这也是为什么在1995年8月12日,我会出现在萨福克郡伍尔皮特村郊的一间铁皮顶仓库。仓库建在商业区一处采矿废坑里,而我就是上文那名特里·普拉切特的粉丝。老实说,我天真地以为当天只会有我一人到场,实际的与会人数却比我设想的多出了好几百。

这种形式的"碟形世界大会"还是头一次举办,活动略显敷衍草率,却吸引了一大批人参会,现场气氛热烈。铁皮顶仓库的主人鲍勃和克莱尔手工公司的老板特里什·贝克也参加了此次活动。克莱尔手工公司是特里授权的碟形世界周边纪念品制作商。干青蛙药盒(产品目录号DW63),还有那时摆在我书架上的灵思风手办(DW01)、骑着宾基的死神(DW24)[1]★和限量款瘦版奥格奶奶塑像(DW07,我打包票它只有十二个)[2]★都是它生产的。

克莱尔手工公司的创始人是伯纳德和伊索贝尔·皮尔森夫妇。1980年以来,他们一直在萨福克郡工作室亲手制作模型和雕塑(材质多为陶瓷或锡),也会从托尔金信托基金会承接制作一些工艺品。

----

[1]★ 保罗·基德比接替乔希·卡比担任《碟形世界》插画师后,以艺术家的眼光对这个模型进行了一番解剖学分析:宾基(死神的坐骑)的马耳朵耷拉在头侧,若是能立起来会显得更机警些。"好,那你试试看能不能把它们立起来。"伯纳德实事求是地说。

[2]★ 特里从解剖学的角度观察,发现第一版奥格奶奶的身材不够丰满,于是塑像被立刻撤回重做。我知道的瘦版奥格奶奶塑像的藏家只有两位:科林·斯迈思和特里·普拉切特爵士。所以,还有九个塑像下落不明。检查下是不是在您的书架上。

伊索贝尔先在《女性时空》听了《魔法的颜色》，随后又找出纸质书来读；伯纳德起初不喜欢乔希·卡比绘制的小说封面，画风完全不是他的菜，但看到伊索贝尔对这些小说爱不释手后，他也克服了嫌恶的心理，开始阅读（但把封面撕了）。1990年，他们决定重新演绎特里·普拉切特的虚构世界，以手工和手绘方式制作引人入胜的雕塑模型，填补这块明显的市场空白。不过，奇幻作品和衍生收藏品相生相伴的道理由来已久，并不是他们的原创。有奇幻在的地方，附近一定有收藏品。这点不难理解。

特里渴望看到他的文学作品能以这种方式重获新生——但不用说，前提是要按照他的想法，选择最合适的合作方。他对把《碟形世界》衍生商品的经营权卖给某个塑料玩具巨头毫不感冒，但若是对方话密、爱抽烟、干过警察后来半路出家做了陶瓷师、和妻子组了个波西米亚风雕塑夫妻档，又在萨福克郡开了间与故乡同名的工作室的话……倒可以谈谈合作。这完全符合特里的行事作风。

伯纳德和伊索贝尔与特里还有科林·斯迈思的第一次见面，定在伦敦圣詹姆斯区的斯塔福德酒店。讨论时，特里画了几幅画。"没有疣子！"他在女巫格兰妮·维若蜡的草图旁醒目标注，还备注了"鹰钩鼻"和"紧发髻"的字样。灵思风的草图旁则标着"满脸忧郁""稀疏凌乱的胡须"和"极不合身的长袍"。科林把这些画的原稿都收着，回去复印了一份传真给伯纳德。伯纳德根据这些说明，用柔软的珠宝蜡制作了一款高十四厘米的灵思风塑像，然后小心翼翼地带着模型再次赴约。不巧的是,第二次见面约在科文特花园。正值酷热的六月天,大家坐在户外,不远处某个管铜乐队正在演奏。伯纳德轻轻打开装着灵思风的盒子,当特里立刻伸手要接过时,他觉得自己的心猛地一缩。所幸,特里只是握住了木质底座,模型也经受住了高温的考验。于是,他们在管铜乐队聒噪的乐声中开始交谈。特里只提出要对灵思风的八面吊坠做点儿小改动,随后就签了约。1991年,在伯明翰国际会展中心的贸易展上,克莱尔手工公司展出了首批《碟形世界》人物塑像。彼时,特里正乐此不疲地赶场参加一切能参加的宣传活动,他提着一包书去了当日的展览签售。

四年后,伯纳德、伊索贝尔和特里齐聚在铁皮屋顶之下。那是有史以来最热的一个夏天,也定是那年夏天中最热的一天。[①]★当时,我也在场,只不过还不认识他们中的任何一位。仓库逐渐升温,变得和烤箱无异,我身上先是微微冒汗,很快就汗流浃背。约三百名《碟形世界》的粉丝参加了此次盛会,他们都渴望见到特里·普拉切特,见到与特里·普拉切特相关的一切,见到彼此。

但,老天,天气太热了……"就像克拉奇[②]★一样,只不过苍蝇稍微少点儿,也没有骆驼。"伯纳德回忆说,那天他还眼看着矿坑里的沙子一点点渗进建筑。最后,特里终于取下了来时戴的黄褐色绅士帽(它更轻便,是特里·普拉切特的夏季必备单品),把一条浸过冷水的

[①]★ 1995年是英国有记录以来最干旱的夏天,甚至超过了著名的1976年大旱。

[②]★ Klatch,位于碟形世界边缘的干旱之国,盛产浓郁咖啡。

茶巾搁在头上,就这样顶着那只茶巾在桌边坐了大半天的时间,为人们递上的任何东西签名。

这么热的天,居然还有粉丝有精力跑去室外,参加幽冥大学模拟划船比赛。①*除此之外,他们还搞得《碟形世界》展位和艺术展人山人海,挤在一起,抢着花十英镑买一款活动限量版城市瞭望台徽章。②*有人提起奇幻大会之前办过扮装比赛,这次活动就也办了一场。特里在观众席看到有人站上临时搭建的舞台走秀,装扮成灵思风和行李箱,更有甚者不顾高温,勇敢地换上了全套猩猩服,扮成了图书馆员。有位粉丝身着精美的格兰妮·维若蜡服饰,顶着满脸泛白的妆容,华丽登场。她在舞台上一动不动地待了能有足足十分钟,全场的氛围瞬时冷了下来——能在这样的高温环境下做到这点,实乃不易。接着,她抬起胳膊,手指向前方的特里,然后转身离开。特里用整个屋子都能听到的声音说:"我不知道你是谁,但别再这么做了。"事实上,她的名字叫帕姆·高尔(Pam Gower)。除了《碟形世界》粉丝的身份外,她还是名演员。演员身份也让她在扮装创意方面享有得天独厚的优势,不过没人介意。她的造型反倒给每个人都留下了深刻的印象。特里更是盛赞帕姆是格兰妮·维若蜡的化身。

---

①* 门外没河这一事实,显然没有成为幽冥大学举办划船比赛的阻碍。安科河的水流之湍急不言而喻。两队穿着平底鞋的学生带了他们的小船,在甲板上跑着。

②* 是的,我买了一个。还买了伯纳德雕的矮人面包。

那位酷似格兰妮的人物出场没多久,另一位乔装成歌剧院幽灵的人登了台。特里再次惊呼:"天哪!她简直就是从还没出版的书里走出来的!"我记得自己当时并不懂这句话是什么意思,不过后来发现,它也不是什么秘密。在那段互联网方兴未艾的日子,当天的与会者都是混迹 alt.fan.pratchett 论坛的常客,作者本人也经常在晚上登录,直接和读者探讨他在写的内容。这对当时的我来说也是个新发现,知道有这么一个粉丝聚集地,让我既激动又胆怯,我之前几乎一无所知。

最后,活动以特里朗读《剧院幽魂》(Maskerade)的节选画上句号。这部小说将于次年秋天出版,"歌剧院幽灵"一角也将在书中粉墨登场。那是整场活动的高光时刻,不过平心而论,对我来说,当天最大的惊喜是发现克莱尔手工公司的展位在出售独家"白色塑像"。这些塑像刻画的人物依旧来自碟形世界,只不过还是半成品,可以带回家自己彩绘。①★那个闷热的八月夜晚,倘若有人在这位特里·普拉切特的粉丝提着一大袋意外发现的宝贝离开伍尔皮特村时,告诉他有一天特里什·贝克的女儿萨利会为他拍两张照片(一张正面一张侧面),他还会成为克莱尔手工公司碟形世界系列塑像肖恩·奥格的

---

①★ "我打赌你是在模型还没组装好就给它上色的那种人。"特里曾如此指责我。他说得没错:不然有什么更好的做法吗?特里和我恰恰相反,他是"先组装,再上色"的一派。我一直找不到合适的红色来画灵思风的斗篷,后来还是克莱尔手工公司的人从他们预先调好的颜料桶里分了一点颜料给我。我惊喜地发现那个颜料桶上贴着"灵思风红"的标签。

模特(★DW136)①★······好吧,我本以为1995年8月的热浪已经够让人晕头转向了,但接下来的确会有更多让人眩晕的事发生。

就这样,"碟形世界大会"在伍尔皮特村商业区那处不起眼的沙地诞生了。克莱尔手工公司大会的成功举办,证明了这类活动存在市场,但规模显然要更大才行。次年夏天,克莱尔手工公司大会在曼彻斯特再度举办。十六岁时,特里曾赶去彼得伯勒,只为见阿瑟·克拉克一面。如今,四十八岁的他有了自己的见面会。

我订曼彻斯特见面会的门票时本以为时间还早,哪知票居然已经早早被抢空了。我本想着无论如何先去,到那儿再想办法进去,好在后来在网上碰到有人愿意把票转卖给我。于是,1996年6月28日,我入住了萨克斯酒店。房间的墙上有一幅很美的壁画,画的是曼哈顿的天际线,但屋内却没有窗。大会安排的第一场活动是主题座谈会"成为出版作家"。座谈会本请了科林·斯迈思和另外两人,真正到场的却只有科林一人。尽管如此,主持人还是硬着头皮宣布了讨论的主题——手里握着刚写好的书稿、梦想成为作家的人要如何实现跨越,出版自己的作品?随后,主持人介绍了科林,现场掌声雷动。

"嗯······我不知道您为什么要采访我······"科林说。

这场座谈会为整个周末的大会奠定了笑中带乱的基调,活动现场的有些布置显然是用胶带和绳子临时粘凑的。周六晚组织了一

---

①★奥格奶奶最小的孩子,多用兰开斯特军刀的发明者。我觉得我应该感到受宠若惊,要不事情可能会更糟。

场问答比赛——"幽冥大学挑战赛",周日晚则举办了一场盛大的晚宴,特里身着白色晚礼服,戴着黑色领结出席了活动。那之前不久,特里首次凭借两千一百万英镑的净资产,跻身《星期日泰晤士报》富豪榜。第二晚活动期间,特里和科林一直相互调侃,开玩笑说不知报上的金额是否准确,以及如何评估科林的富有程度。特里还在活动上读了他正在创作的小说,又像往常一样郑重宣布:"好!我会待在这儿,为各位带来的任何东西签名。"大会落幕之时,人们在特里的指挥下,将组委会主席保罗·鲁德①★扔进了装满蛋奶糊的充气游泳池里。

我很希望能为大会效力。相较在场的其他人,我并不是普拉切特粉丝圈的重度参与者:我没怎么登录过alt.fan.pratchett,没在讨论组"潜水"看过帖,对扮装也没什么兴趣。但我喜欢普拉切特的书,喜欢大会的氛围。我知道,若是有机会,我的技术背景、组织能力和其他技能,定能在之后的大会派上用场。所以,我去找了保罗·鲁德毛遂自荐。

保罗是一位来自埃塞克斯郡的建筑测量师,年纪和我相仿,二十五岁左右。他最早设想的《碟形世界》书迷会是找个酒吧楼上的房间办个小型聚会,但他很快就意识到聚会的规模需要扩大。后来,我去保罗在罗姆福德的家开了次会,正式加入大会组委会。我们有十人左右,一起策划了1998年在利物浦举办的"第二届碟形世界大会"。保罗要我负责嘉宾联络,寻找发言人,安排他们的出行,确保他

①★ Paul Rood。保罗后来随了妻子的姓,更名为保罗·克鲁茨基(Paul Kruzycki)。特里对此事的评价是:"但对我来说,他永远都只是鲁德。"

们当日可以到场，等等。这些当然都是无偿工作，但你能有机会在大会期间拿着对讲机，带着耳返走来走去，这样的福利又怎么能用金钱衡量呢？

我还决定采访科林·斯迈思，询问他收藏了哪些普拉切特的早期作品，并将采访内容写进大会日程手册里。这是我第一次去科林在格拉茨克罗兹的科纳韦斯宅邸，要比之前提到的面试还要早。那里堆放着文件和书籍，有狗和莱俪水晶杯、安妮·叶芝的画作和饭罄。四通八达的楼梯平台摆放着成柜的特里·普拉切特的书，世界各地各个版本的都有，似是延伸出几英里。科林和我聊了这些作品，但我们主要谈的还是他的业务。在科林那间书籍成堆、令人艳羡却又混乱无序的办公室，堆着一摞粗略估算得近两米高的文件——我发现，那其实是特里·普拉切特的版税报表。科林的大丹犬偶尔会从这座倾斜的高塔旁经过，弄得它摇摇欲坠。塔底很大一截纸张的边缘似乎粘在了一起，有些发硬。那是……狗的口水吗？似乎是的。①★

"我感觉它没按顺序排。"我说。

"什么意思？"科林问，"它当然是有顺序的。"他从桌上拿起一张纸，轻轻放在倾斜的文件塔顶部。"这就是顺序。"他说，"新的在上

---

①★ 在录入这些版税报表做电子版文件时，我用了一把手术刀才把粘在一块的纸张分开，它们已经像混凝土一样坚硬了。特里的朋友、合作伙伴斯蒂芬·布里格斯曾精辟地总结，特里经纪人的办公室完全符合你对作家办公室的想象，而特里自己的办公室则是你想象的经纪人会有的那种。

面,旧的在下面。"

我对科林说,如果他想的话,我可以帮他把业务数字化,提升工作效率。等我返回切尔滕纳姆的家中时,就接到了科林的电话,问我是否愿意去他那儿工作。

特里因克莱尔手工公司与伯纳德和伊索贝尔·皮尔森夫妇结缘,这段友谊是他后半生最重要的亲密关系之一。三人一拍即合。伯纳德总是穿着粗布工作服,叼着烟斗,吞云吐雾。他说话用词考究,声音浑厚,留着满脸的络腮胡,生得高大,像是能填满整个房间。他当过兵,做过警察,时常聊起当年在前线当兵,以及在埃塞克斯郡霍尔斯特镇举办婚礼时参与抓捕行动的事,逗特里开心。他还是一部行走的百科全书,把警务执勤的弯弯绕绕摸得门清,知道什么时候该睁一只眼闭一只眼,什么时候该从长远利益出发动用点暴力,最重要的是他的直觉总是很准。特里有兴致时,对这类事总是百听不厌。他对伯纳德的雕刻技艺佩服不已,给他起了个"巧匠"的绰号,渐渐就叫开了。

而冷静睿智的伊索贝尔,则被特里唤作"权威人士""可靠的成年人"。每到圣诞节,特里和琳恩会和皮尔森夫妇小聚,在节礼日提着一大堆特里力荐的烤肉蘸料上门拜访。那是一种热芥末和辣根酱,特里坚称烤肉"只是它的配料"。①★到了周末,他们也会请伯纳德和

---

①★ 特里喜欢的另一种吃食是基尔帕特里克牡蛎。他也坚称吃它只是为了就伍斯特酱而已。

伊索贝尔来查尔克山谷的家中吃晚餐,特里总会一头扎进储藏室,翻出斯洛伐克或其他产地的"趣味藏酒"。伯纳德和伊索贝尔对他的招待很满意,有时甚至会有盛情难却的烦恼。

"他听着一切。"伯纳德说,"特里总是竖着耳朵听屋里的其他人讲话,而你对此浑然不觉。有晚在酒吧,我正讲到兴头,特里突然举起一只手示意我停下。'嘘——伯纳德!'他的下巴微微努向我们右手边的桌子,'正讲到有趣的地方。'"1996年,特里将小说《约翰尼和炸弹》献给"英国皇家气象学会、英国皇家铸币局和伯纳德·皮尔森。若是有什么皮尔森不知道的事,他也总能找到知情之人。"

与此同时,特里和皮尔森夫妇的友情始于生意,也一直和生意有着千丝万缕的联系。纵观历史,亦商亦友的关系就像易爆品。有特里在,这种风险更不会小。

这么多年来,伯纳德和伊索贝尔见过特里最慷慨大度的样子、最任性的样子,也看到过失魂落魄的他。在特里的周边商品业务没有达到他的预期时,或者说没有按照他预想的速度推进时,特里就会陷入绝望之中。2004年,伯纳德在筹备脱胎于小说《开始邮政》(*Going Postal*)的碟形世界系列邮票,项目推进的速度比特里设想得慢了些。伯纳德随即就收到了一封长邮件,问责的口吻延续了经典的普拉切特风格。

之前的好些作品都不错,我依旧相信你有能力胜任这项工作,让我们俩都不用再像傻瓜一样。不过,这一次请务必成功。《碟形世界》做不了音乐剧,改不了电影,但要是我们连几张打孔的纸都做不好,我看还是趁早放弃吧。①★

但也不乏暖心的事。伯纳德和伊恩·米切尔(伯纳德雇的年轻帮工)要去环球出版社的伦敦办公室(特里总叫那栋建筑"黑色卢比扬卡")参加《碟形世界》项目会议。"那个场景真像'乡巴佬进城'。"伊恩回忆道,"我们两个人走在偌大的都市里。我穿着一件晚礼服,那是我唯一一件像样的衣服。伯纳德的衬衫有个烟斗烧出的洞。我们踏入公司,和六位环球出版社的老板碰面,既紧张又觉得自己格格不入。"特里知道他们会有多不自在。会议开始没多久,房间里的电话就响了。

"你的电话,伯纳德。"环球出版社的一位工作人员说,"是特里·普拉切特。"

伯纳德接过听筒。"特里在电话那头要我和他讲讲某部军事史的章节段落,我恰巧知道,"伯纳德说,"就照做了。等我讲完,特里说:'其实我不在乎这个。但我打赌你现在肯定在他们眼中非同小可啦,对不对?'"

二十世纪九十年代末,伯纳德和伊索贝尔离开克莱尔手工公司,寻求新的开始,成立了B&I蜡雕公司(B&I Waxworks)。伯纳德

①★特里并没能提前退休。邮票的确上市了,并且很快取得了巨大的成功。

将他那双灵巧的手伸向了装饰蜡烛,特里立刻调侃它们是"为赶时间的年轻巫师准备的预滴蜡烛。"实事求是地说,这个商业计划先天存在缺陷——蜡烛可爱到让人实在不忍点燃,果不其然最后也没成。不过,特里鼓励伯纳德着手雕刻安科-莫波克城的微观建筑模型,最后成就了"虚幻庄园"系列。伯纳德先从幽冥大学建筑群做起,以订购的形式按件供货,倒是的确打开了销路。2000年,伯纳德和伊索贝尔搬至萨默塞特郡的温坎顿,离特里住的庄园只有二十多英里路。他们又以伊索贝尔即将从父亲那儿继承的遗产作为抵押,问特里借了笔钱周转,在镇中心开了一间名为"巧匠"(The Cunning Artiffcer)的碟形世界主题商店。借款期间,特里每次见到伊索贝尔都要开玩笑地问她:"令尊怎么样?身体还好吗?噢,真遗憾。""我发自内心地觉得好笑。"伊索贝尔说,"尽管其他人都为我打抱不平。"在特里的催促下,借款连本带利地还清了,商店的生意也很快走上了正轨。2011年,伊恩·米切尔和合作伙伴雷布·沃伊斯正式入伙,商店又更名为"碟形世界主题店"(The Discworld Emporium)。在2021年伯纳德和伊索贝尔从柜台退居幕后,决定只在线上销售商品之前,这家主题店一直是接待《碟形世界》粉丝和游客的唯一实体店。特里也是店内的常客。后来每隔一段时间,主题店都会接到这位作者的电话,显然是为了找乐子:"商店有谁在?它们看起来整洁吗?对,我得去一趟,和我的人待会儿了。"

对特里来说,通信簿里有位雕塑家是件一举两得的事,做周边商品业务之余,还能拜托他给自己做些私活儿。特里的骷髅头戒指就是伯纳德用多种金属混制的,几个装饰手杖的把手也出自伯纳德之手。2004年,环球出版社在伦敦皇家艺术学会举办派对庆祝《碟形世界》系列二十一周年诞辰。伯纳德打造了一个厚橡木讲台,上面用链子绑着奥克塔沃魔法书的模型(藏在幽冥大学地下密室的魔法书)——那是特里当晚的惊喜礼物。鉴于特里一向对惊喜深恶痛绝,讲台其实是严格遵照特里提供的规格,与特里合作打造的。揭幕前一周,特里就迫不及待地把它从伯纳德那儿抢了过来,带回"礼堂"做最后的改动。那个周末,特里和我把魔法书里弄成了空心的,里面用光缆营造出灯光闪烁的效果。到了正式揭幕时,特里做出一副惊喜到目瞪口呆的模样,令人印象深刻。后来,这个讲台一直摆在"礼堂"的书房里。

也是伯纳德试图实现特里的心愿,为他在庄园庭院铸造碟形世界喷泉。特里通常不喜欢将他的作品印在户外的大型私人纪念碑上,所以这个大工程对他来说非同小可。喷泉要有巨龟大阿图音、大象、碟形世界、顺着边缘倾泻而下的汪洋大海……您大概可以想象出它是什么样子。"但不能有玻璃纤维。"伯纳德说,"特里非常坚持这一点,他说:'我不喜欢玻璃纤维,玻璃纤维做的船和路特斯汽车都不像那么回事。'"他们制订了详细的计划,进行了复杂的流体动力学计算。然而,由于喷泉的主体体积远远超出了伯纳德现有的铸造工作间,计划也就不了了之了。至于庭院的装饰问题,特里最后摆了一套象征火、水、土和空气元素的雕塑。

但所谓人心莫测,说的就是您永远不知道接下来会发生什么。2001 年,伯纳德带着"虚幻庄园"的新增蜡像去"礼堂"给特里过目。蜡像和往常一样,用报纸包着,放在塑料筐里。伯纳德拆开包装,把蜡像放在桌上,然后和特里开始讨论。我多希望粉丝能亲眼看到这一幕,看着他们合作无间,不放过每个重要的细枝末节。新模型做的是"卫兵局"。那时,特里正在写《夜巡》(Night Watch),他给伯纳德看了几段内容,讲的是威姆斯被杀手尾随,需要在下班时间溜进卫兵局。二人讨论着应在建筑的哪个部分加根水管,夜闯才行得通。

这番颇有成效的积极对话结束后,伯纳德把模型一一包好放进筐子里。"谢谢大家伙儿,"他愉快地说,"我就不多占用你们的时间啦。"

就在他要出门时,已经坐回书桌前、注意力似乎又回到电脑屏幕的特里头也没抬,轻描淡写地说了句:"伯纳德,这次做完,我觉得应该没有位置给其他建筑了。"

伯纳德看了眼房间另一头的我,五雷轰顶一般。这对他来说是个毁灭性的打击。没有碟形世界建筑,他就没有生意,他怀着绝望的心情离开了房间。

然而,后来这个话题再没人提过。实际上,建筑模型项目并没有停止。模型继续出了好些年,直到伯纳德的手指不再灵活,无法继续雕刻。

★　★　★　★　★

整个九十年代，特里每年在英国办两场为期三周的图书巡回签售。一次在 5 月，另一次在 11 月。每天他都会参加两到三家书店的活动（三家的情况非常少见），在多达一千本书上签上自己的名字。这给他带来了巨大的成就感，不过内心毫无波澜的时刻也不在少数。"巡售时的我就像只刺猬。"特里坦言。他承认一天签售七八个小时"易对一个人的社会修养产生些许损耗。"

还没为他工作时，我总是设法参加他的签售，就像喜欢的乐队来到家乡附近时，我会抽身去见他们一样。那些和我一样的书迷，排着队，把刚买的新书摆在他面前，请他添上个性化的标记，和作者共度片刻时光，然后心满意足地离开。然而特里却一直处在持续轻度烦心、偶尔高度烦心的状态。至于巡售对他个人的消耗有多大，读读特里在巡售结束后亲自撰写并提交给出版商的总结报告就知道了。这类自发撰写的报告旨在评估各家书店的签售业绩，为后续选择签售地点提供参考。出版商对它是既期待又忐忑。为了让内容更清晰明了，特里自己制定了一套专门的评星体系，主要用于给书店和/或活动打分，偶尔也会拿来评价出版商为他安排的酒店。每次，他都会在报告开头添上评星体系的注解。

无星：不用再叨扰。

*：签售会办了，乏善可陈。

**:有几件事搞砸了。

***:不错的基础签售会，书店处理桌子、店内布置和统筹事宜的速度很快。

****:三星基础再加上热情的工作人员、友好的氛围，整体感觉良好。

*****:只有真主安拉是完美的。

做得好的书店会得到赞扬，但那些特里永远不想再看到的店会被毫不留情地拉黑，列入他的"狗屎清单"。

如今再回过头阅读这些报告，让人不禁感慨在猫途鹰[1]面世之前，特里就是他自己的旅行建议师。有时，他立即就能发现自己不喜欢什么。比如，不喜欢福克斯通酒店"飘着鱼腥味的电梯"，还有在怀特岛的奥塔卡连锁书店签售结束后吃的那顿索然无味的快餐——"午餐吃了麦当劳的麦香鱼堡，那股脂肪变质的味道跟了我好几天。"还有时候，他得绞尽脑汁地找出他不喜欢什么。"我在努力思考为什么这么讨厌它。"在参加完某场《灵魂音乐》的图书签售会后，特里写道，"我觉得可能用'傲慢无礼'或'盛气凌人'来形容会比较恰当……员工站在我身后聊天，抱怨他们有多累多忙……我觉得自己就像个展品……这家书店在'狗屎清单'榜上有名。"

不过，多数情况下，他会在报告中直接破口大骂，抨击桌子不够

---

① Tripadvisor，旅游平台，可供用户打分。

多,或者书店在店内有不少空间的情况下,还让客人站在门外的寒风里排队,还有酒店吸尘器的电线不够长,顾不到房间的犄角旮旯;他抨击书店锲而不舍地要求预购图书,全然不顾自己已经重申了许多年这对他的时间安排来说根本不现实;他抨击所有的书店经理,并重点点名了一家连锁书店的员工,说他们是一群"没精打采的传媒专业毕业生,觉得人气作家造访书店是件有趣却也烦心的事。"

他抨击简易三明治,更糟的时候连简易三明治都没有,抨击酒店的烧水壶烧水时飘出的气味;他抨击廉价酒店——"我宁愿杀了谁,也不愿再住进这种酒店",也会炮轰昂贵的酒店——"有点太自以为是了"。有时,他会将矛头对准整个酒店行业:"典型的英国酒店。是的,很烂。"至于酒店的员工……他分别针对几家酒店给出了这样的评价:"充分展现了英国酒店普遍笼罩的阴郁氛围,这儿的员工提供的是招待所级别的服务,调料瓶要另付5便士""员工应该上一下身体语言课"和"烂透了……员工都呆头呆脑的,即便是拿衡量酒店的标准来看。"

他抨击对他不闻不问的书店经理,也抨击话太多的经理。"经理友好健谈,但不出三分钟,就和我说她读不下去我的书。她为什么非得讲出来?她不说谁会知道?"在另一家书店,他形容"经理像游魂似的飘来飘去",还有家店的经理"摆出一副我是他出钱叫来的样子"。更夸张的是,"下次再有经理和我说某某作家来的那天有多好,他会发现自己被钉在桌上。也不看看他们签售的书往往才是我的五分之一。"

他抨击事先不打招呼就临时安插的临时采访,也不满日程中提前规划的采访。"在朗廷希尔顿用过晚餐后,在休息室等到深夜十一点参加理查德·阿林森[1]的节目。在他说出'那么……和听众们讲讲《碟形世界》讲了什么吧'的时候,我就知道我们浪费了一整晚。"提及做客BBC二台的《艺术节目》(The Arts Programme)时遇到谢里丹·莫利一事[2],特里说:"书要是没印在五英镑纸钞上,他大概是不会读的,但好在凑了十分钟的时长。"[3]★

1997年5月为《泥土叛变》(Feet of Clay)巡回签售时,他抱怨人们给他吃"蜡做的馅饼",还说在我的家乡诺里奇的诺威奇百货商店签售时一直有人催他。签售的队伍蜿蜒地穿过书店,排出图书区很远。"我那杯不怎么好喝的茶才喝到一半,就有人要我开始签售,以免'队伍走散,他们已经排到楼上的男装区了。'"特里指出他"被很不礼貌地催着赶快开始工作,以免队伍排进内衣区。"[4]★

---

① 理查德·阿林森(Richard Allinson,1958—),英国知名广播员。

② 谢里丹·莫利(Sheridan Morley,1941—2007),英国知名作家、评论家和广播员。他为许多戏剧界和影视界人士撰写过传记。

③★ 好的一面是,特里趁着巡回签售期间去英国广播电台以及电台对面的朗廷酒店时,可以和在伦敦生活和工作的蕾哈娜一起吃早餐,享用酒店丰盛的自助餐,度过特里口中的"高质量时间"。

④★ 但为时已晚!我父亲当时就在队伍里,要给我买礼物,他的确在内衣区排了一阵。排在他前面的是位女校长,后面是诺福克和诺威奇医院的一位女护士长。排队等待时,他们和他聊起了对特里小说的喜爱。我的父亲不读普拉切特的书,但那天的遭遇彻底改变了他对普拉切特读者群体的刻板印象,他以为读普拉切特的人都像他儿子这样。

他时而身体不适,时而情绪暴躁,时而既身体不适又情绪暴躁,而这些都是他抨击的对象。"不幸的是,高温、中午的沙拉、水石书店里弥漫的烧焦地毯的气味像遍布全身的偏头痛一样,朝我狠狠压了过来。我惊讶于自己居然挺住了,没有吐出来。"

事实上,他的要求并不高。特里在一家书店闲聊时得知了一个八卦:琼·考琳丝①在签售时,要求有鲜榨橙汁装在玻璃杯里,用银托盘呈上来。她还要求有专人为她递书,提前把她的书按照一摞不超过四本的原则整理好。②★并且,她签售了六十分钟,只有六十分钟,就从座位站起身,把挽留她的读者抛在身后。③★对比之下,特里要一杯茶,一把像样的椅子和一张桌子供他坐下,无论待多久都成,怎么看都是缺乏了些想象力。

但这就是问题的关键。他甚少索取,却也鲜有回报。强烈的对比让特里窝火极了,经年累月的巡回签售让这愤怒愈积愈深,终于抵达了普拉切特标准的底线。

"这里居然没有签售桌!"1995年,他在一家书店写道,语气中满是难以置信和绝望,"只有一个固定的矮书架,要不是我提议取走一块隔板,连膝盖都没地儿放……提供的椅子也矮得可怜,我看起来就像学步期的孩子在和大人吃饭。"鄙陋的座位成了报告中永恒的吐槽话题,最精彩的当属1997年《放马过来》签售会,特里写道:"为了在

① 琼·考琳丝(Joan Collins,1933—),英国著名电影、电视剧演员,兼职作家。
②★ 精彩到需要查证的故事。
③★ 这也是个精彩到需要查证的故事。

签售会上稍微舒服点,我不得不叉开腿坐在桌上,那姿势就像一个老太太坐在海边想让自己的衬裙透透气。"

等一切都结束后,他一瘸一拐地从书店走出来。他和没等来彩色M豆巧克力碗的摇滚歌星不一样,他活像一个驱车几小时只想找个地方坐下的家伙。

我不奢望得到赠品。甚至不奢望现场有笔。但我要求他们至少知道那该死的签售该怎么办! 这意味着要有张桌子! 和一把椅子! 桌椅应当能让人坐下,较为舒适地快速签售三小时,这样书店就能赚很多钱了! 主啊,为什么这么浅显易懂的事还要我们来说? 十一月巡售前,我们必须给选定的书店写一封委婉的短信——因为若是再遇到只有一个矮书架和一把破椅子的情况,就别怪我不客气了,无论现场有没有人排队。

这一时期,特里深刻认识到一位作家会在宣传旅行时遭遇千百次轻侮,但不得不说大部分都被他用幽默化解了。他知道坐在WH史密斯书店,听到路人错把他当成特里·韦特①★是什么滋味。他把围观签售会的这类看客统称为"灵魂发问人"——会说的无非是"你见过吗?""还没开始吗?"和"从没听说过"。特里知道伴着这种"窃

_____

①★ Terry Waite,这位圣公会的人质谈判专家在此事发生几年前,就从黎巴嫩的监狱获释了。韦特和特里有一样的名字,留着一样的胡子,但他比特里高得多,更像圣公会的人。

窃私语①★"签售是什么感觉。有一次,他在米尔顿凯恩斯签售时迟到了。正当他想挤过人群赶到签售台时,被保安拦住了。"抱歉,伙计。队在后面。"特里径直转身,走向队伍的尽头,冲排在队尾的人说了句:"今天你们走运了",然后就在他们的书上签起了名。还有一次,他在切特斯一家书店的里屋为预售的图书签名时,有人在门口探头张望,和他汇报门外的排队情况:"队伍的长度已经超过种出巨型蔬菜的那哥们儿了②!"特里不知道超过杰弗里·阿切尔和超过巨型蔬菜种植者哪个更值得骄傲。

在贝辛斯托克签售时也出过状况。经历了极度漫长的一天后,特里心情极度不爽,走进书店直接和经理说:"给我一杯金汤力,不然我就杀了你。"别说,这招还真管用。"马上来!"经理高兴地说,不出九十秒就把金汤力端到了特里手中。"第一印象很重要。"特里后来写道。③★

实事求是地讲,特里对九十年代的巡回签售也有不少满意的地

---

①★ "Susurration"(窃窃私语)是特里最爱的英文单词,尽管他和碟形世界系列《实习女巫和小小自由人》(The Wee Free Men)中的老师一样,还知道许多类似"marmalade"(橘子酱)和"corrugated iron"(波状铁)的长单词。在书中,蒂芙尼·阿奇仔细思考了"susurrus"一词的含义,将其定义为"一种轻柔的声音,如同耳边的呢喃或喃喃自语"。

② 指杰拉尔德·斯特拉特福德(Gerald Stratford)。

③★ 蕾哈娜去游戏杂志《电脑区》(PC Zone)面试她的第一份工作时(特里表示,"新闻事业那双沧桑的老手"像曾经伸向他一样,伸向了她的女儿),尴尬地发现她的面试官曾在WH史密斯书店工作,并在特里·普拉切特的一次图书签售会上受了委屈,至今还耿耿于怀。蕾哈娜找机会绕了这段百害无益的题外话,保住了这份工作。

方。就出版方而言,特里的对接人经常是环球出版社的萨莉·雷。他觉得所有的宣传人员都应以萨莉为榜样。萨莉会提前联系书店,建议他们提前准备一袋冻豌豆,方便特里冷敷手腕(这个妙方特里使用了很多回,对它的需求也与日俱增)①★。对了,她还会询问书店能不能确保特里在签售时背后没有人走来走去,因为那会让他感到不安,担心自己会被手拿斧头的疯子袭击。

此外,特里很喜欢环球出版社给他指派的司机和专车,那是一辆亮面银色捷豹。在索尔兹伯里时,特里的私人司机是克里斯·惠特马什。他从前是开重型卡车的,穿着件点缀足球纽扣的开衫,开着一辆有点破的奔驰。车里似乎总有至少一盏紧急故障指示灯亮着,之所以不能确定究竟有几盏,是因为他在仪表盘上贴了一条黑色的绝缘胶带,免得惊扰特里。他总拿跑长途和开夜车的故事博特里开心。

到了出差,环球出版社为他指派的司机就变成了格雷厄姆·汉密尔顿。格雷厄姆曾给弗雷迪·默丘里②开过车(尽管特里对他曾为政要开车这件事印象更深刻),因此他专门接受过"防御性驾驶技术"的培训,这似乎让特里安心了不少。因为他知道若是在沃特福

---

① ★ 1997年,伯纳德·皮尔森为特里寻到了一个内置双冰袋的腕托。他在去澳大利亚签售时试了试,但它太笨重了。那一年,特里已经在思考过度签售会不会让他的手腕出现"劳损"。

② 弗雷迪·默丘里(Freddie Mercury,1977—1991),英国歌手、音乐家,皇后乐队主唱。

德水石书店签售时遇到了什么麻烦,他还有位可靠的司机可以倚赖。①★

当然,这一时期,特里取得了许多可喜可贺的胜利。比如,1997年11月,科尔切斯特签售会"排队时长刚刚超过三小时十五分钟,超过了曼彻斯特。这个中等规模的小镇是如何战胜大都市的?"还有1996年在伦敦的"禁忌星球"书店签售,"这场活动的非官方记录时长为四小时四十二分,是我做过的最长的不间断签售,比原纪录多出半小时。"1998年,这一纪录再次刷新,特里在同一家书店连续为《放马过来》等书签售了五小时三十八分钟。就连餐食也有了可圈可点的进步。"午餐是带皮烤土豆配沙拉和凉拌卷心菜。"签售了一早上的特里赞许说。"三明治不错。"他在另一场签售会记道,"队排了两小时。店里的陈列不错,有冷饮供应,粉丝也开心,是场令人愉悦的签售。"

然而,不知何故,即便一场签售活动能汇聚所有的高光时刻,让书店、书迷和烤土豆都恰合人意,总还是少了些什么。"现在,"特里在1998年说,"当我意识到过去十年间自己花在巡回签售上的时间累计至少有一年,我就忍不住沮丧。"就连万事顺意的活动也让他提不起兴趣。有一年5月,他为《星期日泰晤士报》的海伊文学艺术节(Hay Literary Festival)做了一次演讲。活动现场搭了一个巨型的天幕,人山人海。特里的父母艾琳和大卫当时住在特里为他们在海伊

①★ 格雷厄姆曾经开车载着特里,先于我从曼彻斯特赶到了格拉斯哥。这听起来没什么,但要知道我搭的可是飞机。

小镇买的乡间别墅里，他们自豪地坐在前排。采访进行得很顺利，结束后他在书店的帐篷展位签售了两小时。"但……这么说吧，我不会再去了。"他写道，"他们和我之前担心的一样，有种居高临下的感觉，像'罗马参议院接待匈奴王阿提拉'一样对待我。"

实际上，早在1996年11月《拯救老爹》的巡回宣传结束之时，他就已经出现了不堪重负的迹象。"每天我签名（现场和预先售卖的书籍）的时间是六小时打底，通常是七小时，甚至更多。"特里当时写道，"队伍越排越长，快赶上生产线了。订单也越来越多。越来越多的时候，我到书店没几分钟就得开始签。我没办法无限期地保持这种状态。它已经影响到我的大脑和手腕。肾上腺素固然有用，但水桶迟早会把井舀干。"

但不知怎么地，井始终没有干。2001年《猫鼠奇谈》巡售时，特里遇上了一连串糟糕的事。先是在斯托克波特参加第一场活动时，桌子离门太近了，"我的脚都冻僵了，连签字的书也是冰凉。"紧接着，在曼彻斯特，客房服务点的三明治没能送来，这意味着那天的"晚餐是客房迷你吧的一瓶腰果①★。"然后，兰卡斯特有家书店还处在刚重装完一片狼藉的状态："说出来你都不信。经理若是明智就该取消活动。作家若是理智就该溜之大吉。下次我要是再这么干，就请打断我的腿。"

没过多久，他又碰到了一位让他不满意的书店店主。"我觉得我

①★ 毫不夸张地说，这件事令特里大为光火。这也是为什么无论他身处何地，无论他有多饿，他都极度厌恶支付酒店迷你吧商品高到离谱的价格。

见到了经理。没讲几句话。他好像刚发过火。这些书商,谁能说得清呢？毕竟,人们把他的书店挤得水泄不通,买了那么多本书,难免会扰乱事情的正常运行。"受到怠慢后,伊普斯威奇提供的小食也不尽人意。"架上摆了一盘这世上能买到的最味同嚼蜡的寿司(鱼泥卷)和一些干肠。我觉得他们可能是当地用来供奉神灵的祭品,因为没人对它进行任何说明。"接着,压死骆驼的最后一根稻草是"在雷丁,我发现签售台后面贴着一张《哈**特》①的海报。好样的。"

事后,特里写下了他的结论。他显然已经受够了这些大型巡回签售。"它已经不再是一种乐趣,纯粹是一种惩罚。"他厌倦了成为作家这件事中和出版宣传绑定的一部分,不想再被人当附属品对待。"它来了,你把它搁进房间,它签了预售的书,它签了现场的书,它走了。"日程安排很紧,要求又太多。他饮食不规律,睡得也不够,健康损害严重。"大部分时候,一到周中,我就会头痛不止,需要整日定期服用阿司匹林泡腾片才压得住。"

他也想知道,这么做是否值得。"谁也不知道一场签售究竟能创造多少营业额。"他觉得在书店签售不足以建立品牌忠诚度:"就像仙女变来的黄金,一夜之间就蒸发了。"现在就连书迷都把在他们的城市办签售会当作理所当然之事,若是不办,还会因此生他的气。

"这些事,我已经做了十三年了。"特里自我反省时写道,"我想我已经成了最初为我不齿的那种'性情乖张'的作家。我唯一能做

---

① 此处指《哈利·波特》系列(Harry Potter),J.K.罗琳的畅销系列书籍。

的辩解是，我是被迫而为之。我不求能有烟熏三文鱼，也不求签一小时就能走人，但好书店对我的提振，远不及坏书店对我的打击来得多。我不知道我们能不能尝试些新的东西，但我愿意一试。"

这一次，他的态度听起来很坚决，发出了最后通牒。"我认为，是时候请您叫停这些大型巡售活动了。"特里给出版商写道，"我觉得这些大型巡售应该像恐龙一样消失，否则消失的就是我了。"

次年，即2002年，环球出版社出版了第二十九部《碟形世界》小说——《夜巡》，特里拿起他的帽子和包，再次上路宣传。

在九十年代的巡售之旅中，有一件事真正对特里造成了恶劣的影响。它和疑似变质的烤土豆或者酒店嘎吱作响到"可以演奏管弦乐的地板"没什么关系。九十年代中期，特里出发去签售，到了当时同维克多·格兰茨出版社合作的书店，才发现那里根本没有供他签名的新书。这个纰漏发生在哪儿都不像话，但它偏偏发生在澳大利亚，就更让特里气不打一处来。他很快就表达了自己的不满：如何能让一位作家大老远跑到澳大利亚却没书可签。然而，科林还有特里最终还是决定宽容一回，说了些类似承认错误、吸取教训、下不为例的话。所以等到特里再飞往澳大利亚，同样的事又一次发生时，科林觉得别无他法，只能放弃维克多·格兰茨出版社。那时，马尔科姆·爱德华兹早已离职。失去格兰茨的编辑乔·弗莱彻的宝贵意见固然遗憾，但情况所迫。1998年，环球旗下的道布尔戴（Doubleday）

成了特里的精装本出版商,同时特里的平装本作品由环球旗下的科尔吉出版。

　　同年,第二届"碟形世界大会"在利物浦的阿德菲酒店召开。酒店的工作人员——尤其是那位令人敬畏的经理艾琳·唐尼——还沉浸在前一年BBC的系列节目《酒店》①★带来的荣光中。大会吸引了近一千名参会者,他们有机会一睹"行李箱大战"(低配版《机器人大战》)的风采,听特里阅读《扼住咽喉》和《第五头大象》(*The Fifth Elephant*)的未出版片段,以及参加慈善拍卖。拍卖会开了很久,对主持人伯纳德·皮尔森来说更是度秒如年,他穿着主要以旧地毯碎片制成的衣服扮演马斯特姆·瑞德考利,热得浑身冒气。大会供应的餐点有人们公认正在消亡的英式咖喱,配上必备的苏丹娜葡萄,还有些果冻类的甜点。②★为了让闭幕传统与时俱进,人们把大会的组织人保罗·鲁德扔进了装满木薯粉而非蛋奶糊的充气游泳池里。这次活动和曼彻斯特那次一样,充满了欢乐,见证了真挚友谊。毫不夸张地说,活动结束后,有些与会者是挥泪离开的。

　　那个周末还有一个人略带勉强地接受了大会的邀请。他就是环球出版社的副总经理帕特里克·詹森-史密斯(Patrick Janson-Smith)。会后,他给公司所有负责和普拉切特对接的核心员工发了条内部消息,反馈他的经历。"我有点羞于启齿,但……"帕特里克在

---

　　①★《酒店》(*Hotel*)是BBC对电视真人秀类型节目的试水,显然没能成功。

　　②★大会组委会提前前往利物浦,开了选品试吃会。但我找借口推掉了,因为我觉得大会的食物永远都是那样品质堪忧,品尝它的机会越少越好。

开头写道，"……我觉得我在碟形世界大会度过了非常愉快的时光。"帕特里克一手创建了环球旗下大获成功的黑天鹅（Black Swan）品牌，出版了乔安娜·特罗洛普[①]和玛丽·威斯利[②]的作品。他常穿着一身点缀金色纽扣的蓝色西服，看起来不像是会参加奇幻大会的人。或许他其实是？他曾在一年一度的出版社舞剧中，换上裙装饰演黛安娜王妃，所以他至少能和大会的扮装比赛产生某种深层共鸣。更何况，谁又真的能代表《碟形世界》的典型读者呢？这也是帕特里克此行前往利物浦，试图回答的问题之一。"我觉得多样化的参会人群正是大会的魅力所在。"帕特里克和员工汇报说，"既有很多留着胡子、穿着短外套的书呆子，也有中产模样的夫妇，有的还带着孩子，还有一些经历奇特的传奇人物，比如之前做过教育官员，现在退休后住在一艘运河船上的托尼·刘易斯；从瑟罗克来的掘墓人；还有J.J.凯尔乐队的前钢琴师洛基·弗里斯科，他曾骑着摩托穿越了半个美国去见'猫王'埃尔维斯·普雷斯利，还要到了签名[③★]。"也许，硬要找出一个适合所有"碟形世界大会"与会者的标签本就没有任何意义。特里唯一一次以群体视角定义他们，说的是："他们喝起酒来像橄榄球俱乐部，打起架来又像象棋俱乐部。"

---

① 乔安娜·特罗洛普（Joanna Trollope，1943—），英国畅销书作家，以创作浪漫小说著称。

② 玛丽·威斯利（Mary Wesley，1912—2002），英国当代著名小说家。

③★ 洛基·弗里斯科（Rocky Frisco）已经去世，他是普拉切特的忠实粉丝，会定期在 alt.fan.pratchett 发帖。他还是汽修师，拥有一辆被他命名为"行李箱"的迷你库珀车。

针对他的作者在利物浦的表现,帕特里克写道:"特里,不用说,完全在他的主场。他吸引了全场的注意力,但我不得不说他很懂得如何与粉丝打成一片。他每晚都会熬到凌晨,应酬、拍照,为书、T恤、模型和废纸片⋯⋯签名。"

帕特里克总结说,这是一次"非常暖心的活动,我甚至想考虑再去一次!"离开前,他花七十英镑在伯纳德的慈善拍卖会买了一个英国汽车协会出品的指引人流前往大会的大号黄色路标。这位副经理抱着路标登上了回伦敦的火车,把它挂在了他在环球出版社的办公室里。

"我听说你在我的经纪人那儿工作。"大会结束时,特里对我说。我在那届大会上担任嘉宾联络员,自豪地带着耳返,送特里出了会场,上了他的蓝色福特蒙迪欧。我确实每天都要去科林·斯迈思有限公司所在的科纳韦斯宅邸上班,愚公移山似的录入版税报表,创建公司网站,让计算机技术融入公司的业务流程。不久后,公司开始派我去索尔兹伯里,为特里做些电气、行政类的工作。特里似乎对我做的事还算认可。我在办公室外借调的天数逐渐增多,多到都要与我待在科纳韦斯宅邸的天数持平了。需求最甚时,我觉得自己就像披头士乐队的歌里唱的那样,一周有四天为科林工作,另外四天为特里工作①。确切而言,我其实是被特里挖墙脚了——但是挖墙脚工作进行得偷偷摸摸,且过程持续了好几个月。最后,特

---

① 此处指披头士乐队的歌曲《一星期八天》(*Eight Days a Week*)。

里捅破了这层窗户纸,问我是否愿意像吉莉·库珀的阿曼达一样,成为他的助理。

第一天上班是12月初的一个周五。当我开车进入大门时,正下着瓢泼大雨。我把车停在院里,快步走下斜坡进屋。我不安极了,不知道接下来会发生什么,就坐在厨房,略带紧张地和琳恩聊着天。琳恩给我倒了一杯伯爵茶,带着点儿奶味,正是我喜欢的味道。我不大清楚特里去哪儿了。也许,他是优哉游哉地起晚了。我在想他下楼时会不会穿着天鹅绒吸烟装,打着丝质领带。以我对他的了解,似乎不大可能,但谁知道作家在家是什么样呢?

约莫二十分钟后,身后的门突然开了,一阵潮湿的冷风灌了进来。特里进了屋,他穿着一件长款棕色防风皮衣,戴着一项破帽子,全身都湿透了,狼狈不堪。他之前是出去喂乌龟了。

"你在做什么?"特里用问候的语气问道。

"呃……没做什么,特里。"我回答。

"好吧,你最好做点儿什么。"特里喊道,"什么都行! 我可是在付你钱。"

第十四章

胶皮手套、势利的电视节目
和滑铁卢站遭殃的奥利维蒂牌电脑

　　我刚开始为特里工作,他就和我申明了一件事:他最烦不忙装忙的人。他还举了些具体的例子进行说明:在无人问津的服装店里,销售员不停地码正已然整齐叠放在整洁货架上的帽衫;在冷冷清清的建筑工地里,工人一本正经地倚着铁锹。"实话说,罗伯。"特里说,"千万别这么干。如果你觉得自己无事可做,就去看看报纸,或者去工作室把电视新闻打开。不要努力让自己看起来很忙。"

　　我觉得,他作为我的老板,能开诚布公地讲明这点很好,说明他对员工在工作场合休息持开明的态度。虽然我很乐意听他的话,空闲时休息下,看看电视,以免让他看着心烦,但有个小细节我必须得说明:我从来没有不忙的时候。

这并不等同于我总是在忙工作。我之前说过,很多时候,我和特里都在忙一些介于非工作和工作之间的事。我们把这些活动统归为"X"类任务,意为"瞎忙"。不过,我可以诚实地说,工作的这些年来,我没有一刻不在忙着做事。跷着脚看报纸这种好事从没发生过,一次都没有。

在那个下着雨的周五,我们一起去了"礼堂"。"你做过增值税申报吗?"特里问。我诚实回答没有。他扔给我一个厚厚的马尼拉文件夹,说:"你熟悉下这个。"所以,这就是我第一天上班前几个小时做的事——弄清英国税务及海关总署季度申报表的来龙去脉,哪些支出可申报增值税退税,哪些不可以申报,以及区分销售价值和采购价值,而特里则坐在桌前,继续写他写了一半的《时间盗贼》。

那天早上我还去泡了茶。当然,这件事我还是有经验的。①★那时,我仍有种不真实的感觉。我记得自己站在"礼堂"狭长的厨房里,将茶包放进杯子,一边等水烧开,一边想:"特里·普拉切特本人就坐在里间,写着下一本特里·普拉切特的书。"越想越感到不可思议,总觉得哪里怪怪的。

后来,特里突然起身宣布:"好!我们来回信吧。"他从桌上拿起一个黄色的卡纸文件夹,翻过来把信倒在地上。信的数量不少,但也没到多到数不清的地步。我其实有点意外。我以为会有更多信。

---

①★ "礼堂"用的茶包起先是伯爵茶,直到有天因为断货,才被迫换成了格雷仕女茶。自此就"积重难返"。我们对佛手柑的香气欲罢不能,此后一直喝格雷仕女茶。

接着,特里又伸手从旁边的地上提起一个大布包,把里面的信倒在刚才的小信堆的上面。这才像话嘛,更接近我对特里·普拉切特一周粉丝来信数量的想象。

然后他又从地板上提起另一个布袋,比刚才的那个还要大,把它也倒空了。这时,信件已经在我们面前堆成了小山,差不多有我的膝盖那么高。特里却还是一副波澜不惊的样子。

所以,现在我对读者来信的数量有了更清晰的认识。

特里当时有把据说能改善坐姿的"跪姿椅"。他坐在上面,端着一杯茶。我则坐在键盘前,伸手取信,拆开,大声朗读,再记录由特里口述的回复。就这样,在接下来大约四小时的时间里,我们努力消解着那座信山。这一过程中,我渐渐将特里收到的书信分成了几种类型。很多人似乎只是想表达对特里作品的感谢,针对这类来信,特里的标准回复是"感谢您的钱";还有些来信好奇特里的灵感出处,特里的回答通常是"克罗伊登的一间仓库"或者"贝辛斯托克车站背后一个开报刊亭的家伙";剩下的寄信人问的问题比较抽象,想知道他是怎么成功的,字里行间透出的言外之意往往是"有没有什么捷径?""我觉得他们期待我回复的是个可以一按即灵的按钮。"特里说,"一个可以访问的网站,或是一门可以注册的函授课程。"某种程度上,他给出的真实答案可能并不是人们想听的,但他还是实话实说了,即他的成功靠的是摒弃社交时间、日积月累的写作,不可避免的,这其中也有幸运的加成。

信中偶有人问："我写了本小说——现在该做什么？"(特里："给自己找个合适的经纪人。""合适"显然是这句话没有言明的重点。)另一类比较常见的问题和小说中的特定人物有关。比如，从《放马过来》到《第五头大象》，萨姆·威姆斯怎么样了？这期间他都在做什么？(特里："没做什么。他是我瞎编的。")还有些人写信是为了索要签名照。"究竟为什么会有人想要作家的签名照？"特里反问道，稍稍停顿后又加了句，"特别还是我的。"还有人拿绿笔在紫色信纸上写信，信纸的顶部往往画着蝙蝠一类的图案。我们常常会把这类信留到最后，等我们完全进入状态了再读。

还有不少来自校刊的撰稿人、组织学校项目的学生，以及学生记者的采访邀约。我之前说过，只有一次，特里拿起电话直接打了过去。通常情况下，他会以忙碌为由礼貌致歉，并祝福来信人未来一切顺利。有时，我们会收到一个厚厚的A4信封，里面装着全班三十五个人的信——显然是某类"给作者写信"活动的产物。这种情况下，特里绝不会只给老师回信，我的直觉告诉我他会回给全班每个人——他也确实会这么做。还有一类特殊的信件来自家长（通常是母亲），感谢特里激励他们的孩子（通常是儿子）读书。有时，那些家长还会补充一句，他们的儿子只愿读特里写的书。乍一看，这是一种很高的赞美，证明特里的作品拥有一种特殊的吸引力，能够化解其他书籍让人望而却步的力量。但特里却将其看作一种客套的恭维，重复的次数多了，就渐渐生出了某种侮辱的意味：这些母亲似

乎是在告诉他，她们的儿子不会读像样的书，但他会读你的。尽管如此，特里在回复这些信时还是表达了他的感激。①★

起初，我并不理解为什么他会把这么多的时间和精力花在回信上。他不是有本小说还没写完吗？是的，他的确有本小说要写。但这些信件仍在他的日程中占据优先地位。我意识到，特里这么做，一部分原因在于，他的心里永远住着那个身为粉丝的他——他给托尔金写信，收到了回信，而且还是邮寄的。他深知以这种方式联络、被倾听并获得回复具有怎样的意义。但我觉得这其中也夹杂着某种保护的成分。毫无疑问，部分文学评论家对特里·普拉切特的作品持保留意见（任何人都有权这么做），这些意见往往会成为他们随意攻击普拉切特读者的工具。这类攻击似乎比针对书籍本身的批评更具指向性和迷惑性。最典型的无差别攻击的例子，发生在1994年BBC二台的艺术节目《晚间评论》(Late Review)（这个节目很久前就不做了）组织的一场座谈会。诗人汤姆·波林(Tom Paulin)在讨论中大肆贬低特里的行文，称其"太业余了！他甚至连章节都没分！"，并用同样鄙夷的口吻评价了普拉切特的读者："就像是掀起一块石头，你会看到一群虫子四散开来。你不会想它们究竟在干什么，你只想放回石头走开。"坐在波林身旁的专栏作家艾利森·皮尔逊

---

① ★特里过世后，琳恩和我终于鼓起勇气翻阅了之前积压的粉丝来信。她从信堆里抽出的第一封就是"母亲感谢特里激励她儿子读书"类的信件。这封信来自奇拉·布拉克。〔译注：Cilla Black(1943—2015)，英国歌手和电视节目主持人。〕

（Allison Pearson）听到这儿，做了个鬼脸表示赞同，补充说，若是有女性想读这些书，她会很惊讶——这句无端的批评相当于忽略了占据特里·普拉切特的读者群大半江山的女性读者。膝跳反射式的敌意以及不懂装懂的行径，让特里对BBC二台艺术评论节目的无差别中伤更加不屑一顾，对他的粉丝也更保护有加，尽其所能地珍惜和他们的联结。他们为什么要承受这些呢？外部世界有太多各怀鬼胎的中伤者；重要的是团结一致，挺身而出。

但书信往来的意义并不止于此。特里显然认为他的成功很大程度上源于他的平易近人：图书签售、"碟形世界大会"、信件都是他具有亲和力的表现，更别提他还在alt.fan.pratchett发了那么多帖子。他与读者建立联结的方式是多样的，不仅限于书面文字。至少在特里看来，那些没参加过图书签售会或"碟形世界大会"，或者没给他写过信的读者，也能感受他作为那种类型的作家的魅力。因此，他对回信有种迷信的坚持：若是他不试图跟上来信的节奏，联结中的一个基本链环就断了，他和读者的情谊也就到头了。

那天下午，我们用特里的巨型激光打印机打印了他口述的信件。那台打印机和博物馆的展品无异，大小和滚筒式烘干机差不多，在房间的角落嘎吱作响地运转着。很快，它就不堪重负，墨粉耗光。特里戴上胶皮手套，向我展示如何把塑料瓶装着的墨粉添进巨大的墨盒里，流程极为费力繁琐，即便放在当时也并不常见。我对这件事印象深刻。我们两个电子迷似乎都有这样的心态，希望尽力延长电子产品预设的使用寿命。诚然，我们都热衷于追踪最前沿的技术动态，但能够抵御时间的侵蚀、运行如初的古董技术无疑是最迷人的。

这也是为什么特里在传真机退出历史舞台后的几年里还保留着它。"礼堂"收到的最后一封传真来自科林·斯迈思，大约在2002年。那是那台传真机时隔多月后第一次运转，墨水盒里的墨都变得干硬了，以至于纸上打出来的是零星的几行宛如摩斯密码的东西——比起文件，它倒更像是一封求救信。我打给科林，询问他发了什么，这显然违背了发传真的初衷，但事情的关键在于：的确，世界在向前发展，即便大家都改用邮件了，但传真机还在，就算没了墨水也还能运行，所以它不会被淘汰。

可惜，那台可怜的古董激光打印机就没那么长寿了。我去特里那儿工作后不久，它就嘶吼着断了气。接着，特里让我去格洛斯特见一个人。那个人是他在新闻组找到的，可以低价出售翻新的惠普打印机——我确信交易完全合法，光明正大。我从特里那儿拿了一百英镑的旧钞票，回来时车上拉着三台从格洛斯特仓库取回的打印机。为什么是三台呢？因为若是一台机器坏了，另外两台的零件可以作为备件替换。要知道，设备往往会挑同型号机器退市后才出现故障，一位合格的古董技术迷必须做好万全的准备。

从格洛斯特便宜购入的打印机在办公室用了好一阵。2003年，特里凭借《实习女巫和小小自由人》赢得WH史密斯的"青少年喜爱的图书奖"。他喜滋滋地用五百英镑的奖金买了一台打印机，更重要的是，这是一台彩色打印机，为办公室的武器库又添了一件利器。自此，如有需要，普拉切特用颜色标注的书稿就能呈现出它们应有的缤纷色彩了。

所以，我和特里共事的第一天是在处理增值税和信件中度过的。第二周上班则是在挖沟。沟渠深两英尺[①]，宽一英尺，横亘在公寓和"礼堂"之间，全长一百五十英尺。我使用的是最老派的方法：用铁锹挖。要知道，当时是12月。阿曼达为吉莉·库珀挖过沟吗？还是在12月？应该有人问问她。

说明一下，这不是特里为了训练我搞的军事化演习。起因是我曾提议让"礼堂"和工作室联网。工作室是特里在"礼堂"建成前的办公室，现在改成了工作坊、备用办公室和储藏间。特里的那些旧电脑都是在工作室寿终正寝，或者获得生命的延续。借助五类双绞线这一现代奇迹，两间屋子可以通过内网和内部通话装置实现互联。此外，特的稿件也能自动保存，并备份在工作室的电脑里，严防软盘随着衬衫口袋丢进洗衣机一类的悲剧再度重演。那是家用无线网尚未普及的年代，查尔克山谷的偏僻地区就更不可能用上无线网了。当时，如果你想用电脑和别人交谈，就得在设备间拉根电缆。如果你想让这些电缆穿过一百五十英尺宽的花园和四英尺厚的石墙，就得在墙上打洞。一开始，特里想把电缆架在微型电线杆上，毕竟美观很重要。我们为此爆发过短暂的争执。在我指出雷电

---

① 英美制长度单位，1 英尺合 0.304 8 米。

可能会击毁两端的电脑后,他退缩了。我们就去挖洞了。

对一个完全不习惯体力劳动的人来说,这项工作很苦。但我顺利完成了。周五,特里来到工作室,就像亚历山大·格雷厄姆·贝尔在隔壁房间测试沃森先生[1]的电话实验一样。我自豪地在电脑屏上向他展示我事先从"礼堂"发送的消息:"来自礼堂的问好。"特里半信半疑:"这信息也有可能是你在这儿发的。"我把键盘交给他,让他自己编辑一句话——"来自工作室的问好,爱你的特里"。我们又回到另一幢屋子,屏幕上神奇地出现了特里的问候。"礼堂"和工作室现在可以正式交谈了[2]★。

"你这周的工作做得非常好。谢谢你。"周末要休息前,特里对我说。我很高兴,这是老板第一次毫无保留地向我表达他的感激。但特里毕竟是特里,我想说不定这也是最后一次。

"礼堂"和工作室的同步互联只是个开始,为了实现自动化办公,接下来的几个月,我和特里还会开展一连串的电子化项目。这些项目中,有些是真的有用,有些则是因为可以做,纯粹为了乐趣而做。

---

[1] 亚历山大·格雷厄姆·贝尔(Alexander Graham Bell, 1847—1922),苏格兰裔美国发明家,获得了世界第一台可用的电话机的专利权。托马斯·沃森(Thomas A. Watson, 1854—1934),贝尔的助手,因协助贝尔研发电话闻名。该段提到的是1876年3月10日发生的著名事件,贝尔意外泼洒了酸液,在隔壁房间喊道:"沃森先生,过来下,我需要见你。"隔壁的沃森听到了贝尔的声音,证明这个设备能够在一定距离内传输声音。

[2]★ 沟渠内还铺设了室内对讲设备的线路。特里第一次用它是在工作室给我发消息:"10-17(译注:电台用语中表示"紧急"),来杯咖啡。"这是我第一次撞破特里曾担任CB电台主持人的过去,他之前一直隐藏得很好。

我们设计了一个装置,确保特里每早把钥匙插进"礼堂"的门锁时,警报器会自动关闭,同时他的电脑会自动开机,打开上次关机前最后使用的文档。这样一来,等他挂好外套,坐在椅子上后,就可以直接开始工作了。通过改造,特里不仅能在办公桌远程监测温室的温度(这项功能自特里住进加泽别墅后就实现了),还能从"礼堂"远程开关温室的通风口。我们还为喷水器安装了远程遥控系统——没什么特别的原因,我们只是想利用技术让多肉植物的浇水任务变得更复杂而已。温室还放着特里的育虫箱,所以我们又安了个系统,远程调节它的温度。我们还在"礼堂"装了仪表,监控离草坪只有几步路的天文台的温度,测量天文望远镜的温度和建筑内外的气温,以及为天文台配备了一个雷电探测器。它可以在捕捉到大气中的电场后,自动关闭屋顶。我们非常期盼看到这项技术实际投入使用,然而没有一场风暴的能量能够强到触发它的自动关闭功能,这让我们失望极了。于是,我们就不断修改它的参数值,把值域越放越宽,你可以理解为我们是在追着风暴跑。终于有一天,闪电击中了五十英里以外的怀特岛的某个地方,对庄园完全构不成威胁,但让我们满意的是,天文台的屋顶终于在我们头顶突然合上了。大功告成。

上述每个项目都是我们二人协作完成的,我们秉承着电子发烧友的传统精神,把廉价的无源元件焊在原型电路板上。专业人士可能会对此嗤之以鼻,但这就是我们的风格。若是你在有对家用电子产品信仰的环境中长大,就会知道有些传统是不可撼动的。

我的早期工作还包括为楼下特里和琳恩那台震天响的DVD播放器安装多区域解码芯片,这样它就既能播放本国的光碟,又能播放美国的光碟了。我还更换了特里那台奥利维蒂牌迷你笔记本电脑已经松动的铰链。那是特里在1992年笔记本电脑方兴未艾之时购入的初代设备,他仍会带着它出门,在车上、机场休息室、演播厅休息室、书店的储藏间和航班上,乃至登机到滑行起飞前的那点时间,只要得空就拿出它来写作。①★他对那台电脑有着很深的感情。我花了一个周末的时间,用爱牢达环氧胶粘剂和火柴棍,做了新铰链换上去,成果让我甚为满意。我得说,新铰链比原来的要好,原件像是用灰尘和奶酪糊的。不管怎么说,它肯定比特里用来固定机器的那截胶带要牢靠。

但灾难还是降临了。在伦敦滑铁卢站,我带着一些工作用品匆忙赶回索尔兹伯里,突然听到我的包发出了巨大的撕裂声,接着就是特里的宝贝电脑"哐当"掉落的声音。它在水泥地上弹了一下,就滑入了火车和月台间的缝隙。我呆若木鸡——我猜所有刚把新老板的电脑扔到火车下面的人,都会是这样的反应。好心的车站工作人员帮我从铁轨上取回了这台设备,不过打捞时,电脑是一路蹭着月台壁上来的。现在,它需要的显然不是换新铰链这么简单了。

---

①★ 特里对哪些"空闲时间"可以用于写作的范畴定义得很广。他在美国的童书编辑安妮·霍普对有件事印象深刻:特里在纽约为《实习女巫和小小自由人》宣传时,同出版商和巴诺书店(Barnes & Noble)的代表在格拉默西餐厅共进午餐。就在十几位宾客围着长桌亲切交谈时,身为荣誉嘉宾的特里仍坐在他的笔记本电脑前努力工作。

去索尔兹伯里的路变得非常漫长。我不敢奢求特里会平和地看待这起事故。但实际上，我是大错特错了。

"没关系，罗伯。"特里温和地说，"意外难免。喝杯茶吗？"

好吧，是真的才怪。他勃然大怒，足足四个小时才冷静下来。他打开斑斑点点的电脑，仔细端详着碎裂的黑色液晶屏，哀怨地说："它看起来像变形虫。"我完全理解他的愤怒。无论是特里还是我，都知道我弄坏的是一件珍贵的古董，而且是一件尚能使用的珍贵古董。然而，他并没有因此炒我的鱿鱼，而且我觉得他最后甚至原谅了我。可能吧。

尽管我们花了不少心思，有个项目还是没做成，那就是为特里的硬盘建立"黑匣子"系统。若是"礼堂"突发火灾，可能烧毁特里存储的所有作品，特别是毁掉他正在创作的文字时，这个系统就会自动触发。我们计划将硬盘和一个小火箭相连，在房椽上安装一组轨道。"礼堂"着火时，火会点燃火箭的引信，推动其沿着轨道发射，顶开房顶事先松动的瓦片，带着硬盘飞出去。飞到一定高度后，火箭会熄火，张开一把微型降落伞，就像执行"阿波罗号"任务一样，带着硬盘安全着陆在远离"礼堂"的庄园地面。火灾过后，我们可以追踪到硬盘的着陆点，并将其找回。的确，工作室现有的书稿备份系统其实可以满足这个应急系统的许多功能。但我们更担心的是，如果我们真的造出了这个装置，我们应该会非常想一把火把"礼堂"烧了，只为了测试它是否有效。

我在"礼堂"一进门的地方摆了张自己组装的宜家小桌子,用于完成那些涉及火箭科学的复杂电气升级项目,这就是我最开始的工位。特里很喜欢他的新助理办公桌上的收件盘。他会过来在收件盘里放一张纸,再回到自己的座位,这种煞有其事的下达任务的方式似乎让他很开心。最初的几周,我们都有点拘谨,摸索磨合着。我在定位自己的角色是什么,而特里则在适应多年来独自闭关写作,冷不丁房间里多出一个人的怪异感。适应的过程持续了一段时间,这期间也不是没发生过小插曲。我在门边的桌前坐了一段时间后,特里突然和我说:"罗伯,别多想,我很享受你的陪伴,但我觉得你在工作室办公会更好。"

他没有多加解释,徒留我努力回想自己是不是哪里犯了错,还是说特里对我不满意很久了,我却完全没意识到。不管怎么说,他是老板,他说了算。我当天就把办公用品拿去了工作室,第二天一早也直接去了工作室上班。

我被流放到工作室的第一天,椅子还没坐热,对讲设备就响了。"你想来做点轻松的活儿吗?"特里问。我起身去到对面的"礼堂",特里和我一起处理了些工作。我再也没被流放到工作室。

★　★　★　★　★

就在自动化温室通风口、保护天文台的望远镜不被雷击,以及为"礼堂"研发火箭应急系统期间,特里写完了一些书。仅2001年一年,他就出版了三本:《时间盗贼》《最后的英雄》(这本中篇小说的内页收录了大量保罗·基德比绘制的插画)和获得卡内基奖的《猫鼠奇谈》。随后的三年是特里的高产期,他先后出版了《夜巡》《实习女巫和小小自由人》和《封建反抗》(Monstrous Regiment)、《帽子里的天空》(A Hat Full of Sky)和《开始邮政》,在成人小说和儿童小说间切换自如,赋予每部作品不同的风格,不断开辟道路,攀登新的高峰。这些小说诞生时,我就在房间里。这件事仍会让我觉得不可思议,但事实又确是如此。

特里五十二岁了。他不再是最畅销的英国在世小说家。这个位子已经让给了J.K.罗琳。后者的《哈利·波特》系列从1997年起就深受购书者喜爱。好吧,如果你把J.K.罗琳归为儿童作家,特里仍然可以被称作英国最畅销的在世成人作家。但这就有点牵强附会了。失去无可争议的、不用玩文字游戏的鳌头地位,固然让特里难过。但另一方面,罗琳取得的成功是现象级的,彻底碾压了过往的纪录,乃至开创了一个完全独立的竞争类别。从这个角度看,这件事对特里的刺痛并没有想象中大。但痛感依旧存在,这种感觉可能有点像宾·克劳斯贝[1]对弗兰克·辛纳屈[2]的评价:"像弗兰克这样的歌手一生中只能碰到一位。但究竟为什么他要出现在我身边呢?"对特里而言,与J.K.罗琳同处一个时代最令人恼火的地方,是媒体不断试图挑起一场他毫无兴趣的战争。当特里公开批评《时代》杂志在罗琳的专访

---

[1] 宾·克劳斯贝(Bing Crosby,1903—1977),美国歌手、演员。

[2] 弗兰克·辛纳屈(Frank Sinatra,1915—1998),美国歌手、演员、电台和电视节目主持人。

中，过度简化了奇幻文学涵盖的领域时，有报道说他的不满是针对罗琳而非《时代》杂志。但是正如BBC官网所说，"普拉切特大骂罗琳"终究是个比"普拉切特大骂《时代》杂志"更吸引人的标题。

特里觉得比这件事更屈辱的是常常有人问他霍格沃茨（创立于1997年）是不是霍格斯沃奇节（开办于1976年，出自《太阳的黑暗面》）的灵感来源，或者戴眼镜的男巫庞德·斯蒂宾斯（诞生于1990年，出自《会动的图片》）是不是对特里在巡售报告中提到的哈**特的致敬。①★同样令人恼火的，还有看到罗琳被冠以"变革迄今为止苟延残喘"的奇幻小说界之誉。主持人安德鲁·玛尔在BBC的节目中介绍特里时，留下了一句经典名言，说特里"追随着菲利普·普尔曼②和J.K.罗琳的步伐"。在那段"波特热"甚嚣尘上、席卷文化界的时期，特里自然大发雷霆，想知道他自己的足迹究竟到哪儿去了。

不过，不在台前时，特里还是展现了他的大度，尽管大度的背后常伴随着暗自神伤。他写信给罗琳，祝贺她取代自己跃居畅销榜榜首，询问她是否有"那一刻终于来临"的感觉，还解释说对自己而言"那一刻"是他在跨大西洋的航班上，站在头等舱的盥洗室里看着镜中的自己，心想："为什么是我？"这番话兴许不是最令人心花怒放的

---

①★ 当保罗·基德比向特里展示"庞德·斯蒂宾斯"的草图时，特里告诉他"多想想比尔·盖茨"。保罗最后画出了约翰·列侬的感觉。当时没人联想到哈利·波特。然而，《独立报》2001年十一月发表的一篇采访却指出特里·普拉切特"和妻子还有五只猫住在威尔特郡，有一位长得很像成年哈利·波特的私人助理"。

② 菲利普·普尔曼（Philip Pullman，1946—），当代英国最杰出的作家之一，畅销书《黑暗物质》三部曲的作者。

溢美之词,实际上,它有那么点儿夹枪带棒——在这个荣耀加身的时刻,小小地提醒胜者,胜利总裹挟着运气的成分。但不得不说,它至少是真诚的,甚至带着几分惺惺相惜。后来,特里和J.K.罗琳在爱丁堡艺术节的一场活动中碰了面。他们隔着房间落落大方地互相鞠躬问好,短暂但融洽地聊了会儿天,最后,罗琳抱歉地说她得离开了。

"你可能要去为哈利·波特的厕纸架签名了。"特里打趣地猜测。

罗琳大笑,说:"特里,你都不知道有多离谱。"

跌落神坛带来的或多或少的不适,虽然在某种程度上刺痛了特里,却也同时解放了特里。第一名的位置显然短期内是不会回来了,他也就少了一项心理负担。他已经到过那个位置,不需要再证明自己。所以,也许他比以前更自由了,可以专注于取悦自我。这也是为什么他开始进行不一样的尝试,创作了一系列和过去截然不同的书。

关于特里的写作过程,很多地方都出乎我的意料。他不用索引卡,不用白板,桌前的墙上也没有随时可以改换顺序的便利贴,他甚至不会在笔记本上做任何记录。我以为他制订了宏大的计划——有一张大图表,里面至少罗列了那些动辄三四百页的小说的提纲和未来的创作思路。然而没有。每部小说的情节都是在他落笔后才铺陈展开的。写作时,他把整个故事存在脑中,反复翻转旋转,前后滚动。更重要的是,他做这些不费吹灰之力,对故事的每个细枝末节都能信手拈来。

他将写作比作漫游"云谷"。写小说就像是从云谷的一端走到另一端。脚下的山谷迷雾重重，但若是运气好，你可以望到山谷的另一头，还能清楚地看到直插云霄的一两棵树的顶端或是其他突出的地标。所以，你的任务就是朝着其中的一个地标前行，踏入迷雾之中，看看能在沿途发现什么，并始终牢记自己需要抵达最初选择的终点。为此，特里发现一开始先写好结局往往很有用，或者起码要先描绘出从起点眺望山谷另一头的所见之景。你看到的可能并不是旅程真正的终点，这些文字之后可以根据需要重新编排或改写，甚至整段拿掉也没关系，它们的存在只是为了能在出发时为整个旅程指引方向。常有人说自己想到了绝妙的小说开头，深谙写作之道的特里几乎可以肯定地说，最难的其实是想出绝妙的小说结局。确定了一个大致清晰的目的地后，就可以准备走进迷雾了。从那一刻起，根据我在他键盘旁的观察，整个写作过程就好似一场即兴创作，行云流水，只不过朝着山谷另一端前行时，沿途发生的很多事以及小说中出现的关键场景和事件，都已在他的脑海中酝酿了数周、数月，甚至数年。

我很快发现特里的电脑里有一个命名为"坑"的文件夹，专门用来存储杂乱无章的想法，孤立的段落和只言片语，方便在未来写作时随时取用。这一做法完全符合之前提到的特里的"可回收文学派"成员身份，以及他秉承的不浪费任何可用资源的原则。在《巫师足球队》中，"猎杀巨兽鸟"的场景就是从"坑"中提取的，到了写作后期才添进书中靠前的部分。这个场景是特里有天突发奇想,结合牛津和剑桥与鸭子和天鹅相关的千奇百怪的悠久传统,写出的在幽冥大学狩猎的桥段。写好后,他一直没找到地方安插它,直至终于寻到了一席之地。"去坑里逛逛,看看那儿有什么。"特里说。然后他把段落的边缘刨得平平整整,打磨光滑,填进书中,不留一丝痕迹。①★

他写作的方式即是如此。先写一些看似毫无关联的、自成一体的零散段落。接着,通过缝合和修剪将段落组合在一起,扔掉冗余的内容,或是将段落丢进"坑"里。然后,他会仔细打磨成品,一遍又一遍地打磨,直至——在理想的情况下——可以在文字中看到自己。他常拿"地毯块"作比,将文字比作一个个独立的布块。他把它们聚在一起,嵌进合适的位置,拼出图案。无论你认可哪种比喻,都能看出特里显然在内心深处将小说视作某种制造品。这种理念和他对写作的认知有关,他只当写作是"双手能打造的另一件实用之物";也同他的父亲有关,特里一直欣赏机械师父亲的务实;和他喜欢自己拆解物品看它们如何运作、再把它们装回去的习惯同样有关联。这位小说家的身上散发着浓重的机械味,而这种味道是特里从大卫·普拉切特那儿继承来的。

然而现在,特里决定把小说写作过程中机械味最重的部分——

---

①★科林·斯迈思很早就注意到特里在这方面天赋异禀。他在编辑《地层》时,发现书的开头有个很突兀的转折,建议特里加些素材情节承接得更自然。特里坐在科林的打字机前,立即就敲些字添上去。书刊印后,科林怎么也看不出添加的段落在哪儿。

打字,交给他的新助理来做。整件事来得非常突然。最初,特里只是在某天离开房间时,要我接手他刚写好的文稿,帮他调整字体和间距。他下达了一个令人惶恐的指令:"整理下它,好吗?"整理文稿后没多久,当我正敲着键盘,录入他口述的回信内容时,特里突然要我新开个文档,记下他准备放进《时间盗贼》里的段落。我按捺着激动的心情,开心地照做了。这很快就成了件常事:特里会坐在我的椅子上,双手抱在脑后,而我则坐在他的椅子上,飞速敲打着键盘——以每小时六十词的速度盲打,因为他的口述根本不会暂停。这种口述的工作方式很适合他,他喜欢在句子着陆前先听到它的声响,这似乎有助于他把握句子的节奏,塑造句子的形态。

他还可以把我当作读者反应的试金石。如今,每个工作日他都有个传声筒,尽管我当初接受这份工作时并未料想到这点,但我很乐意成为他的传声筒。毕竟,让特里·普拉切特为你实时口述一部新小说,可比申报增值税要有趣得多,也肯定比挖一百五十英尺的沟渠强。坦白地说,对一位愿在新作出版当日第一时间去书店排队购买的读者来说,这简直是一种古怪的珍贵特权,我非常享受这种感觉。在《时间盗贼》里,天启四骑士原本有的第五位成员(他在团体走红之前就离开了)朗尼·搜克(Ronnie Soak)开着牛奶车经过殡仪员的窗前时,他的名字倒映在了窗上:"kaoS"[①]……好吧,我这才恍然大悟。在那之前,我把"Soak"这个单词打了不下二百遍,也没看出它还有这

---

① 与chaos(混沌)一词同音。

层含义。老实说，我觉得特里在那一刻之前也没想到这一点。我从椅子上站起来，振臂高呼："太棒了！"而特里则双手抱在胸前，低垂着下巴，微微点头，一副暗暗得意却又不愿表现出来的样子。

做完这些听写后，特里会让我把他刚想出来的东西念给他听。这时，他会重新回到键盘前修修补补，打出全新的段落。但听写显然对他有所助益，他也越来越倾向于使用这种方式写作，短短几个月内，就将其变成了他的主要工作方法。多年来，写作对他而言一直是项孤独的活动，有了新助理后，却突然增添了某种公共属性。这或许出乎特里的意料，对我来说，也定是意外之喜。

就这样，他写完了《时间盗贼》，还有《猫鼠奇谈》《封建反抗》和《实习女巫和小小自由人》。到了2011年《巫师足球队》出版时，书中写了这样的题献："献给罗伯，大部分的字都是他打的，并且他的幽默感很好，时不时会笑出声来。"如果你是特里·普拉切特的读者，我就不用向你保证他的书有多好笑了，因为那种幽默是水到渠成的自然流露。那些年里，我常常坐在键盘前感慨，我真是走了狗屎运才找到了这份工作，竟然有人愿意付钱让我开怀大笑。

"我们写到哪儿了？写了多少了？"特里会反复问我，我就读出当前的字数。一旦我们突破十万字大关，即合同规定的小说的最低字数，他会说："好，那我们现在可以自己把控时间了。"然后我们会继续写。

我已经成为特里助产小分队的默认成员。他一直都有自己的写作顾问,每当遇到困难,需要理清思路,以便找到方向继续前进时,就会拿起电话打给他们。"他们"指伯纳德·皮尔森、大卫·朗福特、戴夫·巴斯比和尼尔·盖曼。据他们说,这些电话会在一天中的任意时刻打来,包括晚上和周末,一般都以特里的"呃,你知道是怎么回事儿"作为开场白,随后特里会详细阐述他正在写的故事情节。正如蕾哈娜所说,"他聊作品不一定是想知道你的意见。他聊作品只是因为想聊。"因此,所有接到这类特殊电话的人,都习惯了特里会突然挂断电话,要么连"再见"都不说,要么毫无征兆预警,要么没讲几句就挂断了。那往往是特里意识到,自己说着说着已经把难题解开的时刻,他得赶紧回到屏幕前继续工作。我现在似乎也成了常常一言不发、却能给他鼓励的顾问团成员。但我还有个额外的优势——我就在办公室,随叫随到。

除了顾问团外,特里还可以向几位专家提问。科学方面的问题大多咨询的是杰克·科恩和伊恩·斯图尔特。杰克于2019年过世,是位生物学家,而斯图尔特是数学家。他们和特里在1999年华威大学授予特里荣誉博士时相识。作为回报,特里让杰克和斯图尔特成了"幽冥大学的荣誉巫师",三人合写了《碟形世界的科学》(*Science of Discworld*)系列①★。然后还有在环境、食品和农村事务部工作的公务员斯蒂芬·布里格斯。他是名戏剧爱好者,二十世纪九十年代初曾

①★ 特里的一位护工告诉我,在特里生命的尽头,几乎不怎么说话时,有人问他,谁是他见过的最聪明的人。"杰克·科恩和伊恩·斯图尔特。"他毫不犹豫地答道。

写信询问特里他能否将《女巫复仇记》改成舞台剧。特里不仅同意了,还去现场观看了演出,带了香槟给演员庆祝。后来,斯蒂芬还改编了不少作品。斯蒂芬和特里先是合作绘制了安科-莫波克的城市地图,随后又画了碟形世界的地图集。两本书都在九十年代出版,促进了《碟形世界指南》等一系列《碟形世界》相关出版物的问世。在特里需要时,斯蒂芬对碟形世界的记忆可能比特里还要精确。下一位是民俗学家杰奎琳·辛普森。她在签售会排队时恰巧碰到特里询问大家知不知道童谣《喜鹊》(*Magpie*)(开头是"一只孤鹊把哀唱,两只喜鹊欢乐荡")总共有多少个版本。"最新记录显示有十七个,特里。"杰奎琳用她温柔的德国口音回答道。房间里的其他人都吓了一跳,特里直接留了她的联系方式,以便和她咨询所有与民谣歌词、童话和神话相关的问题。特里和杰奎琳最后合著了《碟形世界民俗学》(*The Folklore of Discworld*)。

你可能会问,为什么特里在工作中会需要专业学者的支持?难道奇幻小说家也得通过学术同行评审吗?内容全是他编的,不是吗?嗯,一定程度上是的。在写小说时,丰富的想象力固然重要,但要想吸引读者,小说必须要有严丝合缝的内在逻辑。如果你的写作目的是为了讽刺人生,那么为了让讽刺落地,你的书也要合乎现代世界的逻辑才行。这正是幻想小说最难的地方——它必须足够真实,才能让读者信服。

这也是为什么特里会打给帕特·哈金博士,询问他一个人要花多大的力气,才能把另一个人的头拧下来。帕特是"碟形世界大会"的常客、普拉切特的超级粉丝兼普拉切特纪念品收藏家。他碰巧还是位医学博士,在利兹大学担任招生辅导员。他也是特里的顶级专家顾问之一。特里常提醒帕特,帕特只获得过一次医学博士头衔——特里得益于诸所大学的慷慨馈赠,从1999年首次获颁荣誉博士学位到他去世前,拿过很多次博士头衔。

"是哈金博士吗?"帕特接起电话后,特里说,"我是普拉切特博士博士博士博士博士。"①★紧接着他问帕特人一生总共会产出多少耳屎,或者一个普通人要花多少力气才能把另一个人的头扭下来。

针对第二个问题,帕特给出的答案是,没有普通人能做到这件事。

"那要是这么做的是位兽人呢?"特里问。

帕特想了想。

"兽人是你发明的,特里……所以,真的,无论你写什么都是对的。"

"但我就想知道这是不是正确的'对的答案'。"

---

①★ 华威大学率先授予特里荣誉博士学位,接着是朴次茅斯大学(2001年)、巴斯大学(2003年)、布里斯托尔大学(2004年)、白金汉郡新大学(2008年)、都柏林圣三一学院(2008年)、布拉德福德大学(2009年)、温彻斯特大学(2009年)、开放大学(2013年)和南澳大利亚大学(2014年)。所以,特里最后的头衔应当是普拉切特博士博士博士博士博士博士博士博士。此外,不要忘了特里还获得了伦敦大学学院的荣誉奖学金(2001年),并在都柏林圣三一学院担任客座教授(2010年)。

这句话直接切中了问题的核心,他寻求的是正确的"对的答案"。这也是为什么在写《开始邮政》时,我们花了一整天时间坐在"礼堂"的地板上,抓起手头有的材料模拟克拉克斯远程通信系统,用火柴盒搭建信号塔,最终确定每个塔里得有两个人才能让系统像小说中描述的那样正常运作。

不过,较真也有个限度。非常偶尔的情况下,特里也会对探讨已知世界的逻辑失去耐心,这时小说家付诸诗意的特权就派上用场了。帕特·哈金见过这样的时刻。在伦敦禁忌星球书店举办的《魔法的颜色》剧版DVD发布会上,特里很高兴看到帕特·哈金意外现身,出现在签售台前。

"啊,帕特——来得正好。"特里说,"我有个问题想请教你,一具尸体放在山洞里多久,才能化归尘土飘散?"

帕特身后还有很长的队伍等着,他尽其所能地思考了一会儿,很快得出结论:这绝不可能发生。

在帕特离开书店时,特里在他身后大喊:"我不在乎你说什么。它就是会发生! ①★"

我也见过那样的时刻。那是好些年后的事了,我和特里因为盘子和豌豆爆发了一场争执。我们在一家村镇的酒馆吃卷心菜煎土豆,那是特里那段时间雷打不动必点的午餐。特里有一个暂时命名为"巨龟停转"("The Turtle Stops")的《碟形世界》小说构想。故事

---

①★ 特里当时正在构思的书是《国家》。

中,承载碟形世界的巨龟大阿图音生病了,一场探秘乌龟体内世界的冒险之旅就此展开。为了筹备这部小说,特里自然又咨询了一位他认识的动物学家——约翰·奇蒂。约翰拥有兽医学本科学位、动物医学证书和特许生物学家资格证,是生物学会成员和皇家兽医学院院士。特里向他咨询,是为了了解如果冒险进入巨龟体内,会看到什么场景。但当下更紧迫的问题是,幽冥大学的巫师如何能发现大阿图音生病了?我们在办公室反复推敲,到酒馆吃午餐时又继续讨论。巫师能不能感知到某种奇妙的震动呢?不行,这和《神秘博士》里音速起子解决万难的桥段一个性质:太简单了。可以排除。

那么,特里提议,有没有可能从碟形世界某个很高的地方,观察到巨龟在星际间划动的速度放缓了呢?

我觉得似乎不大可行。

"特里,碟形世界没有可以观测到这一现象的地方。"

"怎么没有?"特里坚持道,"他们可以坐在艺术塔上,用望远镜观测。"

"不,即使那样,他们也没机会看到巨龟大阿图音。"

"他们可以。"特里说,"那是碟形世界最高的建筑!"

"但还不够高。"我说,"这根本行不通。"

为了佐证我的观点,我抓起还盛着午餐剩饭的盘子,用指尖作为盘子的平衡支点,将它举在我们之间。

"好,现在我的手是巨龟,盘子是碟形世界,盘子里的豌豆就是塔。站在那颗豌豆上的人不可能看到盘子下面的手。"

特里身前的胳膊越抱越紧,这通常是个可靠的信号,表示他很快就要爆炸了。果不其然……

"听着!"他喊道,"这是我的世界,我想干吗就干吗!"

整个酒吧瞬间安静了几秒,鸦雀无声。然后,我们俩都笑了起来。一方面,用这句话一锤定音作为结辩的论据太精彩了;另一方面,对两个成年人来说,过去二十分钟发生的一切都太荒谬了。

言归正传。

当争论平息,找到或不再需要正确的对的答案时,小说会交给特里的编辑——英国的菲利帕·迪金森以及美国的珍妮弗·布雷尔或安妮·霍普。她们非常了解特里,面对从天而降的八万到十万词,她们会尽人类之所能,尽可能快地给特里回电,最好是第二天就回。之后,会有更加细节化的编辑讨论,所以第一通电话往往只是为了确认书已收到并经过阅览,幸运的话,对方还会表达对作品的喜爱。我在房间的另一头看着特里,他在接这些电话时总是沉默地听着,偶尔回句"好的。"末了,他会挂断电话,隔着桌子看向我,宣布:"我们又闯关成功了。"

然后,他的注意力又回到了眼前的新小说,文档里已经码了几千甚至更多词了。

2001年9月,我入职还不满一年,特里和琳恩去度假了。除了

圣诞节,这是我踏入特里的世界(包括在科林·斯迈思有限公司工作的那段时间)以来,头一回听他说要休假,更别说还是整整几周的假。①★那时候,特里开始聊"减小工作强度",甚至退休的事。这年,他写了三本书,似乎已经达到了某个临界点。在澳大利亚的时候,他和我说会花时间仔细思考自己的未来。"你不需要担心失业。"他干巴巴地说,"我听说每个人都能够写出一本小说来。"②★

他和琳恩飞去了悉尼,住在毗邻经典神圣的原住民遗址乌鲁鲁(原称艾尔斯岩)的沙漠扬帆度假村。奋斗多年的特里终于在这里得到了放松,将一切抛之脑后——但最多也就坚持了一天。他坐在树荫下,校对着《猫鼠奇谈》的样稿,这些稿件甚至先于他一周飞抵了"礼堂"。校对结束后,又开始写新小说,题目暂定为"思维森林"("Forest of the Mind")。

假期刚过半,9月11日,恐怖分子开着飞机撞向了纽约的世贸大厦。这时候,可不适合在外逗留。我接到特里的电话后,赶紧为他和琳恩订了尽早飞回英国的航班。

一个半月后,世界仍处在惊魂未定之中。科林打来电话,传来乔什·柯比去世的噩耗,那时距离乔什的七十三岁生日只剩几天。

我第一时间赶去了乔什位于诺福克郡迪斯镇的办公室。基于

---

①★ 我曾不止一次地在节礼日接到特里的电话,满是期待地问我是否"已经厌倦了家里的破事",言下之意是,我有没有时间去帮忙处理一件"小工作"。

②★ 我曾就这句话刨根问底。"所以你真的觉得每个人都能写出一本小说吗?"我问。"实际上,我真的相信他们可以。"他答道,"至于能不能写出好的小说就……"

我对乔什有限的了解,我在去之前设想了很多。我知道他开着一辆红色的保时捷,住在一栋名为"老教区"的屋子里。我还知道他曾为数十本畅销小说绘制封面,其中许多是特里·普拉切特的书。由此,我想象到的都是他过着多么奢华的生活。

但实际上,那辆保时捷是已经掉漆的旧927型号,S牌照,历史可追溯至1977年;"老教区"是栋十七世纪初建造的灰泥木屋,极其漂亮却也破旧,似乎还保留着老式的厨房,石板地面已被磨得锃亮。正门有至少十多个锁眼,表明屋子曾多次易主。乔什总是穿着牛仔裤、牛仔衬衫和沙漠靴,只在白天作画。画室是用旧时的食品储藏间改造的,画架则是一摞支着画布的旧报纸。屋子四周的墙边堆着成摞的画稿,有的高达三英尺,即便有人曾出价几千英镑,他也从未想过要舍弃它们。为了防止有人窃画,这些画作上都手写着:"类似的海报五十便士一张"的字样。乔什绘制一张封面需要花费四到六周时间。据他说,他为精装本作画的价格是七百五十英镑一张,为平装本作画也是七百五十英镑一张。他的画风一眼即辨,为全球成百上千万的读者所熟知。但离世时,这位可爱的老人、杰出的商业艺术家所赚的收入甚至还没超过个税门槛。

同一时期,特里接到了一家著名科技公司递来的橄榄枝,请他为公司的宣传册撰写短篇文案。通常,特里会直接拒绝这类商业工作,但这个邀请却引起了他的注意力,旧时的自由记者心态蠢蠢欲动。

"他们出的价格是一个词八英镑!"特里难以置信地说,"我觉得这个价格实在高到令人难以拒绝。"

我同意他说的,也觉得这个报价极为慷慨,值得腾出时间来做。但转念一想又觉得不对。

"等等。你写一部小说每个词能赚多少?"

"我不知道。"特里说,"说起来,我究竟每个词能赚多少?"

这个数字这并不难计算。然而,小说家的思维模式和自由记者是不同的。截至目前,特里从没想过要按照单词计算收入。其实,这就是个简单的数学问题。特里写一本小说可以获得一百万英镑的稿酬,每本小说的长度是十万词,所以他作为小说家获得的报酬是每词十英镑。

就这样,特里礼貌拒回绝了每词八英镑的企业宣传册撰写项目,理由是它无法发挥特里时间的最大效用。

第十五章

便捷的软件、横向富有
和与吉他手共食辣椒肉酱

　　乔什·柯比过世后,保罗·基德比接替他,成为特里口中的"《碟形世界》专任画师"。1993年,保罗二十九岁生日时,姐姐琳达送给他一本《魔法的颜色》作为生日礼物。他和我一样,第一次见特里是在二十世纪九十年代的图书签售会。只不过他去的是巴斯场。他将一个装着画作的信封亲手交给特里,希望他能拆开看看,那一幕宛如经典的电影长镜头。特里很喜欢这些画,他在巡售结束后专程打给保罗细聊,并邀请他为《普拉切特人物集》(*The Pratchett Portfolio*)作画。这本汇编图册涵盖了自1996年以来诞生的所有《碟形世界》角色。

　　随后,特里请保罗制作中篇小说《最后的英雄》的插图版。2001

年是我在"礼堂"工作的第一个整年,我有很大一部分时间都是在和保罗整理这本书。出版商催得很紧,我们必须争分夺秒。乡间作坊的经营思路再次占了上风:我们绝不会为了这个项目主动购买专业软件——在那个年代,那是一笔不菲的开支,即便是资产百万的小说家也难以负担。无巧不成书,2000年,奥多比①公司在一场美国的图书签售会上遇到特里,恰好送给他一张Photoshop 6的光盘。我们就是用它来制作这本书的,但在此之前我们得先把保罗的丙烯画导入电脑(我们用的是市面上配置第二好的笔记本电脑②★,也是我当时能负担的最贵的电脑)。为此,我要跑去一百英里开外的邓斯特布尔,请一位有合适硬盘的专家按照我们所需的分辨率将画作扫描成图像,保存进光盘里。以我们现有的技术,自己做扫描是不可能的。所以,我每周都得拿着保罗新画的作品跑儿趟邓斯特布尔,再带着上传至笔记本电脑的图像开一百英里返回索尔兹伯里。接着,保罗和我再用得来全不费功夫的Photoshop 6软件处理图像,忍受着它磨人的缓冲速度。

每个操作都感觉像是要花一辈子那么久,多少个下午都在等待电脑跟上我们的指令中消磨殆尽。我记得有次我们在给野蛮人科恩用剑把骰子劈成两半的画面加"运动模糊"效果时,等得格外久。

---

① Adobe,美国著名计算机软件公司,其旗下主要产品包括图像编辑软件Adobe Photoshop、绘图软件Adobe Illustrator和PDF管理程序Adobe Acrobat等。

②★我和特里秉承着同样的原则:任何东西绝不买顶配,要买只买配置第二好的产品,因为它们的性价比总是更高。

好不容易等到它完成,我们只瞥了一眼就说:"天哪,真是太丑了。"只能重新返工。艺术家保罗的完美主义无疑进一步拖慢了我们的进度。①★但不知怎的,我们居然按时交了稿,最后的成书也让我们俩都很满意——在特里的强烈要求下,该书所有的再版作品都保留了这些原版插画。

十一年前,在制作条件更简陋的情况下,特里出版了《艾瑞克》(Eric),书内的插图由乔什·柯比绘制。当我们把两本书放在一起时,我认真地想,也许这就是特里寻觅的新方向,以后他可以写两本长篇小说,再出一本插图版中篇,然后再回到长篇小说,循环往复。然而,那之后我们再没做过中篇小说。"短篇故事会把我榨干。"特里总这么说。那些故事总是贪婪地吞食着他的创意,吸收着他的能量。看来他对中篇小说也有同感。总而言之,他更愿意投身于长故事创作。

特里委托保罗制作封面的第一部《碟形世界》小说是《思维森林》。那段时间,保罗也是特里电询的主要对象之一。特里会在电话中和他讨论小说的情节,虽然更多时候是特里在自说自话,电话另一头的人全然摸不着头脑。特里也给保罗看过一部分初稿。有天,保罗来到"礼堂",急急忙忙地拆开一幅画,上面画的是萨姆·威姆斯戴着眼罩,叼着雪茄,带领着市卫兵局的一众卫兵。这幅画模

①★ 值得一提的是,保罗工作室的标识是两只面对面的蜗牛,用更专业的纹章学术语来说,是两只跃立相视的蜗牛。

仿的是伦勃朗①的画作《弗兰斯·班宁克·科克带领下的第二区民兵队》，别名《夜巡》。伦勃朗在画中将自己的肖像添进了队尾，保罗在作画时则把伦勃朗的自画像换成了乔什的侧像，以绝妙的方式致敬这位画家。这幅画也赋予了小说更好的标题。多亏有保罗，《思维森林》才能更名为《夜巡》。

《夜巡》算是特里的代表作吗？我觉得是，许多特里的读者也这么觉得。他在写这本小说时，我能感觉到他似乎在寻觅着什么东西。这种寻觅体现在他的身体语言里。同我口述段落时，他在"礼堂"来来回回地踱步，手凭空做着抓握攥紧的动作，仿佛要从空中捕捉他需要的词语，径直将它们拽下来。大段大段的故事似乎都是在某天夜里突然涌现，隔天早上，特里冲进办公室，把他醒来时想到的东西匆忙记下来。这本书有着特里作品中从未出现过的黑暗。那是一种美丽的黑暗，其间仍有幽默作为点缀，灿若繁星，但却不足以驱散寂寥的黑色。它刻画的萨姆·威姆斯比之前任何一本都要愤世嫉俗、迁思回虑和厌世。或许更重要的是整本书都笼罩在阴沉的焦虑之中：人们通常对来生抱持着一种乐观的怀疑态度，按书中所述，那是一种"无伤大雅的将信将疑"。但当死亡真正降临，生命的尽头如期而至，这种态度又会发生怎样的转变呢？写这本书时，距离特里确诊还有六年。但我常常在想，是不是特里从那时起就隐约察觉到某时某刻将有事发生。不管这是不是真的，在我看来，没有哪本

① 伦勃朗·哈尔曼松·凡·莱因（Rembrandt Harmenszoon van Rijn，1606—1669），荷兰著名艺术家，艺术史上最伟大的视觉艺术家之一。

书里的萨姆·威姆斯能像在《夜巡》里一样拥有那么多特里的特质，《碟形世界》系列里也找不出第二本书能够与《夜巡》相媲美。

无论我们如何定义《夜巡》在普拉切特作品中的位置，它都可以作为唯一一部有肯·福莱特[1]"出场"的《碟形世界》小说载入史册。在一场慈善拍卖中，这位威尔士小说家以两千两百英镑的价格拍下了他在特里·普拉切特未来小说的出场权[2]★，他的慷慨解囊资助了"照料酷刑受害者医疗基金会"。福莱特告诉特里他想当巨人。特里却看着他说："你想怎么死?"福莱特坦言，这个问题让人"有种不祥的预感"。"普拉切特准备杀了福莱特?"《卫报》在报道当日新闻时使用了这样的标题。小说中的"福莱特博士"是刺客工会的前任会长，精通鲁特琴(现实生活中的福莱特会弹低音吉他和巴拉莱卡琴)。此外，他和现实中的福莱特一样生着一头极其浓密的秀发。"那是他自己的真头发吗?"小说中，梅塞罗尔夫人问她的侄子。侄子没有吭声。[3]★

2003年，BBC公布"大阅读"（"The Big Read"）书籍票选结果。

---

[1] 肯·福莱特(Ken Follett, 1949—)，英国畅销惊悚小说和历史小说作家，代表作有《巨人的陨落》《世界的凛冬》《永恒的边缘》等。

[2]★ 这种创作手法名为"塔克化"(Tuckerization)，在文学界由来已久，由美国科幻作者维尔森·塔克(Wilson Tucker)提出。他喜欢借用朋友的名字命名小说中的小人物。

[3]★ 小说只是在玩笑调侃，绝没有暗示肯·福莱特那头浓密的头发不是真发之意。顺便提一句，《夜巡》中的罗伯塔·梅塞罗尔、内德·科茨、约翰·朗和安迪·汉考克都是塔克化的产物。至于管家威利基斯和又名罗伯·安尼博迪的纳麦疯哥，我们之后会详细聊到。

在英国民众评选出的二百本最受喜爱的小说中,《夜巡》位列第七十三名。普拉切特共有五本小说挺进了前一百名,数量之多,只有某位叫查尔斯·狄更斯①★的作家能同他一决高下。但我们必须承认,这类民意票选结果本就偏爱人们记忆尚新的新生事物。那时,《夜巡》出版不过数月,而狄更斯可是几百年都没发表过作品了。也许特里对同托尔金比较一事做出的回应放在这里依旧适用——"他比我死得早。"②★年代远近论也解释了为什么《柯莱利上尉的曼陀林》(1955)会排在《战争与和平》(1985)之前。

然而,对我们这些当晚在索尔兹伯里收看节目的人来说,让我们百思不得其解的其实是:特里的其他两本书怎么了? 在名单公布之前,BBC曾派摄制组来到"礼堂"为节目拍摄采访素材。在这次采访中,我们清楚地了解到特里共有七本书入选百名榜——这个数字意味着他在人气总排行的位置甚至能超过伟大的狄更斯。

谁知,从特里接受采访到节目播出的间歇,普拉切特进入百名

---

① ★ 特里其他四本入围前一百名的小说分别是《死神学徒》《卫兵! 卫兵!》《好兆头》和《魔法的颜色》。查尔斯·狄更斯(Charles Dickens)上榜的五本巨著分别是《远大前程》(*Great Expectations*)、《大卫·科波菲尔》(*David Copperfield*)、《圣诞颂歌》(*Christmas Carol*)、《双城记》(*A Tale of Two Cities*)和《荒凉山庄》(*Bleak House*)。这是最好的榜单,也是最坏的榜单……

② ★ 1995 年,特里在BBC的日间访谈节目《砾石磨坊》(*Pebble Mill*)录制节目时,用这句话回答了艾伦·蒂施马奇(Alan Titchmarsh)的提问。"比较真可恶。"蒂施马奇先生说道——这往往是个信号,说明有人要开始做可恶的比较了。果不其然……"当人们说你有点像托尔金时,你会有点不开心吗?"特里给出的"死得早"的回答,显然同这档日间节目的整体氛围完全不搭。不过,他那天上节目穿的奶油色飞行员夹克和配套的休闲裤肯定符合节目的审美。

榜的作品就锐减了两本,从七本变成了五本,与狄更斯旗鼓相当。采访录像中所有提到特里有七本书进入百名榜的片段都被删去了。

普拉切特作品消失案变成了一桩离奇的悬案。近二十年过去了,该如何解释当年的结果偏差?是先前计算错了,后来悄悄改过来了?还是像阴谋论者所说,有人在后面使坏,搞小动作?是民意使然,还是英国国家广播公司认为特里超越狄更斯一事难以服众,所以临时变了卦?

我知道特里是如何看待这件事的,他觉得以上种种都可以用"暗箱操作"来解释。

不过,就让这些尴尬的往事随风而逝吧。毕竟,只需要看看完整的前二百名榜单就能发现,特里一共有十五部作品上榜,没人能在这点上超过他,就算是狄更斯(七部)也不行。托尔金(两部)还有托尔斯泰(同为两部)就更不是他的对手了。①★

特里曾将自己定义为"横向富裕"之人。他是想说,金钱并没有真正改变他。他还是那个他,有着同样的爱好,钱只不过是能帮助他为大部分爱好买单罢了。比如,有钱之前,他总买书。如今,他买了更多的书。为此,他还专门把从前紧挨着"礼堂"办公室的双车位车

---

①★ 和他成绩最接近的是杰奎琳·威尔逊,有十四部上榜作品。罗尔德·达尔紧随其后,有九部作品。那托马斯·哈代、简·奥斯汀、乔治·奥威尔呢?他们分别有四本、三本和两本书入围。呃,朋友们,也许下回要多写几本书?写作的年代也得选近点才行。

库和园艺用品存放室改成了图书馆,在里面摆上了漂亮的书架。①★

再比如,有钱之前,他也买温室。如今,他只是买了个更大的。那个温室的确很大,建在庄园旧时的网球场上,里面种满了郁郁葱葱的植物,那儿基本什么都种得出来。尽管特里将其称作"侏罗纪公园",但说破大天,它也还只是个温室。

还有,有钱之前,他总搭飞机,至少在需要时是如此。如今,他会搭飞机的头等舱,踏入舱门后,他总是在向左转之前说一句:"尼尔·盖曼这时候得向右转。"

在有钱之前,这里是说很久很久之前,他就会观测星星。如今,他仍会观星,只不过用的不再是父母给他的那副会让福蒂格林上空的月亮变得摇摇晃晃的廉价望远镜,而是一架精密的Meade LX 200天文望远镜,内置全球定位系统跟踪器。这架望远镜放在一个专门用砖石和燧石建造的铜顶石灰面天文台里,和"礼堂"就隔着一片草坪。②★特里想将其命名为"帕特里克·穆尔纪念天文台"。当时还健在的帕特里克·穆尔(Patrick Moore)不仅同意了此事,还给特里签了名。我们原本计划将签名刻在铜匾上用作天文台的铭牌。然而,这

---

①★ 特里迫不及待地想要用起他的新书架,于是用小推车一趟趟地把书从屋中搬进了新图书馆,在木匠还没来得及给书架刷最后一层清漆时就填满了所有书架。

②★ 甚至早在天文台建成之前,特里和我就会借着威尔特郡乡下漆黑的夜色,在花园里观星了。我们曾在草坪上架设过一套天线系统,好让我们能够聆听木星的声音。为什么?只是兴趣使然。顺便说一句,木星的声音就像沙滩边的海浪,伴着短促的爆裂声,特里说很像"爆米花爆开的声音"。

件事并没能在特里生前完成,成了众多憾事中的一件。

特里之所以能征得帕特里克·穆尔的同意,是因为他已经成了穆尔家的常客。穆尔住在位于西萨塞克斯郡塞尔西、名为"法辛斯"的宅邸中,周六晚上会组织夜间观星活动。特里崇拜穆尔,不单是因为穆尔是《仰望夜空》①的主持人,还因为他多才多艺,智慧超群,却从不恃才傲物。特里并不是对名人趋之若鹜之人。有次,我在都柏林向他引见U2乐队的博诺(Bono),同他介绍我们所在的这间酒店的主人就是博诺。"啊,不错。"特里对博诺说,"您能帮我点杯奶昔吗?"博诺真的拿来了杯奶昔。但帕特里克·穆尔就不同了。我们第一次去法辛斯看望他时,特里走上前,跪坐在他的轮椅旁,完全被他的魅力所折服。②★

法辛斯是一幢都铎式建筑,屋前是一条狭窄的碎石车道。门口设有一处斜顶玻璃房,来往的访客都要把它当作"气闸室"一般,阻止帕特里克心爱的猫咪溜出屋外。屋内摆着帕特里克的一台木琴,每一面墙都挂满了艺术品。帕特里克当时已年逾八旬,平时独居,有护工在身旁照料。但到了观星会,特里和我总被一群形形色色的天文迷包围,氛围融洽。来参会的有性格外向、留着山羊胡的音频制作人德克·马格斯(Dirk Maggs)、印象派画家约翰·卡尔肖(Jon

---

① *The Sky at Night*,英国天文电视节目。

②★ "法辛斯(Farthings)!"那晚,当我们开车路过屋牌时,我突然大叫,"是遥远之物(Far things)的意思! 对不对?"在这儿,我不得不自豪地说,这是我们相处以来特里唯一一次因为没有在我之前想通某件事而不悦。

Culshaw)(他曾为帕特里克画过一幅画,令帕特里克很开心)和天体物理学家布莱恩·梅(Brian May)(他还有另一个为大众所熟知的身份——皇后乐队的吉他手)。我们会先在厨房分享几碗"天文学家专享辣椒肉酱",然后再站在花园里观看英仙座流星雨,或是广袤天空为我们呈献的任何一场光影表演。我仍记得在帕特里克的火炉边搅辣酱锅的自己,始终被不真实感笼罩着。特里和布莱恩·梅在我身旁讨论着各自对热爱的定义,最后得出的结论是,做热爱的事时,你要么一无所求,要么就只求富贵荣华。特里提到大卫·詹森在谈表演时曾说过这样一句话:"你就是自己的财富,明智地使用自己。""我想你讲的这句是罗尼·巴克[①]说的。"布莱恩·梅纠正道。后来,特里为帕特里克绘制了一枚纹章,并进行了官方认证——获封的爵士有权这么做,但需要自行支付五千英镑的费用。在一期《仰望夜空》特别节目中,特里向帕特里克献上了这枚纹章。

　　特里在建造天文台时也受到了帕特里克的启发。相较帕特里克自己的天文台,特里的天文台虽然面积小得多,却也豪华得多。帕特里克的天文台基本就是用混凝土板支起了一个波纹金属屋顶,屋顶转起来会欢快地叮当作响。而特里的铜制圆顶则能安静平滑地打开,最重要的是能自动打开。橡木楼梯、红色皮革扶栏与铜、木和燧石材质相得益彰,营造出几分儒勒·凡尔纳小说里的感觉。房间里安装了一个一百瓦的灯泡,用于给望远镜加温。当我们穿过黑

---

① 罗尼·巴克(Ronnie Barker,1929—2005),英国演员和作家。

漆漆的草坪走向天文台时，灯泡会自动切换为红光，以免我们在进门时被刺眼的灯光晃到眼。我们还曾在望远镜的取景器上安装了一个特别的闭路电视系统，这样不用走到天文台就能在"礼堂"的电脑上直接欣赏望远镜传来的图像了。但这似乎背离了观星的初衷。"看图不是重点。"特里说，"你得感受下长裤里灌进来的风，才能明白它的好。"

配置齐全的天文台、巨型温室、用定制书架陈列的丰富藏书……这些无疑都是富人——且得是"横向富裕"之人——骄奢放纵的产物。它们让特里变得更为特里。而"纵向富裕"之人指的是那些被金钱唤醒了对船只、南法豪宅和镀金直升机等新爱好的人。特里对这类物欲兴趣缺缺，他在很多方面都保持着不求甚解的惊人定力。他只愿横向探索。

这也是为什么他从未拥有过像电影《回到未来》(*Back to the Future*)中的海鸥翼德罗宁 DMC-12 那样的收藏款汽车，尽管他差点就买了。我们都很喜欢那部电影，经常谈论它。有次讨论时，我们都认为载着马蒂·麦佛莱①回到过去的那辆时光车所安装的海鸥翼车门，是有史以来最经典的车门。不管德罗宁为汽车配备了多么时髦的不锈钢车身，如果没有那些车门，车子迟早会和电影演的一样消失在历史的尘烟里，且再也无法返回未来。只有有了车门……它才成为一辆真正的车。

① Marty McFly，《回到未来》的主角之一。

"好。"特里说,"那我要买一辆。"

我很高兴。我觉得这正是特里·普拉切特该拥有的那种车,它定能让特里满意,博得他的欢心。那可是爱默·布朗博士[①]的车!我开始搜索如何购买(那时的互联网还不是现在的样子),找到了一位贝尔法斯特的经销商的号码。他有一辆左舵的车型当时就有现货可以出售。特里正在兴头上,迫不及特地想要直接买下它。考虑到后来发生的事,我很后悔当时没有顺着他的意思来。我建议他等到右舵车到货了再买,这样他想在威尔特郡的乡间小路上超过前面的拖拉机时也能更安全些。他勉强承认我说得有道理。贝尔法斯特的经销商说一切包在他身上。

又过了大约八周,我们什么消息都没收到。正当我们怀疑经销商是不是已经把我们忘了时,有天,特里突然把电话递给我。

"他拿到了一辆!"

那辆车无可挑剔,是极为罕见的右舵车型,注册地在北爱尔兰:里程数低,用的是全新的发动机支架,全方位维修保养过,上手就能开,价格也是超值,售价12 000英镑。我寄给对方一张定金支票,然后就开始安排运车的事,车子要从贝尔法斯特走水路一路向南运抵索尔兹伯里。按照计划,我将飞往苏格兰,在斯特兰拉尔的轮渡接货,然后开着德罗宁往南走。这对我来说没什么难的。我已经在为这项差事准备麦佛莱风格的夹克和耐克运动鞋了。

---

① Dr Emmett Brown,《回到未来》的主角之一。

临行前一周,特里突然打起了退堂鼓,改变了主意。"问题是,"他说,"你梦寐以求的德罗宁永远不会发生故障,永远不需要维修,永远不需要车库。但这辆……"

事实上,只要特里愿意,他完全可以请专人照看普拉切特的车库,车库里可以停满一整支德罗宁 DMC-12 车队,以及任何数量的在其他电影中亮相的收藏款汽车。①★但他没有。他更愿将德罗宁珍藏在心中。我打给经销商取消了订单,放弃了定金。不出一小时,特里快速奔涌的思潮就已将购买《回到未来》汽车的念头推到了海的尽头,以至于再也看不见它了。

不过,在现实世界中,特里的确需要一辆车彰显其社会地位的提升。他最终卖了他那辆蓝色的福特蒙迪欧,换了辆捷豹。传统品牌捷豹一向是自力更生的工人阶级的心仪之选。这还是辆捷豹 S 型车,是钱能买到的最不奢华的捷豹车款。实际上,捷豹 S 型比福特贵不了多少,是捷豹的入门级车款。为了削减成本,车内的"胡桃木"饰边和"铬"制通气栅都是塑料做的。制造商向特里描述的车色是"金色",但不知为何,每当我输入车辆信息缴纳伦敦道路拥堵费时,系统总显示它是"米色"。

特里买这辆车时没什么特别的仪式感。某个星期天的早上,他穿着园艺服就去了车行,大约一个小时就订好了新车返回家中。他

---

①★ 这件事我有发言权,我集齐了亚马逊制作的《好兆头》剧集第二季所用的全部车辆,包括摩托车、儿童自行车、里来恩特知更鸟车款和 1936 年的宾利德比。

周一告诉我,他对经销商和他讲的故事印象深刻:最近有个爱尔兰的农民买了同一款车,开着它送一只生病的羊去看兽医。我觉得这又是一个可以归为"精彩到需要查证"的故事。经销商可能早就看准了特里的弱点,而特里似乎完全被故事打动了。除了车辆本身可以作为临时的动物救护车外,特里最看好的可能是仪表盘配备的数字指南针。他让我陪他一起坐进车里,在"礼堂"外实验倒车,观察指南针如何随着车子的移动旋转。他惊呆了——实话说,我也一样。然后,我们回到屋内,几乎再没提起那辆车。他买了车,开了车,同时也几乎忘记了它的存在。

他既可以谨小慎微地花钱,也可以冲动地慷慨解囊。他经常捐钱,但一般都捐给了家门口的项目。他给当地的体育中心装了泛光灯,这对一个一生都没怎么去过体育中心的人来说实乃慷慨之举;他出钱资助了乡村商店搬迁,还参加了新店的开幕仪式,兴高采烈地用他的剑切了一长串香肠下来,为当地报社的摄影师提供了珍贵的素材;他资助建设了新的乡村学校,几年后又为教学楼的屋顶买了太阳能板;在更远一点的艾尔斯伯里附近,他捐助了35 000英镑用于建设刺猬医院,还为法纳姆鸟类世界的"猫头鹰议会"展览筹措了资金;他投入了一万英镑悬赏逮捕滨海伯纳姆镇附近的"天鹅杀手"①★;他对红毛猩猩基金会情有独钟,捐了很多钱,确诊后,又向阿尔茨海默病研究所捐了一百万美元,为死亡尊严慈善机构捐了十二

---

①★ 特里和滨海伯纳姆镇就这样结下了不解之缘,情谊最浓之时,2011年,特里甚至出席了该镇圣诞灯光节的开幕仪式。这就是名气的魅力所在。

万英镑,帮助他们在议会推动法案通过。2004年《开始邮政》出版前后,他赞助了巴斯邮政博物馆,并修复了博物馆的打孔机。但特里最喜欢做的,还是力所能及地为当地做贡献,把钱捐给"步行可达的项目"。

这也是为什么,有年夏夜,我们从庄园沿着小路走去隔壁的村庄,参加教堂屋顶修缮会议。修缮工作需要花费75 000英镑,特里为此尽了一份力。这不是特里第一次考虑为当地教堂的修缮工作捐款了,尽管本地或外地的教堂都不是他会在周日光顾的场所(体育中心也是一样)。作为一名坚定的无神论者,特里常说:"成年后,我从没带着宗教信仰进过教堂。"但这并不妨碍他将守护教堂视作"每个英国人的权利和义务"。此前已有两座当地教堂获得了他的慷慨资助,而眼前的这座十三世纪的小教堂将成为第三座。显然,特里一人就能解决修缮问题,75 000英镑对他来说只是个小数字。

那晚,我们走进教堂时,一道迷人的夏日日光洒在地上。我拿出随身携带的小型随拍相机,给特里拍了张照。他穿着皮夹克,戴着帽子,身后是一片绿地。几个月后,这张即兴抓拍的人像印在了书的封面上,用作特里的作者肖像照,但光看他的表情我就知道,他当时想脱口而出的是:"好吧,拍吧,拍完这张破照片就赶紧走。"

会议现场人头攒动,巴掌大的教堂挤满了至少二十人。我站在教堂后侧,当特里挺身而出要扮演当地人民的天使,一举解决问题时,我由衷地为他感到骄傲。

"我很富有。"特里开口说道,"我只要写张支票就能开出修缮所需的金额。"

教堂内顿时升起一阵喜悦。

"但我不准备那么做。"特里话锋一转。

刚升空的喜悦炸裂开来,连同我的骄傲一起摔在地上。

"这应当是全村群策群力之事。"他继续说道,"我准备尽我分内之事,我认为其他人也应当参与进来。"①★

无论是在小说还是现实生活中,特里对转一转音速起子或是挥一挥神奇的支票簿就能解决问题的情节始终毫无兴趣。这也不足为奇。单拿这件事来说,他知道自己绝非屋子里唯一的富人。若是他给人留下了乐善好施的印象,要求源源不断地来怎么办? 更何况现在收到的要求已经很多了。特里时刻怀揣着富人惯有的戒心,生恐被人愚弄。他常说:"我是有几百万没错,可我分得清一杯茶卖十英镑是天价。"以这回教堂屋顶捐款为例,他若是在众目之下高调担起全部重任,岂不是有点居高临下、以恩人自居的意味? 特里定是因此有所顾虑。普拉切特家有句代代相传的家训,据蕾哈娜回忆:"爸爸教导我,'普拉切特家的人要帮助懂得自救的人。②★'"

---

①★ 该村是威尔特郡最小的村庄,有两座大型建筑(一座十八世纪的庄园式农场和一座十七世纪的教区长旧宅)和十幢乡间别墅。这里居住着十九名成年人,仅比1086年《末日之书》(Domesday Book)中的人口普查记录多出一人。

②★ 特里总把该理念称作"布鲁斯特的百万之道",坚信只有付出才能获得回报。他显然是对《布鲁斯特的百万横财》(Brewster's Millions)的情节有什么误解。算了,不重要。

该原则在教堂屋顶修缮一事中也发挥了作用。特里发言后,其他资助者立马站了出来,村子的庆祝仪式如期召开,特里以荣誉嘉宾的身份出席了会议。如特里所愿,每位村民都出了力。资金也筹够了,特里出了他该出的那部分。

我一直不知道他究竟清不清楚自己有多少钱,或许是他喜欢揣着明白装糊涂。不过,他所拥有的财富有时似乎的确超出了他的认知。有一次,有人建议特里妥善管理他累积的财富,拿出一部分钱成立一个慈善基金会,用于资助有价值的项目。特里似乎对这个提议很感兴趣,请了几位代表来"礼堂"开会。他的理财顾问、顾资银行①的凯文·奥马利也在其中。一行人喝着茶,吃着琳恩的柠香蛋糕,详细梳理了项目的运作细节和对遗产税的影响等等。

谈话间,特里频频点头,等他们讲完,他说:"我愿意加入,我想——拿出来25 000英镑?"

桌子另一头的几位银行家尴尬地沉默了,有人窘迫地清了清嗓子。要促成这样规模的项目,他们心中想的数额要比这个再多一点——准确来说,至少得多1 975 000英镑。2 000 000英镑,这还只是初始投资。

会议很快就散了场。

不过,特里最后还是改变了心意。想了更多,聊了更多,对宏伟的未来畅想更多后,他采纳了银行家的建议。碟形世界基金会也在

---

① Coutts Bank,英国私人银行。

这些讨论中初见雏形。直至今日,该基金会仍在为儿童扫盲、野生动物保护等特里关注的项目提供资助。

至于能让他获益良多的复杂避税计划,他根本不感兴趣。特里一直是遵纪守法的纳税人,并深以为豪。有天,他在看到所得税最高税率即将上涨后,立即打给他的会计马克·博拉。

"我在报纸上读到了不少金牌会计师帮顾客逃税的新闻。"特里说,"作为我的金牌会计师,您对此事有何高见呢?"

电话另一端的马克·博拉立刻识破了这是个测试,说:"作为您的金牌会计师,特里,我给你的建议是,交税。"

特里欣然采纳了他的建议。

德罗宁DMC-12没买成,特里倒是买了间牧羊小屋。小屋虽没有对马蒂·麦佛莱估计也没什么大用的海鸥翼车门,但它能以自己的方式穿越时空。特里就是在那儿构思出蒂芙尼·阿奇这个角色,也是在那儿萌生出创意,写出了2003年出版的《实习女巫和小小自由人》。

每当车驶出家所在的山谷时,特里都会看到山上废弃的旧牧羊小屋。那是一堆木头和金属的残骸,是十九世纪的遗迹,屋下的部分轮子还完好无损,已被荒草没过。他入迷地盯着它们,萌生了让这些废品在他的领地重焕新生的想法。

最让特里心动的,是这座牧羊小屋流淌着山谷的骨血。它保留了原版小屋的屋架、轮子以及侧边的波纹铁。特里在当地找到了会组装小屋的师傅。初见小屋时，他开心得就差左右横跳了，我从未见过他如此快乐。

"看！"他冲我说，"屋子的漆面居然能抵抗重力！"我没懂他的意思。凑近一瞧，才发现有几块从旧屋拿来的波纹铁钉倒了，上面的油漆像是在朝上流。起初，特里将小屋搁在谷仓外的田里〔他管那块田叫"克罗茨"（Crots），原因我也不清楚〕，后来又把它移去了下边的田里，挨着河边。有天，他和蕾哈娜待在牧羊小屋时，发现有只山羊被困在了另一片田里。"牧羊小屋像是让我们拥有了牧羊人的视野。"蕾哈娜说。两个人花了好一阵才把那只战战兢兢、浑身湿透的母羊从荆棘丛里解救出来。产羔季时，牧羊小屋不属于我们，在庄园里照看羊群的牧羊人会待在那儿，让小屋回归原本的用途。但其他时候，若是天气好，我们会带着午餐（三明治、苏格兰蛋，还有必不可少的腌菜）去小屋吃。特里和我会坐在台阶上，用一台旧索尼笔记本听写。那里没有无线网络，没有电话，隔绝了一切纷扰。不知为何，在那儿的时光充满了魔力——脚下是白垩地，近处生长着山楂树和柳树，听着河水叮咚流淌。偶有亮蓝色的翠鸟划过，像纳麦疯哥一样闯进你的视野，特里就是由此受到启发将纳麦疯哥写成了蓝色。那段时光是我和他最接近碟形世界的时候。当特里坐在小屋里时，他的文字就像埃布勒河一样倾泻流淌。"初稿是在给自己讲故事。"他常这么说。《实习女巫和小小自由人》的绝大部分初稿都是在牧羊小屋诞生的。特里自述了蒂芙尼·阿奇的故事：她去了位于白垩丘陵的阿奇奶奶家。阿奇奶奶住在一间带轮子的旧牧羊小屋里，"绿色的山丘在盛夏的艳阳下绵延起伏"。据说，那里的土地"太软，种不出女巫"。特里在书中写道：

蒂芙尼爬上丘陵走进小屋，没弄出声响。她只是喜欢静静待在那儿，看着秃鹰，聆听寂静的声音。

寂静的时光总是匆匆，聆听的时光也总是匆匆。

那时的我们都没意识到，最后这句话竟是一语成谶。

第十六章

巨魔娃娃、热门金曲
和聚苯乙烯假牙

　　要说在整个二十世纪九十年代至二十一世纪初，特里·普拉切特和英国流行乐团接招乐队①有什么共同点，那就是他们都没能成功进军美国市场。

　　为此，接招乐队曾试着改组乐队阵容，通过电台和体育馆宣传乐队的全球热门金曲，特里则送上了三十三本全球畅销的《碟形世界》小说。然而殊途同归，他们都未能跻身任何美国排行榜的前十。这一时期，无论是特里还是盖瑞·巴洛，似乎都不是美国民众的心仪之选。

---

　　① 接招乐队(Take That)是成立于1990年的英国男子流行演唱组合，乐队成员有盖瑞·巴洛（Gary Barlow）、罗比·威廉姆斯（Robbie Williams）、马克·欧文（Mark Owen）、霍华德·唐纳（Howard Donald）和杰森·奥兰奇（Jason Orange）。接招乐队被英国广播公司誉为"披头士之后最受欢迎的英国乐队"。

　　这件事对盖瑞·巴洛的打击和对特里一样大吗？我无从置喙。但我可以肯定地说，它深深刺痛了特里。跻身《纽约时报》畅销书排行榜，相当于自动获得"《纽约时报》畅销书作者"的名号，这样的光环让人难以抗拒，召唤着包含特里在内的几乎每一位作家。时间越久，召唤声就越响，但那一天却迟迟没有到来。2000年是特里追寻这一宏伟目标的第二十九年。尽管特里在初出茅庐之时，就曾和美国出版社签订过海外著作权合同（圣马丁出版社购买了《太阳的黑暗面》），但那本书只在美国市场乍现了星点火花，就迅速熄灭了。特里似乎有能力在世界的任何一个角落取得成功，除了美国。《芝加哥论坛报》也有同样的见地，它曾在2000年刊登过这样一则醒目的标题"《碟形世界》征服了全球，唯独征服不了美国"。

　　特里为何会在全球最大的图书市场屡屡受挫？常有人和特里分析是因为书的风格，特别是书中蕴含的幽默太"英式"了，美国人读不来。可同样的书销往爱沙尼亚、西班牙、澳大利亚、俄罗斯、芬兰、保加利亚……那里的读者怎么不受"英式"风格之扰？

　　还有种说法是特里的书深受出版乱象之害。特里自己也更认同这一设想。他觉得，单就粗制滥造来说，美国还称不上是情况最糟的出版重灾区。这一奖项早就以终身荣誉的形式颁给了德国。德国的海涅出版社（Heyne Verlag）为《死神学徒》和《女巫复仇记》印制了相同的封面；没买到《魔法的颜色》的版权，就把《异光》热捧为《碟形世界》系列的第一部小说；最后还擅自出了一本《魔法的颜色》和《大法》的合订本，封面配的是乔什·柯比的插画，画中有一辆飞翔的莫里斯迈诺面包车、一群挥舞着警棍穷追不舍的英国警察和一个煤气罐。这幅画与两部《碟形世界》小说的故事情节毫不相干，画面流露的典型英伦风倒是与罗伯特·兰金（Robert Rankin）的幽默小说《愤怒之芽》（*The Sprouts of Wrath*）更为相适。但这也不足为奇——因为这幅画本就是为后者而作。

倘若要特里与另一位作家共享封面还不够离谱，海涅出版社随后的举动可谓是再次刷新下限。它于1991年出版自家版本的《金字塔》时，在正文中插入了一张速食汤包的广告。这种厚颜无耻的广告植入方式观感极差。就算是市场部事先委婉问过特里、征得了特里的首肯，这样的行为也是欠妥的，更何况他们压根儿没问过。特里自是勃然大怒，他写书可不是为了成为速食汤包的推销员。①★于是，他将德国的出版业务火速移交给另一家出版社。

特里在美国出版市场虽没遇到堪比上述闹剧的经历，但《碟形世界》系列在美国市场的发行之路仍有不少磕磕绊绊。在系列第十二部小说《教母魔棒》出版之前，美国市场只有该系列的精装本售卖，出版渠道还是极为小众的尼尔森·道布尔戴的科幻图书俱乐部（Science Fiction Book Club），无异于直接将那些对幻想类小说没有专门兴趣的读者拒之门外。《教母魔棒》面市后，出版事宜由哈珀柯

---

①★ *产品植入！还是在书里！真是滑天下之大稽。汤包的品牌是马吉（Maggi）。若是用它去填补一天中的午餐空档，没有比它更美味且更快捷的汤了。马吉，满足您对速食汤品的所有想象。*

林斯集团(HarperCollins)旗下的奇幻和科幻小说出版社哈珀普利斯姆(HarperPrism)接手。哈珀普利斯姆在发行图书时随意打乱系列顺序,致使美国读者还未读过《精灵石圈》(第十四部)或《恢复国王》(第十五部),就先拿到了《灵魂音乐》(第十六部);还未盼来《不平之时》(Interesting Times,第十七部)或《剧院幽魂》(第十八部),《泥土叛变》(第十九部)就已经上市了;还未见到《拯救老爹》(第二十部),就已将《放马过来》(第二十一部)先睹为快。这么做会对阅读体验产生什么大的影响吗? 可能不会,但特里大发雷霆也在情理之中。1999年,哈珀柯林斯收购雅芳图书(Avon Books)及其旗下科幻品牌"厄俄斯"(Eos),并重新整合书目。特里发现自己的书也成了此次内部收购的调整对象之一。若是优化调整也就罢了,然而特里发现自己更像是在被漫无目的地推来推去,他的处境没有丝毫好转。

为了一次性解决这些难题,二十世纪九十年代,特里决定找一位美国经纪人,一位能在大西洋彼岸更有力地维护其利益之人。在这件事上,科林·斯迈思实在鞭长莫及。对于像特里这样有远大抱负的作家来说,恐怕只有拉尔夫·维西南扎一人能胜任这一角色。拉尔夫拥有全球最顶尖的客户资源,斯蒂芬·金、罗伯特·海因莱因、弗兰克·赫伯特、彼得·斯特劳布[1]和乔治·R.R.马丁等全球最杰出的畅销科幻、奇幻和恐怖小说作家都是他的座上宾。他留着光头,目

---

[1] 彼得·斯特劳布(Peter Straub,1943—2022),美国小说家和诗人,著有许多恐怖和超自然小说,曾获得布拉姆·斯托克奖、世界奇幻奖、国际恐怖协会奖等文学荣誉。

光如炬，举手投足间有种"阿波罗号"退役宇航员的利落气质，不过他的生活比退役宇航员要奢华多了。他还出演了巴黎信息技术公司凯捷的广告宣传片（和他一同出镜的，还有大卫·鲍伊的唱片制作人托尼·维斯康蒂和澳大利亚网球教练达伦·卡希尔）。广告片中的拉尔夫在配有室外喷泉的私家车道边写写画画，身后的建筑宏伟得像带塔楼的迪士尼城堡。但实际上，广告取景地就是他在长岛的私人居所。他在那则广告中还被尊称为"斯蒂芬·金的文学顾问"，听起来比"经纪人"更高级。拉尔夫来伦敦时总是下榻克拉里奇酒店，每次都会给门房小费，出手阔绰，目的是让自己能在入住期间获得最舒心的服务。不过，别看他养尊处优，谈判时的他也可以像猎犬一样果敢出击，在必要时直言不讳。

特里起初质疑过拉尔夫的能力，这是他在有新人要加入已经稳定的工作团队时秉承的惯有态度，但他对拉尔夫印象深刻。特里很激动自己能登上拉尔夫的客户名单。拉尔夫现在要施展他在美国的强大影响力，开始塑造特里在美国的未来。

那之后不久，1999年，特里结识了他生命中的另一位重要贵人——哈珀柯林斯纽约的编辑珍妮弗·布雷尔。据布雷尔自述，办公室的同事都称她是"擅接怪书的女孩"，她最早接派的怪书就包含特里的作品。但珍妮很快就意识到这些书并不奇怪，事实上，"奇怪"只是世人给特里作品贴上的几个错误标签中的一个，得找个行之有效的方法撕掉它才行，类似的标签还有"科幻"和"喜剧"。"特里的作品要比标签定义的范围广博得多。"珍妮弗说,"它不仅能制造幽默,还具有社会讽刺意味,探究人们的行为和互动方式。你能从中收获远超'笑料'的东西。"

认识之初,特里和珍妮弗一直没见过面,只通过电话交谈。珍妮弗巧妙地经受住了考验,在特里质疑她是否有能力扭转他的书在美国的命运时,她仍能保持乐观坚定。后来,珍妮弗终于借着一次英国之行造访"礼堂"。她刚进门,甚至还没脱掉外套坐下来,特里就把手伸到我眼前打了个响指,大叫道:"罗伯,快上茶!"①★她很快调整好状态,在接下来的几小时里,她和特里相谈甚欢,特里甚至对她有种一见如故之感。他在珍妮弗身上看到了他曾在英国编辑菲利帕·迪金森身上寻到的珍贵品质——不仅能和他深刻共情,还对他提交的稿件里有什么、缺什么、需要什么才能变得更好了如指掌。任何一名和美国大出版社签约的外国作家都需要一员四星大将,帮他在出版社内部调遣各部门的兵马,蓄力造势。特里终于拥有了他的那位。

2000年4月,随着《第五头大象》在美出版,事情开始有所改观。特里不再受困于狭小的科幻奇幻角落,他的作品现在已被归入哈珀柯林斯的主流大众小说名单。一切像是按下了重启键。《第五头大象》发行了五千册特别版,内含十六页附录专门介绍"特里·普

---

①★ 特里点茶时,通常不会在我面前打响指。据我观察,这是他第一次、也是唯一一次这么做。这其实根本不是他的风格。显然,他是希望通过这种方式引起这位从纽约赶来、第一次上门拜访的新编辑的注意。

拉切特的世界",指引新读者探索这个当时已经出了二十四部小说的老系列。一切都还需要时间,但是从那时起,慢慢地,每本书的影响力都在增强,评论在增多,关注度在提升,读者的数量在增加——随着《时代新闻》(*The Truth*)、《时间盗贼》《夜巡》《开始邮政》和《封建反抗》相继出版,终成磅礴之势。

2005年秋,哈珀柯林斯刚出版了《砰!砰!砰!》。那时候,《纽约时报》会在周末正式发布排行榜前,于周三晚下午五点到七点间先向出版社披露名单。在这个特别的周三,珍妮弗·布雷尔在榜单发布前就离开了办公室,踏上了两个小时的下班通勤之路。因此,当她的黑莓手机收到消息时,她很不凑巧地刚登上一辆拥挤的纽约大都会北方铁路火车,车子已经驶离中央火车站。更糟的是,珍妮弗意识到自己还坐在禁用手机的"静音车厢"。但管它呢,这件事可等不得。她给"礼堂"打了电话。

"哦,天哪!进了,进了!特里!特里!你是《纽约时报》畅销作者了!"

车厢内的乘客不满地发出了此起彼伏的"嘘"声,但珍妮弗选择无视他们。

远在英国的特里坐在办公桌前,疑惑地问:"珍妮弗……你是在哭吗?你在哭!珍妮弗——这不过是份榜单。"

"特里!"珍妮弗冲她的作者,也是冲着车厢内其他的乘客喊道,"我们为这件事努力了这么多,你得允许我哭一下!"

这时,"嘘"声中多了些火药味。

"我得挂了。"她愤愤道,挂了电话。

现在仅剩的问题是特里的儿童书籍能否在美国取得同样的成功。二人合作之初,特里曾对珍妮弗说:"我和美国的童书出版行业相处不来。"当时二人正在聊即将在英国出版的一本童书,美国方面迄今对这本书并无兴趣。虽然有些迟了,但珍妮弗还是给哈珀柯林斯童书部门的阅稿人南希·盖勒发了一份特里的稿件。一天后,盖勒就和她的上司罗伯特·华伦说:"我很喜欢特里·普拉切特的稿子。"接下来发生的事可谓是无巧不成书。首先,南希·盖勒的声音穿透力极强,足以传到办公室外。其次,这句话恰好被安妮·霍普听了去。安妮读过且十分喜爱《碟形世界》小说,因此对特里·普拉切特的名字格外敏感。她从办公桌前站起身来,径直走进南希·盖勒的办公室。"说来惭愧,我记得,自己几乎是从她手里一把夺来了稿件。"安妮说,"谢天谢地,她的手没有因为我太激动被纸张划破,真是太险了。"

其实,在安妮抢过稿件据为己有并跑路之前,这本书已经被两位美国编辑丢在了一旁,是安妮后来说服了部门的其他同事出版它。"它"指的是《猫鼠奇谈》。①★和拉尔夫·维西南扎签完协议时,安

---

①★ 面向美国读者时,该书更换了书名。英国版的标题为"The Amazing Morris and his Educated Rodents",美国版则为"The Amazing Moreece and his Educated Rodents",将名字Morris(莫里斯)改成了Moreece(莫瑞斯)。这样细致入微的本土化区分很重要。

妮只剩两个月的时间扭转乾坤,完成印刷,确保该书能和英国同步上市。她很快约好了封面设计,并将封面发给特里过目。

"特里和我说他只喜欢这张画的一个地方,那就是它是长方形的。"安妮说,"我感谢了他对书本形状的赞美。"

就这样,安妮成了特里生命中第三位举足轻重的编辑。刚和特里共事时,她坦言自己对特里怀着一种"敬畏"。她也像菲利帕·迪金森还有珍妮弗·布雷尔一样,感受到与特里合作意味着冲突不断,谈话时全然将社交礼仪抛之窗外,针锋相对更是常态。有次,安妮针对《道奇》的初稿,给出了长达几页的详尽修改意见。特里打给她说:"安妮,你倒不如直接告诉我'写本更好的书'。"然后就挂了电话。不过,待他冷静下来,还是仔细阅读了她的每一条建议,然后的确写出了一部更好的书。这也是一直以来最重要的事。

《猫鼠奇谈》虽是在仓促间出版,却还是登上了2001年美国年终图书排行榜,并获得了奖项提名。接下来,安妮将有充足的时间筹备2003年出版的《实习女巫和小小自由人》和2004年的《帽子里的天空》。2006年,安妮给特里写了封邮件,开头是"致亲爱的《纽约时报》畅销书《迎冬之舞》的作者"。五年后,美国图书馆协会向特里颁发青年文学贡献奖,标志着特里在美国儿童文学界彻底站稳脚跟。

至此,特里终于实现了他的目标,在他所涉的两个书类都获得了"《纽约时报》畅销书作者"的头衔。他拥有两位火力全开的敬业编辑,而她们会带领各自的团队,确保特里今后出的每一本书都能保有现在的成绩。

如今,只剩下挺进好莱坞这一个障碍了。

事实证明,跨越它有点困难。

2003 年,人气电影《哈利·波特与魔法石》(*Harry Potter and the Philosopher's Stone*)和《哈利·波特与密室》(*Harry Potter and the Chamber of Secrets*)已分别于一年前和两年前上映,彼得·杰克逊计划的《指环王》电影三部曲中的前两部也已在这段时间相继登上银幕并取得不俗反响。特里在接受他的美国出版社哈珀柯林斯的采访时,有过如下对话:

> 问:奇幻故事是当下的票房担当,是什么致使《碟形世界》迟迟无缘银幕?
>
> 特里:呃……主要是因为我。

此话不假。在特里·普拉切特的职业生涯中,好莱坞曾多次向《碟形世界》系列投来橄榄枝,提出要砸重金请顶尖编剧改编剧本,让一流导演坐镇执导,打造大牌云集的热门影片。然而,这些计划一次又一次地无疾而终,其主要原因是什么?

呃……主要是因为特里。

他发现自己不可能全然放手。电影创作以团队协作为基础,需要心甘情愿地将海量任务交托于人,需要大量的妥协迁就。而特里可是连碟形世界雕像制作的每个细节都要亲自把关之人。他习惯了把生意牢牢地攥在自己手里(也取得了非常亮眼的成就),将作品丢进巨大的产业链运作、任由几十个不是特里的人决定每个链节的命运……这实在同他的经营理念背道而驰。

并且照他的话讲,他没有理由妥协。"这么做到底能带给我什么好处?"特里在2003年接受采访时说,"钱?我已经有了。名望?我对此深表怀疑。灵思风或者格兰妮·维若蜡的塑料可动手办?这个世界真的需要这些吗?"

事实上,这件事其实可以给特里带来好处——只不过不是这些流于表面的浮华,他也清楚这一点。看到自己的作品变成成功的电影会带来巨大的成就感,这是他强烈渴望之事。这种渴望日益强烈,每每看到人们蜂拥挤进影院观看《哈利·波特》或者托尔金作品的改编电影就更盛几分。

当时显然是奇幻电影称霸银幕的黄金期。特里是电影迷,且酷爱人气电影。2009年,我们去美国亚利桑那州凤凰城参加"碟形世界大会",抽空去看了电影《墓碑镇》①。这部电影充分满足了特里对怀特·厄普的好奇心,唤醒了他年少时的记忆,让他追忆起伯特·兰开斯特和柯克·道格拉斯在《龙虎双侠》②中的表现。

———————————

① *Tombstone*(1993),根据真实事件改编,讲述了前警长怀特·厄普的传奇经历。

② *Gunfight at the OK Corral*(1957)。故事的主人公也是怀特·厄普。

去新西兰时,我们专程参观了霍比屯电影外景地。车子开进洋溢着二十世纪五十年代风情的玛塔玛塔小镇,我们一下车就不约而同地唱起了《回到未来》的经典插曲《睡魔先生》(*Mr Sandman*),致敬穿越回五十年代席尔瓦利的马蒂·麦佛莱。[1]★不过,特里并不是狂热的旅行爱好者。有次,赶上美国巡回签售期间有闲暇时间,我准备去大峡谷南缘游玩。"为什么去那儿?"特里十分困惑,"那不过是地上的一个洞。"但只要是和电影有关的朝圣之旅(且是对他胃口的电影),就立马能激起他的兴趣。

然而,2003年,五十五岁的特里已经出版了将近四十本书,却没有一部作品被搬上银幕。制作公司Film4告诉特里《碟形世界》"太烧脑也太文雅",不适合改编成电影,特里勃然大怒。还有人和特里说《平等权利》若是拍成电影会有抄袭《哈利·波特》之嫌,特里更是怒火中烧。"我想找句话回应。"特里说,"但我的大脑已经超载了。"他已经习惯于被整个电影行业看衰——不再为遭受的种种挫败感到沮丧或愤怒,对那些恼人的事也是听之任之,甚至几近到了免疫的地步。"接触了一段时间后,"特里说,"你就会明白,大多数电影生意都是——那句话怎么说来着——哦,对,镜花水月一场空。做这行的人有很多,但真正有能力做出电影的却寥寥无几。他们只是想拥有权力,

---

①★在霍比屯电影基地看到《指环王1:护戒使者》(*The Fellowship*)片头出现的小路时,我们都很激动。我们去的时候,基地正在为《霍比特人》的拍摄做准备。特里和我都认为,虽然我们之前也参观过不少电影基地,但在霍比屯电影基地的体验是独一无二的。那里充满魔力,有种真实感。

很多权力。好吧,都通通见鬼去吧。"

　　然而,每当他下定决心将这件事抛之脑后时,就又会有烦人的生意找上门缠住他。2003年在接受哈珀柯林斯出版社的采访时,即便他明确表达了对电影行业的不屑一顾,内心却也还残存着一线希望,这才会在采访中透露:"梦工厂动画正在制作我的《卡车司机》三部曲。"

　　又是骗局一场。特里和好莱坞以及塑料可动手办的过招其实才刚刚开始。

　　2001年,梦工厂动画以不到一百万美元的价格获得了"小人族三部曲"的版权,公司希望将特里的三本儿童小说《卡车司机》《挖掘者》和《翅膀》整合成一部名为"卡车司机"的动画电影,由安德鲁·亚当森(Andrew Adamson)担任导演。为了说服特里他们是这项工作的不二人选,梦工厂动画特地邀请特里参观了他们在加利福尼亚的工作室。我一直遗憾没能和特里同行,我知道他在那儿观看了粗剪版的亚当森最新电影,离开时提着一个鼓囊囊的礼品袋,里面还装着一个拿着洋葱的绿色怪兽毛绒玩具。特里之前看过《怪物史莱克》,对它基本无感,想必很多人难以理解。《卡车司机》的交易敲定时,《怪物史莱克》已经上映,即将斩获4.84亿美元的票房收入,而《特里·普拉切特获史莱克待遇》的新闻也登上了BBC头条。

　　"很少有作家的作品能像普拉切特的小说一样如此适合改编成动画电影。"梦工厂动画公司的首席执行官兼联合创始人杰弗瑞·卡森伯格①★在电影官宣时表示,他还转述了特里的话:"我喜欢《小鸡快跑》(*Chicken Run*)和《惊爆银河系》(*Galaxy Quest*),但若是有人某晚从好莱坞梦工厂打给你,紧接着第二天就出现在威尔特郡,和你共进晚餐,你还是会对此感到惊讶。"②★亚当森激动地说,他希望"每当人们(看完碟形世界电影)走出影院,余光好像扫到什么东西时,都会不由自主地觉得那是电影中的某个角色"。不幸的是,特里的确有充足的理由讨厌那个礼品袋里拿着生洋葱的绿怪兽。《怪物史莱克》斩获奥斯卡最佳动画奖后,亚当森一下子变得更忙了。他继续投身于《怪物史莱克2》的制作,随后又被《纳尼亚传奇》吸引,去拍摄了《纳尼亚传奇:狮子、女巫和魔衣橱》。《卡车司机》和那些可能会在电影院外神出鬼没的电影角色再没出现在他的视野里。特里阴阳怪气地说,也许"等他们拍完《怪物史莱克27》",就轮到我们这部了。

　　接着,很多年过去了(一晃就是七年),什么都没发生。无事发生似乎成了这一合作的常态,而这正是最让特里抓狂的事之一,毕竟没什么情节的长篇大论是奇幻小说家的天敌。终于,2008年,我们收到消息说英国导演丹尼·博伊尔(Danny Boyle)加入了动画梦工

---

①★ 梦工厂动画公司的全名为 Dreamworks SKG。SKG 融合了三位联合创始人的姓氏首字母。"S"代表史蒂文·斯皮尔伯格(Steven Spielberg),"K"代表杰弗瑞·卡森伯格(Jeffrey Katzenberg),"G"代表大卫·格芬(David Geffen)。

②★ 精彩到需要查证的故事。但秉着真实记录的原则,我需要申明,我不记得动画梦工厂有谁来威尔特郡吃过午餐,无论是在打完电话的次日早上,还是在合作期间的任何其他时间。但这句话说得的确很漂亮,可以引发和特里一样的作家深思,这可能才是它的意义所在。

厂的《卡车司机》制作团队,紧接着那年秋天,全球金融危机爆发,博伊尔又退出了项目,影片再一次被束之高阁。一年后,2009年,《贫民窟的百万富翁》(Slumdog Millionaire)的编剧赛门·鲍佛伊(Simon Beaufoy)签约参与剧本创作。但我们从未看到这一委任有任何下文。又过了一年,2010年,接力棒传给了曾创作儿童奇幻动画《猫头鹰王国》(Legends of the Guardians)的编剧约翰·奥尔洛夫(John Orloff)。与此同时,负责该片的导演换成了一位英国人——安南德·图克尔(Anand Tucker)。这一次,项目是不是终于要起死回生了,摄影机也该转起来了？希望再次点燃,2011年,我甚至陪同特里和科林·斯迈思去伦敦皮卡迪利的四季酒店见了图克尔和杰弗瑞·卡森伯格。

　　浆洗挺括的亚麻桌布上摆放着茶和司康。我想,从某方面来说,这一刻也见证着动画梦工厂和特里·普拉切特合作十周年。但鉴于目前一帧像样的动画都没做出来,没人提起这茬儿。卡森伯格温润和善,平易近人,丝毫没有工作室负责人的架子。他来伦敦是为了参加《怪物史莱克》音乐剧和《功夫熊猫2》的首映礼。我记得坐在餐厅另一桌的杰克·布莱克①还吸引了我的注意,他飞来英国也是为了《功夫熊猫2》的活动。不过,当卡森伯格向特里透露项目的进展以及无法成片的惊心内幕时,我的注意力完全回到了会谈中。我们理解的是,梦工厂为把"小人族三部曲"改编成电影已经下了血本,做了

---

　　① Jack Black,《功夫熊猫2》(Kung Fu Panda 2)中阿宝的配音演员。

各种尝试,却一无所获。细思极恐之余,也有几分欣慰:既然梦工厂已陷得这么深,电影肯定是必须要拍的。

不一定。卡森伯格告诉特里,梦工厂曾斥资一千八百万美元开发一个项目,然后中途放弃了它。

"你们为什么要那么做?"特里问。

"这样我们就不会再损失另一个一千八百万美元。"卡森伯格干脆地回答。

不过,他的话内之意听起来依旧是:我们会把这事办成的。

安南德·图克尔对故事颇有精彩见地。特里当下已经习惯了万事不可当真的常规设定,一般热情地回应了图克尔。那次会面结束后,我们开车回索尔兹伯里,感觉项目至少又动了起来。或者,至少我觉得。特里已经开始考虑其他事了。

他这么做是对的。这件事再一次化为泡影。两年又过去了。终于,2013年,梦工厂买下了魔发精灵(Troll Dolls)玩具系列的版权。那些怒发冲冠、发色五彩斑斓的小塑料精灵在英国又名"巨魔娃娃",常常摇曳在书包前。梦工厂策划了一个联动计划:影版《卡车司机》照拍,但让魔发精灵饰演诺姆人的角色。真是妙!立刻一举两得,实现了商品化变现!梦工厂绘制了一些诺姆人的草图给我们看,上面的诺姆人其实就是罗斯伯瑞巨魔娃娃的模样。我们又开了一次会。特里接过桌子对面递来的平板电脑,心情沉重地翻阅着图片。看来他现在得为一个已经存在的塑料玩具系列编写台词,他

担忧的小说家涉足好莱坞时会遇到的最糟的事就要发生了。合作就此中止。[1]★

尼尔·盖曼谈及将他的书改编成电影一事时,说过这样一句至理名言:只有等他坐在电影院前排,抱着爆米花,灯光渐暗时,他才会相信电影真的能拍出来。相比之下,尼尔承认,特里那比他更悲观的看法还要再真实几分,即你只有在一种情况下才可以展望自己的小说会被改编成电影,那就是永远不去相信。

在特里看来,这些讨论连带着所有与电影界的谈判,注定会以失望告终。避免失望的最好办法就是提前做好心理准备,在整个谈判过程中不抱任何期望。特里曾说过一句话,现在听来仍苦楚得让人心酸:"好莱坞到处都是有权说'不'的人,只有一个人有权说'是'。而你可能会在等待这个人的过程中死去。"

对特里而言,这种无所希求的态度能让他在项目会议中更放松。但对于我们其余的人来说,他在会上毫不掩饰地说出自己的想法,可能会让我们不大舒服。这也是为什么他和山姆·雷米(Sam Raimi)会因为蒂芙尼·阿奇一角产生摩擦。

2006年1月,索尼影视宣布拍摄蒂芙尼·阿奇的第一部冒险故事——《实习女巫和小小自由人》。该片的导演将由山姆·雷米担任,

---

①★ 梦工厂继续制作《魔发精灵》(*Trolls*)。该片在特里过世后于2016年上映,片中的魔发精灵一角由魔发精灵饰演,这无疑是更好的选择,但恕我无法前去观看,因为它会让我"触景生情"。该片于2020年推出了续集,我同样避开了它。

那时他刚拍摄完《蜘蛛侠》三部曲的最后一部。我想就算是特里，也应该会允许自己为此事暗暗兴奋一下。同时，该片的编剧由帕米拉·帕特勒担任，她广泛活跃于美国电视界，曾为特里喜爱的蒂姆·波顿（Tim Burton）的《僵尸新娘》（Corpse Bride）写过剧本。帕米拉后来还专程从美国飞来，她的私人飞机降在布里斯托尔机场，这件事让我们印象深刻。她一到"礼堂"就和特里聊得投缘，参观了特里的书架，从上面取下她读过的书，和特里热络地讨论起来。她还从书架上拿起了保罗·基德比刚送给特里的生日礼物——一个亲手雕刻的白垩山谷皮克特斯族人罗伯·安尼博迪的小雕像，对它赞不绝口。这些都正中特里的喜好。帕米拉在"礼堂"待了一天，其间她和特里外出散步，穿过白垩地，讨论了她颇感兴趣的当地地质问题，还聊到了蒂芙尼·阿奇一角。帕米拉显然非常喜爱这本小说，也完全理解特里的想法。会面非常顺利。当晚，特里带着帕米拉同琳恩和我一起去了切莱特的卡斯尔曼餐厅，足见他对帕米拉的认可。卡斯尔曼餐厅可能算是特里在这个世上最爱的餐厅，多半是因为那儿的地中海炖鱼和蜂蜜冰激凌。我们倒了酒，又继续聊起了书，最后当然还点了不容错过的蜂蜜冰激凌。那是非常愉悦的一晚，为新合作开启了完美的篇章。第二天，帕米拉飞回洛杉矶，开始写剧本。

六个月后，山姆·雷米的洛杉矶办公室发来《实习女巫和小小自由人》的剧本初稿。我们都迫不及待地想看看特里的书变成了什么样，毕竟一切都充满希望。迄今为止，签约的美国电影公司中还没有一家能给出实实在在、能拍在桌子上的电影改编剧本。碟形世界终于朝电影世界迈进了一大步，有了装订成册的剧本。这是个值得用仪式纪念的时刻。琳恩之前为"礼堂"购置过一个巨大的黄铜教堂诵经台，每次准备书稿结尾的重要段落或演讲稿时，我和特里就会郑重其事地站在那儿诵读。我花了九牛二虎之力，把这个庞然大物拖到"礼堂"中央，将剧本"啪"的一声拍在台上，准备为坐在桌前的特里献上我的单人朗诵。

在这里，我必须承认，比我优秀的剧本朗读者肯定大有人在，也肯定有人比我更适合模仿剧本里九岁的巫师和带有苏格兰口音、令人生畏的皮克特斯族勇士。我模仿的苏格兰口音应是始于北威尔士，朝着利兹方向猛地一拐穿越英格兰，中途停在布里斯托尔歇了歇脚，去南印度小溜了一圈，最后停在我的家乡诺福克。

但这不重要。特里专注而安静地听我读着。一共八十页的剧本，我大约读到第二十一页时，他才有所反应。

"停！"他喊道，"停！就到这吧！"

我停下来。特里怒火中烧。是我的苏格兰口音惹恼了他吗？不。惹恼他的是整个剧本。争强好胜、聪明伶俐又有主见的蒂芙尼·阿奇变成了——如特里所说——娇滴滴的"迪士尼公主"，只会对天许愿，祈求梦想成真。

"给山姆·雷米打电话。"特里说。

我指出，现在洛杉矶是凌晨四点左右，雷米的办公室应该还没上班。无论特里想说什么,都得再等几个小时才行。不近人情的时差的显然让特里很是煎熬,他焦躁不安地等待着。接下来的下午漫长无比,特里一直试图工作,却发现根本不可能,他不断地抬头询问:"现在几点了? 还是太早吗?"

终于挨到英国白天快结束,可以给洛杉矶打电话了。

"这是代表特里·普拉切特打来的。"我说,"方便让山姆·雷米接电话吗?"

我听到电话被转接的声音,示意特里拿起话筒。等待音乐响起后又有一段相当长的空档,特里坐在那儿,应是在脑中最后梳理着过去煎熬的五小时里萌生的想法。

终于,又有人接起了电话。

"抱歉。"对方说,"山姆现在没空。是关于剧本的事吗?"

终于,特里找到了一吐为快的机会,说出了那个他按捺已久的回答。

"对。"特里说,"那是坨狗屎。"

"好……的……"电话那端的声音有些迟疑,"那……谢谢您。"

特里挂了电话。我坐在房间另一边,既惊又恐。我私以为初稿只是沟通的第一阶段,后续还需要通过交流进行调整,直至取得令各方都满意的共识……不过,特里显然不这么认为。他已经在继续埋头工作了。

之后再没有任何电话打来。一个也没有。山姆·雷米的《实习女巫和小小自由人》也再没了下文。

后来,真人版《碟形世界》终于成片,亮相全球荧屏,不过不是通过好莱坞,也不是在电影院,而是由英国天空电视台在电视上播送。顺便提一句,特里本人并没有订阅天空电视台。①*但一段关系就此在那片看似寸草不生的土地扎了根,六年间,长出了三部好评如潮的普拉切特改编作品,终于让特里能在这个屡屡碰壁的事业领域扬眉吐气。

2005年,一个穿着白色蛇皮鞋的男子在温坎顿的碟形世界主题店现身,参加了伯纳德和伊索贝尔·皮尔森夫妇定期举办的一场粉丝活动。活动现场挤满了乔装打扮的《碟形世界》粉丝,但那双白色蛇皮鞋依旧一眼即辨。穿着这双鞋的人名为罗德·布朗(Rod Brown),来自制作公司"莫布"(The Mob),此次前来是为了和特里谈项目。在此之前,我们谁都没听说过莫布公司,也不了解他们参与过哪些项目。罗德个人简历上最亮眼的经历,是他曾参与制作天空电视台长期连载的电视剧《梦之队》。该剧围绕一个虚构的足球俱乐部展开叙述,剧情跳脱离奇,连漫画《流浪者队的罗伊》②都相形见绌,像是变成

①* 特里那一代人普遍认为除了每年的电视收视费,任何额外的花销都是彻头彻尾的野蛮掠夺。

② 《流浪者队的罗伊》是一部长期连载的英国足球主题漫画,以极度戏剧化的故事情节为标志,以至于如今足球评论员和球迷在描述高超技巧的展示或逆境之下出人意料的结果时,经常使用短语"《流浪者队的罗伊》成真(real *Roy of the Rovers* stuff)"。

了肯·伯恩斯(Ken Burns)的纪录片。①★特里既收不到天空电视台，又对足球不感兴趣，自是没看过那部电视剧。罗德还制作过ITV的游戏节目《大财运》(*Strike It Lucky*)，该节目由迈克尔·巴里摩尔(Michael Barrymore)主持，一度挺进了英国电视节目收视前五的榜单。特里很可能看过，或者或多或少有所耳闻。看在罗德不辞辛劳赶来温坎顿的份上，特里接待了他，在伯纳德和伊索贝尔商店的里厅临时开了场会，听罗德介绍提案：他们计划将《拯救老爹》改编成一部服饰华丽、布景奢华、宛如庆典的巨制，分上下两期，全长三小时，在有意大举投资原创剧的天空电视台播出。罗德的演讲感染力极强，幽默风趣而又具有说服力。套用特里的话，他很喜欢罗德的做派。会议结束时，让罗德意外的是（我猜在场的所有人都很意外），特里站起身来说："好。那就依你说的办吧。"

第二次见面约在几周后，这次是在"礼堂"。和罗德一同来的还有他的制片合作人伊恩·沙普尔斯(Ian Sharples)和英国导演瓦蒂姆·吉恩(Vadim Jean)。瓦蒂姆开一辆黑色路虎，穿着件羽绒夹克，曾执导过英国喜剧电影《我的爸爸是猪农》(*Leon the Pig Farmer*)。几人详细讨论了《拯救老爹》的改编事宜，谈到预期的目标，以及如何能把这个讲述碟形世界年度冬季节日的故事，打造成各家各户年年圣诞都要重温的经典作品。会上还提出了几个选角的设想。有

---

① ★ 在《梦之队》(*Dream Team*)中，哈切斯特联队的守门员被赌债逼至绝境，不惜将整个球队作为人质，并在随后的大火中被特警队击毙，这一集可谓将吊诡的剧情推至高潮。

人提议让大卫·詹森饰演死神的男仆阿尔伯特。在特里心中,詹森在电视界享有绝对的至尊地位。那让伊恩·理查德森为死神配音怎么样?特里也完全没意见。一切都很顺心。虽然莫布公司的这几个人少了几分练达和商业气质,但在特里眼中,这恰恰增加了他们的吸引力。不可否认,特里喜欢这些人让他参与项目,而且他们似乎已经在天空电视台为他打开了所有必要的大门。好莱坞可以暂时靠边站了。这个项目像是真的有希望落地,成为现实。

罗德、瓦蒂姆和伊恩是否巧妙地暗示过特里,莫布公司与天空电视台的合作关系比实际设想的还要紧密?在我们没出席的其他会议上,莫布公司是否巧妙地暗示过天空电视台,他们和特里·普拉切特的合作要比实际设想的更为紧密?换言之,这其中是否存在某些战术性的周旋?总之,在接下来的几周乃至几个月里,特里多次致电罗德,询问新项目的进展,却始终没有可以汇报的新进展。事后,特里和我常想到,我们曾热烈庆祝过特里·普拉切特、莫布公司和天空电视台达成三方合作,但实际上,这项合作在我们庆祝之时还远未敲定。

不过没关系。不管他们用了什么手段,结果总归是好的:他们成功了。天空电视台最终为名为"特里·普拉切特之《拯救老爹》"项目亮了绿灯,投资六百万英镑用于制作。这个预算可能还不及好莱坞剧组的餐费,但它已经是天空电视台有史以来投资最大的影视剧了。特里原以为瓦蒂姆·吉恩编写的剧本可能会成为改编路上的主要绊脚石,但就连这件事都迅速且顺利地解决了。此事或许并非巧合,特里觉得瓦蒂姆的剧本有个很大的优点,那就是原封不动地引用了小说中的大段对话。

也许这样的方式尤为适合软化一位始终怀疑任何改编作品都无法展现其作品要义的冷酷作家。或者,你也可以试着请他客串一个角色。在《拯救老爹》中,特里欣然同意出演"玩具制造商"一角。这个角色并未在原书中出现,只有一句台词:"先生,需要我帮您包起来吗?"于是,正式开拍的第一天,伦敦塔维斯托克广场以北的沃本街见证了影视史上的重要时刻:人造雪厚厚的铺了一地,特里全然沉浸在角色中,对细节的吹毛求疵之甚恐怕会让罗伯特·德尼罗都自愧不如。虽然这个角色在剧本中只是个无名小卒,他还是为他取了个名字叫乔舒亚·伊斯米(Joshua Isme),并同样画蛇添足地将玩具店命名为"玩具是我"(Toys Is Me)。他花了一小时的时间换装,兴奋地说,戏服里的鞋子"巴尔德里克①见了都会嫌弃扔掉"。若不是因为拍摄日程紧张,他估计还乐意再多花几小时。

特里接受了制片人的邀请,前去参观拍摄现场,争分夺秒地默默学习,仔细观察,偶尔还会加入讨论。一天,他们在拍摄巴尼奥·克罗珀(斯蒂芬·马库斯饰)大声擤鼻涕的场景。喊"卡"之后,特里说:"我觉得若是有人能帮他擤鼻涕会更好。"瓦蒂姆尝试了这一想法,这个镜头最后被保留在影片中,连带着其他几处小建议为特里

---

① Baldrick,英剧《黑爵士》中的角色,以贫困、穿衣破旧著称。

在片尾鸣谢字幕中赢得了"特里·普拉切特亲力鼓弄创意"的字样。

整个过程让特里无比开心。小说改编影视作品一事原本已沦为令人生厌的虚幻泡影,常常伴随着空洞无物的会议、不着边际的计划还有如泡沫般一触即破的空头许诺。但这次不同,一切都真真切切地呈现在眼前。特里终于可以亲身体会到看着笔下的角色重获新生的惊喜——这对身为角色创造者的特里来说,也是一种新奇的体验。特里坦言:"比起看到他们的面孔,我更常听到他们的声音。"不仅仅是演员,这项卓越工作的方方面面都让他欣喜。如今,他意识到整项工作都与他切实相关,也恰与他毕生追求的事业范畴相合——在全然虚构的故事设定里苦苦地追寻现实主义。有一天,特里走进拍摄现场,停下来,同一位在给假石墙上色的布景画家闲聊。"我只是在把它脏化做旧。"画家解释说。特里开心地学习了这个说法。自此,"礼堂"会用"脏化手法"统称所有要在场景中添点污垢风尘,好让故事看起来更真实的处理手法。①★

去片场的最后一天,特里从道具组拿回一个塞满聚苯乙烯假牙的大塑料袋,装进后备厢。那是电影拍摄时使用的小玩意儿,可以随便拿走据为己有。当然,它还是制作难搞的"碟形世界大会"奖品或慈善拍卖物件的理想材料。

所有的事都赶在了一起。2006 年 12 月,天空电视台把频道标识换成了"欢庆霍格斯沃奇节",通过预告片和广告牌投放大力宣传

---

①★ 将"脏化"工作和他的工作两相对比后,特里后来深深地叹了口气,说:"如果我早知道世上有这样的工作,我就不会从事写作了。"

该节目。特里搭乘那辆宽大的银色奔驰出席了首映礼。该片上下部各九十分钟的内容在圣诞节前一周连着两晚播出,吸引了二百八十万人收看,这一成绩对当时的天空电视台来说已相当可观。后来,该片又在圣诞节和节礼日重播,并且如莫布公司所愿,今后每年圣诞都会轮播。

2007年,特里得幸有机会重温这段愉悦的经历,莫布公司重回"礼堂",提出要拍摄《特里·普拉切特之〈魔法的颜色〉》(*Terry Pratchett's The Colour of Magic*)(剧作实际会将《魔法的颜色》和系列第二部《异光》合并拍摄)。瓦蒂姆发来了剧本,从特里那儿收获了他经典的否定式赞美:"这没我预想的惨烈。"但经历了上次的合作,特里很乐意继续推进项目,尽管他强烈反对肖恩·阿斯廷出演旅行者双花。特里看过阿斯廷在彼得·杰克逊的《指环王》中饰演的山姆卫斯·詹吉,完全想不出阿斯廷扮演双花的样子。他对罗德·布朗说:"罗德,他不是双花,倘若你执意选他来演,我会明确表示我反对。"但罗德仍坚持他的立场,让阿斯廷出演了该角色。而特里也坚持他的立场,明确表示了他的反对,并且是以最直截了当的方式。当整个剧组齐聚松林制片厂①★的大会议室,准备进行第一次剧本围读时,特里径直走到肖恩面前,直接跳过了礼貌寒暄的部分,直言:"你不是双花。"换作没那么自信的演员可能一下子就垂头丧气了,

①★ 松林制片厂(Pinewood Studios)是英国喜剧电影的发源地,那里永远不会让我们失望。历史就在我们。我们的制片办公室曾是《百鸟嬉春》(*Carry on Up the Khyber*,1968)中英国领事馆的拍摄地,这让我们惊叹不已。

但肖恩表现得很自信，满不在意地笑了下，就继续工作了。随着拍摄的推进，特里逐渐意识到自己错了，二人也随之建立起深厚的情谊。拍摄结束时，肖恩亲切地称特里为"特里叔叔"。

大卫·詹森再度回归，这次他演的是灵思风。事实上，这也是他接下《拯救老爹》中阿尔伯特一角的条件。作为特里·普拉切特的忠实读者，詹森一直渴望出演灵思风。在松林制片厂第一天拍摄时，他和特里互相鞠了一躬，就像老友重逢一样。特里又一次守在片场，发挥他的作用。他饶有兴致地看着演员在模拟海底场景的水箱里忍受着各种不适，还在影片开场和结尾段客串饰演了天体动物学家2号，进一步拓宽了他的戏路。①★这部融合两部作品的影片于2008年复活节周末期间播出，虽然此次放映没像圣诞节的《拯救老爹》首映式一样达到"盛事"的级别，但它至少忠实还原了《碟形世界》的精神。

两年后，我们迎来了"莫布三部曲"的第三章——《特里·普拉切特之〈开始邮政〉》（*Terry Pratchett's Going Postal*）。该片改编自特里2004年的小说，它的剧本不像《拯救老爹》一样可以大量照搬原著中的对话，故事和台词都需要重新构思和修改。这大概也解释了特里为什么会在制作这部影片时情绪忽冷忽热——这是之前两部影片

---

①★ 特里命我陪他一起换戏服出演。我在《魔法的颜色》中出镜了大约十几次，包括扮演"被扔出破鼓酒吧、胸口被一支长矛刺穿的男子"。作为生日"优待"，我被迫躺在大卫·詹森脚下的一个水坑里，胸口还插着那只长矛，躺了很久很久。所幸在最后的成片中，只有长矛的顶端出了镜。

时都不曾有过的。他时而觉得这是有史以来最棒的改编;时而又觉得它一无是处,想要绝望地抽身放弃。不过,他还是开心地参与了客串——这次饰演的是把一封信丢进深洞的邮递员,丢信时说:"这有点让人不爽。"特里还把邮局办公桌上的铃铛带回了家。铃铛后来一直在"礼堂"常驻,更名为"省略号铃铛",成了重要的写作用具。每当我们在文中要使用省略号时……"叮!"——我们中离铃铛最近的人就会敲敲它,提醒自己除有特殊情况,否则每天至多只能使用一次省略号。

《特里·普拉切特之〈开始邮政〉》的后期制作完成后,我们聚在一起看了粗剪版的成片。拍摄大部分是在匈牙利完成的,特里并不在场,所以我们也怀着新鲜感,很期待看到它完成得怎么样。罗德·布朗带着DVD,开着他新买的黑色喷气式捷豹XJ6跑车来了。他把车停在特里那辆金色/米色的车旁,令后者立时黯然失色。罗德把汽车销售员在展厅里和他讲的话学给特里听,逗得特里开怀大笑:"只有两类人会买这样的车,高等法院的法官和犯事出逃的司机。看您的样子,先生,应该不是高等法院的法官。"大家心情都很好,我们在客厅落座,开始观看两集视频中的第一集。

我想要聚精会神地看着屏幕,却又总忍不住去看特里。我见他把两只胳膊抱在身前,愈环愈紧。这不是个好兆头,说明他不满意正在观看的内容。非常不满意。

第一集放完,特里从座位上噌地站起来,面向罗德。

"你就是不——明白,对不对?"他喊道,气得浑身僵硬。

这时,琳恩正巧端着一盘茶和柠香蛋糕走进客厅,顺利避免了一场战事的升级。众所周知,没人能在自制柠香蛋糕前恋战,这就是为什么周天下午很少看到有人在南氏餐厅门口打架。

在随后的茶歇中,罗德始终保持着令人钦佩的沉着,冷静地鼓励特里坚持把第二集看完。有了柠香蛋糕的安抚,特里勉强答应了。这次影片放映时,我的注意力仍然只有大约20%在屏幕上,剩下的80%都在特里身上。他看起来还是不高兴,胳膊依旧紧紧环抱在身前,下巴低垂。

最后,待字幕放完,房间里一片寂静。我很担心。此时只有琳恩和另一个柠香蛋糕才能解救我们了,但显然不大可能。

特里缓缓站起来,走到罗德面前……然后拥抱了他。

"倘若我知道结局还可以这么好,"特里亲切地说,"我就该写本更好的书。"

要想充分理解此事的非比寻常,你需要知道,特里绝非会主动拥抱之人。在这个史无前例的拥抱发生之前,他可能是全世界最不爱身体接触的人之一。我还能记起,在一场"碟形世界大会"上,特里和一些人围坐在桌边,有位与会者走到他椅子后面,随手按了按他的肩膀。"尴尬"一词都不足以形容特里在接下来几秒的反应,他显然被这个过分亲昵的举动弄得从头皮到脚趾都僵住了,一动不动地坐在那儿,只等着对方停下来。当有人,特别是影视圈的人,不明所以地想要拥抱特里时,如果我在附近,特里会举起一只手说:"罗伯特替我抱。"拥抱并不属于特里的能力范畴。

然而,此刻,他却给了罗德·布朗一个热情的拥抱,因为《开始邮政》改编得是那么好。他是对的,它的确很好。

"你觉得是我杀了拉尔夫·维西南扎吗?"2010年9月的一天,特里突然问我。

实事求是地说,我并不这么认为。拉尔夫在他纽约的家中于睡梦中离世。报告显示,他死于脑动脉瘤。不过,他前一周一直在就翻拍《死神学徒》的事和迪士尼交涉,而但凡涉及谈判就没有不激烈的。有位参与谈判的迪士尼律师后来告诉我,他已经习惯了被人吼,接受了他的工作性质即是如此,但被人尖叫着喊话还是头一回。

我猜,这件事最后逼得我们所有人都想尖叫——参与谈判的各方人员无一例外,当然也包括特里。事实证明,将《死神学徒》翻拍成迪士尼动画是棘手、耗费精力且让人沮丧的。然而,和之前一样,事情在开始时总是令人欣喜的……

2010年8月,在伯明翰举办的"碟形世界大会"上,一位叫凯伦·滕克霍夫的美国人向我自荐说,她来自华特迪士尼动画工作室,此次与约翰·马斯克以及罗恩·克莱蒙兹一同前来,问我能否安排他们和特里一见。当时,特里正在参加小组座谈会。我找了个没人的角落,用手机匆忙谷歌了一下,临时补了补课。马斯克和克莱蒙兹曾执导过《小美人鱼》(*The Little Mermaid*)、《阿拉丁》(*Aladdin*)和《宇宙之子：赫拉克勒斯》(*Hercules*)，是著名的迪士尼电影导演，已在迪士尼工作了二十五年。凯伦说他们此行来英国是为了勘察外景。动画师也需要勘景吗？显然是需要的。他们已经考察了埃文河畔斯特拉特福等地，到伯明翰后恰巧勘到了特里。我当然很乐意安排此次会面。约翰和罗恩都是睿智幽默、才华横溢之人，而他们想要亲自执导《死神学徒》的迪士尼动画。

这就是事情的缘起。即便是那个看似无伤大雅、临时起意的初次会面也激起了不悦的涟漪。实际上，和这个项目有关的一切都是如此。拉尔夫·维西南扎认为没有他在场，这样的会议压根儿就不该开。这句话导致他和特里爆发了激烈的争吵。特里同他说："你是经纪人，我是老板。你没有权利规定我该和谁谈，不该和谁谈。"同时，特里的英国出版商环球出版社听闻谈判一事后，本能地担忧同迪士尼合作会给特里的书和品牌造成什么影响。"在这件事上，我一直很纠结。"环球出版社的总经理拉里·芬利表示，"我知道这笔生意能帮特里赚一大笔，但我也确信他会厌恨迪士尼对他的故事和人物所做的事。我有强烈的预感，这是个魔鬼交易，会叫特里追悔莫及。当我听说特里只能从包含衍生图书在内的巨额商品销售额中获取区区2%的分成，且对创意没有任何把控权时，我坚决想要说服特里，不要把《死神学徒》签给迪士尼。"

拉里和他的团队邀请特里前往伊灵的"黑色卢比扬卡大楼"开

会。他们在会议室准备了张桌子,上面堆满了电影周边和衍生产品,其中多是亮闪闪的地摊货。廉价的儿童故事书堆成了花花绿绿的小山,发出不容忽视的警告:你真的想要《碟形世界》也落得这样的下场吗?若是稍有不慎,事情就会变成这样。特里知道人们期待他做出怎样的回应,但他又不想要环球出版社的人如意。他仔细地打量了那堆令人作呕的东西,然后开心地说了声"酷!"不过,环球的目的的确已经达到了。

拉尔夫去世时,电影合同依然是一个开放选项。科林、特里和我飞去纽约参加葬礼,在前一晚入住了酒店。当晚发生了件令人后怕的事。特里在格兰茨的前编辑马尔科姆·爱德华兹于我们之后抵达酒店,发现特里神志恍惚,在酒店迷路了,坚信自己已经错过了葬礼。马尔科姆帮着他回到房间。自三年前确诊以来,特里也出现过迷路或迷糊的情况,但从未像这回一样。我不敢想,若是特里独自游荡到纽约街头会怎样。这件事是个转折点。从那时起,我们必须要对我们的行事方式做出重大调整。

那天早上,我们离开曼哈顿前往新泽西,路上堵得厉害,赶到现场时葬礼已经开始了,我们便悄悄地跟在队尾,上前向拉尔夫的家人和他的伴侣特伦斯·鲁尼致哀。随后,我们返回纽约,前往迪士尼位于百老汇新阿姆斯特丹剧院的办公室继续洽谈《死神学徒》的事。那天的会议是我参加过的最奇怪的会议——交易就在我眼前分崩离析。通常,一场交易会在两次会议的间隙告吹。但这次不同,我们就坐在桌边,眼睁睁地看着它像锅里的黄油一般融化殆尽。

出席会议的有特里、科林和我,还有拉尔夫·维西南扎制作公司的代表文斯·杰勒迪斯和几位迪士尼的代表。迪士尼方面表示,如果迪士尼认为电影大获成功(根据他们的定义,就算电影亏损十亿美元也可以算作成功),他们将有权使用所有包含《死神学徒》中角色的其他《碟形世界》小说,即所有包含"死神"角色的书籍,或者说,是除《实习女巫和小小自由人》和《鼻烟》以外的所有《碟形世界》小说。他们可以行使对书中角色的未来使用权,还将拥有所有《死神学徒》场景的使用权,包括幽冥大学和整座安科-莫波克城——无论是过去还是未来。换言之,通过制作这一部电影,迪士尼将实质性地拥有整个碟形世界的现在和未来。正如科林所说,"这笔交易会让我们几近失去所有的生意。"我们离开时,已经确定不会有《死神学徒》电影了。

心情一下降至冰点。我们沮丧地站在街上。"你想去吃晚饭还是回家?"特里问道。那次出行是我们第一次购买退改灵活的头等舱机票。我订票时,特里还问我报的是机票的价格还是整架飞机的价格。不过,现在看来这是一笔不错的投资。我们在百老汇,有一整晚的时间可以随意支配,然而我们甚至连留下来吃晚餐的胃口都没有,就别提看演出了。我们直奔机场,赶上了最近一班回家的飞机。

更让我们失落的是,后来,我们听闻拉尔夫曾向迪士尼讨要"介绍费"，以感谢他帮迪士尼和特里牵线搭桥。换言之，他可能想借着这笔交易两头捞好处。我们对此都很失望，特别是迪士尼是在动画勘景时自己找到了特里，根本用不着拉尔夫介绍。

总之，这件事给我们敲响了警钟。2012年初夏，特里和我乘飞机前往都柏林，参加圣三一学院的活动。我在飞机上读机上杂志，读到一篇讲格里夫·林斯·琼斯[①]的文章。林斯·琼斯不久前卖掉了他和梅尔·史密斯于1981年共同创立的制作公司，他在采访中谈到他们早年在BBC工作时，没有钱也没有控制权，成立"回话"公司让他们得以逆风翻盘，掌控了所有的钱和控制权。我给特里读了几段文中的话。这不是我们第一次聊这方面的话题，但我们从未像现在这样，笃定这一做法的明智性。"这就是我一直在和你说的。"我说，"我们可以自己制作，找个好的律师团队。"

这样一来，事情就不一样了。与其像特里所说，"像飓风中的乒乓球一样，被吹来吹去"，游离在各个制作公司之间，我们不如自己掌控自己的未来，成为项目的发起人。这么做并不能将我们从制片地狱中解救出来，因为那些磨难是电影制作的必经之路。但它也许能让我们不用一直待在地狱里，或者至少能让我们待在自行设计、自己定义出路的制片地狱里。这样会好很多，不是吗？

---

① 格里夫·林斯·琼斯(Griff Rhys Jones, 1953—)，威尔士喜剧演员、作家、演员和电视节目主持人，长期与英国喜剧演员梅尔·史密斯(Mel Smith)搭档合作喜剧节目。1981年，两人共同创建了"回话"公司(Talkback)，该公司后来发展成为英国最大的电视喜剧和轻娱乐节目制作商之一。

特里没有忖度太久,就说:"那去和会计聊吧,落实它。"[1]★

我们入住威斯汀酒店后,特里去参加他的活动,我则留下来给马克·博拉打电话,开始为特里自己的制作公司"讲述者"(Narrativia)做前期筹备。

---

[1]★ 在普拉切特的世界,"落实它"是最高级别的指令,容不得半点拖延。

第十七章

单边挑眉、仙人掌帽
和喷火的自行车踏板夹

这是2007年夏天,特里刚刚写完《造钱》(*Making Money*)。小说的主角是改邪归正的江湖骗子莫伊斯·冯·黑德维希。黑德维希曾在几年前的《开始邮政》中露过脸,这是他第二次亮相系列小说。插句题外话,这一角色曾有二十四小时的时间被唤作莫伊斯·冯·海德薇,直到我猛然想起《哈利·波特》系列中某只猫头鹰的名字,急忙提醒特里有个叫海德薇的角色可能会招来麻烦,说服他改了名。①★

《造钱》探究了安科-莫波克城的铸币厂如何依托数学和信托这

---

①★ 那天早上,我花了几分钟时间开心地在键盘前,完成了一项非常具有技术含量的任务——检索并替换"海德薇"。特里试图据理力争,说他的海德薇是在影射九十年代的摇滚音乐剧《海德薇和"愤怒一寸"》(译注:*Hedwig and the Angry Inch*,又名《摇滚芭比》)。他非常恼火自己辩输了。

个不牢靠的组合运作。小说于那年秋天出版,正好赶上英国诺森罗克银行爆雷,与日益逼近的全球金融危机撞了个满怀。《泰晤士报》因此半开玩笑地说,该书"应该放进商业版面探讨"。我则刚从敲击键盘的美妙经历中回过神来:那些精彩的篇章径直从特里的想象中溢出,我得拼尽全力才能跟上他的思路。当特里领着一群拿着长叉的愤怒暴民,穿过街道,走去安科-莫波克城皇家银行,向深陷困境的副董事长莫伊斯寻仇时,莫伊斯在那一刻只能接受命运的安排,打开了银行的大门,发现……好吧,其实在那时,世界上没有一个人(包括作者)知道门的另一侧会发生什么,可以让莫伊斯逃过一劫。也没人知道特里在房间来回踱步,忖度片刻后,一字一顿地道出了他的决定,又一次引得我兴奋地从座位上站起来,振臂高呼。在这些时刻,我非常确定我拥有世界上最幸福的工作,可能是除了刘易斯·汉密尔顿以外最幸福的人。①★

既然《造钱》的写作、校对和编辑工作都已完成,已经踏上了新征程,我们就进入了特里常说的"蜜月期"。这个阶段可能会持续一周,有时甚至能延长至两周。在此期间,随着最后一批订单装运送出,工厂没了压力,机器也可以稍稍冷却一下,同时为生产下一批货物默默做好准备。尽管特里也会利用"蜜月期"创作新小说的片段,但这对他来说已经算是在休假了。

---

①★ 无剧透警告。这段话中故意没有剧透,以免毁了还没有读过《造钱》的读者的阅读乐趣。大约就在我敲出暴徒冲进银行的段落时,刘易斯·汉密尔顿(Lewis Hamilton)站上了他的首场一级方程式锦标赛的领奖台。

然而,《造钱》并未如我们想象的那样已经完稿。珍妮弗·布雷尔从纽约的哈珀柯林斯办公室打来电话。"能否在结尾交代下科斯莫·拉维什的事?"她询问,"他有点被遗忘了。"科斯莫·拉维什留着精心保养的胡须,小说花了大量的笔墨,讲他试图窃取并假冒魏提纳利大人的身份,还总故作潇洒地挑起单边眉毛(这个动作很适合邦德电影里的罗杰·摩尔[1],但是换成拉维什做就有点神经错乱之嫌)。

的确,故事发展到高潮时,拉维什以及他的胡须和眉毛都隐去了踪迹。编辑此书的其他人员都没有提出异议,但既然珍妮弗提出来了……就断不能忽视它。拉维什的确被遗忘了。

特里大怒。被别人指出书中的错误[2]★从来不是件让他高兴的事。更何况此时的他已经正式切换至"度蜜月模式",心思都转向了其他事,结果突然有人要他重新调整思路,而且还得快,因为书马上就要排版了。珍妮弗需要在二十四小时内拿到新加的素材。

那么,特里是否会立刻坐下来,继续完成工作呢?显然不会。他现在只想做除了工作以外的任何事。他告诉我,有棵树倒在溪边,也许我们可以出门看看。我们去了。回来的路上,特里又一言不发地去温室绕了一圈,照料了一会儿乌龟。最后,我们回到了"礼堂",他在办公桌前坐下。现在,他的办公桌上摆着六台平面液晶显

---

[1] 罗杰·摩尔(Roger Moore, 1927—2017),英国演员,曾饰演过007(詹姆斯·邦德)。

[2]★ 勇气可嘉。

示屏,每排三台,固定在一个支架上,令人叹为观止。支架是我们从附近一家小公司①★定做的,价格出奇的便宜。

〔"为什么你有六个电脑屏幕?"见到如此大阵仗的电子设备集合,难免会有人发问。"因为我没有地方放八个。"特里回答。还因为它们能为"礼堂"营造出一种任务皆在掌控的氛围,以及六台电脑齐刷刷地同时显示《黑客帝国》(The Matrix)的绿色"代码瀑布"屏保时,看起来真的很酷。〕

特里在他的办公桌前摆弄了一会儿,又上楼走到"礼堂"夹层的游戏电脑前②★,打开《上古卷轴Ⅳ:湮没》(The Elder Scrolls IV: Oblivion)。这款面世一年的电脑游戏是他目前精选的(按他的话说)"大脑的泡泡糖"。他一如既往地沉浸在游戏中,不知疲倦,且拒绝走任何捷径。我曾和他提过,若是他愿意,我可以帮他对游戏做些修改,比如调整下代码,好让他能更容易地通过困难的关卡——也许可以增加他获得的金币或者武器,或者把他的生命值拉满。然而他看我的眼神,就像是我提议要他往教堂的窗户扔砖头一样。特里对表面意义上的游戏通关毫无兴趣,他感兴趣的是尽可能深入地探索《湮没》的世界。不过,他倒是很欣赏游戏粉丝自己创改游戏并相互分享的做法。他很快认识了一位只知道叫"艾玛"的游戏修改

①★ 支架来自温伯恩明斯特镇的QuadVision公司。倘若您也需要多个液晶显示屏支架,此信息供您参考。

②★ 办公室里性能最强大的电脑专为游戏而备,而非写作。特里并没有为此致歉。

行家。她为《湮没》创建了一个叫维尔贾的角色,还自己配了音。维尔贾的设定是陪伴玩家通关的伙伴。特里给艾玛发了封邮件,感谢她创造了维尔贾,还贡献了些建议,设想维尔贾可能说的话、做的事。艾玛起初并不确定她的新网友是那位特里·普拉切特,还是区区一位同名同姓之人,她欣然应下合作,与特里一同丰富维尔贾的性格和功能。当特里的记忆开始出现问题,在游戏世界有个向导对他而言总归是有益的。①★

因此,这个特别的早晨,在有本书尚待完成的情况下,特里安心地坐下来玩了会儿《湮没》。一局结束后,他又玩了会儿《湮没》。一个字都没写。终于,他存了档,退出了游戏。然后,换了另一台屏幕看新闻,看完新闻,又改在另一个屏幕上处理了些行政事务。仍然一个字都没写。到了午餐时间,我们去酒馆吃饭,照旧点的是卷心菜煎土豆。特里聊了很多事,但都和业务有关,完全没提小说。回到"礼堂",他终于坐下来,一副要正经处理工作的样子,但随即又催我和他开车去花园中心为温室置办些东西。这项任务占用了他大半个下午的时间。我们回到家后,特里坐回桌前,重新打开电脑……然后又开始玩《湮没》。

---

①★ 特里希望在《湮没》中遇到地精时,可以不用杀死它们。和艾玛用电子邮件交流后,艾玛制作了一个"地精和平护身符",确保特里可以自由地在地精间活动,出入它们的住所,不用心怀杀意。2010年,写《鼻烟》时,特里经常思考这类事。他还让艾玛添加了"礼物赠送"功能,这样他就可以嘉奖维尔贾完成的特殊任务,比如救了角色的性命。《上古卷轴Ⅳ》的玩家以及普拉切特的书迷应该会想知道,维尔贾在盗贼工会的大部分对白都是特里写的。

仍然一个字都没写。

天色渐暗时，特里决定起身去天文台待一会儿。我没跟着去，回家吃了晚饭，接着又返回"礼堂"，想着这样我们就能写完这本书了，因为我们必须完成。当我走进教堂时，特里还在玩《湮没》，还是一个字都没写。直到快午夜了，他还没有要动笔的意思。我放弃了，和他说我要回家睡觉。

第二天早上，我怀着焦虑的心情来到"礼堂"。距离纽约天亮、开始催稿只剩几小时，我们来得及把稿子赶完吗？特里还没来，但我的屏幕上贴着张便利贴："把这个整理好，发给珍妮弗。"

我打开文档，看到新添的三页，开头是："洁白、清爽和淀粉的气味……"这部分内容与《造钱》最终成书的结尾部分完全相同，一字不需修改。白天玩了游戏、照料了乌龟、倒腾了温室，还去花园中心溜达了一圈后，特里在凌晨写下了这段结尾，完美地完成了任务。安排科斯莫·拉维什住进精神病监护室疗养，可谓是严丝合缝的妙想。特别是结尾的最后一句话："两周后，当他赢得挑眉比赛时，他比以往任何时候都要快乐。"这句话是如此精确而紧密地和全文编织在一起，像是带着几分挑衅的意味：我倒要看看那些编辑还怎么从我的作品中寻漏洞。

不需要听写，也不要整理。我没什么可做的，只用把文件直接转发给纽约即可。在我看来，这是特里所有书中写得最好的结局。

写这些故事对他来说易如反掌，那些文字自然而然地就涌现在他面前。所以,当这件事变得异常困难时,它才会显得那么糟糕、那么令人心碎,叫人目不忍睹。

你会拼命回想一些琐碎的小事,思考它是不是某种征兆。你会逐渐走火入魔,开始反复琢磨过往的细枝末节,询问自己是不是事情从那时起就有了端倪。特里确诊后,琳恩回想起特里没有拧紧罐盖的时候。那是个征兆吗?还是说……他就是没拧紧而已。科林·斯迈思回想起有次(那件事距离特里被确诊至少提前了十五个月)他在一次大会上要向某人引见特里,但特里却没转过身来打招呼,场面一度有点奇怪,但那是个征兆吗?还是说特里只是……非常专注?

事情总能找到解释。特里常年有轻微的高血压问题,一直在服药,所以这件事就自然而然地会被拿来解释一切健康问题。是因为他血压高?还是因为他服用的药物?同样地,他打字的技术变得越来越差了——但他也从不是最利落的打字员,不是吗?他弄洒了些东西——但即便在身体最好的时候,特里也总是笨手笨脚的,走进房间时,总能碰掉些什么,比如装饰品、马克杯或一摞书。有时他甚至不需要接触任何东西:记者的录音机会在特里在场时莫名其妙地屡屡出现故障。酒店的火警系统也会在特里参加图书巡售会时,频繁在夜里误响,导致我们已经习惯了回房间时不互道"晚安",而是改说:"那就几小时后,提着裤子和其他人在停车场见吧。"我们开玩笑地将这些事归为特里具有"破坏体质"。所以,单凭他把马克杯碰到地板上,就判定那是患病的征兆,未免有些太武断了。

他系错过几次衬衫的扣子。有天早上走进"礼堂"时,他的T恤里外穿反了。还有一次,他进来时,T恤前后、里外都穿反了。但即便如此,这种程度的马虎也称不上反常,况且他在写书的时候,也就是一天中的绝大部分时间里,并不会这样。这即是这类疾病自我筛查的难点之一。健忘、忧虑、恍惚出神,对T恤、扣子、物体和人都缺乏关注……这么多阿尔茨海默病的早期症状与身为作家的特征全然吻合。

而且,不管怎样,他其他时间都好好的,不是吗?

但后来,特里有天来"礼堂"后和我说,他总听到屋里有噪声,这已经让他好几晚都没睡好了。他去每个房间都找了一圈,却找不出噪声的来源,问我能不能下去帮他找找。

我猜可能是烟雾报警器或闹钟,或是哪儿有什么东西该换电池了。我们下去屋子,站在厨房里听。

特里面朝我,手指着身后的方向。

"你能听到吗?"他问。

我什么也没听见。

我们走过去,站在楼梯上。

"你现在能听到吗?"特里问,手又朝着肩后的方向挥了挥。

还是什么也没有。我们上到楼梯平台处,站在那儿听了一会儿。现在,特里自己似乎也有些怀疑了。他打开卧室门,我们进去站在里面。

他又做了些手势。

一片寂静。

过了一小会儿，我说："特里，你觉得会不会根本不存在噪声？"

特里思考了一会儿。

"嗯。"特里回答，"我觉得很有可能它不存在。"

我们下了楼，走回"礼堂"。

"好吧，真奇怪。"我疑惑地说。

"谁说不是呢。"特里说。

噪声的事再未被提起。

改变是渐进式的，一点点蔓延开来。倘若你一直和他待在一起，自然很难注意到。通常，最终引起你注意的不是特里做了什么，而是他的反应。有一次在书店签售，他在题献时把"Sarah"一名的字母拼错了。好吧，他要在很短的时间内签几百本书，偶尔出错也情有可原。但这一次，那些拼错的字母似乎让他感到困惑。他看着自己写的东西，好像在试图找出哪里有问题，如何修改它。"我看不清。"末了，他半笑着说，把眼镜摘下来递给我。我替他把眼镜擦干净。他开始继续签书，像之前一样。但那是个奇怪的时刻。他好像越来越常说他看不清。或是说纸面有什么在反光，抑或是所视之物有影子掠过。

还有那次他在海伊镇附近开车撞到了父母家的门柱。当时，他探望父亲后准备回家。他父亲已是胰腺癌晚期,所以那应该是2006年,至少是在特里确诊前一年半。车子只是有点小剐蹭,特里甚至懒得去查看车损情况。他下了车,把车锁好后,就打的回了家。我后来去把那辆轻微受损的车开了回来。他再没开过那辆车。"如果当时是一个小孩在十字路口过马路怎么办?"他一直在说。我当时只觉得他夸大其词,那只是个小事故,只是轻轻蹭到了门柱……但第二天,我们就把他的驾照装进了信封,寄回了交管局。好吧,特里本来也不怎么喜欢开车,也许他只是在找借口。但现在回想起来,面对那么一件小事,他的反应的确过度了,让人怀疑他的焦虑实则更广,另有其源——他已经察觉到事情不对劲了。

这些点点滴滴的小事,引着我们先是去配了眼镜,随后又去看了全科医生。那是2007年8月,我们刚刚写完《造钱》。我和他一起去了医生那儿,一直陪着他。

全科医生问他是否发现过记忆力退化的情况。

"我记不得了。"特里答。

这个机灵抖得妙,好戏开场。朋友们,他在医院待了一整周。

医生给他做了阿尔茨海默病的标准认知评估测试,他轻松通过。接着医生又叫他去索尔兹伯里的新霍尔医院做磁共振。身为小说家,特里躺在扫描设备里,听着机器的轰鸣时,还在想:这肯定可以变成什么素材用来写。扫描结果显示,他的脑区存在短暂性脑缺血发作(俗称"小中风")引起的脑细胞死亡。但从损伤情况看,这似乎是旧疾而非新患。特里获悉,他有可能在三四年前就得过这种中风。特里很满意这个结果。"我居然在毫无察觉的情况下中过风。"他骄傲地说。既然没什么会造成长期影响的疾病,他就可以安心回家了。

然而,小插曲依旧不断,并且数量越来越多,让人越来越难以忽略。如今,他偶尔会短暂地感到混乱或者无力,就像置身于线路纵横交错的火车站。并且当我递茶时,他开始用双手接过茶杯,似是只有这样才能牢牢抓稳它。他也会用双手从桌上捧起杯子,把杯子搁回去前,一只手会先从杯面移开,用手指敲敲桌子。那敲击声已经成了"礼堂"的背景音,干扰甚微,但你还是需要像忍受同伴的习惯一样,努力忽略它。我终于忍不住问了他。

"我只是想确认桌子还在那儿。"他平静地说。

有一天,我在"礼堂"的夹层,听到特里在楼下大叫:"喂,你对它做了什么?"

我下楼找他。

"我做什么了?"

他低头注视着他的键盘。

"'S'键。你拿掉了'S'键。它在哪儿?"

我感到费解。走过去站在他身旁查看。字母"S"和往常一样好好地待在键盘上,就在字母"A"和"D"之间。我俯身按了下它。

他看着我,紧紧盯着我。眼里满是焦虑。

他此刻一定恐惧极了。他已知的世界莫名其妙地突然失去了意义。他的电脑键盘以及他熟悉的所有地方，都发出了混乱的信号。

这之后不久，他有天早上走去"礼堂"时，鞋子穿错了脚，他却没察觉到任何不适。

我们又去见了全科医生，医生向他引荐了一位专科医生——剑桥阿登布鲁克医院的神经病学专家彼得·内斯特。那是2007年12月的第一周，一个周五。我载着特里去看病，他做了一天的检查和扫描。

下午，当我坐在走廊里等待时，内斯特医生过来同我说："我想我知道是什么了。"

我问："您能和我讲吗？"

他说特里正在做最后一项检查，等拿到这项检查的结果，他会坐下来和我们俩一起谈。

我觉得这是个不好的信号。

过了一会儿，我们去到医院的一间匿名诊疗室，房间里有个水槽，还有一张铺着纸的床。内斯特医生坐在我们对面，说："特里，我认为是PCA——后部皮质萎缩。"

"那是什么？"特里问。

内斯特医生说："是一种罕见的阿尔茨海默病。"

那之后，屋里像是起了雾。医生仍在讲话，但我觉得我和特里都没在认真听。或者说,我们在一边听,一边努力控制纷飞的思绪。事后,特里表示震惊和恐惧让他几近产生了幻觉。他看到面前的内斯特医生被火红色的线条框了起来。

我仿佛只能理解一些零星的片段。

……脑后……视觉信息……运动机能……非常罕见……渐进的……无法治愈。

我们缓缓起身,离开了房间,站在外面的走廊里,试着整理好心情。没过一会儿,房间的门又开了,内斯特医生穿着外套从里面出来,结束了一天的工作。他弯腰套上自行车的踏板夹,然后就骑上了路。特里说,他看到那对踏板夹也环着一圈火焰。

我们终于挪步走向车子,无所适从。没有治疗方案,没有黄金治疗路线,没有治疗开始的日期——因为根本就不会有治疗。我们没有任何东西可以倚靠,甚至连一份可以带走的宣传册都没有。我们两手空空地离开,就和来时一样。只不过,现在我们中五十九岁的那位已经确诊患上了不可治愈的脑退化症。

上了车,我问特里:"你想做什么?"原本的计划是开车回去时,顺路去趟格拉茨克罗兹的科林·斯迈思家,好让特里为一场慈善拍卖会签些书。但现在特里只想直接回家。他在车上给桑德拉打了个电话。桑德拉是他家多年的老友,亦是我的伴侣。

"没有任何铺垫。"桑德拉回忆说,"我接起电话,他只说了句'是阿尔茨海默病',然后就哭了起来。"

桑德拉曾陪她的父亲格里经历过阿尔茨海默病的创痛,她立即明白了接下来等待特里的是什么,眼泪也唰地掉了下来。

"他问我:'我该做什么? 我该和我妻子讲什么?'我尽我所能地告诉他,他需要把一切都安排妥当,并且得立即开始。"

接着特里打给了科林。

"你坐好了吗? 我得了阿尔茨海默病。"

"我不相信。"科林说,"我根本无法相信。我也不想相信。"

车子开动后,特里开始讲话,语速飞快。"我得写完《国家》。"他说,"我还得写自传……"但他还剩多少时间? 两年? 一年? 六个月? 我们意识到,我们根本不清楚。"我们会把日记整理完。"他说,"我们会写完尽可能多的书。"我能听出他的声音愈加不安。

"还好是我。"沉默良久后,特里突然开口,"还好不是琳恩。"

回到庄园后,我陪他一起进屋和琳恩讲,这是他要求的。我想他是想到若是他漏掉了什么重要信息,我还能帮他补充。琳恩拥抱了他。

"我莫名松了口气。"琳恩说,"我以为他要和我说,他得了脑肿瘤。不过,也有人得了脑肿瘤可以痊愈。"

"那晚,他给我打了电话。"戴夫·巴斯比说,"他说,'我有件不大好的事要和你讲。'他似乎认为,若是幸运,他还能再活两年。我想不出该和他说什么,只能不停地说着,我有多难过。"

我当晚晚些时候打电话询问他怎么样。他说,他和琳恩还有蕾哈娜进行了一场充满泪水的谈话。随后,他们一起吃了晚餐,放了部电影,和平日的周五晚上没什么分别。他深刻地感受到,自己本能地想要装作什么都没发生,继续像往常一样生活,但与此同时,又清楚地知道一切都变了。他的世界像是被撕成了两半,却又完全是从前的样子。他甚至看起来不像是个病人。第二天是周六,他去花园干活时,意识到自己在吹口哨。他不知道这种身体自带的复原力来自何处,但他告诉我,他很高兴能拥有它。

消息几乎立即就传开了。周末,有人打给我询问特里的情况。他是从我们没有告知的人那里听说了确诊的事。显然,这件事我们也瞒不了多久了。周一,特里和我在"礼堂"聊了此事。"你觉得我们应该告诉谁?"我想的是我们可以拉个清单,列出朋友、出版商、合伙人,等等。特里站在"礼堂"的木格窗户旁,说:"我觉得我们应该告诉所有人。"

他在周一起草了一封声明,标题是"不爽"①。

朋友们:

我本想将这个消息保密一段时间。但考虑到即将召开的大会,当然,还有出版商的知情需要,我认为隐瞒这个消息是不公平的。我已确诊患有一种非常罕见的早发性阿尔茨海默病,而非今年早些时候诊断出的"中风"。

---

① 此处原文用词 Embuggerance 为特里自己发明的词语,组合了 embarrassment(尴尬事)和 bugger(麻烦事)。该词在后文亦有出现。

419

我们将理性看待此事,或许还会抱持些许乐观心态。目前,我正在创作《国家》,《巫师足球队》也已处在拟稿阶段。如无其他变化,我希望能够尽可能地履行当前和未来的大部分承诺,并和各方人士商讨事宜。我衷心希望各位能保持愉悦的心情,因为我觉得自己至少还有再出几本书的时间。

我打完声明后,特里又自己读了一遍。

"再加个笑脸,这样他们就知道,我们是非常认真的。"他说。

我照做了。

……因为我觉得自己至少还有再出几本书的时间。:O)

特里不玩社交媒体。推特那时成立还不到两年,尚未普及。特里也不逛他戏称为"MyFace"和"YourTube"的网站。①★不过,他最近开始在桑德拉·基德比的"碟形世界商品网站"发布新闻。于是,周二,12月11日,我们在网站上刊登了《不爽》。

收到的回复让我们大吃一惊。几分钟内,成百上千,然后是成千上万条表达同情和支持的回复涌了进来,直至将网站冲垮。我不

---

①★ 特里在新式社交媒体领域出现的口误并不总是出于讽刺或故意为之。"我想拥有自己的博主。"有天特里开心地和我说。"什么意思?"我回道。"你知道的。"他解释说,"我可以在上面写东西和发文章。"他说的"博主"是指"博客"。这个想法后来没有下文了。

得不把网站转移到专用的服务器上。特里在办公室干着急,大嚷着:"买更多带宽!"

消息就这样公之于众了。不过,说实话,我们自己仍处在制订应对措施的早期阶段。我们在办公室用谷歌搜索"阿尔茨海默病"和"PCA",用这个原始的办法笨拙地寄希望于谷歌医生,想着只要我们找得够久,就能找到一个人告诉我们,每位阿尔茨海默病患者都能过着轻松愉快的生活,活到一百一十岁。实际上,我们最先搜到的是阿尔茨海默病协会的首席执行官杰里米·休斯。但杰里米没能及时接电话,特里就不耐烦地要我打下一个①★。阿尔茨海默病研究信托基金会的丽贝卡·伍德立即接了电话。于是,2008年3月,在布里斯托尔举办的信托基金会年度网络会议上,特里高调地公开宣布捐赠一百万美元。捐赠的对象是阿尔茨海默病研究信托基金会,而非阿尔茨海默病协会②★。

也正是阿尔茨海默病研究信托基金会向特里推荐了巴斯慈善机构RICE中心的罗伊·琼斯教授。罗伊在照料阿尔茨海默病患者方面具有丰富的经验,还创立了英国最早的记忆门诊之一。他同意收治特里。第一次诊疗定在2008年4月,罗伊问了特里一些问题,

①★ 照我估计,特里就等了十分钟,甚至更短。

②★ 为什么是一百万美元? 这和火车需要以一百英里的时速撞上核储运罐、售出的书需要连起来抵达月球是一个道理。如果写捐赠619 243英镑,可能就无法产生同样的冲击头条的效果。2011年,阿尔茨海默病研究信托基金会(Alzheimer's Research Trust)更名为英国阿尔茨海默病研究所(Alzheimer's Research UK)。

又做了些测试,以确定病情的进程。其中有个问题问的是,特里在超市的应变能力如何。特里和我面面相觑。这个问题真是直击要害!无异于在问与现实脱节的名人"一品脱①牛奶多少钱?"

我插话说:"我想超市已经有阵子没有占据特里的生活了。"

但是,撇开这个问题不谈,那些测试的确切入了问题的核心。测试员克劳迪娅·梅茨勒·巴德利医生要特里尽可能多地列举动物、国家等特定种类包含的名词。特里开心地报了一串,说得又快又流利,就连医生都跟不上。不过,当医生要他临摹一些简单的铅笔画(两个交叠的五边形,一个三圈螺旋和一个简单的房子),并为钟面添加数字时,他却很是吃力。罗伊用碎镜同我打了个比方:如果要描绘特里眼中的世界,我需要想象自己在观察一面碎镜中的影像。在这面被打破的镜子中,有些碎片呈现的镜像是颠倒的,有些是饱和的彩色,有些是黑白的,还有一些里面什么也没有。对患者来说,理解图像和理解其他任何事物一样,都需要试着选用正确的碎片观察。

罗伊给特里开了多奈哌齐。这款药无法治疗PCA,但可以改善乃至延缓疾病带来的影响。不过特里需要自行支付药费——每月一百二十英镑。显然,他没有资格获得全民医保报销,因为他还没到该得阿尔茨海默病的年纪。这种官僚主义的自以为是,让特里气疯了。"从公车背后的毒贩那儿弄到可卡因,可能都要比买多奈哌齐

---

① 英美计量体积或容积单位。用作液体单位时,英制1品脱约等于0.568升。

容易。"特里气愤地说。

在擅长的领域寻找自信是关键。"你的大脑要花好些年才能退化回凡人水平。"一位专家告诉特里。特里喜欢听这话,也喜欢和别人说自己得的是"劳斯莱斯款"疾病,"阿尔茨海默病的黄金范例"。琼斯教授不准他这么讲,但特里依旧我行我素,毕竟他怎么能轻易拒绝这种调侃的好机会。他每六个月去RICE中心一次,一连去了六年。这么说可能有些奇怪,但特里格外珍视每一次巴斯之行。这些旅程让他重新找回了次序感和控制感,即便非常短暂。他得到了罗伊·琼斯及其团队的可靠照料,在城市里随便逛逛,然后走去特平书店(Topping & Company)。它可能是这世界上特里最爱的书店,那里有橡木地板,手工制作的高耸书架,和以塑料封面为特色的书籍。

主流医学界之外的人也纷纷提供帮助。许多人提供了和饮食疗法、顺势疗法以及服用橙汁姜黄酊剂有关的建议。这些建议大多是道听途说,但显然都饱含善意。不过我们注意到,也有相当一部分建议附带着赞助请求,鼓吹这是特里投资后续研究、以他的名义治愈疾病的大好机会。由此,在最初的几个月里,我们觉得像是要被蛇油淹没了。有天,我们收到了一个包裹,里面装着一粒药丸,能有乐高砖那么大。随附的信上精炼地写了句:"吃我。"不过,信中也附了简短的解释:药丸进入特里的消化系统后,可以巧妙地重新调节其体内的离子,极大改善他的健康状况,且不会影响到身体的其他机能。哦,跟着来的还有25 000英镑的索款……我们在明令禁止食用邮寄食品的原则里,立刻加上了一条"不吃乐高大小的药丸"。

但特里的确也尝试过一些偏方。若是你认为一件事有望改善病情,有什么道理不去试试呢?在许多人的推荐下,他约了牙医,拆除并更换了牙内的所有汞合金充填物。此外,我们还在星期日的报纸上读到一篇文章,讲的是英国有位医生发明了一个据说可以发射强烈光波深入佩戴者脑部的头盔。发明者称,该头盔有利于改善阿尔次海默病患者的脑部。我和特里虽然深表怀疑,但仍对这项发明充满兴趣。一来,特里对所有和帽子有关的事物都很感兴趣;二来,我们俩都是毕生离不开焊接工具的电子爱好者,纯粹依货架上的被动电子元件治疗阿尔茨海默病的创想,深深打动了我们。我们联系了头盔的发明者——来自达勒姆郡的全科医生戈登·杜格尔。杜格尔医生来"礼堂"向特里展示了头盔。那顶头盔是黑色的,表面有不少尖锐的突起,就像希斯·罗宾逊[①]画中的卫星。我们无礼地称其为"疯人头盔"。只可惜,它非常不舒服,初次试戴后,在特里头上印下了深深的凹痕。"戴仙人掌帽子可能都比这个舒服。"特里摸着头皮上的凹痕沮丧地说。

这时,有内部雕刻团队的优势就显现出来了。碟形世界主题店的伯纳德·皮尔森和伊恩·米切尔亲自仿照特里的颅形打造了一款模具,用于后续制作定制头盔。他们给特里的头涂满湿润的石膏,

---

① 希斯·罗宾逊(Heath Robinson,1872—1944),英国卡通画家、插画家和艺术家。

大家为此玩闹取乐了半小时。不过,伯纳德后来用锤子敲开特里的新石膏模具发出的那声"咣",在我们所有人的脑海中回荡了好一会儿。[①]★杜格尔医生在他的工作坊为头盔加装了电路,这样特里就拥有了一项量身定制的发光头盔,即便是在圣詹姆斯街的洛克帽店也买不来。

坐着不动从来不是特里的长项,但这位病人还是坐在"礼堂"图书馆的椅子上,郑重其事地开始依照建议接受每日三十分钟的光疗,时间通常是在午饭后。几次治疗下来,他似乎既没有好转,也没有恶化。但正如特里所说,这是一种退化性疾病,所以"没有恶化"总归可以视为朝着正确的方向迈进了一步。无论治疗是否还有别的疗效,它终归需要特里在工作日抽出一些时间(通常办公室的猫帕奇会趴在他腿上陪他),而这对平常的特里来说是一种奢侈。两周后,他终于受够了,把疯人头盔丢在了一旁。[②]★

无论如何,做些什么。积极行动似乎成了今后的行动主线。特里没过多久就意识到,他患有的疾病受到了轻视,其重要性被严重低估了:从政府预备投入的研究资金来看,用于研究阿尔茨海默病的资金仅为癌症的3%;从医保制度而言,英国国家医疗服务系统(NHS)甚至不会为五十九岁患者支付的相关药物费用买单;从公众认知来看,"若是你得了癌症,你便是在与病魔作斗争。"特里说,"但

---

①★ 为避免误解,说明一下这时模具还没戴在特里头上。

②★ 鉴于我之前讨论了不少赤裸裸的投机行为,我想在这里申明,杜格尔医生在与特里合作期间,没有索要分毫,甚至连回家的车费都没有。

若是你得了阿尔茨海默病，你就成了老顽童。"显然，对有斗志和力量的斗士来说，这其中有很多事情值得争取抗争。特里越想越觉得，他有这样的斗志，越想越觉得，他具备这样的力量。"趁着还有时间，我准备为此呐喊疾呼。"他说，"我要让阿尔茨海默病后悔抓了我。"

有了这样的想法后，他一边履行着在阿登布鲁克医院回家路上许下的承诺，整理日记并专心写作；一边立即决定邀请一个电视摄制组进驻"礼堂"，记录我们一年的生活。

第十八章

系领带、一闪而过的阴影
和"恐怖分子"鼓手

2007年圣诞节前,就在特里公开病情的几天后,我们接到了一通电话。KEO电影公司一位叫克雷格·亨特的制片人打来,询问特里是否有兴趣参与拍摄一部观察阿尔茨海默病患者生活的纪录片。他提到英国第四台有意播出此片。我们没听过克雷格,也没听过KEO电影公司,第四台播出的事听起来也不是板上钉钉。我以为特里会直接拒绝他,就像拒绝之前六家的类似邀请一样。但不知为何,特里没有一口回绝,说他还是会考虑考虑。"等翻过这个新年再看看。"他和克雷格说,"等一月前两个星期过完,再打给我吧。"

那是某种测试吗?可能吧,总之克雷格顺利地通过了考验。1月14日,新年刚好过了两周,克雷格一大早就来了电话。现在,似乎

BBC有兴趣投资这部影片，克雷格又提议由查理·罗素担任导演。查理为BBC做过一部名为《寻找父亲》(*Looking for Dad*)的电影，讲述他和兄弟探寻家父音讯的旅程，二人从父亲去世前七年起就再未同他谋面。特里和我一起观看了这部电影的碟片。片中查理让母亲落泪的场景令人心碎，我以为特里会因为这部片子太过沉重而放弃整个想法。但我错了，特里认为电影拍得很棒，真诚开放，毫无保留。他说，如果他要做一部讲述他病情的电影，他希望片子也能有这样的品质。我们还看了查理拍摄的《贝里尔的最后一年》(*Beryl's Last Year*)。这部人物纪录片的主角是查理的祖母、小说家贝里尔·班布里奇。她坚信自己会在七十一岁过世，因为家中至少有九位近亲都是如此。①★特里认为这部纪录片也很有说服力，探讨了如何面对即将到来的死亡，战胜对它的恐惧。这也是查理和特里即将在合作中探索的话题：除了第一部纪录片《特里·普拉切特：阿尔茨海默病的日子》(*Terry Pratchett: Living with Alzheimer's*)外，我们接下来几年同查理以及克雷格合作的另外两部影片——《特里·普拉切特：选择死亡》(*Terry Pratchett: Choosing to Die*)和《特里·普拉切特：直面灭绝》(*Terry Pratchett: Facing Extinction*)也都紧扣这一话题展开。

　　我不确定特里是否清楚，加入这个项目对他来说意味着什么。当摄制组第一次进入"礼堂"时，他定是有种奇怪的感觉，感受到侵略、尴尬和不自在。我不知道他能坚持多久。但查理很出色，他十分

---

　　①★ 贝里尔·班布里奇女士逝于2010年，享年七十五岁。

擅长用最简单的问句,获得他需要的答案——其实,特里和我取笑过他只会问:"所以,特里,你怎么看这个问题?"他温和有礼,易于相处,拍摄刚开始,我就做不到朝他生气了。

"我们需要一个视觉隐喻。"查理说。他想用一个简单的场景交代特里正在经历的事,所以选中了特里试图打领带的场景。鉴于特里从来不打领带,我觉得这个设计有点牵强。但特里似乎很喜欢这个想法,乐意配合。于是,他从家里取来一条领带。在查理的镜头下,一次次地试着按照正确的顺序,交系领带的两端,又一次次的失败。摄影机仍在转动。我无法忍受这件事。我觉得大家都在看着特里自取其辱,而这正是我一直以来想要竭力避免、保护特里的地方。更何况这场羞辱就发生在我们自己的办公室,人还是我们自己请来的。我忍不了了,用力摔门而出,走去工作室,把自己锁在里面。

很快,查理就来到门外敲门。我开了门,冲他大喊,说我觉得他在愚弄特里。查理也回喊道:"给这个人一些尊重吧!"

这句话在我脑中回荡了很久。我从来没有从那个角度思考过。我想要纵身一跃,保护特里是一种尊重,但那并不是他现下需要的尊重事实的方式。没错,他在挣扎,但有勇气展示这种挣扎也是可贵的,甚至是有尊严的体现。特里比我更早意识到了这一点,查理也是。后来,这部影片入围英国电影学院奖时,特里怎么都系不好领带的画面被剪进了提名短片,其他的颁奖典礼也都不约而同地选择了这个经典画面。

拍摄纪录片的那段时间很有趣。就在前一年,BBC被指移花接木,将女王进入房间的画面剪辑成她离开房间的样子。非虚构片领域最忌讳歪曲和捏造事实。这无疑对我们有利,一方面,我们制作的影片严格秉承真实性原则;另一方面,它也为特里提供了不容错过的恶搞机会。"早上好!"摄影机开着时,他走进房间时说,"或者我应该说,晚上好?"然后,他又倒着走了出去。

就这样,特里在3月参加《魔法的颜色》在天空电视台的首映式时,查理和他的摄制组就在现场;后来特里闪耀亮相梅费尔柯松电影院的红毯时,他们也在。8月,在伯明翰举办"碟形世界大会"期间,摄制组还捕捉到了一个令人揪心的瞬间:在例常的"睡前故事"环节,特里突然找不到自己读到哪儿了,抱怨书页的字蒙着块阴影,着实让人心痛。疾病夺走了他打字的能力,现在又要无情地夺去他的阅读能力。那之后,将由我代他上台,为公众读书。镜头还记录了特里第一次去RICE中心找罗伊·琼斯就诊。随后,我们飞去加利福尼亚,了解治疗的研究进展,又参观了一家阿尔茨海默病患者疗养院。我对那地方深恶痛绝,但出乎我的意料,特里却很喜欢。鉴于拍摄记录了我们的旅途,我们笑称这部纪录片和接下来的几部应该命名为"我们度假时做了什么"。如今,当我再饱含深情地回看这些影片,它们的确起到了留念之用。

摄影机还录下了去宾夕法尼亚州罗切斯特大学拜访查尔斯·达

菲教授时的谈话,成为节目播出后的一大亮点。特里和我坐在一间狭小的办公室,和教授面对面,促膝长谈。谈话间,我一眼看到查理蹲在镜头下面,举着一个手写的提示牌,写着"还有多久?"

起先,我以为他在问我,距离我们结束访谈赶去机场还有多久,所以我没有做出回应。毕竟,我们时间还宽裕。

查理又晃了晃那个写着"还有多久?"的牌子,似是有些焦急。

我这才恍然大悟。他是想让我问达菲教授,身为专家,他认为特里还有多久的时间。

我深吸了一口气,抛出那个问题。话还没说完,当然教授也还没来得及思考答案,特里就把手伸了过来:"别问那个。"

这倒也合乎情理。

出于种种原因,原定一小时的《阿尔茨海默病的日子》,在节目正式播出时却变成了两集。期间,特里曾打过十几次退堂鼓。其中有一次,尤为戏剧化。当时克雷格正在飞越大西洋某处的飞机上,和妻子一起飞往迈阿密度假,原想着一切正常。谁知,刚下飞机,打开手机,就看到大量的紧急消息。

"我们不能再退出了。"我试探地说,这已经是第七次了。

"我想做什么都行。"特里答道。

尽管特里已经决定拥抱成为公众人物的优点,参与拍摄这部电影对他来说依旧艰难。倒不是要习惯被摄影机跟拍的问题(他适应得出奇的快),而是因为虽然特里是全英国家喻户晓的人物,但在此之前,他的绝大部分私人生活都未暴露在公众的视野内。他能允许特里·普拉切特这个人物戴着帽子,穿着夹克,走到镁光灯下,出现在签售会、大会、书籍媒体宣介会等相对可控的场景。但让摄影机像现在这样,堂而皇之地进入"礼堂",拍摄他的日常生活——即便没有缓慢侵袭的无力感,也会让他有种暴露感。支撑他坚持到底拍完节目的,是疾病。展露疾病,是他当前的使命。他不会把自己关起来,默默忍受阿尔茨海默病的病痛,尽管以他的性格,做出这样的事也不足为奇。他要公开地承受病痛,让每个人都能看见他正在经历的苦难,以期用这种方式带来改变。无论他个人承受了怎样的焦虑和挫败,两集在国家级电视台播放的纪录片对实现这一目标定能大有助益。

查理和摄制组收拾东西彻底离开后,"礼堂"安静极了。我们彼此陪伴着走过了确诊最初几个月的艰难时光。当时,特里还在思考这一疾病对他来说意味着什么,而我也在试图弄清我们接下来面临的新局面。最终的成片帮助特里在这段消极错位的人生中,找到了属于他的角色,他开始自嘲地称自己为"阿尔茨海默先生"。但他知道,这一事业于他而言很重要,也是他现在正在为之奋斗的事业。2009年2月,纪录片播出后,特里的名气大增,这是只有在电视露脸才能带来的效应。我见证了这一刻:一夜之间,他的名气噌噌噌地连上了好几个台阶,达到了"索尔兹伯里路过的面包车都会鸣笛"的程度。如今,提升特里的知名度,就等同于提升阿尔茨海默病的知名度。

特里对此的态度是什么呢?"不错。"

如果没有医学并发症,2008年对特里来说本该是值得庆贺的一年。不过,它依旧值得庆贺。10月,他和琳恩庆祝了结婚四十周年纪念日。他们送给自己的礼物是在流经庄园的埃布勒河上建造了一座石桥。蕾哈娜还和我们几个去卡斯尔曼餐厅,享用了一顿丰盛的晚餐,我们当然没有忘记点蜂蜜冰激凌。在此之前的春天,我们为特里的六十岁生日举办了一场盛大的派对,在庄园附近的场地搭了一个巨大的帐篷,请了朋友、家人还有邻居前来。戴夫和吉尔·巴斯比夫妇在,中央电力局的"八人桌"成员也都带着伴侣赶来。①★现场的音乐也不赖:蕾哈娜请来了民谣团体斯蒂里·斯潘表演。在致谢发言时,一脸感动、喝得有些高兴的特里说:"让奥萨马·本·拉登打鼓的民谣乐队可不多见。"玩笑话的主角、鼓手利亚姆·吉诺克②也被逗得开怀大笑。

接着,秋天,特里在伦敦皇家学会举办了《国家》一书的出版庆

①★特里当然还在继续参加一年一度的圣诞午餐会。中央电力局的办公室日程将该活动标记为"CEGB酒会",但真正在会上饮酒的人却寥寥无几。特里在此类节庆上酷爱有羽衣甘蓝相伴一事,已经被传成了佳话。有一年,特里没能参加活动,其他人说服国际花联公司〔Interflora,被一行人戏谑改称为"国际芸薹属公司(Interbrassica)"〕,将一把羽衣甘蓝送去了庄园。它成了那年普拉切特家圣诞餐桌的主角。随后,特里为每个人制作了银色的小羽衣甘蓝徽章,并在随后发送的电子邮件请帖中加了句:"务必佩戴羽衣甘蓝。"

②二人的长相和造型很相似。

祝派对。这是他自1996年的《约翰尼和炸弹》后出版的第一部非《碟形世界》小说。这本书在他脑中已酝酿多时。特里一直对1883年喀拉喀托火山爆发引发的海啸推着一艘蒸汽船深入内陆两英里的故事非常感兴趣。他想象着那些头晕眼花的水手向船外望去，看到他们的船深陷在树海中动弹不得，还以为自己神志不清了。他由此受到启发，改编了那首古老的著名英国颂歌，额外添了几行诗句，"献给在陆地岌岌可危的人们"。这些思考让阿毛的故事跃然纸上。海啸击碎了这个小岛男孩的整个世界，他开始责骂神明的缺席。特里自2003年开始写这个故事。2004年节礼日，印度洋苏门答腊岛发生海啸后，他将故事搁在一旁，直至2007年才觉得能够重新拾起它。

"那本书发源自他的内心深处。"菲利帕·迪金森说，"书中倾注了万千情感，不同于特里以往的创作。"单从他对封面的态度，就能看出这本书于他的特别。英国市场的销售人员想要沿袭特里其他书的风格，用趣味插画作为该书的封面，被特里严词拒绝："绝对不行。它不是一出喜剧。这不是这本书的主旨。"天知道他重复强调了多少遍：这部小说开篇讲的是一个男孩在处理所有熟人的尸体。几乎在故事刚在他脑中萌芽时，特里眼前就浮现出了封面的样子——一个男孩独自站在热带海滩，凝视着远处海面升起的一弯硕大的月亮。经过一番短暂的抗争后，他终于如愿以偿，由强尼·杜德还原他心目中的封面。

的确，特里现在不得不将每本书都当作他的最后一本书来写。

但是,如果把他创作《国家》的热情,以及他在该书出版后内心涌动的强烈情感都归结于他的确诊,就未免想得太过简单了。因为这本书的初稿早在2007年12月,他去阿登布鲁克医院前就已完成;小说的结构也是在特里知道他的病情前,就已基本搭建完。原因更多在于特里真诚地相信,他可以借《国家》为年轻读者呈献一部能指引其职业道路的伟大小说。这是从他坐下来写《地毯一族》以来一直怀揣的雄心壮志。这个故事如此神秘地出现在他脑中,又如此迅速地落在纸页上。与其说他在写书,不如说他在"传输"。他说这个故事在"吞噬"他,他被它"附身"了。在他获颁美国《波士顿环球报》号角书小说与诗歌类别奖,发表获奖感言时,特里说:"我认为《国家》是我过去及未来所写的最好的小说。"他将这本书献给了琳恩。

除了《波士顿环球报》号角书奖外,《国家》还荣获了《洛杉矶时报》颁发的青年文学图书奖和英国作家奖,并获得2010年卡内基奖提名。①★这本书亦被改编成了剧作,在伦敦的英国国家剧院上演。这样的认可让特里非常高兴,但遗憾的是,他曾明确表示过,他本人并不喜欢这部改编作品。

特里从未在表达想法方面遇到困难,即便是阿尔茨海默病似乎也丝毫没有影响他表达的流畅性。在疾病发展到这个阶段时,流畅度反而提升了。我曾开车带特里去伦敦看《国家》的演出。其实,剧

---

①★坏消息是,他并未获奖。好消息是,他败给了尼尔·盖曼的《坟场之书》(*The Graveyard Book*)。特里真心为尼尔感到开心。"小伙子好样的。"他说。现在,他们都是卡内基奖得主了。

本尚处在创作阶段时，他就看过马克·雷文希尔[①]写的内容，发表过保留意见。焦虑间，他还向麦克·莫波格[②]和菲利普·普尔曼寻求过经验。莫波格的《战马》在一年前被国家剧院改编，好评如潮，普尔曼的《黑暗物质》也在几年前以同样的方式亮相舞台。这两位备受尊崇的作家都告诉特里：放轻松，尽情享受，那可是国家剧院。言外之意是，他们不会把事情搞砸。

现在，特里就坐在英国国家剧院奥利维尔剧场里，两只胳膊紧紧抱在身前——每当事情有违其设想时，他就会摆出这个标志性的姿势。演出结束，观众离席，演员们都聚在那个著名的舞台上等着和作者见面。特里明显有些失态，同他们打招呼时说："我很抱歉你们要经历这些。"

人群发出了有些犹疑的笑声。后来在亚马逊制作的《好兆头》剧集中饰演圣德芬的保罗·查希迪当时也在舞台上，他那晚饰演的是考克斯。他告诉我，那个场景让他记忆犹新。"真的印象深刻。"他感慨道。为了避免类似的失望再发生，特里对蕾哈娜说，他衷心希望如果一定要有人来写《国家》的剧本，那个人会是她，是他能够信任的人。

与此同时，我们口中的"呐喊疾呼行动"仍在继续。2008年，特

---

① 马克·雷文希尔（Mark Ravenhill, 1966—），英国剧作家、演员和记者。他将特里的《国家》改编为了话剧剧本。

② 麦克·莫波格（Michael Morpurgo, 1943—），英国作家、诗人和剧作家，以《战马》（War House）等儿童小说而闻名。

里代表阿尔茨海默病研究信托基金会向英国首相提交了一份请愿书，恳请国家加大对这种病症研究的投入力度。特里先前曾公开表示，为了争取更多资金，他会不惜"踢掉政客的牙"，给他们点儿颜色看看。但首相似乎并没有被这番言论吓退，那天还是请他去府邸做客。在门口拍了照后，我们被请去内阁办公室，与戈登·布朗①一起用茶。特里环顾着房间里的紫檀木家具和镀金框画作，心中充满了敬畏和欣喜：他终于来到了政治权力的中心。有人把茶车推进来，放妥就离开了。令我们惊讶的是，戈登·布朗自己起身走向茶车，边走边问特里，他习惯在茶里加什么。接着，他倒了两杯茶端给我们，又返回推车取了些饼干放在盘子里。在那一刻之前，我们一直想当然地认为，会有专人为英国首相沏茶、端饼干。发现情况并非如此，一时有些惘然，但钦佩之情油然而生。②★

在我们互相道谢，准备离开之际，我们都很想朝戈登·布朗眨眼暗示"不用了，谢谢，首相先生"。因为最近有条消息传到了索尔兹伯里，迅速成了2008年最大也是最让人激动的喜讯。有个周六的早上，我在车上突然接到了特里的电话："你在哪儿?"我正在去索尔兹伯里装裱店的路上。"掉头回来见我。"特里说。

---

① 戈登·布朗(Gordon Brown，1951—)，英国政治家，2007—2010年担任英国首相。

②★后来在隔壁的唐宁街11号与时任财政部部长乔治·奥斯本(George Osborne)会面时，我们也有过类似的迷茫时刻。门开了要我们进去时，我们真切地看到了布鲁斯·福尔赛斯(译注：Bruce Forsyth，英国演员)朝另一侧走去。你永远不知道你会在权力中心碰到谁。

我到了后,看到特里激动得面红耳赤——这可能是自牧羊小屋落成揭幕以来,我见过的他最兴奋的样子。那天早上,科林·斯迈思打给他时,他正在厨房吃早餐。

"喂?"特里接起电话。

"起身吧,特里爵士!"科林说。

科林这么说[①]★,是因为他的客户刚刚收到了授爵的邀请,旨在嘉奖他对"文学事业的贡献"。虽然,特里曾说过,他对文学事业的最大贡献,就是没有努力写任何东西。

"这不合适。"特里说,"我没法把'普拉切特'和'爵位'放进同一个句子。"

"不过听起来你并不会拒绝,特里。"我说。

他咧嘴笑了。"爵士会让人联想到好的事物。"他说,"少女、龙……我想幻想小说家都没法对它说不,不是吗?"他甚至已经想到这样一来,"信头就更有分量了"。的确如此,这个名头有利于他扮演好活动家这一新角色,也可以在平常的声明或抗议中发挥作用。"礼堂"随即爆发出一声欢呼:"我想是时候让特伦斯爵士出山了,你说呢?"紧接着,我们就给《泰晤士报》和其他严肃报刊去了信。

授爵决定由2009年的新年授勋名单宣布,典礼于那年夏天在白

---

①★ 实际上,女王并不会这么说。人们常常误认为,正式授爵仪式一定会说"起身,(此处插入受封者的名字)爵士"。实际上,授勋时,君主只会用剑拍下你的肩膀,然后,你就可以扶着红丝绒跪垫设置的扶手站起来了。这是为膝盖不便的长者准备的福利,特里说他一直心存感激。

金汉宫举办。前一晚,特里、琳恩及为他自豪的母亲艾琳,入住了波特兰坊的朗廷酒店,那是特里最爱的豪华酒店。然而,因水管故障,特里和琳恩没法使用套房的浴室。因此,授爵的那个早上,特里没有洗澡——但最好别告诉女王,她在宫殿接待的是一个未洗沐的平民。一大早,司机格雷厄姆·汉密尔顿开着一辆复古劳斯莱斯,载着蕾哈娜,来酒店接特里和琳恩,将他们送去白金汉宫。

"穿过大门时,"琳恩回忆,"有位执勤的警察喊道:'他在那儿!'我当时真的吓了一跳,以为特里惹了什么麻烦。实际上,他们只是知道他要来,想找他在书上签名。"

仪式结束后,特里和刚刚被授予官佐勋章的残奥会游泳运动员艾莉·西蒙兹一起,参加媒体拍照活动。接着,他又和琳恩、艾琳还有蕾哈娜一起,坐车去了蓓尔美尔的雅典娜俱乐部。科林是那儿的会员,他为午宴定了个包间。聚会来了十七个人,有我和我的伴侣桑德拉、科林的出版合伙人莱斯利·海沃德、深受特里信赖的同事杰克·科恩博士和杰奎琳·辛普森博士以及小说家A.S.拜厄特[①]。拜厄特一直坚定地站在特里身后,在上流社会的漠然蔑视下,她的坚定支持,对特里而言意义非凡。大卫·詹森爵士也收到了邀请,他虽无法赶来,但这位爵士为新晋爵士送来了一首小诗,由科林在现场郑重地朗读:

[①] A.S.拜厄特(A.S. Byatt, 1936—2023),英国主流文学家、诗人、评论家,布克奖得主。2008年,英国《泰晤士报》将她评为1945年以来最伟大的五十位英国作家之一。

特里·普拉切特爵士颂

大卫·詹森爵士书

此颂非以我之名,

谨代巫师和精灵行敬。

魔幻人物灵思风,先表心迹。

死神之友艾伯特,令人悲惜。

原创人物,个性独具。

形象精妙,无须多叙。

普拉切特,妙笔生花,

他若为车,断不容错过。

任他载你,踏上奇妙之旅,

看巫师和骷髅,并肩而立。

小车幸迎,女王殿下。

就在今晨,长剑高举,

将快乐爵士昭告天下。

特里爵士,美名尽知。

恭祝吾辈心中名士,

实至名归,终抱爵归。

特里发表了一番简短的讲话,感谢我们前来。他很快就激动得哽咽起来。让特里·普拉切特讲不出话的时刻并不多见。

如今,他真的成了特伦斯·普拉切特爵士。想必在他小学爬上课桌时,他的老师断然想不到会有这么一天。然而,这一天还是来临了,彻底实现了艾琳·普拉切特对儿子最为离奇的希冀。他有了自己的纹章,上面画着书和一只栖在头盔上的莫勒波克蛙嘴夜鹰,还标着他的拉丁文座右铭"Noli timere messorem"——翻译过来便是"别怕死神[①]"(出自蓝牡蛎崇拜乐队)。但他没有剑。其实,当科林宣布这个爆炸性新闻时,特里问的第一个问题就是:"那我能佩剑吗?"科林说他认为不行。"特里觉得这个回答有点冷漠。"科林说。

公共场合佩剑一事,确有苛刻烦琐的规定,但这不妨碍特里制作一把剑私藏,并且他想要用古法制剑。他不准备去《什么剑?》(What Sword)杂志翻看最新资讯,再拿出信用卡去某家公司定制一把。在特里看来,这是个绝无仅有的好机会,要比之前任何家庭自制手工项目都要好——他能铸造一把源自大地的剑。他抓住了这个机会。

他找到当地的铁匠杰克·基恩帮忙,请他帮自己冶炼。特里和杰克说的第一句话是:"据可靠消息说,您很疯。是真的吗?"

"当然。"杰克说。

"很好。"特里回答,"我喜欢疯子。"

杰克知道蒂斯伯里村外有块地,他们从那儿收集了六十公斤的

[①] 此处指美国摇滚乐队蓝牡蛎崇拜乐队(Blue Oyster Cult)1975年的歌曲 (Don't Fear) the Reaper。

生铁矿石,又在庄园建了座冶炼炉,从特里的田间拾来干草和羊粪作燃料,并为炉子涂上我家地基下挖出的黏土。我家当时碰巧在进行扩建,所以取黏土不是什么难事。他们先用篝火烘矿石,篝火中还加了些锡霍特-阿林陨石的碎片进去,用来充当民间传说中有魔法奇效的"雷霆神铁"。[1]★再将矿石研磨成粉,在炉中冶炼(生火当然也没用超市买来的火柴,而是用了钻木取火的法子),炼出了两个铁块。接着,用铁砧将铁块锤成条形,或者,像技艺生疏的特里一样,锤成类似三棱柱巧克力的样子。随后,他们将条形铁块交给铁匠兼大师级铸剑师赫克托·科尔,由他把这件礼器制作成型。特里去了赫克托开在莫尔伯勒附近的锻造坊,协助赫克托打造剑身。当赫克托向他展示安上剑托的成品时,特里惊叹着把剑拿远,在光下转动剑身,仔细欣赏。对于一个毕生都在同无形之物打交道的人来说,能用真正的古法,做出一件实实在在、可感可触的东西,无疑是一种巨大的喜悦。

特里知道科林·斯迈思为了他的爵位申请,在背后花了多少工夫游说吗?当然知道。科林会期待特里以作者身份向他这位长期合作的经纪人表达对此事的感激吗?当然不会。科林可能比任何人都清楚,这根本不是特里的风格。

---

①★ 1947年,锡霍特-阿林陨石(Sikhote-Alin)坠落在俄罗斯东南部山区。过了很久之后,这块特别的陨石辗转来到了格拉茨克罗兹的科纳韦斯宅邸,出现在科林·斯迈思的书架上。特里很想要这颗陨石,提出要从科林儿买来,科林不记得自己是否收过钱。不过可以肯定的是,这颗陨石的碎屑最终融进了特里的剑里。

但也许特里的风格已经变了。不久后的一天,他们在都柏林圣三一学院的图书馆广场散步时,特里把科林拉到一边(自是为了确保离其他人足够远),然后对他说:"谢谢你,科林。你不知道我有多感激。"

写作仍在继续。只要书作还在,特里·普拉切特就还在。2008年是1986年以来第一个没有《碟形世界》小说面世的年份。而在过去那些年里,有时一年甚至能有两部小说面世,普拉切特的读者的失望可想而知。2009年,特里尽力弥补了此前的断更,写下了有史以来最长的《碟形世界》小说[1]★。

1998年5月,在为《最后的大陆》巡回签售时,特里在纽卡斯尔机场候机,等着飞回南安普敦的家中。他在当时的巡售报告中写道:"休息室的电视放的是足球比赛,红衫队对阵黑白衫队。我看了五分钟,那是我一生花在足球上最长的时间。我觉得红衫队显然更懂踢球,但我没和任何人讲。"

快速查询记录后可知,特里当时观看的是1998年的英格兰足球联赛的总决赛。身着红衫的阿森纳俱乐部凭借马克·奥维马斯(Marc Overmars)和尼古拉·阿内尔卡(Nicolas Anelka)的进球,以2比0的成绩,打败了身着黑白衫的纽卡斯尔俱乐部。由此看来,红衫队的确更懂踢球,特里作为一位从不看球的观众,在五分钟内做出

①★ 小说共有135 000词。其他《碟形世界》小说最长也没超过110 000词。

了准确的判断。也许我们当时就该想到，特里·普拉切特具有围绕足球这项美妙的运动侃侃而谈、创作长达五百四十页小说的潜质。总之，就在十年后，他真的这么做了。

"我想通了。"有天早上，他一脸得意地冲进"礼堂"，"和足球有关的最重要的事，就是它无关足球。"这既是特里在写作这本书时的"免罪金牌"，也是事实。以足球为核心衍生出的行为和归属文化，探讨的内容远远超越了足球本身。在碟形世界中也是如此。《巫师足球队》的开篇虽提到了"踢球"（古时被称为"穷小子之乐①★"）这项毫无章法的街头运动，但接下来的故事更侧重的还是幽冥大学的教授，以及蜡烛运球手纳特对运动和自我的发现之旅，兼具《罗密欧与朱丽叶》的深刻和足球节目《每日比赛》（*Match of the Day*）的精彩。

如今，特里已经完全丧失了独立使用键盘的能力，但我们尝试了一些语音识别软件。这样一来，我不在他身边时，他至少能把想记录的文字讲给电脑。既然从前我们教过电脑讲话，现在我们能否教电脑听话呢？我们试第一款软件时，特里不到一天就沮丧地放弃了它。他说，这就像你坐在驾驶座上，转动一个玩具方向盘：无论怎么转，车子都不会改变方向。说句公道话，我们选的这款软件主要是为了让外科医生解放双手、做简短的记录而设计，本就不该是小说家拿来记述鸿篇巨作、讲述足球在另一个虚构世界发展的工具。

---

①★ "穷小子之乐"（Poore Boys' Funne）还差点成了这部小说的标题。

不过，在特里公开抱怨他在该领域的烦恼后，"言说点"（TalkingPoint）软件的技术总监克莱夫·亨森联系了我们。他的程序似乎更契合我们的使用目的。我们把特里的所有小说都录入软件，并在测试时，尽我们所能地用"橘子酱""波纹铁"和"维若蜡"这样的词语刁难它，结果竟然还不错，我们觉得这回又站在了计算机时代的前沿。不过，有趣的是，系统总是固执地将"pioneer"（先锋）一词转录成"pie on ear"（耳朵上的派）。但是，抛开少许小错误不谈，软件的使用体验良好，最重要的是，他能让特里完全独立地工作一段时间了。①★

不过，《巫师足球队》大半是采用听写方式完成的，就和《夜巡》之后的每本书一样。特里慷慨激昂地说，我在他后面奋力地追。可以透露一下，在创作这本书时，我作为特里·普拉切特的真人版"言说点"程序，第一次也是唯一一次使用到了"复制粘贴"功能。那时，小说写到后半部分了，天才进攻球员本戈·马卡罗纳教授②坚持说，人们要想按照传统足球赛的习惯高呼他的名字——"一个马卡罗纳，只有一个马卡罗纳③★"——也不是不行，但至少要礼貌地把他的

---

①★ 这时候，程序还处在早期开发阶段，在切入切出方面有些小毛病。菲利帕·迪金森声称，这期间至少收到过一份特里发来的文稿，里面有一半内容是他和他的个人助理在讨论茶和饼干。我想，这可能还不算太糟，所幸这段对话只讲了茶和饼干。

② Professor Bengo Macarona，碟形世界中的虚构人物，名字是对阿根廷传奇球星迭戈·马拉多纳（Diego Maradona）的戏仿。

③★ 相信我不说您也知道，此处呼喊的调子和1929年的古巴经典歌曲《关塔纳梅拉》（Guantanamera）一致。

全部头衔和所获资质都喊出来,也就是说要喊:

　　一个马卡罗纳塔乌博士(布加鲁普大学)、莫斯博士(查布大学)、马吉斯塔鲁德拉姆(QIS)、奥克塔维乌姆(洪斯)、PHGK(布利特)、DMSK、麦克、塔乌博士(布拉泽内克大学)教授、希肯斯访问教授〔征服者杨大学(虾肉包装大楼二楼,热努亚)〕、一级奥克托(德)、布加鲁普大学/斯鲁德交换访问教授(阿尔哈利)、KCbfJ、布利特理论互惠教授(昂基)、塔乌博士(昂基)、迪迪默斯苏普雷米乌斯(昂基)、布利特基底测定荣誉教授(查布大学)、布利特和与音乐研究学科带头人(夸姆女子学院),只有一个马卡罗纳塔乌博士(布加鲁普大学)、莫斯博士(查布大学)……①

　　……如此循环往复,占了一页半的篇幅。

　　虽然把这些复杂的词语串在一起很有趣,但无论是在原书中,还是本书中,除非必要,我绝不会把这串文字手打四遍。所以,我复制粘贴了相关的段落。特里忧心读者会认为这种行为是在作弊,说得好像有人能把成书拿到灯光下,辨认字是不是都是手打的、有没有用软件快捷键一样。但正如我所说,这是我们必须承担的风险。

　　《巫师足球队》的情节复杂,环环相扣,却轻轻松松地就清晰浮现在特里脑中。我们一直痛苦地警惕着PCA会开始影响他的工

---

　　① 此段中碟形世界虚构专有名词多采用音译形式翻译,部分缩写保留原文。

作。这本书既让我们长舒了一口气,也缔造了奇迹。该书只在结尾出了纰漏。菲利帕·迪金森整理完特里所说的"末日时间轴"后,发现小说的情节发展线似乎缺失了二十四小时。因此,"礼堂"花了一整天的时间重读小说,增添删减,终于让情节和时间轴对上了。这项工作极为复杂琐碎,但特里什么也没说,撸起袖子就开始工作了,实在是不可思议:一位脑退化症患者,轻而易举地在脑中前后梳理了135 000词的小说,而他那个看起来更健康、也更年轻的助理却……好吧,下午工作到一半时,我不得不从座位的电脑前站起来,跑去"礼堂"的洗手间呕吐。①★修改这些文字,诱发了我成年后的第一次偏头痛。但特里却能坚持几个小时。

《巫师足球队》不仅是特里最长的书,在我看来,也是他最有趣的书:在这本书中,希克斯博士制订了一项通过业余演出,在全球散播黑暗和绝望的邪恶计划;②★格伦达·舒格冰一角"既感到震惊,又感到被冒犯,两种情绪堆在一处有点挤";缠绵悱恻的吻的声响被形容成"网球陷入球拍弦中"的声音。我的脑海中一直回荡着安妮·霍普对这一时期的特里的评价:"这些书页散发的耀目光芒,怎么会和阿尔茨海默病同处一个世界?"

然而,尽管特里的小说写作能力依旧坚如磐石,微小的裂缝却

①★ 起身去洗手间时,我意识到自己从早上在桌前坐下后,就一直没动过,可见任务之紧张。"你看起来脸色有点苍白,没事吧?"在我匆匆经过特里时,他漫不经心地问了句。"呕……"远处传来我的回答。

②★ 希克斯博士(Dr Hix)是另一个"塔克化"处理的结果。其名来自2014年"碟形世界大会"主席、业余戏剧爱好者约翰·希克斯(John Hicks)。

渐渐攀上了他的其他能力。2009年秋,《巫师足球队》出版后,特里在伦敦国王十字车站附近的《卫报》总部召开了一场面向媒体和公众的见面会。那天,特里很难集中注意力。有位巴西记者在提问环节,站起来问了一个关于足球的问题,特里的回答冗长回旋,穿越了多片大陆,在返回伦敦大厅前,还稍稍去"宗教偏见"主题那里绕了一圈。待他终于说完,他问:"这解答了您的疑问吗?"

那位巴西记者困惑地回答:"没。并没有。"

从那之后,难题开始不断涌现。

第十九章

起泡咖啡、打开的窗子
和黑色羽毛帽

　　"想象你在经历一场慢帧播放的车祸。"2010年,特里在《理查德·迪布拜演讲》①的讲稿中写道,"像是什么事也没发生,偶尔传来轻微的撞击声、碎裂声,还有螺丝蹦出、跳到仪表盘上旋转的声音,就像是在阿波罗十三号里一样。收音机还在播放,暖气还开着,似乎一切都没那么糟,但你清楚地知道,你很快就会一头撞在挡风玻璃上。"

　　这就是特里现在的生活,我的生活某种程度上也是如此,因为我和他共事。在我们面前徐徐展开的现实,成了我们做所有事时绕不开的前提。正如特里在那次的演讲中所写:"疾病发展缓慢,但你知道它就在那里。"

―――――――――――――

　　① *Richard Dimbleby Lecture*,为纪念知名BBC广播员理查德·迪布拜(Richard Dimbleby,1913—1965)而举办的年度电视讲座,有时简称为《迪布拜演讲》。

或者又如他所说:"阿尔茨海默病就像电台的标识一样,在我脑中的角落盘旋。"

如今,他已无法亲自站在讲台上发表演讲。他能写稿,却无法朗读。他的世界似乎被这些不合逻辑的事渐渐填满。碍于"视觉敏锐度"和"空间管理能力"的问题,他已无法独立完成一些日常小事,连穿过旋转门或登上一小截亮灯的台阶都需要人帮忙。不过,他依旧能准确运用像"视觉敏锐度"和"空间管理能力"这样的术语,"橘子酱"和"波纹铁"一类的难词也不在话下。那些和"病人"特里·普拉切特有过长时间交谈的人,难免会困惑,不相信他有任何问题。伦敦国王学院的西蒙·洛夫斯通教授在《阿尔茨海默病的日子》拍摄期间,曾打给罗伊·琼斯教授,说他之前遇到了特里,对特里寻求罗伊的专业帮助感到惊讶。罗伊说:"话虽没错,但你让他画两个交叠的五边形试试?"如果其他人都对此感到困惑,那特里在亲历内部世界一点点不可逆转地分崩离析时,该有多么困惑啊。

"你好吗,特里?"人们会问他。

"我还好。"他会答,"看是哪种好法。"

即便他不能朗读自己写的演讲稿,他仍然可以介绍它。他可以坐在舞台上,请托尼·罗宾逊代他朗读。于是,那个2月的晚上,在伦敦皇家内科医师学院的多切斯特图书馆,他面对台下坐着的达官显贵,骄傲地——甚至有些挑衅地——这么做了。

2009年秋,迪布拜家族联系特里,邀请他在家族每年举办的电视讲演上发言。该节目创立于四十年前，为缅怀理查德·迪布拜先生而办。特里很荣幸能收到邀请。1965年12月理查德·迪布拜过世时，特里正在《白金汉郡自由报》当记者，他记得此事轰动一时：不单是因为人们失去了一位著名广播员、一位全英国家喻户晓的名人，还因为迪布拜的家人公开了迪布拜是因癌症而死，引发一片哗然。彼时，除了私下小声议论外，没人敢公开谈论癌症。那个年代的记者也深谙此讳，委婉地将癌症用"久疾"代过。"要想消灭怪物，你必须要先报出它的名字。"特里写道。现在，他也站了出来，用公开喊话的方式，尝试消灭阿尔茨海默病这个怪物。要是他能顺带着打破有关辅助死亡的禁忌，他也愿意一试。

"他显然对结局充满兴趣。"菲利帕·迪金森说，"他是奇幻小说家，他的所有工作都和故事如何发展，如何走向理想、满意的结局有关。自然而然地，他也会用同样的方式思考生命的结局。"

他的确考虑过这个问题。有一天，特里突然告诉我，他想清楚了。他和当地有猎枪的农户商量过了，他们想了个法子：特里会在约定好的时间去散步，路上经过某地时，农民会悄悄地从他身后的灌木丛中走出来，朝他的后脑勺开一枪。毫无痛苦，一了百了。

话中的故事虽然完全没有发生，但他的的确确这么和我说了。这就是他正在盘算编排的情节，"生命结局"的问题一直在他脑中萦绕。

但特里毕竟是特里，他决定将个人的恐惧向外部转移，转化为

更具影响力的行动。他要成为辅助死亡的倡导者,积极捍卫人们用
美好的死亡方式,为美好人生作结的权利,倡导人们应该能够在自
己选择的时间,以有尊严的方式,离开这个世界。当然,特里本人也
具有令人信服的能力:他本就思虑周全、表达清晰、理性,现在又全
身心地坚定投身于这项事业。他毕生都致力于写作,在他的小说
中,死神骑着一匹叫"宾基"的白马,体贴入微,尽职尽责。他努力让
死亡这件无可避免的事变得没那么可怕,甚至可以带着些善意和趣
味。常有读者写信给他,向他表达他们对此有多感激。①★或许可以
说,倡导辅助死亡这项新事业,只是他多年写作生涯的延伸罢了。

特里几乎是在一收到邀请后,就开始动笔为迪布拜演讲写讲
稿。他对自己的确诊充满愤怒,也为和他同样处境的人无法选择如
何以及何时结束痛苦而愤怒。那种愤怒推着他激情创作出《与死神
握手》("Shaking Hands with Death")的初稿。就是在那时,我们发现
了"言说点"听写软件存在的新缺陷。如今,软件已经可以轻松识别
出"魏提纳利""维若蜡"等特里作品中的专有名词,但当特里想到临
终关怀的悲惨境遇时,他愤怒吼出的句子导致话筒接收的音调变化
太大,弄得软件几乎都要崩溃了。最后,我接手了听写工作,任他冲
着键盘前的我大喊大叫。

特里对他写的内容十分满意,但一贯谨慎的BBC在权衡利弊之

①★ 有来信说他们在葬礼上宣读了《碟形世界》中与死神有关的段落,还有
来信说他们在婚礼上宣读了与死神有关的段落。"谢谢您的来信。"特里只能回
答,"一个谦虚之人还能说什么呢?"

后,还愿意播出他对这一争议话题发表的见解吗？特里深表怀疑。我们在国家剧院的咖啡厅喝卡布奇诺时,把稿子给制片人菲尔·多林看了。当时,我们俩都确信,这篇稿子对BBC来说会是个烫手的山芋。特里坐着喝起泡咖啡的工夫,菲尔沉默地读完了稿子,表情中看不出什么情绪。他将稿子放下,沉默良久,眼睛一直盯着桌面。终于,他抬头看着我们,脸上露出了微笑。那一刻,我们知道演讲的事成了。

2月1日,当我们来到摄政公园的皇家内科医师学院录制节目时,特里的演讲主题已经被提前曝光,有记者和摄制组等在街上,争相为各台的午间时段争取独家报道。特里沉着应对了每个人的问题,尽力给每个答案都添点儿不同的素材。随后,我们离开了喧嚣的大街,走进演讲的场地——宏伟的学院图书馆。馆内铺着橡木镶板,一排排皮革书籍在铁栅栏后严阵以待,与漫不经心握着讲稿的特里形成了鲜明对比。那稿子在他手中卷成了一团,微微有些发皱。

我最担心的,就是特里如何朗读讲稿。在"礼堂"自己掌控速度,读联屏上的大字是一回事,但要特里读持续滚动的自动提词器,就是另一回事了。第一遍彩排时,我们很快发现,这样的安排根本行不通。无论怎么调节自动提词器,字幕都滚得太快了,让特里应接不暇。这些文字是特里自己写的,对他来说是个巨大的打击,也是疾病攻城略地、缓慢夺取他能力的另一标志性时刻。然而,面对这样的挫败,特里仍能保持冷静和理性,直接提出了他的解决方案,搬出"普拉切特的替身"。"我觉得应该让罗伯替我读。"他说。经过一番讨论后,BBC同意一试,但希望特里至少能在演讲开始前讲几句话。我们迅速坐下来,补写了开场白,又回到舞台排练了一遍。特里先做介绍,再把话筒交给我。彩排结束后,制作团队对我们致以热烈的掌声,肯定了我们匆忙完成的即兴创作。

随后的那个下午,要说我完全不紧张是不可能的。我在公开场合替特里念过许多次稿,但重要性远不能与这次相提并论:迪布拜演讲将在全国播出,而我即将朗读的,是特里辛苦创作、发自肺腑的文字。压力如山,然而我只剩下几个小时可以排练,录制很快就要开始了。

那天下午,演员托尼·罗宾逊来图书馆看特里。托尼刚飞回英国,专程来看当晚的演讲。我们约他一起喝茶聊天。有位制片人提议,既然托尼在场,何不让他给我的演讲指点一二?托尼很乐意帮忙。于是,他走到台前朗读讲稿,我则站在他身旁倾听。他给我的哪里是零星的指点,简直就是一堂大师级别的公开演讲课。特里落笔时饱含的情感,都在托尼无比清晰、令人印象深刻的声音中一一涌现。这才是《与死神握手》该呈现的样子。我和特里说:"我想,我们找到普拉切特的替身了。"那晚,特里将话筒交给了托尼。

当晚早些时候,《迪布拜演讲》录制成"现场直播",稍晚由BBC放送。演讲在全国播出时,我们已经在庆祝晚宴了。特里唯一担心的是自己最近立起来的"阿尔茨海默病先生"头衔会被这场演讲永远改为"死神博士"。他担忧的事并没有发生。那篇愤怒与恐惧交织的演讲稿深深打动了观众,在全国掀起了一场大辩论。特里从未指望演讲能一举改变英国的临终关怀法律,但至少它已经引起了政客的关注和讨论,并展开了一场特里余生将一直参与的对话。

这场对话将克雷格·亨特和查理·罗素又带回我们的生活。拍完《阿尔茨海默病的日子》后,特里和我都很清楚,无论是他们二人,还是我们俩,都无法再拍一部影片了。我们已经为摄影机贡献了太多的宝贵时间,接下来的日子都要留给书,时间已经不多了。

然而,话还是不能说太满。2010年下半年,我们有一大半时间都在拍摄纪录片《特里·普拉切特:选择死亡》。那部影片包含了我职业生涯最痛苦的经历,我只盼着今后不会再有。在成为特里的私人助理时,我从未想过有一天,我们会一起飞往瑞士,看着一个人死去。但我们这么做了,和查理还有他的摄制团队一起。我们身处"尊严之所"(Dignitas)机构那栋被称作"蓝色绿洲"的机构大楼,站在房间里,看着身患运动神经元疾病三年的英国人彼得·斯梅德利在妻子的陪伴下,坐在蓝色的沙发上,用致命的戊巴比妥结束了他的生命。

我确信,在我此前的人生中,从未经历过如此诡异混乱的一天。有太多画面萦绕在我心头,挥之不去:"尊严之所"的护理人员艾丽卡和抽着烟斗的霍斯特冷静沉着地照料病人;彼得·斯梅德利在去世前的几分钟,翻看着一些独立包装的瑞士巧克力,挑选用哪一款来消解戊巴比妥的苦;艾丽卡在提供药物前,依照规定询问:"彼得·劳伦斯·斯梅德利,服用此药后,您将入睡并死去,您确定要喝它吗?"最后,可能也是最让我难忘的,彼得的妻子克里斯汀在事后打给他们的女儿,说:"是的,爸爸走了。"

那天,BBC对我们的言谈举止给出了严格的要求,明确叮嘱我们,不能为彼得提供任何帮助:"就算他走进大楼时掉了手杖,你们也不能帮他捡起来。"特里有些不快,他坚持说:"我是个英国人,而他是位绅士。若是他需要搀扶,我会毫不犹豫地把手臂借给他。"

特里觉得彼得·斯梅德利非常勇敢,称赞他是"我见过的最勇敢的人"。他认为,斯梅德利做了正确的事,这件事应是一种权利。我认同这个举动很勇敢,但并不觉得它有多正确,这便是纪录片中我们的矛盾所在:特里愈加笃信这件事的正确性,而我在目睹一切后愈加不安。那些被抛在身后的家人和朋友要怎么办?我忍不住想着他们。想必各位无须成为心理学家,也能洞察我的心思。我脑中想到的是,也许这就是特里最终想要的结局。也许不久之后,将会是我们,坐着出租车,穿过雪地,来到这个阴森的瑞士工业区,登上那栋可以俯瞰机械车间的建筑。我告诉他:"我可以为你做任何事,但如果真有那么一天,我不会安排你来瑞士送死。"我们为此事争论不休,其中最激烈的一次争吵发生在苏黎世机场,在我们亲眼见证彼得·斯梅德利死亡后。我和特里说,他完全没有体谅活着的人的心情。他告诉我,我无法对他的想法感同身受。当飞机降落希思罗机场时,他独自回了索尔兹伯里,我则去温布利看了保罗·韦勒的演唱会,试着转移自己的注意力。

但诊疗机构发生的事,始终印刻在我们脑中。彼得被宣布死亡后,护士打开了窗。特里问她为什么这么做。"因为我相信,灵魂会在死后离开躯体,我在帮它离开。"她说。这件事给特里留下了深刻的印象。事后,他确信自己见证了彼得·斯梅德利的灵魂离开身体的时刻。他常问我:"你觉得另一个世界有什么?"但需要说明的是,这在特里心中,并不等同于"找到上帝"。有篇报纸新闻曾暗示,特里在这时已皈依宗教。特里觉得有必要发表一篇声明澄清。"有传言说,我找到了上帝。"他说,"我觉得这不大可能。连像钥匙这种经验表明确实存在的东西,我找起来都很困难。"但我意识到,特里瑞士之行的目的之一,是思考能否将死亡变成一栋建筑,一个可以参观的地方。拍摄这部纪录片似乎带给了他平静,减轻了他的恐惧。有时,知道有选择就足矣,即便他最终并没有动用那些选择。去过苏黎世后,他因恐慌而产生的愤怒,也随之消失了。

2011年初夏,纪录片播出当晚,我们聚在位于北伦敦的查理·罗素母亲家看节目,屋内有只毛茸茸的水牛装饰品,曾是贝里尔·班布里奇女爵的藏品。我很担心节目的反响。早在节目上映前,也就是任何人都还没看过它时,这个包含死亡镜头的BBC节目就已登上了《每日邮报》的头版,引发哗然。新闻曝出时,特里和我在新西兰的玛塔玛塔小镇。之前提到过,我们刚刚参观了《霍比特人》的电影拍摄基地,度过了美好的一天。家中传来消息说,报纸已经开始炮轰我们的节目,我担忧极了,特里却对这类纷扰不为所动。《普拉切特力挺自杀纪录片》这样的标题,对他来说也没什么不好,事实上,这也是抗争活动的一部分。最让他欣慰的是,节目在播出前收到了七百五十份投诉,但播出后的投诉明显少得多。特里觉得,这足以说明一切,表明我们正在做正确的事。

事实证明,我完全多虑了。这是我们第一次实时观察社交媒体的舆论风向。节目播出大半时,我忐忑地开始浏览推特,奇迹般地发现,一条接一条的发文都是积极的,并在以每秒超过一条的速度增加。我向下刷着屏幕,随意停在某个页面——有越来越多的评论在称赞特里和节目,继续向下刷,收获了大量的肯定后,我的食指突然停下:

该来的还是来了。

"特里·普拉切特的助手是个大蠢蛋。"

嗯,好吧。该节目在议会掀起了热议,引得媒体发表了无数的文章报道,还赢得了很高的赞誉,获得了英国电影学院奖(BAFTA)和英国皇家电视学会奖,在国际上拿了艾美奖。但经历了这一切后,特里······依旧是······特里。

在伦敦举办的BAFTA颁奖典礼上,当我们打着领结,站在奖杯旁,有人问特里:"您想过今晚会获奖吗?"

这是电视采访的经典问题之一,期望的往往是否定的答案。

"我觉得我们有很大机会。"特里回答。

获奖后,他也并未沉湎其中。对特里而言,他所做的一切都是为了纪录片。至于典礼结束后那些花里胡哨的活动?他并不以为意。领完奖,完成了公关任务后,我们的专属明星向导罗伯·布莱顿将我们领去了晚宴的座位。我们才刚坐下(经历了漫长的一晚后,大家都很饿),特里就说,他已经待够了。"叫车来。"他说。我手中仍攥着BAFTA的金色面具奖杯,顺道说一句,它出奇的重。我离开宴会厅,出了大楼,联系了我们的司机,然后又返回楼内,朝着安保人员挥了挥奖杯,作为通行的凭证,回到餐桌旁,接特里离开。就这样,典礼未结束,特里·普拉切特就提前离席了。

那些年,有太多人离世,但也有不少人还活着,坚韧不拔、珍惜光阴地活着。那样的生命,似乎在爱尔兰尤为多见。

2010年年中,都柏林圣三一学院的研究院长大卫·劳埃德(David Lloyd)博士打给特里,询问他是否能去学院任教。

要是霍尔茨普尔小学的校长这时还在世,该有多好啊。

我们和大卫还有圣三一学院的渊源,可以追溯至2008年,学院提出授予特里荣誉博士学位。彼时,特里正在写《巫师足球队》,已经有了五个荣誉博士学位,他一口回绝了邀请。我们都很沮丧,因为科林·斯迈思和我都是爱尔兰文学和爱尔兰的忠实爱好者,科林还是正经的都柏林圣三一学院毕业生。我们要眼睁睁地看着特里拒绝乔纳森·斯威夫特、奥斯卡·王尔德和塞缪尔·贝克特的母校吗？绝无可能。于是，接下来的几天，我们秘密策划了一系列不动声色的宣传活动，直至他回心转意。

这个决定从未让他后悔。2008年，博士典礼举办前夕，我们三人入住了威斯汀酒店，特里去见了大卫·劳埃德。大卫一反特里对大学院长的刻板印象，看起来非常年轻。实际上，由于生得年轻，他在学院里还得了个"婴儿院长"的绰号。刚见面，特里询问卫生间在哪儿，大卫领着他，就近去了格拉夫顿街1号的校长宅邸。那是栋宏伟的帕拉第奥-乔治亚风格联排别墅。特里就是在那儿见识到了极尽奢华的楼下洗手间。马桶配备巨大的维多利亚式陶瓷底座和宽大的木质座圈，冲水时，强劲的水流如"洪水"般奔涌而出。大卫将特里带进这间富丽堂皇的厕所时说："你得多拽一会儿链子，它才能正常冲水。"特里开心极了。生活中鲜有事物能比全套维多利亚时期的管道系统更让他着迷。冲完厕所，体验了"洪水"后，他不禁"啵呜!"一声叫了出来。站在门外等候的大卫微微怔了一下。特里立即向大卫表示，若是建筑要翻新，他很希望能有机会以圣三一学院荣誉博士的身份，买下校长的这间卫生间。遗憾的是，这个机会从未到来。但特里和圣三一学院的情缘已经开始了。①★

①★ 校长约翰·赫加帝(John Hegarty)本人也和他的卫生间一样，给特里留下了深刻的印象。他留着一头白发和浓密的白色胡须，让特里非常艳美。"你一点儿也不像学术界的，"特里对他说，"你看起来就像电影明星。"

见识了冲水马桶后,他们去了化妆间,特里在那里见到了爱尔兰前总统、大学校长玛丽·罗宾逊(Mary Robinson)和同样即将被授予荣誉学位的国宝级人物大卫·爱登堡爵士[①]。那对特里来说,是个重要的时刻。我们知道,特里并不追星,但大卫·爱登堡爵士和帕特里克·穆尔爵士一样,可以例外。

随后,一行人前往公共剧院,参加典礼。特里戴着博士帽,穿着蓝红相间的博士袍,全然沉浸在典礼中,听着主持人用拉丁文大声宣读写给他的颁奖词。仪式结束后,所有人沿着鹅卵石小路,移步正广场和餐厅,特里收起博士帽,重新换上他的绅士帽,接过一杯吉尼斯黑啤。

第二天,我们又回到公共剧院。特里当着四百名观众的面,接受了大卫·劳埃德的专访。采访结束后,特里站起来说:"现在轮到我了。"他解释说,他要代表幽冥大学,荣幸地为大卫颁发荣誉学位。我适时扮演了黛比·麦基的角色,走上舞台,为"保罗·丹尼尔斯"-特里[②]递上当晚的特别奖品——幽冥大学的围巾和一卷羊皮纸。

"不过,"特里说,"你得先答对一个问题。"

凭大卫对《碟形世界》小说的了解,他完全可以去参加《智多星》(Mastermind)问答节目,所以他看起来信心十足。

---

① 大卫·爱登堡(David Attenborough,1926—),英国广播员、生物学家、自然历史学家和作家。他最著名的作品是与BBC合作撰写和呈现的自然历史纪录片系列《生命》。

② 前文曾提到过,黛比·麦基是魔术师保罗·丹尼尔斯的妻子,曾在丹尼尔斯的魔术表演中担任助理。

特里的问题是：安科-莫波克城的城市座右铭是什么？

现场陷入了尴尬的沉默。大卫答不上来。特里将问题抛给了观众席，台下鸦雀无声。没人知道问题的答案。

"好吧。"特里说，"那我换个问题。幽冥大学的校训是什么？"

大卫依旧只能一脸茫然地坐在那儿。特里再次请观众帮忙解答。还是没人答得上来。

这时，特里同意给大卫一个提示："现在你能看到它……"

"现在你看不见它？"大卫尴尬地迟疑道。

"答对了！"特里说，大卫获得了围巾和羊皮纸。

后来，大卫翻遍了《碟形世界》小说，寻找他没能答上来的那句话，却始终没找到。大约两年后，他向特里询问了此事。"你问我的那些问题……答案不在书里。我回去核实过了。"

"噢，那个。"特里不以为意地说，"那是在测试你的通识知识。"

获颁学位后，特里又去了两次都柏林。一次是参加校友晚宴，克里斯·蒂伯[1]也去了，还献上了原声版的《红衣女郎》，特里跟着他大声唱着。第二次，特里见了些毕业生，其中有位博士生的论文研究的还是《碟形世界》小说。随后，他参观了长室图书馆[2]的非对外开放区，激动地翻阅了塞缪尔·贝克特的笔记本，欣赏了波拉德收藏的儿童文学插画。也是在这趟旅程中，他被带去南大乔治街山森面

---

[1] 克里斯·蒂伯（Chris De Burgh, 1974—），著名歌手，曾演唱《红衣女郎》（*The Lady in Red*）。

[2] Long Room library，都柏林圣三一学院著名图书馆。

馆①★大饱口福。这一桩又一桩的事,都让都柏林和特里情投意合。

现在,大卫·劳埃德打来电话,提出让特里担任英语学院的客座教授。

"教授?"特里冲着电话喊了出来,"我？你疯了吗？你疯了,你这个爱尔兰疯子。"

大卫详细介绍了这份工作的具体职责:每年象征性地去两次爱尔兰,发表一场就职演讲,带几节研究生的课,还有辅导论文即可。特里沉思了很久。

"这个职位有专属的帽子吗?"

大卫说,官方没有,但肯定可以专门做一顶。讲到这儿,特里彻底满意了,把电话递给我,让我敲定后续的安排。

教授职位带给特里的自豪感可能比爵位还要多。当大卫打来询问特里就职演讲的主题时,特里立即给出了一个王尔德风格的题目——《对一切保持绝对惊奇的重要性》,或者是《对绝对一切保持惊奇的重要性》②。每每有人问起,特里给出的答案似乎都会发生变化,标题从未定下来过。最后,为了致敬《碟形世界》小说《艾瑞克》封面上划掉的"浮士德"字样(《浮士德/艾瑞克》),演讲标题彻底划掉了"绝对"。

---

①★寿司和梅酒是必点。去都柏林科学画廊内的咖啡厅吃爱尔兰清汤羊肉,也成了必做之事。

②戏仿王尔德的《不可儿戏》(*The Importance of Being Earnest*,直译为"保持诚实的重要性")。

2010年11月，特里前往都柏林参加典礼，典礼又是在公共剧院举办。当晚，我站在讲台上宣读讲稿，特里身着长袍，坐在我旁边一张高大的木质皮革钉扣椅上，时不时打断演讲，激昂点评一番，或是为内容添些脚注。最后，大卫·劳埃德拿出一个白色的盒子，里面装着那顶他许诺过的帽子：那是一顶点缀黑色羽毛的哥特风学位帽，由设计师约翰·罗恰设计。特里开心得不得了。

我们那晚搭档得很顺利。"我觉得你和我现在共用一个大脑。"结束后，特里对我说。

"我想是的，特里。"我答道。这句话从特里口中说出，已经算是很高的赞扬了。

次日，"特里·普拉切特爵士教授、大英帝国官佐勋章得主、擦黑板员①、都柏林圣三一学院奥斯卡·王尔德爱尔兰写作中心和英语学院的客座教授"（这是大卫·劳埃德对特里的介绍）教了他的第一堂创意写作课。他对此很焦虑：该怎么教人写作呢？写作无非是分以下几种情况：要么你动笔写了，且很擅长；要么是写了，但写得很烂；要么一个字都没写。"一个人要怎么学会写作呢?"特里百思不得其解。

我们先去学生公共休息室，见了英语学院的杰拉尔德·道伍教授，他为我们倒了杯茶。特里险些立即就坐在沙发上睡着了。被捅醒后，他喝了杯茶和一点白兰地，然后就被带去了教室。我在休息室紧张地等待着。我有充分的理由怀疑，这会不会是创意写作课有

---

①《碟形世界》小说中专指负责擦黑板的学生。

史以来最短的一堂课?

结果,一个半小时后,他却赖在课堂里,得用绳子才能将他拽走。看起来他已经和硕士研究生聊了很久有关写作和动机的问题。这次的经历让他兴奋不已。

他在2011年去了两次都柏林,2012年又去了两次。2011年的第一次访问在5月,正巧赶上英国君主自1911年以来首次访问爱尔兰。①★特里在长室图书馆遇到了女王。但一切照旧,他在都柏林的主要任务,依旧是花至少九十分钟的时间向学生解释为什么创意写作教不了。他畅想了美好未来的另一种可能性,我们将在学院安度暮年,置身于漂亮的学院房间,身旁是噼啪作响的壁炉,坐在舒适的扶手椅里,写着他的书和演讲稿,每天会有人送来一日三餐,放在门外的托盘上。这个想法深深吸引着他。

那段时间,还有一个新的合写项目赋予了他灵感,在关键时刻,为他的生活注入了崭新动力。马尔科姆·爱德华兹通常会在伦敦书展召开前举办晚宴。就在一次晚宴上,特里和科幻作家斯蒂芬·巴克斯特攀谈起来。斯蒂芬比特里小九岁,是工程学博士,获得过不少英国和美国的科幻小说奖。二人聊到了《高梅加斯》。那是特里在二十世纪八十年代中期写的一本关于平行世界和时空穿越者的小说。写了四万词后,他便弃了它,转而开始写《死神学徒》。自此,那些文字就被搁置一旁。斯蒂芬会愿意与特里合作,改编并扩写这个故事

---

① ★我们那天早上离开威斯汀酒店时,注意到圣三一学院上空破天荒地飘扬着英国国旗。

吗？当晚结束时，他们已经草拟出方案，打造将于不久后面世的《长地球》系列。

他们还制定了一个独特的计划：坐着敞篷车写系列的第一部小说。车子会沿着美国公路飞驰，从新奥尔良到威斯康星州麦迪逊，营造出科幻邂逅亨特·S.汤普森[①]的感觉。特里计划在2011年夏前往路易斯安那州领奖。美国图书馆协会向他颁发玛格丽特·A.爱德华兹奖，表彰他对青少年文学做出的贡献。随后，他会前往麦迪逊出席"北美碟形世界大会"。所以，何不将工作和娱乐结合，组织一场公路旅行，租辆敞篷车，顺便在一千英里的路上写些文字呢？特里赞成这个想法，我肯定也举双手赞成，至于斯蒂芬……好吧，其实我并未了解过他的真实想法。因为考虑到舟车劳顿会损耗特里的身体，我们还没来得及听到斯蒂芬的抱怨，就率先放弃了这个计划。

不过，斯蒂芬倒是来了庄园，住进了附近的酒吧，和特里一起在"礼堂"创作，一起在午餐时吃卷心菜煎土豆。他的硬科幻风格与特里的标志性幽默相得益彰。这次合作让特里得以坚持写作和创作，在疾病开始扼杀他的灵感时，为他提供了新的出路。《长地球》系列最终出了五部小说。

对特里而言，小说常能写着写着就找到自己的路径。如此绝妙的写作方法，可能并不适用于其他作家，因为它奏效的前提是，要有

---

① 亨特·S.汤普森(Hunter S. Thompson, 1937—2005)，美国报告文学作家。

像特里·普拉切特一样的大脑。

以《鼻烟》为例，小说开头写道萨姆·威姆斯穿上妻子为他织的袜子。她袜子织得很烂，又痒又扎人，要想穿上它，威姆斯得套上比脚长出一半的鞋。但是，他爱她，所以什么也没说，只是默默地穿上袜子。特里写的这个开篇场景，描绘了一位痴情丈夫的平淡日常。这个场景自然地引出下一个场景，随即又成为另一个场景的开端，以此类推，直至一部小说形成。正如特里所说："你扔了块石头，再走去石头落地的地方。"

《鼻烟》于2011年秋出版，是特里的第五十本书，也是他作为出版作家从业四十五年来，第五十次扔出石头，走去石头落地的地方。这部作品堪称杰作。A.S.拜厄特在《卫报》发表评论称，特里是"大师级别的故事讲述者"，拥有"无尽创意"，写作功底丝毫未见退步。①★其他读者也有同感。该书三天内卖出55 000册，成了英国出版历史上销速第三快的小说。当我把此事告诉特里时，他说："天呐，要是我知道阿尔茨海默病会给图书销量带来这样的影响，我应该早点得的。"②★

①★ A.S.拜厄特补充道，"我认为他之所以疯狂地添加脚注，是因为他无法控制纷飞的思绪，而我们的思绪也该跟随他一起飞扬。"我想在脚注中告诉A.S.拜厄特，我觉得她说得完全正确。

②★ 当《鼻烟》荣获波灵格大众伍德豪斯喜剧小说奖时，依照传统，特里将荣幸地看到一只格洛斯特郡花猪用他的作品命名。"鼻烟"或许并不是动物农场里最亮眼的名字，但鉴于之前的获奖作品还有叫《动物园时间》(Zoo Time)、《屁股》(The Butt)和《BJ单身日记：好孕来袭》(Bridget Jones's Baby)的，也许小猪"鼻烟"该小小地庆幸下作者有笔下留情。

《鼻烟》还包含我最爱的普拉切特段落之一:威姆斯在豪华浴缸里泡澡放松,"感觉自己在尝试将脑中的碎片都拼在一起。"

威姆斯在温暖的氤氲水汽中,又一次浮了上来,他隐约听到衣服窸窣落地的声音。西比尔小姐滑到他身旁。水位升高了,根据物理定律,萨姆·威姆斯的精神也随之提至高点。

为参加《鼻烟》的发布会,特里和我前往伦敦西区的皇家剧院,与两千名粉丝一起参加"与特里·普拉切特共度之夜"。环球出版社本考虑租下皇家阿尔伯特音乐厅,但最终还是选择了更低调的场地。真遗憾,谁不想有在阿尔伯特音乐厅登台的经历呢?活动官宣后,门票供不应求,求票的人数可以塞下两个阿尔伯特音乐厅还不止。不过,去皇家剧院也好。那年早些时候,杰弗瑞·卡森伯格约特里喝茶时要去看的《怪物史莱克》音乐剧正在皇家剧院公演——但让我失望的是,我们并没能用上它的布景。为了当晚的活动,一部分布景被提前拆除了,移到了舞台后面。不过,特里和我的确用了一间门上标着"Donkey"的化妆间,表明它是为剧中的"驴子"准备的。

"鉴于我们两人用一间,"我们站在过道里时,特里提议,"也许该把牌子改成'Ass①'才对。"

————————
① Ass为"驴子"的俚语,与"us"(我们)同音,同时又有"笨蛋"的意思。

那晚,我需要一杯白兰地放松心神,特里也喝了一杯白兰地,不过他看起来并不紧张。这类活动从未让他乱过阵脚,无论是在患阿尔茨海默病之前,还是现在。我的焦虑则更多源自剧院规模之大和观众人数之多。我的父母,两个兄弟凯文和戴尔,还有其他家人都在台下。当你看到你的姑妈穆里尔就坐在舞台正对面时,会不由自主地感受到压力。环球出版社的拉里·芬利给了我一个信封,里面装着《鼻烟》出色的销售数据,我需要将这部分内容也加进演讲中。但事情进展得还不错,虽然其间我犯了个小错误,用"极好"来形容我们最近的美国之旅。这一用词立刻招来了特里的批评。"除非是上帝和魔鬼,以及他们的使者莅临地球,"他解释说,"否则,其他情况都只能用'好'来形容。"遵命。①★活动接近尾声时,许是白兰地的作用,也有可能是因为我脑中一直想着即将到来的终点,我有些情绪化,向特里道了谢,感谢他允许我在过去的近十五年来,与他共度这段旅程。特里看着我,和我对视,似是忘记了观众的存在,说:"这不是终点。"

这的确不是终点。第二天,环球出版社为《鼻烟》举办了一场庆功派对,乘着一艘名为"好范妮②★"的游船,游览泰晤士河。派对觥筹交错,去程提供开胃菜和香槟,回程则配了培根法棍。庆典安排

---

①★ 特里的另一个禁用词是:有趣。在特里看来,用"有趣"形容的事往往并无有趣之实。

②★ 在《鼻烟》中,"好范妮"是夸尔河上的一艘桨驳船,用于将铁矿石、鸡和精力从夏尔斯运送至夸尔姆。这应该不算剧透吧? 如有冒犯,烦请见谅。

了发言的部分:拉里·芬利在发言时,送给了特里一瓶五十年的干邑陈酿。特里也讲了话。他拿不住麦克风,很难一直将它固定在嘴边,所以我临时化身为麦克风架,屈身在他面前,为他把着话筒。我仰头望着特里,无助地看着他讲话,眼泪止不住地向外涌。这段日子发生的一切,都不可避免地带着离别的重压,让人不知所措。

《鼻烟》之后,写作开始变得艰难。事实上,《鼻烟》之后,所有事都变得艰难起来,只因我们选择的道路本就多舛。2012年,特里开始创作《道奇》。这本非《碟形世界》系列小说面向年轻读者,背景设定在维多利亚时期的伦敦,倾注了特里对狄更斯和亨利·梅休的《伦敦劳工与伦敦贫民》的热爱。这种热爱可以一直追溯至他在比肯斯菲尔德图书馆借阅的时期。《道奇》耗时一年,方才艰难完成,但他做到了。2012年秋,小说出版,我们为此前往纽约。前路未知,但我们隐隐已经猜到,这会是最后一次。

我们都不会忘记它。

遥想一年前——2011年9月下旬——我们在纽约的场景,便能明显感知到特里的身体大不如前。当时,忙碌了一整晚后,我们告别了翠贝卡区巴诺书店人山人海的活动现场。特里还精力旺盛,坚持要去祖科蒂公园的"占领华尔街"抗议营。他听说营地里有个馆藏高达五千册的图书馆,想去看看。特里的美国童书编辑安妮·霍普有些忐忑地同我们一道前往。我们抵达这个反资本主义示威营地时,开的是一辆装有隐私玻璃的SUV,这可能会被认为是挑衅之举,所幸没人提出异议。我们在营地走了一圈,特里戴着他的博勒帽。为了避免书被雨雾沾湿,大半图书馆都用防水帆布盖着。但有一位看管书籍的女士是《碟形世界》的粉丝,认出了特里,她招呼了几个人带着特里参观。营地里有人在高喊口号,有人围成圈,冥想打坐。"特里看得入迷,他很开心看到六十年代的精神文化尚未磨灭。"安妮·霍普说。然后,我们回到车上,去餐厅喝了能有我们各自体重那么多的法式洋葱汤。

时隔一年,一时兴起、深夜闲逛纽约的抗议区已是再无可能。这时的特里,哪怕是在家门口散步,都可能会出问题。有几次,他临时起意去庄园外散步,却迷了路。不止一次,有邻居在路上碰到一脸困惑的他,将他安全送回。因此,这次美国之行必须时间短,计划周密:我们在纽约有两场活动,其中一场是出席纽约动漫展,在芝加哥还有一场。我们事先发出声明:"特里此行不会为任何书籍或纪念品签名。"所以,虽然我们这次参加的是巡售会,却又和我们熟悉的巡售有所不同。周六,我们来到动漫展的展馆——位于十一大道贾维茨会展中心的飞机库,见识了残酷的明星经济。签名明码标价,从二十美元〔出演《无敌浩克》(Incredible Hulk)的卢·弗里基诺(Lou Ferrigno)〕到五百美元〔出演《星球大战》(Star Wars)的凯丽·费雪(Carrie Fisher)〕不等。在漫展,你永远都想不到自己会遇到谁。这一次,我们非常惊喜地碰到了原版(也是最棒的)蝙蝠侠亚当·韦斯特(Adam West),还在后台碰到了肖恩·阿斯廷——"特里叔叔!"

他大喊。于是,特里后来跑去肖恩的座谈会串门,还喧宾夺主地差点接管了整个座谈会。随后,我们在珍妮弗·布雷尔的指引下,去了曼哈顿的一家帽店,特里一直想要一顶弗雷德·阿斯泰尔①那样的大礼帽,终于如愿以偿。逛完后,又返回奥姆尼伯克希尔广场酒店。它是特里在纽约最喜欢的酒店之一,主要是因为它就紧挨着哈珀柯林斯大厦,十分方便。

在此之前,我们在外出差时已经养成了一种习惯:一天结束时,我们会在特里的房间喝杯酒。我会在这时确认他的状况,离开前,帮他把床单松开。因为我们发现紧箍在床上的酒店床单可能会成为PCA患者上床睡觉的严重阻碍。

那晚,在纽约,我心痛地发现,特里需要我帮他做更多事,就连最基本的小事他都已无法自理。现在,我不仅要帮他松开床单,还要帮他取下假牙,摘下并折好他的眼镜。我从浴室接了杯水递给他,扶他躺进被子里。

接着,我回到自己的房间,和衣躺下,失声痛哭。因为我意识到,现实即是如此:我们的缘分快要到头了。事情既然已经发展到了这样的地步,离结束也就不远了。

第二天是周天,也是难得的休息日。但我们没有出行的计划,也没有活动要参加。我已经想不起上一次有这样的休闲时光是什么时候了。所幸我们是在纽约!

① 弗雷德·阿斯泰尔(Fred Astaire,1899—1987),美国舞蹈家、演员和歌手。他被广泛认为是"有史以来最伟大的流行音乐舞者"。

午餐时,我决定离开酒店,去参观自由塔。那天早上,特里看了《黑衣人2》(Men in Black 2),现在又觉得无聊了,于是决定和我一同前往。我们从奥姆尼出发,搭车去市中心。

走上自由塔附近的人行道时,我从包里拿出相机,拍了张照片。特里在我身后,发出了一声近似呻吟的叹息。

"我想我得回去了。"他说,"我感觉不是很好。"

我们的出租车甚至还没来得及开走。我敲了敲车窗。

"您能载我们回去吗?"

这时的我并不觉得担心。老实说,比起担心,我更生气。懊恼好不容易有个休息日,观光之行就这么匆匆结束了。我看向窗外,凝视着飞驰而过的东河。

接着,我听到身旁特里的呼吸声变了。

我看向他,他在出汗,脸色通红。

"还有多久到酒店?"我问出租车司机。

"大约二十分钟?"司机答。

突然,特里僵硬地倒向后方,重重地倒向靠背,开始呕吐明黄色的胆汁。呕吐物溅得我身上还有出租车上都是。我朝司机大喊,送我们去医院,要快,因为特里心脏病犯了!

时间停滞了。

我半倚着座位,半撑着地,在出租车内狭小的后座空间,试图为他急救,看着他在我面前奄奄一息,满脑子想的都是太迟了。我用手指清理着他口鼻中的秽物,移动他的舌头,好疏通呼吸道,随后又解开他的衬衫,开始为他做心脏复苏。

出租车停在了医院门口,就像电影里演的一样——身穿工作服的医务人员一拥而上。人们将特里从后座拖出来,放在担架上,迅速推进了医院。我则被带进一间病房,他们给了我件干净的T恤和一些洗漱用品。我一直确信,特里已经死了,直到有人告诉我:"他没事,他不会死的。"他们正在给他做检查,很快就能知道他是不是心脏病发作了。

我像是等了一整个下午,但实际的等待时间可能只有四十分钟左右。接着,有人来和我说:"他没有犯心脏病。"但他们需要知道,他在服用什么药物。他的处方就放在我随身的相机包里,我翻出来交给了他们,又开始了新的等待。随后,来了位高级医师,他平静地同我解释,特里的降压药和他在吃的其他药物犯冲,导致他的血压骤降至极低的危险水平,这才在出租车上犯了严重的房颤。房颤不是心脏病,但在我看来症状极为相似。

谨慎起见,特里被留院观察。安妮·霍普那晚来找我,我们一起坐在特里床边的地板上,讨论着整件事。床上的特里安然睡着,每隔两分钟,医院有台设备都会不受控地发出"哔——"声,安妮和我不得不轮流起身,将警报关掉。

天快亮时,我的电话响了,是英国的修车房打来的,说我的运动摩托已经完成了年检和保修,可以领车了,还询问我是否想试驾一下他们最新到货的哈雷戴维森。我说，我现在人在纽约的医院陪护，所以没法立即去试车，但……不，反正不管怎样，我都会买的，因为过去几小时教会了我人生苦短的道理。

早上，特里已经好了，字面意思的好。

事实上，他的状态很好，就像什么事也没发生。

"好了。"特里说，"我们去芝加哥。"

"不行，特里。"我坚定地说，"这很危险，我们回家。"

我们还是去了芝加哥。特里只郑重地做了一个让步，保证在活动演讲中，绝口不提刚刚发生的事。因为我们还没将这件糟糕的事告诉英国的任何人。我们不希望还没进家门，消息就已满天飞。

谁知，我们刚上台，还不到一分钟，特里就用最调侃的语气和观众说："你们知道吗？在来剧院的路上，发生了一件有趣的事……"

我在心里默想：这个人真的无可救药。但至少他还活着。

2012年12月，帕特里克·穆尔爵士过世，享年八十九岁。我们去参加了葬礼。现场只有十五人左右，没有媒体，甚至连当地的摄影记者都没有。葬礼结束后，我们去了法辛斯，帕特里克的家，讲述了帕特里克的生平故事，约翰·卡尔肖则学帕特里克的声音，读了一小段话。然后，我们遵照帕特里克的遗愿，点燃了一支蜡烛。帕特里克曾承诺我们，倘若真的有来世，他会在葬礼当晚吹灭一支烛火，好让我们知道。

我们在蜡烛前站了一小会儿，看着蜡烛熊熊燃烧。来世不过尔尔。

接着，一阵风突然吹来，蜡烛倏地灭了。

在回家的车上，特里说："我开始觉得，上帝可能在引诱我相信他。"我说，我也觉得，有时很难不得出这样的结论。同时，我们都认同，若是能像帕特里克一样有位电视制作人作为挚友会很有用。这样就算你不在场，也能完成精心策划的视觉噱头了。

2013年春，在确诊六年PCA、身体机能急速衰退的情况下，特里飞去婆罗洲，试着寻找一只红毛猩猩。

这的确很疯狂。他连站都站不稳，意识时常出现混乱，每到一个他不完全亲近熟悉的环境，都需要小心监控他的情况。在这样的状况下，我们却要飞越大半个地球，深入闷热潮湿的密林，寻找一只数月未见踪迹的红毛猩猩。但特里想这么做。我只能钦佩他的勇气，陪他一起，并确保他能安全归来。

十四年前，也就是1999年，特里为第四台的系列节目《短故事》（Short Stories）录制过一部半小时的影片《特里·普拉切特的丛林探险》（Terry Pratchett's Jungle Quest），追踪婆罗洲雨林里濒临灭绝的红毛猩猩。在那之前，他从未如大卫·爱登堡般热衷于环球探险。诚然，他让一只猩猩当了幽冥大学的图书馆员，但那只是为了找个手臂修长、擅长攀爬的角色罢了，特里发现这些特质尤为适合图书馆员的工作。他和猩猩的交集原本仅限于这一偶然的关联。在纪录片拍摄中,他在追踪红毛猩猩时,和猩猩王卡萨西打了个照面,四目相对,那个场景特里永远忘不了。也许,卡萨西也忘不了。自此,特里对红毛猩猩及其保护工作充满热情。2013年春或许正是重返丛林的好时机。我们和那儿的自然保护工作者取得联系,想看看卡萨西变成什么样了,是否还待在那片丛林。

哈啰,克雷格·亨特和查理·罗素,又见面了。拍完《阿尔茨海默病的日子》后,特里和我曾发誓再也不拍纪录片了。拍完《选择死亡》后,我们又发了同样的誓,决心比从前坚定了一倍。现在,我们却又开始收拾行囊,带上防蚂蟥袜,准备前去拍摄《特里·普拉切特:直面灭绝》。

防蚂蟥袜是BBC送给我们的,他们承诺为我们提供一箱旅行必备用品。"你们准备给我们寄什么?"特里问,"一根香蕉?"开玩笑的,他们寄来了防蚂蟥袜等其他结实耐磨的衣物,以及各式各样的旅行常备药——当然,既然特里提到了,箱子里还装着一根香蕉。

"我需要你去阁楼把我的双肩包拿下来。"特里对我说。我去阁楼,把包拿了下来——它已经落满了灰,还生了霉。我解开翻盖,将包倒过来,面前顿时扬起了一阵干尘,从里面掉出了一双特里1999年去婆罗洲时穿过的靴子,那之后,他就再没穿过这双鞋了。

于是,我们踏上了这场疯狂而勇敢的冒险——不过第一段行程毫无勇敢冒险可言。我们飞雅加达时,乘坐的是新加坡航空的套房舱,它大概是史上最奢华的航班,能让你专享一整节普尔曼豪华车厢,只不过是天上版本。特里和我所在的飞行套房设有两间独立卧室和一间客厅,客厅配备了一台三十二英寸的电视屏,我们用它看了几部电影。

那之后,旅程的奢华指数便一落千丈。我们落地雅加达,在FM7机场酒店住了一晚,和前一班航班的机组人员相谈甚欢。特里状态不佳,他在倒时差方面一向没什么问题,但阿尔茨海默病似乎夺走了那项技能。他一副昏昏欲睡的样子。我们搭乘出租去往雅加达市中心。路况很差,天气闷热难耐,堵了三个小时才到目的地。由于车上还有位摄影师跟着我们,车上的空调也不能开,冷气轻则会让镜头起雾,重则会直接损坏昂贵的摄像机。出师不利,但我们还是见到了查理。我们去了家餐厅讨论拍摄计划。坐下来没多久,特里就将脸埋在桌上。他筋疲力尽,很快就趴在桌布上睡着了。制片协调员罗西·马歇尔迅速起身询问餐厅,碰巧餐厅有几间钟点房。这些房间平日里是用来做什么的,我们并不清楚,总之肯定不是为倒时差补觉准备的。尽管如此,罗西还是给特里租了一间,特里独自去房间睡觉了。他休息时,查理坐在餐桌旁,开始郑重其事地划掉计划表里的行程。

几个小时后,我们叫醒特里,带他回酒店。谢天谢地,返程没用三小时。我心想,旅程到这里结束了:放弃拍摄,特里的健康始终排在第一位。到酒店后,我和特里单独聊了一下,说我觉得我们应该回家。但特里又一次出乎意料地振作了起来,怎么说都不听。十分钟后,我们去特里的房间,在衬衫里装上隐蔽摄像头,然后返回市内的集市,调查珍稀动物买卖。

我们在城中进行了两天多的拍摄,特里已经完全适应了时差,状态很好。接着,我们飞往庞卡兰布翁,与猩猩基金会的阿什莉·雷曼会面,拍了更多素材,然后乘坐当地的传统木船喀拉拖克①★深入丛林。到了这时,特里已经可以快乐地在丛林小径上跑来跑去,甚至还踩到过深及大腿的沼泽。我们在丛林中待了两周,两周没有任何无线网络或手机信号,两周都在寻找卡萨西。②★

查理希望在片尾录一段特里和我的谈话。按照他的设想,我们会在晚上乘着小船顺流而下,去到一个有漫天萤火虫的美丽场景,再开始聊天。录制时,大雨倾盆而至,破坏了萤火虫背景,但我们还是继续录了。然而,特里很快就中止了对话,就像上次拍《阿尔茨海默病的日子》时他伸出胳膊拦着我问"多久"一样。不过,等我们回了住所金巴旅舍,还是私下聊了这个话题。我随身带着iPad,旅行快结束时,有天晚上,我们用iPad放音乐,喝啤酒。有一下,歌单突然播到我的好友查利·兰保夫唱的《寻找目的地》③,感伤的情绪迅速感染了我

----

①★ 喀拉拖克(Klotok)一名,取自船只行进时发出的声响。

②★ 我们找到它了吗? 不告诉你。本书是不会剧透的,你可以在网上轻松找到纪录片。

③ *Looking for a Destination*,英国乡村歌手查利·兰保夫 (Charlie Landsborough)的歌曲。

们。我们开始回忆过去,忆起我刚为他工作时、第一次陪他去环球出版社伦敦办公室的场景。那天早上,我出现在车边时,穿着套西装。好吧,我并不知道见出版商该穿什么,只想着应穿得光鲜些。我的脑海中浮现出帕特里克·詹森-史密斯的样子,他是那时我见过的唯一一位伦敦出版人,前文提到,他曾穿着金扣蓝色西装夹克出席"碟形世界大会"。只可惜,我的西装是绝对不会出现在詹森-史密斯衣橱里的那种。那是在"贝利特先生"(Mr Byrite)连锁服装店买的一件卡其色西装,织物表面闪烁着些许微光。

那天一见面,特里上下打量了我一番,然后说了句:"哦,天哪——助理经理来了。"

去伦敦的车上,他一直在逗我:"助理经理想见您……您得请助理经理批准……您得和助理经理商量一下。"我当时窘极了,一到伊灵,就跑进路边的玛莎百货(Marks & Spencer),买了一条牛仔裤、一件衬衫和一件套头毛衫,在车里换了,才走进办公楼。从那天起,我就开始穿牛仔裤和T恤上班了。①★

回忆起那段经历,还有我们一起走过的日子、经历的种种,我们不停地笑着。适当的时候,我问特里,他对自己的追悼会有什么要求。

"我在就行。"他回答。

接着,他又提到格雷厄姆·查普曼,我知道他要说什么。1989

---

①★ 不过,不再是玛莎百货的了。申明一下,那次只是紧急情况。

年,查普曼去世,年仅四十八岁。他在巨蟒剧团的同事约翰·克里斯在悼词中说,他听到格雷厄姆·查普曼在他耳旁呢喃,嘱咐他要"成为英国追悼会上第一个说'妈的'"的人。特里现在庄重地朝我下达指令,要我在他的追悼会上使用"妈的"一词,并且为了保险起见,还得在他知道我父母一定会出席的场合用上"混蛋"一词。①★

我问他:"特里,你觉得三百年后还会有人读你的作品吗?"

他说:"天哪,不会的,三百年后,都该人吃人了。"

我们开始列"死前想做的十二件事",但并没凑够十二件。特里说他想坐"维珍银河号"宇宙飞船,想去刚果开采红宝石,想去看亚利桑那墓碑镇,还想再写一本畅销书。他完成了最后一件。事实上,他写了两本。

最后,尽管我们俩都不习惯煽情,我还是告诉他,这些年能够与他并肩而行,我有多荣幸。

"你感到荣幸?"特里似乎很是讶异。

"是的,真心感到荣幸。"我说。

"我也感到同样的荣幸。"特里说。

我认为这是一种赞美,但就和特里的众多其他赞美一样,你很难确定他的心意。

---

①★ 2016年4月14日,我在巴比肯中心忠实履行了承诺,完成了特里的殷切希望。正如克里斯在查普曼的葬礼上所说:"他不挑剔,但就是受不了毫无意义的'好'修养'好'品味。"

第二十章

淘气的躺椅、外带虾球
和苦涩的结局

一天早上，我独自坐在"礼堂"，等待着叫我去小屋接特里的电话。

是的，这就是我们现在的境况。即便是这么近的路程，他也无法独自完成了，要搀着我的胳膊才能走到"礼堂"。晚上天黑后，他有时还需要我开车载他回去。

除了早晚需要帮扶的两段路程，他一天都待在办公室。早上，我会为他调制一杯"格拉格"——往咖啡里倒一小杯白兰地。特里常津津乐道地说，白兰地被写进了英国药典，所以是正儿八经的药物。①★如果他前一晚睡眠质量很差，就通常需要在白天小睡一会

---

①★有些日子，根据特里的状态，"加一杯白兰地的咖啡"可能会变成"加一杯咖啡的白兰地"。我们将其命名为"格拉格"（glug），当然是在模仿酒瓶里的白兰地倒空时发出的声音。

儿。他白天至少得换一次衣服,我会下到厨房,从琳恩那儿取来衣服给他。①★然后,我会帮他换上干净的衣服,我们再回到工作状态。特里坚持继续工作。因为工作一直是他最重要的事,而现在工作又有了崭新的意义。它是特里对抗残酷疾病的最后一道防线。疾病一直在和特里争夺他的自我。但只要他还在写作,他就还是特里·普拉切特。

所以,只要他需要我,我就会陪着他写。

在这个特别的早晨,我正等着特里的电话去接他。突然,门"砰"的一声被撞开了,特里健步如飞地走了进来。

"亲爱的——我回来了!"

我从椅子上弹了起来,震惊地走向他。这简直不可思议,他和之前判若两人。最近,他服用的阿瑞普特的剂量做了些调整,似乎已经显现出奇迹般的疗效:特里可以自己走到"礼堂";他精力充沛,显然是在从小屋来的路上,就想好了这句开场白;他似乎已经穿过了阿尔茨海默病的迷雾,重回幕前讲述他的亲身经历。

他讲了很多关于迷雾的事。他坐在"礼堂"的椅子上,告诉我这就是他过去几个月的感觉,像是身处迷雾之中。他试图用力拨开那

---

①★特里对待身体的各项机能向来毫不忸怩,对PCA带来的尿失禁问题也能坦然面对,并不感到难为情。当他遇到状况需要帮忙时,他会说:"我想我可能需要一位绅士的绅士。"这自然是在引用萨姆·威姆斯在《鼻烟》提到他的男仆威利基斯时的台词。特在此声明,威利基斯并不是"塔克化"的产物。早在我成为特里的助手之前,威利基斯就已是威姆斯的左膀右臂。但这的确是一个有趣的巧合。我们可以将其命名为"预言姓名决定论",就是名字有点长。

片雾,跌跌撞撞地穿过它,但却毫无进展。他知道哪里不对,但四起的雾气淹没了他,让他怎么都无法脱身。

但现在先别管那个了:他想赶紧聊聊花园的事。他上一次如此心急如焚地询问一件不是写作的事是什么时候? 他记得自己一直想更换测量仪表的电池,仪表安在马厩下方那个用来灌溉花园的蓄水池内,是用来测量积雨量的。我们能不能解决下这个问题?

"好啊,特里! 当然可以!"

接下来,他显然想要工作。因为工作是特里·普拉切特一直要做的事,工作是特里·普拉切特存在的意义。打开文档,文字倾泻而下,阔别几月后,终于再次自由地流淌。我们奋笔疾书了一整天,为小说《蒸汽升腾》做铺垫。

我把这天称为"神药日"。①★那晚回家时,我想着:谢天谢地,他终于回来了。

第二天早上,我坐在"礼堂",等着门"砰"地打开,特里健步如飞地走进来,打招呼说:

"亲爱的——我回来了。"

我等待着。

等了又等。

然后等到了他的电话。

我下去小屋接他,扶着他回到"礼堂"。

---

① ★请参阅《梦幻爆裂》(*Dam-burst of Dreams*),爱尔兰作家克里斯托弗·诺兰(Christopher Nolan)著。

今天他状态不佳。我们的进度缓慢。

次日，他状态更差了。我们的进度更慢了。

这种失望是令人崩溃的。阿瑞普特是我们唯一能够倚靠的药物。它的作用正在慢慢消失。迷雾再次降临，迅速吞噬着他。现在我知道，无论是他还是我，都已无法拦住他，只能眼睁睁地看着他消失在迷雾之中。

2012年底，在思考《道奇》之后写什么时，特里一如既往，有许多选择。他想过写一部名为"流水"（"Running Water"）的《碟形世界》小说。小说将以碟形世界的约瑟夫·巴扎尔盖特[①]——莫伊斯·冯·利德维希为主角，讲述魏提纳利大人在安科-莫波克城兴建地下水和污水处理系统等"大型工程"一事。该工程势必会涉及地面开凿工作，将借此发掘出一个隐匿在城市下方的安科-莫波克古城，继续深挖，又能在古城下方找到一个比它年代更久远的安科-莫波克城。事实证明，这些重见天日的安科-莫波克城远非深埋于地下的死城。

我以为特里可能会挑这部书来写。不久前，他已经联系过索尔兹伯里污水处理厂的一位经理，对方爽快地答应带他去厂里参观。这便是普拉切特式调研的第一步，猜猜陪他调研的会是谁？当特里

---

① 约瑟夫·巴扎尔盖特（Joseph Bazalgette，1819—1891），英国土木工程师，曾担任大都会工程委员会的总工程师，主要成就是为伦敦市中心建造了污水处理系统。

决定不写《流水》后,我为错过了一次人生体验懊恼不已。

他还想过写《增税》("Raising Taxes"),主角同样是莫伊斯·冯·利德维希。他在这个故事中被任命为首席税务征收官,需要运用高明的手腕,释放个人魅力,让有万般不愿的安科-莫波克城居民缴纳税金,且得是心甘情愿。这听起来也是个不错的构想。

特里还聊到有没有可能写死系列中的一个主要人物,但他还没想好具体是哪一个。许多年前,菲利帕·迪金森曾向特里提出过这一设想,他当时的反应是震惊的。

"他吃惊地看着我,说:'我为什么要那么做?'"菲利帕说,"他'为什么要拒绝一个可能还能让他再写几本书的好角色?'"

然而,随着时间的推移,特里的看法显然已经发生了改变。但是,他要毙了哪个角色呢?基于我们的讨论,我推测他会选魏提纳利大人。魏提纳利会以某种方式死去,但小说的结尾又会来个反转,揭示他其实一直活着,远程操纵着莫伊斯·冯·利德维希。这样的桥段或许可以放进《增税》里,只不过特里最终毙掉的,是整部小说。

因为他觉得是时候让碟形世界经历工业革命的洗礼了。特里一直认为,只有当文明发展到一定程度,蒸汽机才会出现。而碟形世界显然已经到了迎接蒸汽时代的节点。2012年末至2013年初,我们写下了特里的最后一本《碟形世界》小说——《蒸汽升腾》。

这是项艰巨的工作。随着所有事都变得艰难,写作也变得举步维艰。虽然单个的句子依旧可圈可点,辞藻华丽,场景生动,还是能连成一个个"地毯块",但故事的走向是什么?我头一次在创作过程中为他担忧。场景不断堆积,屏幕下方显示的字数不断增多,可是我们却迟迟没有等到一个具有聚合作用的统览视角,将那些场景串联成小说。之前写书时,我们总能等到那个神奇的"豁然开朗"的时刻,比如特里会在某天早上走进"礼堂"时,突然说:"我想到了!我想出来了。"然后,整个故事突然就有了意义,小说也明明白白地呈现在我们眼前。这一次,那个"豁然开朗"的瞬间何时会出现呢?

我们现在一周七天都在写作,迫切地想要把书写完,却看不到结局在哪儿。除了让他继续写,我还能做什么呢?特里以写作为生,所以只要他还在写,特里就还活着。即便是从前,他写的再杂乱或再孤立的文字也都没浪费,好好地保存在"坑"里,留待日后安插进某个合适的地方。除此之外,特里总会找个重要的复盘日,回看写过的内容,将其裁剪、修边、刨平、打磨、抛光,直至它们成为小说。但是这一次,让我恐慌的是,这一天并没有到来的迹象。特里只是在接连不断地叙写场景,美丽的场景。书的字数不断堆积,到了2013年3月,已经高达十三万,与《巫师足球队》相当。

这时,我对特里说:"我们暂时先停一停,看看我们现在已经写了的内容吧。"那个周末,我回过头来读了文本,剔除了那些重复或者写不下去的场景,我的心沉了下去。我发现全文根本没有叙事方向。

我们现在遇到了新的麻烦。周一早上,我打给菲利帕·迪金森。从现在开始,我们需要仰赖她出色的编辑才能。现在,我们手头只有一堆毫无关联的"地毯块",歪歪扭扭地攥在了一起。菲利帕需要做的,是将它们铺开,看清方块上的图案,找出缺失的部分,再引导特里填补空缺并将"地毯块"缝合在一起。在接下来的几个月里,菲利帕一天和我通两次话。每天早上,她在查看了前一天的进度后,会打来告诉我,今天我们可以试着做什么。晚上,我再打给她,汇报特里在我的引导下写到什么地方了。经历了费时费力、消磨耐心的催产过程后,《蒸汽升腾》终于诞生了。若没有菲利帕纵览全局、循循善诱,这本书想必永远无法呈现出现在的样子。

"你想把这本书献给谁,特里?"小说还未完成时,我问他。

"给我们的父亲。"特里答。

"你是说,给你的父亲。"我纠正道。

"不。"他回道,"给我们的父亲。"

他在扉页上写道:

献给大卫·普拉切特和吉姆·威尔金斯,感谢两位杰出的工程师教会他们的儿子保持好奇心。

我的自豪溢于言表。但这本书本身仍令我忧心。

那年秋天,我陪特里参加在布莱顿大都会酒店举办的2013年世界奇幻大会。我在台上采访了特里——特里和罗伯再度合体带来双人秀,但这也是最后一次。活动结束后,我碰到马尔科姆·爱德华兹。"刚才很棒。"马尔科姆说,"你问了些很棒的问题。"他顿了下,又接着说:"并且都自己回答了。"

我意识到一切都结束了。那是特里最后一次公开登台亮相。

我们在那次大会上遇到了珍妮弗·布雷尔。她上前和特里问好,特里后退了一步。"我担心你可能想杀了我。"他说着,就开始哭了起来。特里在美国的出版事宜最近刚由哈珀柯林斯移交给了克诺夫–道布尔戴出版社(Knopf Doubleday),致使我们的《蒸汽升腾》失去了珍妮弗的鼎力相助,而我们也失去了珍妮弗本人。于我而言,这件事实在令人惋惜,是个错误的决定,但生意归生意,不会破坏交情。我们一起去吃了晚餐,尼尔·盖曼也在,吃的是烤牡蛎,度过了愉快的一晚。①★

我们上车前,珍妮弗在人行道边和特里道别。"我拥抱了他。"珍妮弗说,"我知道这是我最后一次见他。"

《蒸汽升腾》出版时,我正在佛罗里达度短假。我非常担心读者对这本书的看法。我蜷在度假屋的被子里,翻看亚马逊上的最新评论。我最担忧的事很快就得到了印证。我向下滑着屏幕:一星……两星……一星……"角色性格不符……文风不同……不像普拉切特之前的作品……无趣、不好笑、不是普拉切特的风格。"我合上笔记本电脑,把被子拉过头顶。

①★ 那晚的确是愉快的——不过第二天早上,特里、尼尔和我都食物中毒了。"你觉得是珍妮弗给我们下的毒吗?"特里阴暗地问道。

不出四十八小时,书迷纷纷赶来维护特里,他们绝不会袖手旁观,任他遭受诋毁,尤其是现在这种时候。书的评分被拉高到了4.6分,衷心感谢他们做的一切。不过,高分评论通常只有一行字,而那些深思熟虑的长评往往持有不同的观点。虽然承认这一点很痛苦,但我认为那些长评说得没错。这本书并未达到其应有的水准。我知道,《蒸汽升腾》最大的胜利,在于它的存在本身。

接着时间来到2014年,我们开始以每小时一百英里的速度失去他。

那年,我们在写蒂芙尼·阿奇的最后一部故事——《实习女巫和王冠》,也是特里·普拉切特的最后一本书。文字还是会出现,但是现在他需要四处寻找才能抓住它们。他伸出攥成拳头的手,仿佛想要抓住空中神出鬼没的单词。最后他总能找到它,就是花费的时间比以往要长,让人看着心碎。即便是在现在,每天还是会有如珠的妙语,段落也依旧精彩。但和写《蒸汽升腾》时一样,他似乎还是没办法把握故事的全貌,很难让那些灵珠碎玉串联成书。

他睡得很多,这在从前也极为少见,特里一向不爱小睡,总是整天都活力满满。如今,瞌睡动不动就找上他。我给他买了张双人躺椅,放在"礼堂"。因为那儿目前还没有一张像样的椅子,能让他舒舒服服地躺在上边睡觉。我把沙发放在窗边,特里想立即坐上去试试。他坐在上面,我拉了下侧面的控制杆。许是我拉得有点用力,但靠背后倾的速度远远超出了我俩的预想。特里的腿被踏板突然扳直,头猛地向后一撞,帽子落下来遮住了他的眼睛,他没有闪躲。就这样,他在完全躺平的姿势下,进入了梦乡,安稳地睡了整整两个小时。

当然也有开心的日子。那年春天,牛津的故事博物馆举办了一场名为"二十六个角色"的摄影展,照片中的作家都装扮成了他们童年时最喜爱的文学角色。著名摄影师剑桥·琼斯(Cambridge Jones)到访"礼堂",特里一向喜爱故事博物馆,同意露着膝盖,拿着弹弓,扮成里奇玛尔·克罗普顿笔下的威廉·布朗,并且他扮得很像。①★他还出席了展览的开幕仪式,玩得很尽兴,吃完晚餐,还让我代表他,把餐厅另一侧的奥利维亚·科尔曼那桌的账结了。②★

另一个开心的日子是在3月,戴夫·巴斯比来看他。"道别时,特里说:'太好了,我真的很开心,我们得再聚一次。'"戴夫说,"他一直对我避而不见。不想让我看到他的颓态。"

还有一次是5月27日。特里拿到了他的第十个、也是最后一个荣誉博士学位,由阿德莱德的南澳大利亚大学颁授。大卫·劳埃德已经离开都柏林圣三一学院,在南澳大利亚大学担任副校长。我们正在合作成立一个以特里的名字命名的奖学金,用于资助都柏林和

---

①★尼尔·盖曼的照片也出现在了展览中,他惟妙惟肖地模仿了《柳林风声》的老獾。

②★特里也要我拿了我们自己这桌的账单。至少,我记得他是这么说的。也许我们只付了奥利维亚·科尔曼(Olivia Colman)的账单。那晚的确有点混乱。

阿德莱德之间开展的学术交流项目。特里显然无法亲自前往阿德莱德,参加博士颁授仪式,所以我们决定让阿德莱德来"找"特里,在"礼堂"召开典礼。几周前,大卫给我发了封邮件询问:"《红矮星号》的基顿[①]能参加5月27日的典礼吗?"当然,特里对此没有任何意见。于是典礼当日,大卫和演员罗伯特·卢埃林坐着一辆全新的特斯拉S型电动车来到"礼堂"。[②★]大卫不仅带来了参演特里最喜爱的电视剧的演员,还贴心准备了必不可少的博士帽,帽子上面自然挂着致敬澳洲酒文化的软木塞。特里为2014年届毕业生写了一篇演讲稿,我在摄影机前朗读了讲稿,这则视频将在8月毕业典礼举办时在大屏幕上播放。我们度过了温馨愉快的几小时。

但特里的行为逐渐变得古怪起来。不可否认,这些举动有时让人哭笑不得。他会四处为"礼堂"的两个炉子搜寻柴火,疯狂地捡拾,完全不考虑炉子装不装得下。有次,他拿着一根粗壮的苹果树枝走进"礼堂"。我不知道他是从哪儿弄来的,但那根树枝看起来很新鲜,甚至还挂着果子。特里站在那儿,把这根嘎吱作响的大树枝,连着上面结的苹果一起塞进壁炉。为此,他还稍稍折了下树枝,或者说,他用尽全力将树枝戳进了炉灶。待他起身,炉灶已经满了,还

---

① 基顿(Kryten)是英国科幻喜剧《红矮星号》中的管家机器人,由罗伯特·卢埃林(Robert Llewellyn)饰演。

②★ 罗伯特·卢埃林是最早的电动车倡导者之一,这也是为什么开的是特斯拉。他们在去庄园的路上,顺道来我家小坐。我问罗伯特能不能站在冰箱旁边,让我拍张照。我知道这有点冒犯,但想必《红矮星号》的粉丝都懂:那台冰箱是斯麦格(Smeg)牌。(译注:在《红矮星号》中,"smeg"一词是未来常用的一种脏话。)

有大约90%的枝干悬在外面的地板上。

还有一次，他同我宣布，要向红毛猩猩基金会捐款五万英镑。我听到他拿起电话说："喂？我是特里·普拉切特。我决定给你们五万英镑。"电话另一头似乎传来惊诧和赞许的屏息声，接着，特里挂了电话。

不幸的是，特里拨的并不是红毛猩猩基金会的阿什莉·雷曼的电话，他打给了巴斯邮政博物馆的奥德丽·斯温德尔斯。阿什莉和奥德丽的名字在快速拨号名单里紧挨着。直到几天后，巴斯邮政博物馆的奥德丽打来想要进一步讨论此事时，误拨号码的疏忽才被发现。当时，特里的支票已经寄给了红毛猩猩基金会的阿什莉。我不得不解释说，这是个小失误。奥德丽早已兴奋地向博物馆的理事汇报了特里·普拉切特慷慨捐赠一事。虽然每个人都对此事表示理解，但我们觉得以后最好还是限制特里在无人监督的情况下使用电话。

还有一些举动让人揪心。一个周六的晚上，特里在晚上十一点左右从"礼堂"打给我。"这里有哔声。你能听到吗？"我以为这回的声音又和上次一样是幻听。我在电话里什么都没听到。我告诉他，夜深了，他该下班了，让琳恩带他回屋子。我们可以第二天早上再解决噪声的问题（虽然我很怀疑噪声是否真的存在）。第二天早上七点二十分，我的电话又响了。"我还在'礼堂'。"特里说，"哔声还在。"我将信将疑，但还是火速开车赶去"礼堂"，原来是电脑备用电源的电池时不时地发出声响。特里一整晚都在为它发愁，却找不出声音的源头。他就在"礼堂"的地毯上窝着小睡了一会儿。

他告诉我,他做了个关于我们俩的梦。"你站在我身后。"特里说,"我的大脑是灰色的流沙做的。你试着想要把它们聚拢在一起,但是那沙子却从你的指间滑过,你怎么也办不到。"

想要紧紧抓住特里的大脑,却只能眼睁睁地看着它从我的指间滑过……这正是我这几个月来的感受。

每当我们想要暂时忘记烦恼,寻求快乐,买帽子总不会错。这是特里一直以来奉行的真理:有新帽子戴的日子都是好日子。我们让司机拉我们去伯福德镇的榆树帽店,我们知道那儿会卖正品澳大利亚阿库布拉帽。我们刚下车,踏上高街的人行道,特里突然朝繁忙的马路走去。我怕他走进车流,连忙拽住他。他抬起一只胳膊,想要稳住重心,却大力挥在了我脸上,这让我们看起来像两个站在路边扭打的成年人。人们会怎么看我们? 特里现在走到哪儿都能被认出来,我该如何在这种时刻保护他的尊严? 最终,我们还是昂首挺胸地走进了店铺,买了顶帽子,心情愉悦。司机来接我们回家时,天已经黑了,大雨倾盆,迎面打来的车灯,透过挡风玻璃上的雨水和来回刮拭的雨刷器,四散照进车内。坐在前座的特里害怕极了,他以为有激光正在扫射自己。我们像在《星球大战》里一样,坐着"千年隼号",躲避帝国钛战机的追击。这本是件有趣的事,但特里因为意识混乱和惊恐,发出了像动物一般的嚎叫声,挥舞着双臂保护自己。我不得不从后座试着环住他的肩膀,让他冷静下来,安抚他说,没事的,那只是车灯和雨。

我们好不容易回到了家,但挑战仍在继续。

那年,特里终于同意出版他的非虚构文集《键盘上的小小失误》。八年前,他曾因出版商报的稿酬太高而放弃出版该书。尼尔·盖曼为这本书作了序。他写的序言实在太好了,远远超出我的期待。他用此前从未有人尝试过的方式描述特里,言语间透着亲昵和毫不掩饰的崇拜。他以大胆的笔触直击特里的愤怒,称愤怒是碟形世界的动力之源。

但不可否认的是,那篇文章其实是一篇讣告,一篇告别辞。我坐在"礼堂"通往阁楼的楼梯上,大声念给特里听。当我读到"我为即将失去我的挚友而愤怒"时,我的喉咙哽咽了,等待着特里的评价。"好吧,我觉得并不完全是那样。"他说。他指的是,尼尔提到他们在宣传《好兆头》去美国巡售期间接受广播采访的事,"你最好去让我妻子看看。"特里说。

于是,我走去小屋,坐在厨房,将稿子念给琳恩听,再度回味探讨特里愤怒的那些文字,又一次在读到"我为即将失去我的挚友而愤怒"那里泣不成声。①★琳恩坐着想了一会儿,显然在将尼尔描述的特里和她此生认识的特里进行比较。末了,她说:"我想,他的性子可能是有点暴躁。"

8月,我独自参加了在曼彻斯特举办的"碟形世界大会"。这是

---

① ★ 我公开读那篇讲稿时,没有一次不是哽咽着读完的。没有一次。

自1996年活动在英国开办以来,特里第一次没有出席。那种感觉真的很糟。我独自离开时,他哭了。但是在那种情况下,带着他驱车四小时赶到曼彻斯特,在酒店住一晚,并确保他在公开露面时不会失了尊严,似乎是不可能完成的任务。此后数年,我常常惶恐地反思那个决定,也一直在想我是不是应该带他去。活动本身,以及粉丝的温暖和爱无疑能够带给他能量,就像之前一样。也许那种能量足以推动他克服当时的困难。但是那时,无论是我面前的特里,还是现实情况,都在告诉我这件事行不通,风险太高。没去参会对特里的打击很大。我尽力不去想这件事带来的更大的影响,但他一定知道自己再没有机会见到另外一场"碟形世界大会"了。曼彻斯特的粉丝也明白这一点。现场的气氛热烈而又沉郁。这是一场主角缺席的派对,很难不让人心生哀悼。

我回到"礼堂"后,我们继续写《实习女巫和王冠》。写作时的他,依旧是特里·普拉切特,还是会有令人称奇的句子径直从他的脑中流淌出来。但也有大片大片的时间,他的思维处在阻塞状态。

"特里,"有一天,在写作时,我问他,"我们现在走进一个窝棚,会看到什么?"我知道特里和我一样,喜欢窝棚,喜欢架子下面用钉子挂的果酱瓶、墙上精心勾勒的工具的剪影,还有窝棚里的味道……那是特里钟爱的领地,我期待他的思绪能在这里自由纷飞。但是什么也没发生。他做不到了,他已经失去了空间想象能力。

在写原本要命名为《巨龟停转》的书时也一样。我们需要带着读者进入巨龟大阿图音体内,一探究竟。

"特里,我们在巨龟的身体里。我们看到什么了?"

"它和教堂一样大。"

"肯定比那还大……"

"它和城市一样大。"

"肯定也比那还要大……"

在《实习女巫和王冠》中,他把同一个场景写了一遍又一遍。那个场景讲的是格兰妮·维若蜡在思考死亡,靠近故事的开头。每次他重写到这段,都以为书已经写完了。

"特里,我们已经写过这个场景了。"

"是吗?"

这本书写得极为痛苦。菲利帕·迪金森再次展现出优异的表现。我们又回到了一天打两通电话的日常。每天早上,她会为我们当天的写作方向提供建议,每晚我再向她汇报我们的写作进度。她又一次理出了故事的脉络,并指引特里如何抓住它们。书一点点地、缓慢而又痛苦地推进着。但只要特里每天还在坚持,他就还是作家特里。只要他还是作家特里,他就还活着。所以,我们会坚持到底。

"你是什么时候发现我失去写作能力的?"有天,特里突然毫无征兆地问我。

"什么意思,特里?"我问,"你没有失去它。你是伟大的特里·普拉切特,你怎么会失去它?"

"你是什么时候发现我失去写作能力的?"他又问了一遍。

他不想听恭维的话,不想听甜言蜜语。现在不是时候。他想听的是实话,我欠他一句实话。所以我想了想,告诉他是最近有一次,他让我整理他口述的一个段落。像往常一样,在我整理完后,他要我将段落念给他听。我念了一整段,他一次都没打断过我,叫我修改或更正些什么。我当时很震惊,因为从前的特里总有想要修改或更正的地方。总是如此。

他思考了一会儿。

"那不是我失去它了。"他最后说,"是你终于变得更出色了。"

然后,他大声笑了。我也笑了。

我仍记得最后几周在办公室的日子,告别绵绵不绝,仿若永无尽期——那是些无声的告别,接连不断的探望,却无人愿意说出,这可能是真正意义上的"最后一面"。

伯纳德·皮尔森来过。他来时拄着拐杖,临别之际二人沿着"礼堂"的斜坡向外走,特里挽着伯纳德的胳膊。"特里和我说:'你知道的,伯纳德,我可曾是特里·普拉切特。'而我回答说:'你知道的,特里,我曾经还能走路呢。'"

科林·斯迈思来过,带着他的伴侣莱斯利一起。如今,科林和特里已是相识四十年的挚友。他带了些野餐的吃食:苏格兰蛋、猪肉派、佐肉的酱料……我们在"礼堂"外享用了午餐,随后我关上门,留他们叙旧。

尼尔·盖曼来过。我去索尔兹伯里车站接的他。就在他上次见过特里不久后,特里的身体状况就迅速恶化。我不知道该怎么开口向他道出实情,让他有个心理准备。尼尔上次来庄园是2014年的初秋。那时,德克·玛格斯正在为BBC广播四台制作《好兆头》的广播剧版,尼尔和特里在这部剧里客串了两个在巡逻车上聊天的警察(角色名也叫"尼尔"和"特里")。聊天的场景就是在那次见面录制的。我以为德克的混音台能有个按钮,一按就能营造出二人在车内聊天的音效。然而我大错特错,要想达到效果,就得真的让参演者坐进车里。录制用的是我的车,就停在"礼堂"外,特里和尼尔坐在前座,德克在后座为他们录音。

那天,特里虽然已经无法读台词,但还能跟着人复述。可我知道,如今他连这点也办不到了。这次,在尼尔进屋时,特里几乎没有察觉到他的到来。我在"礼堂"支了张小桌子,方便他们相对而坐。尼尔和他讲话,拼命想要掏出回忆,回首他们跟着《好兆头》一起巡回签售的日子。特里似乎还是没什么反应。我想着给他们留些独处的空间,去酒吧买份午餐。也许一份外带虾球可以把特里带回房间,至少之前成功过。

就在我走到门口时,我听到尼尔开始唱歌,唱的是他和特里最爱的"明日巨星合唱团"的歌——《带牙齿的鞋拔》[1]的第一句。接

---

[1] *Shoehorn With Teeth*,明日巨星合唱团(They Might Be Giants)演唱的歌曲。

着,特里也跟着唱起来,他提高了音量,任歌声在书房响彻回荡。

我留他们唱歌。当我带着外卖回来时,迎接我的是特里的声音,他正和尼尔聊得火热。我放下食物,他们用餐。两个身家千万的作家就这样凑在一张单薄的牌桌前,就着泡沫盒吃东西。在开车回车站的路上,尼尔告诉我,特里叮嘱他说务必要亲自主笔《好兆头》的影视改编剧本。遗憾的是,特里有生之年无法见证《好兆头》登上荧幕了,但也许在他离开之后会有这么一天。"再没人能如你一般爱我们的老姑娘了。"特里对尼尔如此说道。

2014年12月5日,周五。那是他在办公室的最后一天。《实习女巫和王冠》已经完稿。如果再多给他一个月,这本书会更好吗?很可能会。但正如特里所说:"我可以在一个月内让这本书的出色度增加3%。但要是一个月之后再问,我还是会告诉你,若是再多给我一个月,我可以让这本书再变好3%。"[1]★

他没来得及将写作时构思的一个反转放进书的结尾。特里设想格兰妮·维若蜡去世后,她的灵魂可能暂时附身在了猫咪尤身上,这样她就能在全书最后返场,就像《星球大战Ⅵ:绝地归来》里的尤达、安纳金·天行者和本·肯诺比[2]。死神会在后记中收了格兰妮的灵魂,而格兰妮会宣布:"我现在要自己离开了。"但是我们没时间写完它了。生活即是如此,你必须得在某个地方停下来。

---

[1]★ 特里还喜欢用另一句话作为收尾的标志:"以民谣的标准来说,已经够好了。"

[2] 上述角色在《星球大战Ⅵ:绝地归来》片末以绝地英灵的身份回归。

下午五点刚过,我们关了文档。特里打了两通电话,一通给罗德·布朗,一通给他的会计马克·博拉。我带他去了厨房,琳恩已经在地板上铺好了垫子,以防他跌倒。他在厨房给蕾哈娜打了电话。"我希望我做得还不错。"他对她说,"我本可以做得更好的。"他哭了起来。

之后,我陪他坐下,讨论了接下来写什么。《增税》?有可能。但备选还有很多……

那个周末,他摔倒了。琳恩将他裹起来,扶他去楼下客厅的床上躺下。他再没起来。周一,琳恩叫来了我们的朋友、村里的全科医生诺德。诺德医生来给特里做了检查,说特里可能得了肺炎,并叫了辆救护车。看着他离开时,她泪流满面。我们在厨房喝了一杯,我和她提到,《实习女巫和王冠》将在秋天出版,特里至少还能有这么个盼头。诺德医生说:"罗伯,特里秋天不会在这儿了。"我一直在极力否认,想把结局推向无限远的未来。但是结局就在当下发生。

他进了医院。头三天每次我去看他时,他都在昏迷。到了第四天,我进医院时,病床是空的。我的心顿时一沉。我迅速撞开双开门,冲进病房,想看看他怎么了。最后,有人告诉我他被转去了阿尔茨海默病病房。"别担心。"他们说,"他已经转过去了。"当我冲进房间时,他正坐在床上,拿着一个塑料杯喝茶。

"哈啰,罗伯。"他说,"是你吗?"

然后他靠向我，用说悄悄话的口吻对我说，我们得把鸭子赶上山，然后他停下来笑了。

"我在说胡话了，是吗？"

"是的，特里。"我回答，"但那是我们的胡话。"

那是我们最后一次真正意义上的对话。①★

圣诞期间，他一直住在医院。2015年1月底，他返回家中，琳恩请了一个护理团队帮我们照料他。

那是最后的几周时光。有时他会在半夜起床，弄响卧室地板垫上的警报器。为了离他近些，蕾哈娜搬回了家，有天晚上，她进房间去看他。"他看起来像只迷糊的小精灵，站在屋子中央。"蕾哈娜说，"他看起来非常困惑。他说：'哦，生气包——你找到我了！'那些日子，他时常在等火车，他会问：'我们需要买票吗？'我答道：'对，爸爸。我觉得我们需要。'他又说：'他们难道不知道我们是谁吗？'"

"最后的探望"还在继续。斯蒂里·斯潘摇滚乐团的马迪·普赖尔来为他唱了《韵律大师托马斯》(*Thomas The Rhymer*)②★。菲利帕·迪金森带着《实习女巫和王冠》的封面来了。"那时，他躺在一楼的床上。"菲利帕回忆说，"已经说不出话，护工用棉球湿润着他的嘴唇。我向他展示并介绍了封面。我非常希望他能喜欢，但我甚至不确定他能不能看到它。但他的表情让我觉得，他是喜欢的。"

---

①★ 特里可能因为记忆出现了混乱，将庄园的鸡说成了鸭子。那晚，我们理应把鸡赶进山坡上的鸡舍。

②★ 那首歌美极了，但打那之后，我再也听不得它。

戴夫·巴斯比来了。"琳恩说:'你最好过来一趟。'一年来,我们都只在电话上交谈。他花了很大工夫向我隐瞒病情。我们打电话时,他常常犹豫,停顿很久才讲话,但他讲的话听起来总是理性幽默的。他没有过多谈论他的病情——他的心思都在未来的写书计划上。他总说他还在写。我放下电话后,我的妻子吉尔总问:'他怎么样了?'我会答:'还不错,你知道的——和可能发生的一切相比,事情还不算太糟。'我并没有意识到,他的身体状况已经糟到了这步田地。我见到他的时候,震惊极了。他人躺在床上,身旁有两名护工照料。但他不在那儿。特里不在。他已经离开了。"

3月9日,周一,特里陷入昏迷,医生通知琳恩和蕾哈娜准备后事。"妈妈问护工:'你们能把床摇起来,让我抱抱他吗?'"蕾哈娜说,"最艰难的部分莫过于看着我妈妈,意识到她正在失去什么。"周三夜里,护工报告说特里的呼吸正在变慢。琳恩和蕾哈娜坐在他身旁,蕾哈娜把猫咪蓬戈抱来,它蜷在特里的脚边睡着了。"我握着他的手。"蕾哈娜说,"周四早上凌晨三点半,他走了。妈妈、蓬戈和我都陪着他。我想他在等着我们到齐。"

蕾哈娜立即打给我,我和桑德拉赶了过去。我们还有琳恩和蕾哈娜一直坐着等天亮,一整天都待在一起。我们交谈、哭泣、互相安慰。我们喝着茶,吃着柠香蛋糕,直到晚上,特里的遗体一直停在屋里,我们需要时,可以随时去见他。

"那天,我去看了他能有二十多次。"蕾哈娜说,"我不觉得奇怪或害怕。他的样子和去世前没什么分别。这让我有点欣慰。"

我也找了个空档去见他,关了门,这样就只有我和他。我告诉他,现在他必须得听我讲了。这回,在我想感谢他或者向他吐露我的感受时,他再也不能打断我。我告诉他,我度过了最美好的时光。这是一段不可思议的旅程,改变了我的人生,让它变得如此绚丽多彩。我对他说,我很荣幸他能称我为朋友,他是位了不起的作家——是位天才,尽管他教育过我,"天才"这个词不能轻易乱用。我说我永远不会忘记他,能和伟大的特里·普拉切特共处一室,听他讲故事,并将这些变成我的工作,是我无上的荣幸,亦是我的梦想。所以谢谢你,谢谢你,谢谢你。

一路小心。

接着,我为他打开了窗。

我们在屋里度过了异常平静的几个小时,死讯还没向外界发布。一方面,我们想牢牢攥着它,让它就停留在我们之间,哪怕再久一点点也好,尽管我们清楚,它不可能永远只属于我们;另一方面,我们希望保护其他人,这则悲伤的消息一旦公布,势必会让很多人伤心。但我们也知道,我们终是要敞开门,将消息传出去,让世界走进来。

蕾哈娜和我决定用推特发布消息,我们连发了三条推特。

"终于,特里爵士,我们必须要一起走了。"

特里挽着死神的胳膊,随他穿过大门,走向黑色的沙漠,消失在无尽的夜幕中。

全剧终。

蕾哈娜和我在手机里编辑好文字,坐在厨房的桌边,一切准备就绪。当时刚过下午三点,距离特里去世十二个小时。我们深知,从按下发送键的那一刻开始,特里的死讯将不再属于我们,而是属于每个人。这也是为什么我们一直犹豫不决,食指迟迟不肯落下,尽可能地拖延着时间。

"准备好了吗?"我问。

"准备好了。"蕾哈娜答。

"好。"我说,"······发送。"

后　记

　　蕾哈娜和我按下推特发送键后还不到十分钟,琳恩就跑进厨房,喊道:"爸爸上电视了。"

　　"特里·普拉切特爵士过世,享年六十六岁……"

　　消息一出,满载爱意和敬意的讯息从世界各地蜂拥而至。人们纷纷缅怀特里·普拉切特爵士、教授、大英帝国官佐勋章得主、擦黑板员、都柏林圣三一学院奥斯卡·王尔德爱尔兰写作中心和英语学院的客座教授。

　　几分钟后,我接到了BBC记者尼克·海姆的电话。他先向我表达了哀悼之情,随后小心翼翼地问:"特里是安乐死吗?"我很钦佩他的直言不讳,这显然是大家都好奇的问题,但奇怪的是,在所有关注特里死讯的媒体人中,他是唯一一位打给我直接发问的人。我也明确地回答,没有:这位誓死捍卫尊严死亡选择权的斗士,在家中安详地自然死去。他的家人就陪在身边，猫蜷缩在他的床脚。

晚上七点，当地德高望重的丧葬承办人阿德姆先生登门，带走了特里的遗体。阿德姆先生全名理查德·阿德姆爵士（员佐勋章），他一手料理了琳恩的母亲、父亲和继父的后事，前首相安东尼·艾登及名流摄影师塞西尔·比顿的丧礼也是他操办的。送他开车离开后，我走去"礼堂"。天已经黑了。这是特里过世后，我第一次走进碟形世界在圆形世界的总部，我觉得整个人都空落落的。他的桌子，他的空椅子……太多事物让人触景生情。我走到格窗前，站在那儿凝视着漆黑的窗外。办公室报警器闪烁的蓝光，在窗上投出两个影子，我盯着它，那影子仿佛变成了两只蓝色的眼睛——就像《碟形世界》中死神那双标志性的眼睛。在此之前，我可能看过这个倒影不下一万次，但从未萌生过这样的想法。

葬礼在十天后，于2015年3月25日举办。遵照特里的遗愿，他的遗体安放在柳条棺材里。琳恩想用野花装饰灵柩，于是，蕾哈娜那天一早就去庄园的地里采了一大把回来。同样，依照特里的遗愿，灵柩放在一辆黑色的玻璃马车上，由两匹点缀羽毛的黑马拉着，送特里走完去索尔兹伯里殡仪馆的最后一程。还有一事虽不是特里所愿，但若是他想到了，想必也定会提出来：灵车开动时，后门突然弹开了，引发了一阵短暂的骚动。马匹不得不再次停下，待殡仪员匆忙下车调整后再行出发。走了一阵，有匹马身上的羽毛掉了，被后面的车碾了去（这看起来也是特里会编写的情节）。走出更远后，两匹马其中的一匹停下来排便，又耽搁了好一会儿——此时的我们不禁觉得，这天发生的一切都是特里编排的。

葬礼上，蕾哈娜拿着特里的剑，跟在灵柩后面。她向剑斗士朋友萨姆劳克请教了正确的执剑姿势：跟着灵柩走时，把剑柄抵在下巴处（意为向一家之主致敬），灵柩落下时，再将剑横放在胸前（意为表达个人的敬意）。"我当时还穿着高跟鞋。"蕾哈娜说，"爸爸应该会喜欢。"葬礼共播放了七首音乐：斯蒂利·斯潘的《一个人的诞生》、皇后乐队的《这些是我们生活中的日子》、阿巴乐队的《当一切已成为过往》、U2乐队的《MLK》、埃尔加的《谜语变奏曲》中收录的《宁罗德》，还有托马斯·塔利斯的《寄情于主》。特里总觉得《寄情于主》是升入天堂时会听到的旋律。最后，灵柩下葬，众人离去时，播放的是歌手"肉卷"演唱的完整版《地狱蝙蝠》[①]，时长九分五十秒。尼尔·盖曼发表了讲话，我则努力含泪念完了《实习女巫和王冠》的第一章。结束后，我们几个人去卡斯尔曼酒店吃了顿饭，穴居人乐队（The Troggs）的贝斯手皮特·卢卡斯（Pete Lucas）也在，他也是特里在当地玩得好的几位酒友之一，还是小圈子里的灵魂人物。

用"成功"这样的字眼来形容葬礼似乎有失妥当，但特里·普拉切特的葬礼确实办得很"成功"。蕾哈娜评价说："如果这是别人的

---

① 此段提到的音乐及创作者原名依次对照如下：*The Making Of A Man*, Steeleye Span 乐队歌曲；*These Are The Days Of Our Lives*, Queen 乐队歌曲；*When All Is Said And Done*, Abba 乐队歌曲；*MLK*, U2 乐队；*Nimrod, Enigma Variations*, 英国作曲家 Edward Elgar 创作；*Spem in Alium*, Thomas Tallis 创作；*Bat Out Of Hell*, Meat Loaf 歌曲。

葬礼,请爸爸来参加,他也会想要这么一场。"我想不出比这更高的赞誉了。

葬礼后,我彻底累垮了。最后那一年尤为让我心力交瘁。我沉浸在悲痛之中,需要时间理清思绪。2015年4月,我和家人经转迪拜,飞往新西兰度假,随后又前往澳大利亚。我去参加了在悉尼举办的"澳大利亚碟形世界大会"。斯蒂芬·布里格斯也在,在最糟糕的时候,有好友相伴实乃幸事。

随后,我返回英国,回到"礼堂"继续工作。我为特里的皮革桌面盖了块玻璃,好将马克杯留下的圆印、泼溅的茶和咖啡渍、笔印还有特里百无聊赖时用木柄小刀胡乱刻画的痕迹都封存保留下来,留以后世瞻仰。特里其实并没有很爱惜那块皮革,但我觉得现在是时候爱惜它了,因为它有着特里·普拉切特留下的印记。

然后,我拆开保险箱内留给我的那封信,就是本书开头时提到的那封,开始着手完成他交代给我的事。我按照他的设计稿,托人制作出精美的珠宝,将项链分别赠予琳恩、蕾哈娜和桑德拉。蜜蜂图案徽章戒指是留给我的,黄金蜜蜂胸针则是为特里的朋友和同事准备,特里将这些他一生中遇到的、帮扶自己事业的人,统称为"黄金蜜蜂至尊骑士团"。我按照他的嘱托,准备了礼物,也送了花。我还没有学会飞翔,也许以后会有这么一天。每逢他的纪念日,还有开心的日子,我定会喝杯白兰地庆祝。

接着，我开始把精力放在照料他的生意上，与蕾哈娜一同经营"讲述者"公司，管理特里·普拉切特的遗产和著作，将他的小说按照他的遗愿和他想要的方式搬上荧幕，从《好兆头》开始。

当然，2016年4月，我们还在巴比肯艺术中心举办了他的追悼会。特里没能实现他的殷切愿望，缺席了自己的追悼会。不过，他的剑和帽子都到场了，由我的儿子路易斯拿上台。在当天的活动中，斯蒂里·斯潘乐团在现场演唱了《韵律大师托马斯》，以弗所尼合唱团（Epiphoni Consort）献唱了《寄情于主》，蕾哈娜朗读了她写给父亲的悼词，琳恩和桑德拉坐在台下看着。科林·斯迈思、拉里·芬利、保罗·基德比、托尼·罗宾逊、尼尔·盖曼、菲利帕·迪金森、珍妮弗·布雷尔、安妮·霍普、伯纳德和伊索贝尔·皮尔森夫妇、帕特·哈金博士以及"黄金蜜蜂至尊骑士团"的每位成员都来了。那晚，斯蒂芬·布里格斯扮装成魏提纳利大人。戴夫·巴斯比和中央电力局的"八人桌"坐在观众席，艾瑞克·艾德尔（Eric Idle）献唱了歌曲《总看人生光明面》（*Always Look On The Bright Side Of Life*）。而我，则作为主持人，按照特里的指示，当着我父母的面，说了"妈的"和"混蛋"。

典礼结束后，等我从舞台上下来，和所有人汇合时，我已筋疲力尽，有点晕头转向。QI问答节目的创始人，《酷肖》（*Spitting Image*）、《黑爵士》等剧的制片人约翰·劳埃德走过来，拽住我的胳膊，说了句让我始终难忘的话："在全世界所有已故作家中，最具生命力的就是特里·普拉切特了。"我当时深以为然，如今亦是如此。

然而,不会再有特里·普拉切特的新小说了。2017年8月,我遵照特里的另一桩遗愿,从办公室的主电脑里,取出了存储着特里所有未发表小说的硬盘。我将硬盘带去多塞特大型蒸汽博览会的开幕仪式,交由一辆约翰·弗勒公司复古蒸汽压路机从上面碾过。这辆压路机又名"杰里科爵士",曾为庄园铺设过路面,由它执行碾压小说硬盘的任务、完成这场重要的落幕仪式显然再合适不过了。伴着轰隆轰隆的声响,这场极具象征意义的仪式为特里的写作生涯画上了一个硕大的句点,高调宣布:未来不会再有他的小说了。

这个决定是令人痛心的。那可是他没来得及写完的所有书!我们永远都没机会读到了!里面究竟包含了多少本呢? 有一些是他正在写的小说,比如,《增税》《流水》《巨龟停转》《猫鼠奇谈》第二部、《道奇之后做的事》("What Dodger Did Next")、《暮色峡谷》("Twilight Canyons",讲述一群连今天是周二还是柠檬都分不清的养老院住户,解开宝藏不翼而飞的谜团,粉碎黑暗领主的崛起阴谋)、《黑暗大陆》("The Dark Incontinent",围绕长满食肉动物的水晶洞穴展开)、名称暂定为《菲尼》的侦探小说〔"The Feeney",以菲尼警官为主角,致敬二十世纪七十年代的警匪连续剧《除暴安良》(The Sweeney),小精灵也会在小说中重磅登场〕、《上学!》("Up School!",讲述苏珊·斯托·赫立特成为夸姆女子学院校长的故事)、《卡布之井》("Cab's Well",主角是一个住在许愿井底的可怜虫,负责实现投币许愿者的愿望),以及《叮当!》("Clang!",在故事中,碟形世界爆发革命,鸣钟成了人们互通有无的主要方式)。

"但是特里……"当特里让我在一张 A4 纸上记下《叮当!》这个构想时(在他的坚持下,这两个大字占了页头十行的位置),我问他,"革命不是已经在《夜巡》中完成了吗?"

"啊,但这就是革命啊。"特里答道,"它就是会再次发生。"

当然,硬盘里还存着他的自传……

在他短暂的一生中,他挤出时间写了多少东西啊!当我坐在"礼堂"的图书馆,看着他出版的成柜的书籍,我想到,尼尔·盖曼在为他最爱的特里的小说《死神学徒》作序时写道:"这就是作家能钻的空子。只要有您读我们的书,我们就能与世长存。"

的确如此,这让我们稍感慰藉。特里仍然活着。只要我们需要,我们仍能从他留下的成百上千万字,从许许多多的书籍中找到他的身影。

但他是否还以另一种形式活着,生活在另一个地方呢?至于这个嘛,特里生前曾和我说,若是另一个世界真的存在,他会打电话告诉我的。

至今还没有电话打来。①★

---

①★ 不过,作为一名好助理,我的电话始终开着机。

上图：双屏办公的快乐，摄于威尔特郡的"礼堂"书房。更多显示屏将陆续到位。

下图：结婚四十周年庆，摄于切莱特，2008年。艾琳和卡斯尔曼餐厅的大蛋糕亦有出镜。

上图： 都是文学惹的祸。特里与蕾哈娜在大英帝国官佐勋章授勋仪式，摄于1998年。

右图： 文学罪加一等。特里接受女王授爵，摄于2010年。

下图： 典礼一结束，科林·斯迈思就带着特里，赶赴这位新晋爵士的第一场聚餐。

下图： 与琳恩在《拯救老爹》首映礼，摄于伦敦梅菲尔街区，2006年。

上图：《魔法的颜色》拍摄结束后，导演瓦蒂姆·吉恩以及制作人罗德·布朗和伊恩·沙普尔斯为"礼堂"送来了一些新"家具"，摄于2008年。

右图： 特写拍摄准备就绪，摄于《开始邮政》拍摄地，匈牙利，2009年。

下图： 预备再度飞行的比格斯 —— 他当时戴的帽子是问我借的。

上图：在赫克托·科尔的指导下体验真正的铸剑——每位爵士都应有属于自己的佩剑。

左图：特里和我搭乘喀拉拖克船寻找红毛猩猩，摄于婆罗洲，2013年春。

左下：我们都知道，像这样的旅程不会再有下一次了。

右下：特里找到了一只红毛猩猩，又或者说，是这只红毛猩猩找到了特里。

上图：办公室里的寻常一天。伊恩·斯图尔特与特里和我在筹备《碟形世界的科学IV》。特里没睡，只是在闭目思考。

下图：特里与尼尔·盖曼在我的车里为BBC的广播剧版《好兆头》录制客串角色的配音，摄于2014年。

左上：回到真正的起点——比肯斯菲尔德图书馆，摄于2013年。

右上（一）：在乡村参加香肠剪彩仪式。

右上（二）：摄于新西兰霍比屯，一处独一无二的电影外景地。

下图：仍在驾驶室。摄于《蒸汽升腾》出版之际，2013年。

上图：蕾哈娜和特里为《星期日泰晤士报》的"关联价值"（Relative Values）栏目拍摄人物照，摄于伦敦，2012年。

右图：绿幕前的特里和我。至于我们为什么发笑，答案或许就藏在书里。

在我们心中长存并被深爱的特里。

直至在世间激起的涟漪消散,上了发条的钟表停摆,酿造的葡萄酒发酵成熟,播种的庄稼丰收,真正的死亡方才降临。生命的长度是一个人存在的内核,但存在本身绝不仅限于此。

——特里·普拉切特《灵魂收割者》

照片鸣谢

出版社诚挚感谢下方人士许可本社使用照片。本社已尽最大努力搜寻本书所收录素材的版权所有者信息,如仍有疏漏,还请见谅,本社愿尽快在鸣谢中添补缺漏的信息。

除以下照片外,书中所有照片均由 Pratchett Estate 提供。

照片集第一部分

第 2 页,左上图:《科学奇幻》杂志第 20 期第 60 页,调取自 Pratchett Estate 档案。

第 4 页,上图:特里自行改装的 ZX81 计算机 © Kismet Photography。

第 5 页,上图:特里和科林·斯迈思在《地毯一族》发布会 © Paul Felix。

第6页,左上图:特里和蕾哈娜 © Alexander Caminada。

第8页,左下图:银蝗虫 © Kismet Photography,经科林·斯迈思许可

照片集第二部分

第1页,上图:特里在"礼堂" © Roger Elliott。

第2页,右上图:特里爵士被女王授封爵位 © Alamy Stock Photo;右下图:特里和琳恩在《拯救老爹》首映礼,调取自 Pratchett Estate 档案。

第4页,剑的照片 © Kismet Photography。

第7页,上图:特里和蕾哈娜 © *The Sunday Times Magazine* / News Licensing Online。

第8页:特里肖像照 © Roger Elliott。

英文版版权声明